Internationale Standardlehrbücher der Wirtschafts- und Sozialwissenschaften

Herausgegeben von Universitätsprofessor Dr. Lutz Kruschwitz

Bisher erschienene Werke:

Bagozzi u. a., Marketing Management

Bergstrom · Varian, Trainingsbuch zu Varian, Grundzüge der Mikroökonomik, 3. A.

Büning · Naeve · Trenkler · Waldmann, Mathematik für Ökonomen im Hauptstudium

Dixit · Norman, Außenhandelstheorie, 4. A.

Dornbusch · Fischer, Makroökonomik, 6. A.

Ethier, Moderne Außenwirtschaftstheorie, 4. A.

Gordon, Makroökonomik, 4. A.

Granvogl · Perridon, Sozioökonomie

Heike · Târcolea, Grundlagen der Statistik und Wahrscheinlichkeitsrechnung

Hillier · Lieberman, Einführung in Operations Research, 5. A.

Horngren · Foster · Datar, Kostenrechnung, 9. A.

Kneis, Mathematik für Wirtschaftswissenschaftler

Kruschwitz, Finanzierung und Investition, 2. A.

Kruschwitz, Investitionsrechnung, 8. A.

Mehler-Bicher, Mathematik für Wirtschaftswissenschaftler

Meissner, Strategisches Internationales Marketing, 2. A.

Pindyck · Rubinfeld, Mikroökonomie, 4. A.

Sargent, Makroökonomik

Schäfer · Kruschwitz · Schwake, Studienbuch Finanzierung und Investition, 2. A.

Sloman, Mikroökonomie, 3. A.

Smith, Einführung in die Volkswirtschaftslehre, 2. A.

Stiglitz, Volkswirtschaftslehre, 2. A.

Stiglitz · Schönfelder, Finanzwissenschaft, 2. A.

Varian, Grundzüge der Mikroökonomik, 5. A.

Zäpfel, Grundzüge des Produktions- und Logistikmanagement, 2. A.

Zäpfel, Strategisches Produktions-Management, 2. A.

Zäpfel, Taktisches Produktions-Management, 2. A.

Zwer, Internationale Wirtschafts- und Sozialstatistik, 2. A.

Grundzüge des Produktions- und Logistik-management

Von
Universitätsprofessor
Dr. Günther Zäpfel

2., unwesentlich veränderte Auflage

R. Oldenbourg Verlag München Wien

Die Deutsche Bibliothek - CIP-Einheitsaufnahme

Zäpfel, Günther:
Grundzüge des Produktions- und Logistikmanagement / Günther Zäpfel. -
2., unwesentlich veränd. Aufl.. – München ; Wien : Oldenbourg, 2001
  (Internationale Standardlehrbücher der Wirtschafts- und
  Sozialwissenschaften)
  ISBN 3-486-25618-1

© 2001 Oldenbourg Wissenschaftsverlag GmbH
Rosenheimer Straße 145, D-81671 München
Telefon: (089) 45051-0
www.oldenbourg-verlag.de

Gedruckt auf säure- und chlorfreiem Papier
Gesamtherstellung: WB-Druck, Rieden

ISBN   3-486-25618-1
ISBN 978-3-486-25618-5

Vorwort

Die zielgerichtete Strukturierung, Planung und Steuerung des Material-
und des Warenflusses sowie des zugehörigen Informationsflusses vom Lieferanten zum Unternehmen, innerhalb des Unternehmens und vom Unternehmen zu den Kunden wird heute als entscheidend für den Erfolg im
Wettbewerb angesehen. Diese Aufgabe obliegt dem Produktions- und Logistikmanagement. Das vorliegende Buch bietet eine Einführung in diese
Thematik. Dazu werden zunächst vor allem die Ziele und die Entscheidungen des Produktions- und Logistikmanagement näher analysiert. Als
Gestaltungs- und Lenkungsaufgaben werden die Grundsatzentscheidungen über die Leistungserstellung (Strategisches Produktions- und Logistikmanagement), deren Umsetzung für den Bereich der Leistungserstellung (Taktisches Produktions- und Logistikmanagement) sowie die Entscheidungen zum wirtschaftlichen Vollzug der laufenden Prozesse der Leistungserstellung (Operatives Produktions- und Logistikmanagement) ab-
gegrenzt.

Das einführende Lehrbuch behandelt vor allem die Aufgaben und
Lösungskonzepte des operativen Produktions- und Logistikmanagement.
PPS-Systeme (Produktionsplanungs- und Steuerungssysteme) werden im
einzelnen behandelt. Das Produktions- und Logistikmanagement kann sich
allerdings nicht darauf beschränken. Vielmehr hat es weiterhin die zentra-
le Aufgabe, die langfristigen Erfolgsvoraussetzungen zu schaffen, die die
Wettbewerbsfähigkeit eines Unternehmens sichern bzw. die Wettbewerbsvorteile garantieren. Die Leistungserstellung hat in vielen Branchen einen
großen – wenn nicht sogar den entscheidenden – Anteil an dieser Aufgabe.
Neue Produktions- und Logistikkonzepte wie Just-in-time, Time-Based-
Manufacturing, Lean Production etc. machen dies deutlich. Aus diesem
Grund wird auf diese – für eine Gestaltung einer zukunftsorientierten Lei-
stungserstellung wichtigen – Konzepte ebenfalls eingegangen.

Mein besonderer Dank gilt meinen Mitarbeitern für die kritische Durch-
sicht des Manuskriptes. Insbesondere darf ich Herrn Dozent Dr. Hubert
Missbauer sowie Frau Mag. Gabriele Oberlik und Herrn Mag. Wolfgang

Stroh danken. Frau Mag. Oberlik und Herr Mag. Stroh haben mich besonders tatkräftig bei der Erstellung von Zeichnungen sowie des Stichwortver-
zeichnisses unterstützt. Dem Verlag Walter de Gruyter darf ich für die gute
Betreuung Dank sagen.

Meiner Familie widme ich in Verbundenheit dieses Buch.

Günther Zäpfel

Vorwort zur zweiten Auflage

Der Verlag wurde gewechselt. Da nach wie vor große Nachfrage nach
dem Werk besteht, erscheint es in der zweiten Auflage weitgehend
unverändert.

Herrn Dipl.-Volkswirt M. Weigert vom Oldenbourg Verlag danke ich für
die wohlwollende Zusammenarbeit bei der Herausgabe dieses Lehrbuchs.

Inhalt

A Grundlagen

A.1 Gegenstand des Produktions- und Logistikmanagement

Produktion im Unternehmen dient im allgemeinen dem Erstellen von materiellen und immateriellen Gütern, die zum Absatz bestimmt sind. Sie kommt durch zielgerichtetes menschliches Handeln zustande, dabei gehen Inputfaktoren, sogenannte Produktionsfaktoren, in einen Transformationsprozeß ein, und es entsteht ein werterhöhter Output. *Produktion ist daher eine Kombination von Produktionsfaktoren zum Zwecke der Erstellung von Sach- und/oder Dienstleistungen* (z. B. Kruschwitz 1974, Strebel 1984, Kern 1992, Schneeweiß 1993, Corsten 1995). Im folgenden behandeln wir vor allem die Produktion von materiellen Gütern, also die Produktion von Sachleistungen.

Die Produktion von Gütern ist mit einem Output (z. B. Automobile) – man spricht in Sachleistungsbetrieben auch von Enderzeugnissen oder Endprodukten – verbunden. Dieser Output entsteht, indem Inputfaktoren, vor allem Werkstoffe, einem Transformationsprozeß unterzogen werden. Dieser Transformations- oder Produktionsprozeß verlangt den Einsatz von menschlichen Arbeitsleistungen sowie von Betriebsmitteln (z. B. Maschinen, Werkzeuge, Computer in der Fertigung etc.), um die Werkstoffe in das gewünschte Endprodukt zu transformieren. Allgemein kann daher der materielle Prozeß der Leistungserstellung beschrieben werden durch die Abb. A.1.1.

In Sachleistungsbetrieben wird dieser Input-Output-Prozeß sichtbar in:

(1) dem *Material- und Warenfluß*.

Als *Material- und Warenfluß* bezeichnet man nach der VDI (Verein Deutscher Ingenieure)-Richtlinie 3300 *die Verkettung aller Vorgänge beim Gewinnen, Be- und Verarbeiten sowie der Verteilung von stofflichen Gütern*

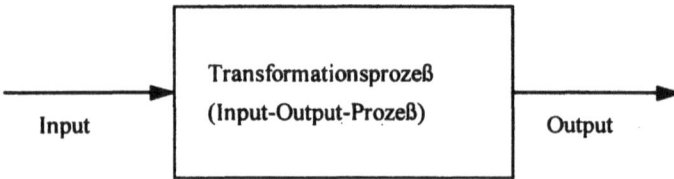

Abb. A.1.1:   Input-Output-Prozeß

innerhalb festgelegter Bereiche. Die Güter lassen sich in Material und Waren klassifizieren. Als *Material* bzw. *Werkstoff* werden alle Güter bezeichnet,

* die in das Enderzeugnis bei der Leistungserstellung eingehen oder verbraucht werden,
* die nicht unmittelbar in das Enderzeugnis eingehen, die aber für die Aufrechterhaltung der Leistungserstellung notwendig sind, wie z. B. Energie.

Waren stellen die Zwischen- und Enderzeugnisse dar, die auf dem Markt verkaufsfähig sind.

Zum Material- und Warenfluß zählen alle bearbeiteten Materialien, Teile, Baugruppen, Enderzeugnisse, Abfälle usw., die im Leistungserstellungssystem entstehen. Sie sind das Resultat von Prozessen, wie Gewinnen, Be- und Verarbeiten, Handhaben, Fördern, Transportieren und Lagern von Gütern.

Die Prozesse lassen sich in Haupt- und Nebenprozesse unterteilen: Der technische *Hauptprozeß* entspricht den Produktionsvorgängen, die unmittelbar der Gewinnung oder Be- und Verarbeitung der betrieblichen Leistungen dienen. *Hilfsprozesse* unterstützen den Hauptprozeß. Sie sind für die reibungslose Durchführung der unmittelbaren Bearbeitungsprozesse eine notwendige Voraussetzung. Nach der VDI-Richtlinie 3300 zählt man dazu:

– *Fördern und Transportieren*, d. h. jede bewußte Ortsveränderung von Gütern oder Personen, wobei Transportieren das Bewegen in horizontaler Richtung über große Entfernungen bedeutet und Fördern das Bewegen in horizontaler und vertikaler Richtung über begrenzte Entfernungen darstellt.
– *Handhabung*: Bewegungsvorgänge beim Einleiten oder Beenden von Vorgängen der Fertigung, des Transportierens oder des Lagerns.

- *Lagerung*: Unterbrechung des Materialflusses mit Übergang in eine Stelle zur Bevorratung, zum Zwecke der Weiterverarbeitung, des Verkaufs usw.
- Vorgänge, die die Produktiveinheiten mit Material, Werkzeugen, Vorrichtungen, Meß- und Prüfmitteln usw. ver- und entsorgen.

Beim Material- und Warenfluß können neben verwertbaren Produkten auch unerwünschte Kuppelprodukte in Form von Emissionen auftreten.

(2) den *Arbeitsvorgängen.*

Dabei fokussiert man die im Transformationsprozeß ablaufenden einzelnen Fertigungsschritte (z. B. Bohren, Drehen, Fräsen, Montieren etc.) und deren Zeitverbrauch sowie die dabei einzusetzenden Betriebsmittel und Arbeitskräfte. Die Dokumentation dieser Fertigungsschritte wird in der Praxis üblicherweise in sog. Arbeitsplänen vorgenommen (vgl. dazu Kap. B 2.2).

Menschliche Arbeitsleistungen sind bei diesem Input-Output-Prozeß erforderlich, um zum einen den realen Prozeß mit durchzuführen und zum anderen das physische System der Leistungserstellung zu lenken. Daher spricht man auch vom dispositiven Faktor, der *Produktionsführung (Produktions-Management),* der bzw. dem die Lenkung der Leistungserstellung obliegt. Um einen ökonomischen Ablauf in derartigen Systemen zu garantieren, sind eine Reihe von Lenkungsaufgaben durch das Produktions-Management zu lösen, wie z. B.:

- Es muß festgelegt werden, welche Enderzeugnisse in einem bestimmten Zeitraum herzustellen sind.
- Um einen optimalen Material- und Warenfluß zu ermöglichen, müssen die Mengenflüsse der einzelnen Güter (Enderzeugnisse, Baugruppen, Teile etc.) aufeinander abgestimmt sein, d. h. mengenmäßig koordiniert werden.
- Um den Produktionsablauf ökonomisch zu gestalten, sind die miteinander verbundenen Fertigungsschritte zeitlich zu koordinieren.

Das Produktionsgeschehen in der Realität läßt sich daher nur verstehen, wenn nicht nur das physische Produktionssystem analysiert wird, sondern wenn die lenkenden Eingriffe des Produktions-Management betrachtet werden. Der dispositive Faktor (Produktions-Management) stellt den Regler dar, der bestimmte Vorgaben erarbeitet und Stellgrößen dem physischen System der Leistungserstellung vorgibt, wie z. B. die zu produzierenden Mengen, Start- und Endzeitpunkte für die einzelnen Fertigungsschritte. Rückmeldungen aus dem physischen Produktionssystem, die als Regelgrößen bezeichnet werden, ermöglichen Soll-Ist-Vergleiche und machen gegebenenfalls weitere lenkende Eingriffe des Management notwendig. Generell ist das Produktionsgeschehen in den Unternehmen daher durch einen Regelkreis zu beschreiben (Abb. A.1.2).

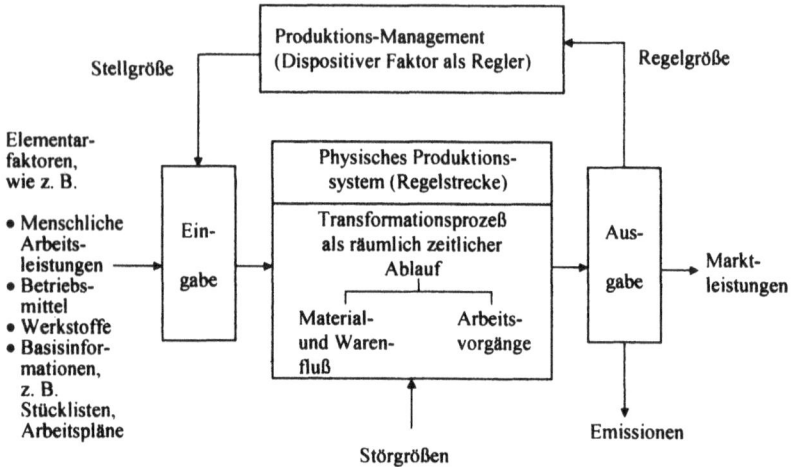

Abb. A.1.2:   Regelkreiskonzept des Produktionsgeschehens

*In einer umfassenden Betrachtungsweise der Leistungserstellung sind nicht nur die innerbetrieblichen Material- und Warenflüsse zu regeln, sondern auch die Material- und Warenflüsse vom Lieferanten zu den betrieblichen Produktionsstellen, durch die Produktionsstellen und vom Unternehmen zu den Kunden. Die gesamthafte Planung und Regelung des Material- und Warenflusses sowie des dazugehörigen Informationsflusses von den Lieferanten zum Unternehmen, im Unternehmen und vom Unternehmen zu den Kunden wird heute als die **Aufgabe des Produktions- und Logistikmanagement** gesehen. Das Produktions- und Logistikmanagement stellt also den Regler dar, der den gesamten Ablauf des Material- und Warenflusses von der Beschaffung bis zur Ablieferung der Fertigerzeugnisse an den Kunden zielgerichtet zu gestalten und zu lenken hat. Im Rahmen des laufenden (operativen) Geschäfts ist als Ziel jederzeit die Versorgung des Unternehmens mit Material (Versorgungsservice der Produktionsstellen) sowie die Auslieferung von Waren an die Kunden (Lieferservice) zu gewährleisten, und es sind die damit verbundenen Kosten möglichst gering zu halten (vgl. dazu umfassender Kap. A.2.2.1).*

Betrachten wir zur Veranschaulichung ein Beispiel: *Produktion von Automobilen*

Die Produktion von Automobilen vollzieht sich in vielen Einzelvorgängen, die als komplexe Arbeitsabläufe beschreibbar sind. Dabei sind zum einen die physischen Abläufe – der Material- und Warenfluß – und zum anderen die Abläufe, die im Rahmen der Lenkung dieser physischen Prozesse entstehen, zu unterscheiden (Abb. A.1.3).

In einer groben Einteilung läßt sich der physische Ablauf durch vier Fertigungskomplexe beschreiben:

- die Herstellung der Fahrzeugkarosserie vom Preßwerk über den Rohbau bis zur Lackiererei,
- die Fertigung von Motor- und Getriebeteilen (z. B. Zylinderblock, Kurbel- und Nockenwelle, Pleuel, Hinterachsen, Bremsteile, Federbeine etc.) in der mechanischen Fertigung sowie die Motoren- und Aggregatemontage,
- die Fertigung bzw. der Fremdbezug von speziellen Fahrzeugbestandteilen wie Sitze, Teppiche, Kunststoffteile in den sogenannten Vormontagebereichen oder von externen Lieferanten,
- die Endmontage, wo Teile und Baugruppen der vorgelagerten Fertigungsbereiche bzw. der externen Zulieferer zum fertigen Automobil zusammengebaut werden.

Um die Lenkungsaufgaben einer Automobilfertigung zu beschreiben, ist das Regelkreiskonzept des Produktionsgeschehens zu spezifizieren und zu verfeinern. So sind zwei miteinander verbundene Regelkreise zur Lenkung zu unterscheiden:

Kundenauftragsgetriebener Regelkreis: Die Prozesse der Endmontage werden in der Regel erst ausgelöst, wenn Kundenaufträge eingelangt sind. Das hängt damit zusammen, daß die Kunden beim Kauf eine Vielzahl von Optionen haben (z. B. Auswahl unter verschiedenen Motoren, mit oder ohne Schiebedach, mit oder ohne Klimaanlage etc.) und damit eine genaue Vorhersage einer bestimmten Produktvariante längerfristig nur schwer möglich und damit eine entprechende Vorausproduktion auf Endlager nicht ökonomisch ist. Bei der Festlegung des Montageprogramms (= Reihenfolge der Automodellvarianten in der Montage für einen bestimmten Zeitraum) ist das Leistungsvermögen der Montagearbeitsplätze – bestehend aus Arbeitskräften und Betriebsmitteln (z. B. Montageroboter) – im betrachteten Zeitraum zu berücksichtigen. Ferner ist dabei zu beachten, daß die in der Montage notwendigen Teile und Bau-

Kundenauftragsgetriebener Regelkreis:
- Bestimmung der Montageaufträge auf der Basis von eingelangten Kundenaufträgen
- Verfügbarkeitsprüfung der Teile für Montage
- Abrufaufträge an Lieferanten

Fehlteile

Prognosegetriebener Regelkreis:
- Erstellen von Absatzprognosen
- Bestimmung von Fertigungsaufträgen auf der Basis von Bedarfsprognosen und Fehlteilen in Montage
- Bestimmung von Beschaffungsaufträgen auf der Basis von Bedarfsprognosen

Regelgrößen:
- Fertiggestellte Montage- und Fertigungsaufträge
- Durchlaufzeiten in Fertigung und Montage
- Auslastung in Fertigung und Montage

Stellgrößen:
- Fertigungs- und Montageaufträge
- Start- und Endtermine der Montage- und Fertigungsaufträge

Abrufaufträge

Mechanische Fertigung

Motorenmontage

Preßwerk

Aggregatmontage

Lieferanten

Rohbau

Lackiererei

Endmontage

Kunden

Vormontagen, wie Polsterei/Reifenmontage/ Kabelfertigung/Kunststoffspritzerei etc.

Legende: Materialfluß:
            Informationsfluß

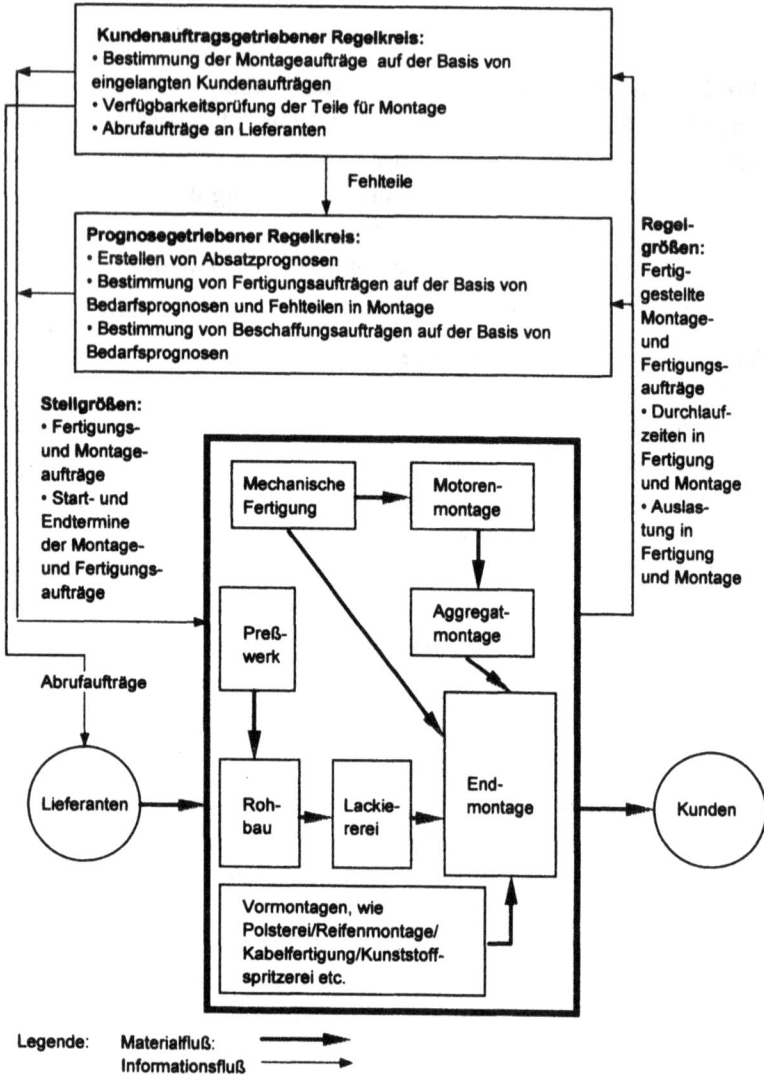

Abb. A.1.3:   Beispiel für Regelkreise in einer Automobilfertigung

gruppen rechtzeitig verfügbar sind. Daher sind die technisch vorausgehenden Prozesse (z. B. mechanische Teilefertigung) mit der Endmontage abzustimmen. Dabei kann diese Koordinierung generell so erfolgen, daß die vorausgehenden Prozesse wiederum erst festgelegt werden, wenn das Montageprogramm bereits fixiert ist, wie es in einer sog. produktionssynchronen Beschaffung bzw. absatzsynchronen Produktion (Just-in-Time-Konzept) der Fall ist. Dieses Konzept sieht vor, den Bedarf aufeinander folgender Wertschöpfungsstufen möglichst zu synchronisieren. Die Leistungserstellung einer technisch vorausgehenden Stufe wird erst dann ausgelöst, wenn die abnehmende Stelle ihren konkreten Bedarf signalisiert. Ein durchgängiger Materialfluß über alle zusammenhängenden Wertschöpfungsstufen wird angestrebt.

Bei einer *produktionssynchronen Beschaffung* wird mit dem oder den Lieferanten eine Vereinbarung getroffen, die diesen bzw. die diese verpflichtet, die benötigten Materialien jeweils zu den im Produktionsprozeß benötigten Terminen des Abnehmers zu liefern. Die Anlieferung wird durch den gewünschten Zeitpunkt in den Fertigungs- und Montagestellen des Abnehmers bestimmt. Lager sollten nur aus Puffergründen vorgehalten werden, um unvermeidbare Schwankungen des Bedarfs zu absorbieren. Damit eine Koordination und eine rechtzeitige Reaktionsfähigkeit der Wertschöpfungspartner gewährleistet ist, werden verschiedene Entscheidungsebenen eingeführt, z. B.:

- *Rahmenvereinbarung*: Diese beinhaltet eine Bedarfsvorschau des Abnehmers nach Artikelgruppen auf Quartalsbasis und hat einen längerfristigen Planungshorizont (z. B. ein Jahr). Diese Vereinbarung dient der Preisfestlegung der Beschaffungsgüter und legt das ungefähre Beschaffungsvolumen fest. Die Daten werden in der Regel nach jeweils einem Quartal überarbeitet.
- *Rahmenaufträge des Abnehmers an Lieferanten*: Diese autorisieren die liefernde Stelle, ihre Materialbestellungen durchzuführen und gegebenenfalls Fertigungsprozesse auszulösen, sofern dies aufgrund ihrer Durchlaufzeit bereits erforderlich ist. Der Planungshorizont beträgt häufig ein Quartal mit monatlicher Aktualisierung.
- *Direktabruf des Abnehmers*: Dieser erst bestimmt verbindlich die Mengen je Variante, den Anlieferungstermin und den Ort beim Abnehmer.

Dieses Anlieferungskonzept legt nahe, eine Lieferantenansiedlung in Werksnähe des Abnehmers und eine enge informationstechnische Verbindung zwischen Zulieferer und Abnehmer vorzusehen.

Ein konkretes Beispiel für eine produktionssynchrone Beschaffung ist die montagesynchrone Anlieferung von Fahrzeugsitzen durch Keiper-Recaro an Daimler Benz, wobei dafür eine Fertigungsstätte von Sitzen in acht Kilometer Entfernung zum Abnehmerwerk errichtet wurde (vgl. dazu Schulte 1991, S. 38): Daimler Benz erstellt mindestens einmal pro Monat einen geplanten Lieferabruf, der auch Bedarfszahlen für die neun folgenden Monate umfaßt. Dabei sind bereits Sonderausstattungen der Autos, nicht aber Farben berücksichtigt. Der Lieferant kann diese Informationen zur Bedarfsermittlung seiner Rohmaterialien und Einzelteile und zur Erstellung eigener Lieferabrufe verwenden. Eine tagesbezogene Rechnung erfolgt vom Abnehmer neun Tage vor seinem geplanten Fertigungstermin in der Montage, wobei die Bedarfe nun auch nach Ausstattungsfarben differenziert werden. Diese erfolgt nach dem sog. „Inneneinbauimpuls": Nach Fertigstellung im Rohbau von Daimler Benz und erfolgter Lackierung gehen die zum Inneneinbau freigegebenen Karosserien in einen Puffer, aus dem sie von einem Prozeßrechner in der geplanten Montagereihenfolge abgerufen werden. Am Ausgang dieses Puffers wird durch einen Roboter eine eindeutige Fahrzeugidentifikatioin durchgeführt und an den Prozeßrechner überspielt, wobei Fahrzeugtyp, Baumuster, die benötigten Ausstattungen codiert werden. Dieser Datensatz wird an alle betroffenen Vormontagestellen im eigenen Werk und gleichzeitig on-line an Keiper-Recaro übermittelt und stellt eine Fertigungs- bzw. Lieferanweisung dar. Der Lieferant fertigt aufgrund dieser Daten, und die fertigen Sitze werden zum vereinbarten Termin anschließend auf speziellen Gestellen bereits in der vorgesehenen Einbaureihenfolge mittels LKW zu Daimler Benz an ein vorgesehenes Entladedock gebracht. Von diesem Entladedock aus werden die Sitzgarnituren ohne weiteren Eingriff an den Montageplatz transportiert, wo sie zum Einbau bereitstehen.

Prognosegetriebener Regelkreis: Neben dem auftragsgetriebenen Regelkreis existiert ein Regelkreis, der auf Erwartungen über die zukünftige Nachfrage basiert. Die Prozesse, z. B. von Fertigungs- und Montagestellen, werden aufgrund von Absatzprognosen ausgelöst und der konkrete Kundenauftrag nicht abgewartet. Produzierte Teile bzw. beschaffte Teile werden gelagert (Vorratsbeschaffung). Trifft ein Kundenauftrag ein, so wird geprüft, ob die dazu benötigten Teile, die aufgrund von Erwartungen disponiert werden, bereits auf dem Lager verfügbar sind. In diesem Falle werden die Teile reserviert und bei Bedarf der verbrauchenden Stellen dem Lager entnommen. Zeigt die Verfügbarkeitsprüfung, daß Teile fehlen (Fehlteile), so hat das Produktionsmanagement zu entscheiden, ob ein Eilauftrag für die produzierende Stelle ausgelöst werden soll, um die Montageaufträge wie geplant durchzuführen, oder das Montageprogramm ist zu ändern.

Der Vorteil dieser Vorgehensweise besteht darin, daß die zu liefernde Stelle ihre Fertigungsaufträge (= Anweisung, eine bestimmte Menge an Komponenten in einem vorgegebenen Zeitraum zu produzieren) aufgrund von ökonomischen Überlegungen festlegen kann. So wird man beispielsweise Mengen an gleichartigen Motorteilen, die häufiger in der nächsten Zukunft benötigt werden, gegebenenfalls in einem geschlossenen Posten (= Losgröße) bearbeiten, um mehrfaches Einrichten der Maschinen für diese Teile zu vermeiden, vor allem, wenn damit ein großer Zeitaufwand verbunden ist (vgl. dazu Kap. B.4.2.3). Bei einer Vorausproduktion kann man zudem auf eine gleichmäßige Auslastung der Maschinen bzw. Beschäftigungssituation der Arbeitskräfte achten. Bei korrekter Antizipation der Bedarfe an Komponenten liegen diese bei Eingang eines konkreten Kundenauftrags bereits auf Lager und lassen eine schnelle Belieferung erwarten. Sind allerdings erhebliche Prognosefehler des zukünftigen Bedarfs nicht auszuschließen, was vor allem bei einer großen Vielfalt spezifischer Teile wahrscheinlicher wird, kann dieses Vorgehen erhebliche negative ökonomische Konsequenzen aufweisen (z. B. hohe Lagerkosten für Lagerhüter, hohe Kosten für Eilbestellungen etc.).

Bisher haben wir die laufende Regelung der Prozesse für ein bereits gegebenes physisches System der Leistungserstellung betrachtet. Man kann dies die *Lenkungsaufgaben der Leistungserstellung* nennen. Darüber hinaus müssen allerdings für einen längerfristigen Planungshorizont vom Produktions-Management Entscheidungen über die Struktur der Leistungserstellung getroffen werden, wobei Fragen folgender Art zu beantworten sind:

- Welche Erzeugnisse sollen in welchen Varianten langfristig produziert werden ? (Neuprodukt- und Variantenmanagement)
- Welche Prozesse sollen selbst durchgeführt werden ? (Fertigungstiefenmanagement)
- Welche Technologien sollen für die selbst durchgeführten Prozesse eingesetzt werden? (Technologiemanagement)
- Welches Leistungsvermögen sollen die Arbeitsplätze aufweisen ? (Kapazitätsmanagement)
- Mit welchen Lieferanten bzw. allgemeiner ausgedrückt Marktpartnern sollen Beziehungen unterhalten werden, und wie ist der Material- und Informationsfluß mit diesen Partnern zu organisieren? (Logistikkettenmanagement).

Die Strukturentscheidungen über die Produkte und Prozesse der Leistungserstellung bestimmen im entscheidenden Maße die Wettbewerbsfähigkeit des Unternehmens und können als *Gestaltungsaufgaben* des Produktions- und Logistikmanagement bezeichnet werden. Das Produktions- und Logistikmanagement hat daher **Lenkungs- und Gestaltungsaufgaben** im Rahmen der Regelung eines Leistungserstellungssystems zu erfüllen. Stellgrößen, die vom Produktions- und Logistikmanagement für einen Betrieb der Fertigungsindustrie zu erarbeiten sind, lassen sich daher durch die Abb. A.1.4 andeuten. Statt von Produktions- und Logistikmanagement läßt sich zusammenfassend vom **Prozeßmanagement** sprechen, da die Leistungserstellung gesamthaft (systemisch) zu regeln ist. Dabei müssen in der Regel verschiedene Zielvorstellungen berücksichtigt werden. Typisch ist für das Prozeßmanagement, daß konfliktäre Zielvorstellungen in bezug auf eine Handlungsalternative auftreten können, d. h. eine zunehmende Erfüllung eines Ziels ist mit wachsender Nicht-Erfüllung eines anderen Ziels verbunden. Das Prozeßmanagement hat für diese Fälle Lösungen zu erarbeiten (vgl. zu verschiedenen Zielvorstellungen Kap. A.2.2.1).

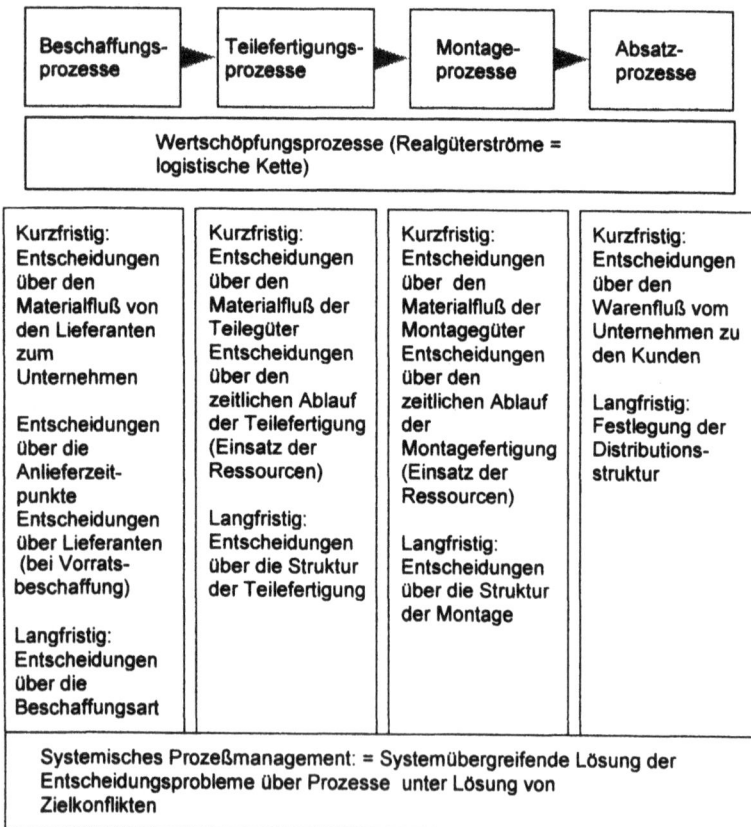

Beschaffungs-prozesse	Teilefertigungs-prozesse	Montage-prozesse	Absatz-prozesse
Wertschöpfungsprozesse (Realgüterströme = logistische Kette)			
Kurzfristig: Entscheidungen über den Materialfluß von den Lieferanten zum Unternehmen Entscheidungen über die Anlieferzeit-punkte Entscheidungen über Lieferanten (bei Vorrats-beschaffung) Langfristig: Entscheidungen über die Beschaffungsart	Kurzfristig: Entscheidungen über den Materialfluß der Teilegüter Entscheidungen über den zeitlichen Ablauf der Teilefertigung (Einsatz der Ressourcen) Langfristig: Entscheidungen über die Struktur der Teilefertigung	Kurzfristig: Entscheidungen über den Materialfluß der Montagegüter Entscheidungen über den zeitlichen Ablauf der Montagefertigung (Einsatz der Ressourcen) Langfristig: Entscheidungen über die Struktur der Montage	Kurzfristig: Entscheidungen über den Warenfluß vom Unternehmen zu den Kunden Langfristig: Festlegung der Distributions-struktur
Systemisches Prozeßmanagement: = Systemübergreifende Lösung der Entscheidungsprobleme über Prozesse unter Lösung von Zielkonflikten			

Abb. A.1.4:   Entscheidungen des Prozeßmanagement

Eine **Lehre vom Produktions- und Logistikmanagement (Prozeß-management)** hat das physische Leistungserstellungssystem zu beschreiben und zu analysieren sowie vor allem die Gestaltungs- und Lenkungsaufgaben des dispositiven Faktors (Produktionsführung bzw. allgemeiner Führung der Prozesse der Leistungserstellung) und deren zugrundeliegenden Lösungskonzepte darzustellen. Im Rahmen dieser kurzen Einführung in dieses Fachgebiet behandeln wir daher die Beschreibung und Analyse des physischen Leistungserstellungssystems im Kap. A.2 und die Lenkungsaufgaben der Produktionsführung sowie deren Lösungskonzepte im Kap. B. Die Gestaltungaufgaben werden aus Gründen des Seitenumfangs lediglich kurz im Kap. C gestreift. Ausführlichere Darstellungen zu diesem Gebiet sind in Hoitsch (1993), Hahn/Laßmann (1990, 1993), Corsten (1995), Zäpfel (1989 a, 1989 b) zu finden.

A.2 Elemente eines Leistungserstellungssystems

Die wesentlichen Elemente eines Leistungserstellungssystems lassen sich kennzeichnen durch:

- Physisches Leistungserstellungssystem (Logistik- bzw. Prozeßkette als Regelstrecke), charakterisiert durch

  1. Output in Form von Marktleistungen und Emissionen
  2. Input in Form von Elementarfaktoren
  3. Throughput in Form des physischen Input-Output-Prozesses.

- Dispositiver Faktor, d. h. das Produktions-und Logistikmanagement, mit seinen Aufgaben der Planung, Steuerung und Kontrolle des physischen Systems der Leistungserstellung.

A.2.1 Regelstrecke des Leistungserstellungssystems: Logistik- bzw. Prozeßkette

Physische Leistungserstellungssysteme bestehen aus Mensch-Betriebsmittel-Kombinationen, auch Produktiveinheiten oder Arbeitssysteme genannt. Die Tätigkeiten der Produktiveinheiten werden in Geschäfts- bzw. Be-

triebsprozessen sichtbar. Dabei lassen sich sich die Geschäfts- bzw. Betriebsprozesse sowie Produktiveinheiten auf unterschiedlichen Betrach-
tungsebenen analysieren (Abb. A.2.1).

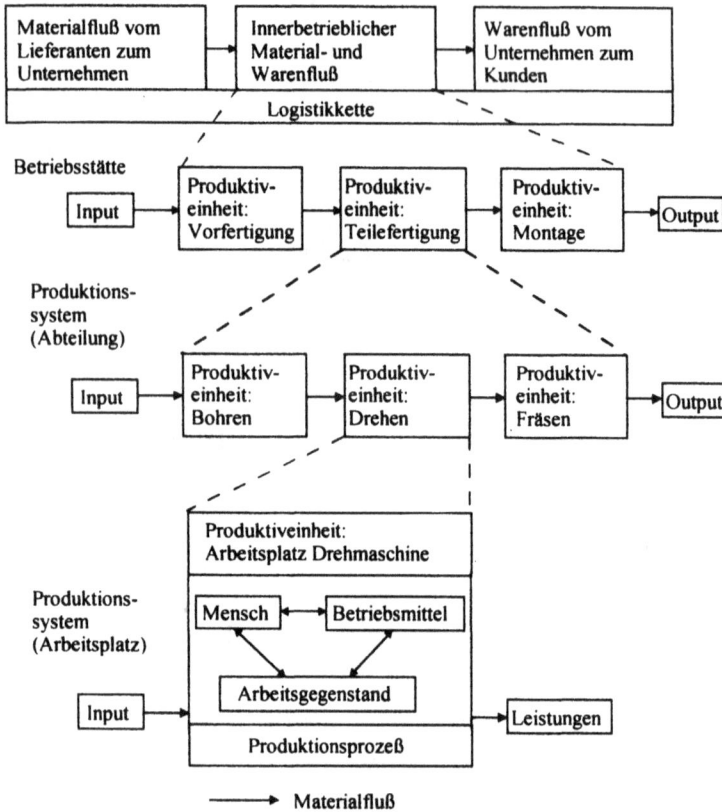

Abb. A.2.1:   Produktiveinheiten bzw. Leistungserstellungsprozesse auf
              unterschiedlichen Ebenen

(1) Fokussieren wir die gesamten Material- und Warenflüsse vom
    Lieferanten zum Unternehmen, durch das Unternehmen und vom
    Unternehmen zu den Kunden, so betrachten wir die *logistische
    Kette* (Wertschöpfungsverbund). Es stehen sowohl die innerbetrieb-
    lichen wie außerbetrieblichen Material- und Warenflüsse der an
    unterschiedlichen Standorten lokalisierten Unternehmen, die einen
    Wertschöpfungsverbund bilden, im Mittelpunkt der Betrachtung.

Dabei ist vor allem die entstehende Koordinierungsaufgabe der Material- und Warenflüsse von Belang.

(2) Konzentrieren wir uns in erster Linie auf die innerbetrieblichen Wertschöpfungsprozesse, die sich in den arbeitsteiligen Funktionseinheiten eines Unternehmens abspielen, so stehen die Material- und Warenflüsse bzw. das Zusammenwirken der Betriebsprozesse (innerbetriebliche Logistik) im Mittelpunkt.

(3) Betrachten wir dagegen eine arbeitsteilige Funktionseinheit im Betrieb, so lassen sich die Gestaltungs- und Lenkungsaufgaben einer Abteilung analysieren.

(4) Eine Mikrobetrachtung findet statt, wenn wir einen einzelnen Arbeitsplatz untersuchen. Einzelarbeitsplätze stellen die kleinste Produktiveinheit dar *(Mikro-Produktiveinheit)*. An dieser Produktiveinheit lassen sich beispielsweise einzelne Arbeitsvorgänge an einem Arbeitsplatz analysieren.

Der Leistungserstellungsprozeß ist durch eine Folge von Input- und Output- sowie Throughput-Beziehungen charakterisiert. Diese wollen wir im folgenden näher analysieren.

A.2.1.1 Output des physischen Leistungserstellungssystems

Die Ergebnisse eines Leistungserstellungssystems sind die für den Absatzmarkt bestimmten Güter; sie werden auch als Produkte, Enderzeugnisse oder Leistungen bezeichnet. Dabei ist bei dem Terminus „Güter" nicht nur an materielle Güter (Sachgüter), sondern ebenso an Dienstleistungen zu denken. Der Output einer Dienstleistungsproduktion besteht aus immateriellen Wirtschaftsgütern, die für den Absatz produziert werden. Sachgüter und Dienstleistungen bezeichnen globale Beschreibungskategorien, da jeweils unter einem Oberbegriff eine Vielzahl unterschiedlicher Güterarten zusammengefaßt werden. Es wird nämlich nur eine aus vielen Eigenschaften herausgegriffen, die Körperlichkeit oder Unkörperlichkeit des Outputs. Die Ergebnisse eines produktiven, betrieblichen Systems können aber ebenso aus einem Leistungsbündel bestehen, das nicht nur einen materiellen, sondern auch einen immateriellen Output umfassen kann. So produzieren manche Betriebe Sachgüter und bieten gleichzeitig Dienstleistungen an (z. B. Computerhersteller offerieren Sach- und Dienstleistungen, letzteres in Form von Beratungen).

Der Betrieb steht mit der Umwelt in einem *ökologischen Bezug*. Das wird im besonderen bei Industriebetrieben deutlich, wenn man die Austauschbeziehungen mit der Umwelt analysiert. In das produktive System gehen aus der Umwelt Materie, Energie und Information als Input ein. Als Output des betrieblichen Transformationsprozesses treten neben den beabsichtigten Erzeugnissen in vielen Fällen ungewollte Kuppelprodukte hinzu, die als Abfälle zu dem betrachteten Zeitpunkt keine wirtschaftliche Verwendung finden; diese Schadstoffemissionen belasten vielmehr nachteilig die Umwelt. In der Abb. A.2.2 sind mögliche Input-Output-Ströme eines Industriebetriebes dargestellt.

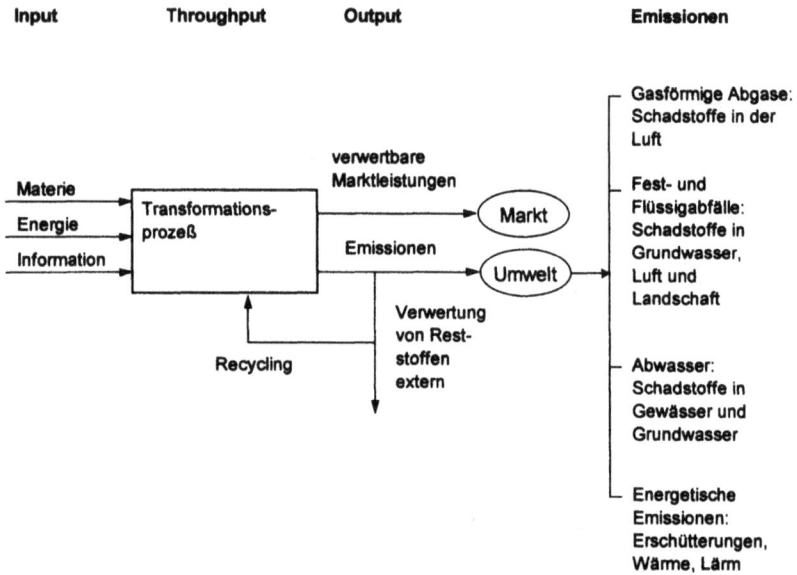

Abb. A.2.2:   Input-Output-Prozesse eines physischen Produktionssystems

Umweltschutz im Produktionsbereich bedeutet Anpassung an das herrschende umweltpolitische Instrumentarium, wie an die Vorgabe von Umweltschutznormen (Verfahrensnormen, Produktnormen, Verbote und Einzelanordnungen), an Umweltgebühren und -steuern sowie an die Subventionierung umweltentlastender Aktivitäten. Ziel des betrieblichen Umweltschutzes ist es, die durch die betrieblichen Prozesse entstehenden Belastungen der Umwelt durch Rückstandsstoffe bzw. Emissionen zu vermeiden bzw. zu reduzieren.

Dabei lassen sich additiver und integrierter Umweltschutz unterscheiden.

Additiver Umweltschutz beginnt am Ende eines Produktionsprozesses, wenn die Rückstands- bzw. Reststoffe entstanden sind. Durch nachgeschaltete Rückhalte- und Entsorgeeinrichtungen können entweder ökonomisch verwertbare Produkte oder nicht direkt verwertbare Rückstände entstehen. Die ökonomisch nicht direkt verwertbaren Rückstände können durch weitere Aufbereitungsprozesse zu ökonomisch verwertbaren Produkten umgewandelt werden, oder sie sind als Rückstände in Deponien abzulagern bzw. in einer anderen Form an die natürliche Umwelt abzugeben.

Integrierter Umweltschutz besteht darin, die Belastungen bereits beim Produktionsprozeß auf ein Minimum zu reduzieren. Das Ziel ist also nicht, bereits entstandene Rückstandsstoffe und Emissionen mit aufwendiger Technologie zu entfernen, sondern durch umweltgerechte Produktion die Entstehung von Schadstoffen weitgehend zu verhindern. Maßnahmen eines integrierten Umweltschutzes z. B. in der chemischen Industrie sind:

- Weitgehende Vermeidung von Kuppelprodukten durch neue Synthesewege oder durch andere Kuppelprodukte mit einem geringeren Gefährdungspotential.
- Verringerung der Nebenprodukte durch verfahrenstechnische Prozeßoptimierung.
- Substitution umweltbelastender Hilfsstoffe durch solche mit geringerem Gefährdungspotential oder besserer Entsorgungsmöglichkeit (Beispiel: Substitution von chlorierten Lösungsmitteln durch chlorfreie Lösungsmittel).
- Reduzierung der Menge der bei der Aufarbeitung zugesetzten Hilfsstoffe, z. B. abwasserarme Verfahren.
- Verwertung nicht umgesetzter Rohstoffe und in die Reaktion eingesetzter Hilfsstoffe durch Rückgewinnung.

Rückgewinnung oder *Recycling* bedeutet das Rückführen von stofflichen oder energetischen Abfällen, die in Produktions- oder Konsumvorgängen entstanden sind, in den Produktionsprozeß (vgl. dazu Strebel 1994). Das Recycling gebrauchter technischer Konsumgüter soll dazu beitragen, knappe Rohstoffressourcen zu schonen und das anfallende Deponievolumen zu verringern. Neuerdings gewinnt die *Demontage im Rahmen des Recyclings* Bedeutung. Die Demontage zum Recycling (z. B. von Altautos) zielt darauf ab, Komponenten und Baugruppen sowie Wertstoffe sortenrein rückzugewinnen und Schadstoffe zu isolieren. Da der Aufwand für die Demontage eines Produkts sowie das Wertniveau, auf das Komponenten des Produkts rückgeführt werden können, maßgeblich von der Konstruktion des Produkts abhängen, stellt die Demontagegerechtheit ein Gestaltungsziel bei der Produktkonstruktion dar (vgl. umfassend Spengler 1994).

Die Anpassung der Produktion an die Forderungen des Umweltschutzes ist zeitabhängig (Strebel 1980; Wagner 1990, 1993).

Kurzfristig sind die Möglichkeiten am geringsten. Diese bestehen beispielsweise in kurzfristig möglichen Anpassungen an vorgegebene Emissionsstandards und Umweltgebühren durch Variation des Mengenausstoßes oder in der Verwendung umweltfreundlicher Einsatzstoffe, wie z. B. dem Einsatz von schwefelarmen Brennstoffen.

Mittelfristige Anpassungsmaßnahmen zielen vor allem auf den Abschluß von umweltschutzrelevanten Verträgen, wie den Ankauf von umweltschonenden Einsatzstoffen oder den Erwerb von Nutzungsrechten an Entsorgungskapazitäten (z. B. Verträge über die Mitbenützung von kommunalen Kläranlagen).

Erst *langfristig* hat der Betrieb die Möglichkeit, alle Produktionsfaktoren optimal an die gesetzlichen Anforderungen anzupassen. In der Praxis kann das bedeuten: Errichtung neuer Produktionsanlagen auf der Basis umweltschonender Technologien, Entwicklung umweltfreundlicher Erzeugnisse, z. B. Konstruktion von Produkten, die nach Verwendung leicht recyclingfähig sind, Investitionen in Entsorgungsanlagen und vieles mehr.

A.2.1.2 Input des physischen Leistungserstellungssystems

Der Input eines Produktionssystems besteht aus *Produktionsfaktoren*: Sie sind Güter, die in den Transformationsprozeß eingehen und dort Leistungen hervorbringen.

Für die Produktion von Sachgütern hat sich insbesonders die Einteilung der Produktionsfaktoren, die auf Gutenberg (1979) zurückgeht, bewährt. Im Überblick ist diese Einteilung der Produktionsfaktoren in der Abb. A.2.3 aufgeführt.

Die dispositiven Faktoren – das Produktions-Management bzw. die Geschäfts- und Betriebsleitung wie Gutenberg sie nannte – umfaßt jene Instanzen, denen die Führung des physischen Produktionssystems obliegt; ihre dispositiven Arbeitsleistungen in Form planender, steuernder sowie organisatorischer Aktivitäten bewirken die Kombination der Elementarfak-

Produktionsfaktoren

Elementarfaktoren | Dispositive Faktoren

Menschliche Arbeitsleistung bzw. Arbeitskräfte | Betriebs- mittel | Werk- stoffe

Potentialfaktoren | Repetierfaktoren oder Verbrauchs- faktoren

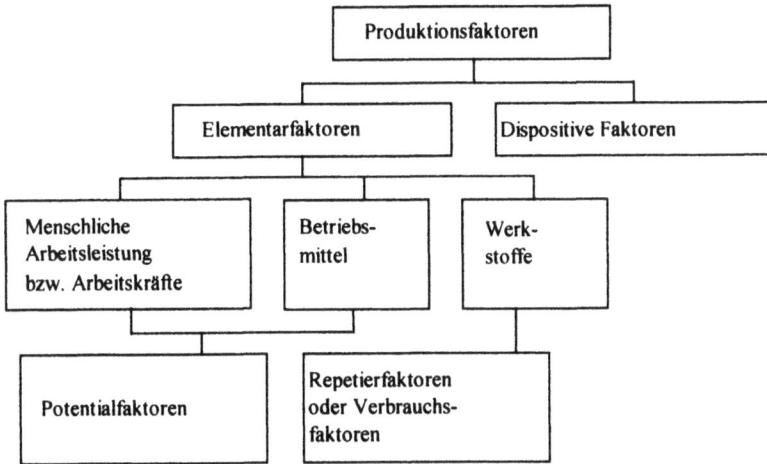

Abb. A.2.3: Produktionsfaktoren

toren. Die Aufgaben des dispositiven Faktors werden im Kap. 2.2 näher behandelt.

Die Elementarfaktoren lassen sich aufgrund ihrer produktiven Wirksamkeit in zwei Gruppen einteilen:

- Verbrauchs- oder Repetierfaktoren
- Bestands- oder Potentialfaktoren

Elementarfaktoren, die bei ihrem Einsatz in dem Transformationsprozeß sofort verbraucht werden und damit nicht mehr zur Verfügung stehen, heißen Verbrauchsfaktoren. Sie verlieren nach einmaligem Einsatz ihre produktive Wirksamkeit, weil sie Bestandteil der Produkte geworden sind oder durch ihren Untergang den Produktionsvorgang möglich machten.

Typische Verbrauchsfaktoren sind Roh-, Hilfs- und Betriebsstoffe (Abb. A.2.4)

Danach kommt zum Ausdruck, daß Verbrauchsfaktoren unterschieden werden können:

- ob sie substantiell in die zu fertigenden Erzeugnisse eingehen, also Erzeugnisbestandteile wie Roh- und Hilfsstoffe sind (direkter Verbrauch) oder
- ob sie nicht substantiell in die zu fertigenden Erzeugnisse eingehen (indirekter Verbrauch). Ein indirekter Verbrauch ist z. B. für die Betriebsstoffe gegeben. Ihr Einsatz aktiviert erst Betriebsmittelleistungen (wie

Verbrauchsfaktoren	Charakteristika
A.1. Rohstoffe	Stoffe, die der Be- oder Verarbeitung unterliegen und als Hauptbestandteil in das Erzeugnis eingehen
A.2. Hilfsstoffe	Sammelbegriff für die Stoffe, die ebenfalls der Be- oder Verarbeitung unterliegen und in das Enderzeugnis eingehen, aber wert- oder mengenmäßig eine geringe Rolle spielen: Zwischen den wesentlichen Bestandteilen des Enderzeugnisses und den Hilfsstoffen besteht aber kein genereller Unterschied, vielmehr handelt es sich lediglich um einen graduellen, etwa im Sinne von Haupt- und Nebenbestandteil. Häufig angeführte Beispiele für Hilfsstoffe sind Leim oder die Schrauben bei der Möbelherstellung.
B. Betriebsstoffe	Stoffe, die nicht unmittelbar in das Enderzeugnis eingehen und bei der Produktion verbraucht werden. Sie dienen vielmehr dazu, den Transformationsprozeß zu ermöglichen und aufrechtzuerhalten. Beispiele dafür sind die Energiestoffe, wie der Treibstoff und die Schmiermittel, um betriebliche Anlagen in Gang zu halten.
C. Handelswaren oder Durchlaufobjekte	Güter, mit denen der Betrieb - ohne vorherige Bearbeitung - Handel treibt.

Abb. A.2.4:   Verbrauchsfaktoren

z. B. Energien) oder ist zur Erhaltung von Betriebsmittelleistungen (wie z. B. Schmierstoffe, Schutzanstriche) erforderlich.

Potentialfaktoren sind Produktionsfaktoren, die Leistungspotentiale besitzen, und ihre Nutzung beim Transformationsprozeß zur Verfügung stellen, ohne die produktive Wirksamkeit über abgegrenzte Produktionsperioden zu verlieren. Potentialcharakter haben sowohl Betriebsmittel als auch die Arbeitsleistungen der tätigen Arbeitskräfte.

Betriebsmittel umfassen alle beweglichen und unbeweglichen technischen Mittel, die der Leistungserstellung dienen und ihr Nutzungspotential über längere Zeiträume abgeben können. Man unterscheidet Betriebsmittel mit Abgabe und ohne Abgabe von Werkverrichtungen. *Betriebsmittel mit Abgabe von Werkverrichtungen* führen beim planmäßigen Einsatz in der Produktion zu einem Fertigungsfortschritt an dem Arbeitsobjekt, wie z. B. Arbeitsmaschinen, Fördermittel, Fertigungsanlagen etc. (vgl. Zäpfel 1989 b, S. 100). *Betriebsmittel ohne Abgabe von Werkverrichtungen* stellen gewissermaßen Fertigungsvorbedingungen dar, wie Geschäftseinrichtungen, Betriebsgebäude, Lagereinrichtungen etc. In dieser Funktion sind sie aber ebenso notwendig wie die Betriebsmittel mit Abgabe von Werkverrichtungen.

Zunehmend spielen *rechnergeführte Betriebsmittelsysteme* in der Praxis eine Rolle. Sie zeichnen sich dadurch aus, daß verschiedene Arbeitsmaschinen materialflußtechnisch verkettet sind und der informationelle Prozeß unter Zuhilfenahme von Computern gesteuert wird. Eine detaillierte Beschreibung derartiger rechnergeführter Betriebsmittelsysteme kann, nach Funktionen zerlegt, durch drei Teilsysteme erfolgen:

– *Bearbeitungssystem*: Dieses umfaßt die Fertigungs- sowie Meß- und Prüfmittel, die unmittelbar den Arbeitsfortschritt am Werkstück bzw. Arbeitsobjekt bewirken. Zu den Fertigungsmitteln zählen Werkzeugmaschinen, Werkzeugmaschinensteuerungen, Werkzeuge, Vorrichtungen etc.
– *Materialflußsystem*: Dieses beinhaltet die Förder- und Lagermittel einschließlich der technischen Einrichtung der Handhabung sowie der Förderhilfsmittel, wie z. B. Paletten.
– *Informationssystem*: Dieses besteht aus den technischen Mitteln, die dem Erfassen, Verteilen, Übertragen, Verarbeiten sowie Speichern von Informationen dienen, wie z. B. Computer und Kommunikationstechnologien.

Den sog. flexibel-automatisierten Systemstrukturen in der Fertigung ist der Einsatz automatisierter Arbeitsmaschinen und eine gleichzeitige rechnergestützte Steuerung des Fertigungsprozesses gemeinsam. Die Unterschiede liegen darin, in welchem Umfang Fertigungshilfsprozesse in der Automatisierungslösung einbezogen sind. Eine umfassende Automatisierungslösung stellen flexible Fertigungssysteme dar: Diese sind dadurch charakterisiert, daß sie aus mehreren sich ersetzenden oder ergänzenden Fertigungseinrichtungen (z. B. Bearbeitungszentren) bestehen, die über ein gemeinsames Transportsystem verbunden sind, wobei die Prozesse der Bearbeitung, der Handhabung und des Transports durch EDV gesteuert und überwacht werden.

Betrachtet man die *Stellung des Menschen im Produktionsprozeß*, so sind zwei Sichtweisen zu unterscheiden:

• Mensch als Produktionsfaktor und Träger der Leistungserbringung,
• Mensch als Betroffener einer Arbeitssituation.

Richten wir unser Augenmerk auf die Tätigkeiten bzw. Arbeitsverrichtungen des Menschen im Produktionsprozeß aus der Perspektive der Leistung, so wird *Arbeit* instrumentell als *quantifizierbarer Bestandteil des betrieblichen Kombinationsprozesses*, also als Produktionsfaktor, begriffen (vgl. auch Reichwald 1977). Es interessieren die Bestimmungsgrößen der menschlichen Arbeitsleistung, und wir fragen nach dem Arbeitsverhalten in bezug auf die Art und Weise sowie die Geschwindigkeit der Arbeitsverrichtungen und damit letztlich nach dem Leistungsbeitrag. Ein Systematisierungsentwurf der Bestimmungsgrößen des Leistungsverhaltens ist in der Abb. A.2.5 zu finden.

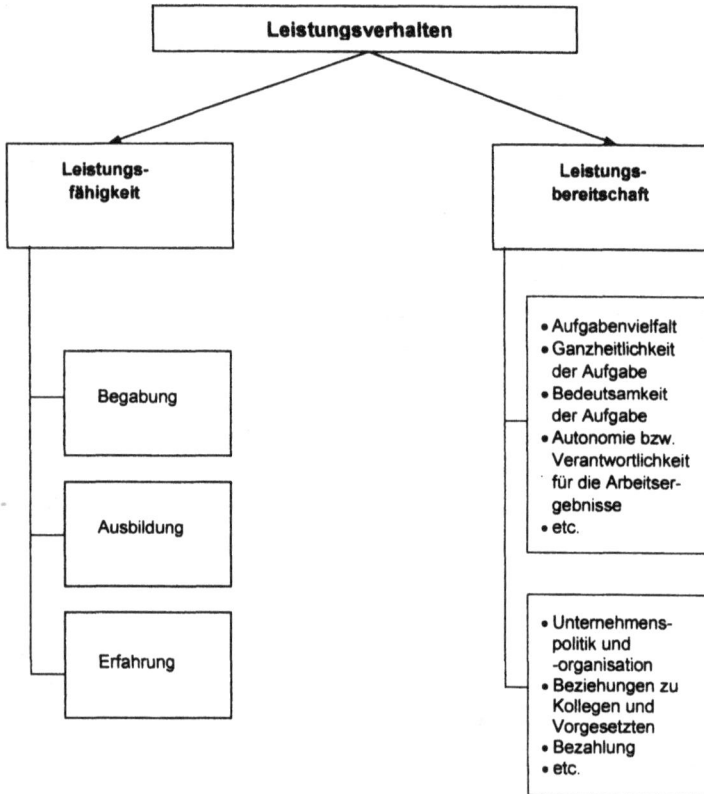

Abb. A.2.5:   Faktoren des Leistungsverhaltens

Das Leistungsverhaltenverhalten wird nach dieser Systematisierung auf zwei Gruppen von Bestimmungsgrößen zurückgeführt:

• Bestimmungsfaktoren, die die Leistungsfähigkeit betreffen (vgl. auch Graf 1960, Wagner 1966).
• Bestimmungsgrößen, die die Leistungsbereitschaft bestimmen.

Eine wesentliche Bestimmungsgröße der menschlichen Leistung stellt die *Leistungsfähigkeit* dar, die sich als das individuelle Leistungsvermögen des Menschen auffassen läßt. Sie drückt sich zum einen in den verschiedenartigen Verrichtungen aus, die eine Arbeitskraft beherrscht, zum anderen darin, in welcher Anzahl die einzelnen Verrichtungen pro Zeitabschnitt erbracht werden können. Leistungsvermögen läßt sich wiederum auf zwei Faktoren zurückführen: auf die dem Menschen eigenen Fähigkeiten und Fertigkeiten – z. B. Muskelkraft, Ausdauer, Geschicklichkeit, Intelligenz, Denkvermögen, Fleiß, Temperament – und das Ausmaß an Entfaltung, das diese Fähigkeiten erfahren haben. Dieser Grad der Entfaltung der Fähigkeiten läßt sich durch Aus- und Weiterbildung der Arbeitskraft beeinflussen und spiegelt sich in der Erfahrung des Menschen wider.

Die zweite wesentliche Determinante der menschlichen Leistung stellt die *Leistungsbereitschaft* dar. Wie die Fähigkeiten eines Menschen zur Aufgabenbewältigung eingesetzt werden, wird nicht zuletzt von seinem Leistungswillen bestimmt bzw. ist entscheidend von der Motivation des einzelnen abhängig. Spezifische Persönlichkeitsmerkmale (Motive) werden durch die Wahrnehmung bestimmter Situationsbedingungen, die als Anreize wirken, aktiviert und führen damit zur Motivation (vgl. umfassend L. v. Rosenstiel 1987). Vroom (1964) interpretiert Leistung (L) daher als Funktion von Fähigkeit bzw. Fertigkeit (F) und Motivation (M), wobei F und M in einem multiplikativen Zusammenhang gesehen werden:

$$L = f(F \cdot M)$$

Damit wird der *Mensch als Betroffener einer Arbeitssituation* begriffen. Das Augenmerk richtet sich darauf, wie Arbeitssituationen auf die Person wirken und ob die davon aktivierten Motive für die Person als zielerfüllend empfunden werden. Diese Sichtweise reflektiert also darauf, Arbeitssituationen im Hinblick auf die Interaktion von Person und Situation und damit Motivation zu sehen und an personalen Wertvorstellungen zu beurteilen. Dabei interessiert vor allem der Eigenwert, den die Arbeit für die Persönlichkeitsentwicklung der Arbeitskraft hat und welchen Beitrag die Arbeit zur Arbeitszufriedenheit und Leistungsmotivation beiträgt.

So zeigen Hackman und Oldham (1980) in ihren empirischen Arbeiten, daß bestimmte Charakteristika der Arbeit, sog. Kerndimensionen der Arbeit, gewisse Empfindungen bzw. Vorstellungen auf Seiten der Arbeitskraft auslösen, die ihrerseits zu persönlichen und organisatorischen Ergebnissen führen. Ob und wie einzelne Personen auf die Arbeitscharakteristika reagieren, hängt auch von individuellen Unterschieden ab. Als Kerndimensionen der Arbeit werden im besonderen angesehen:

- Aufgabenvielfalt, d. h. das Ausmaß, in dem die Ausführung einer Arbeit verschiedene Fähigkeiten und Fertigkeiten verlangt.
- Ganzheitscharakter der Aufgabe, d. h. das Ausmaß, in dem die Tätigkeit die Erstellung eines abgeschlossenen und eigenständig identifizierbaren Aufgabenabschnitts verlangt.
- Bedeutsamkeit der Aufgabe, d. h. das Ausmaß, in dem die Tätigkeit einen bedeutsamen und wahrnehmbaren Nutzen für andere innerhalb und außerhalb der Organisation hat.
- Autonomie des Handelns, d. h. das Ausmaß, in dem die Arbeit dem Beschäftigten Freiheit, Unabhängigkeit und einen zeitlichen und sachlichen Dispositionsspielraum bei der Arbeitsausführung läßt.
- Rückmeldung, d. h. das Ausmaß an Information, das die Arbeitskraft über die Ergebnisse seiner Arbeit enthält.

Die Leistungsbereitschaft bzw. die Arbeitszufriedenheit des Menschen kann darüber hinaus von einer Vielzahl weiterer Größen bestimmt werden, wie die Unternehmenspolitik und -organisation, Beziehungen zu den Kollegen und Vorgesetzten, Arbeitsbedingungen, Gehalt etc. Dabei spielt auch das Erwartungsniveau im Hinblick auf diese Größen eine entscheidende Rolle. Zu einer umfassenderen Darstellung dieser Thematik vergleiche der Leser Lutz von Rosenstiel (1987), Zäpfel (1989 a).

A.2.1.3 Throughput des physischen Leistungserstellungssystems

Der Throughput eines physischen Leistungserstellungssystems manifestiert sich in einem Transformationsprozeß. Dieser wird im Sachleistungsbetrieb sichtbar in dem Material- und Waren- sowie dem zugehörigen Informationsfluß und in den einzelnen Arbeitsvorgängen, die bei der Leistungserstellung zu vollziehen sind. Bei der Beschreibung des Input-Output-Prozesses interessieren wir uns im speziellen für die funktionalen Beziehungen, die zwischen dem (effizienten) mengenmäßigen Einsatz an Faktoren, dem Input, und der Menge an hergestellten Endprodukten, dem Output, bestehen.

An einem Beispiel wollen wir das zunächst veranschaulichen (Abb. A.2.6).

Mengen an
Enderzeugnissen
x_A, x_B

Einsatz an
Arbeitsleisungen r_7:

Stückzeit für A: 10
Stückzeit für B: 20

Mengen an
Baugruppen:
r_I, r_{II}, r_{III}

Einsatz an
Arbeitsleisungen r_6:

Stückzeit für I: 2
Stückzeit für II: 1
Stückzeit für III: 0.5

Mengen an Teilen:
r_a, r_b, r_c, r_d

Einsatz an Maschinen-
leistungen r_5:

Stückzeit für a: 1
Stückzeit für b: 2
Stückzeit für c: 2
Stückzeit für d: 1

originäre
Einsatzfaktoren
mit den Mengen
r_1, r_2, r_3, r_4

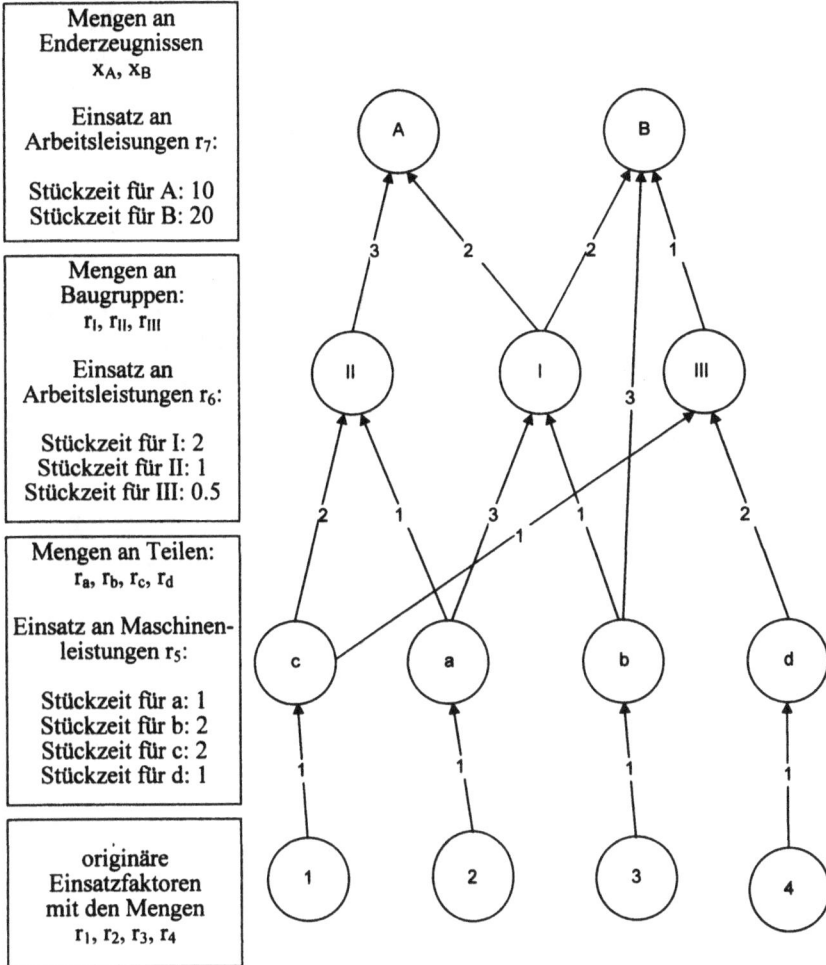

Abb. A.2.6:   Erzeugnisstruktur der Enderzeugnisse A und B und
              Potentialfaktoreinsatz in den Montagen und der Teilefertigung

Es sind die beiden Enderzeugnisse A und B in den Mengen x_A, x_B zu
erstellen, die sich aus den Baugruppen I, II, III zusammensetzen. Die Baugruppen bestehen aus Teilen a, b, c, d. Die Teile werden wiederum aus den
vier Rohteilen 1, 2, 3, 4 produziert. Die jeweiligen Mengenbeziehungen, in
der ein untergeordnetes Teil in ein übergeordnetes Erzeugnis eingeht, sind
an den Pfeilen der Abb. A.2.6 angeführt.

Die Produktionsprozesse bestehen aus Rohteilbeschaffung, Teilefertigung und Montage. Dieser Ablauf sieht vor, daß jeweils vier Rohteile mit den Mengen r_1, r_2, r_3, r_4 bezogen werden, die in der Teilefertigung als *originäre* Einsatzfaktoren eingehen. In der Teilefertigung werden Mengen an Teilen r_a, r_b, r_c und r_d hergestellt. Dabei werden neben den Repetierfaktoren auch Potentialfaktoren in Form von Maschinenleistungen eingesetzt. Die gesamte Einsatzmenge dieses originären Einsatzfaktors „Maschinenleistung" werden mit r_5 bezeichnet.

Die Teile werden in der Vormontage zu Baugruppen in den Mengen r_I, r_{II}, r_{III} komplettiert. Dabei sind Arbeitsleistungen als weiterer originärer Potentialfaktor, ausgedrückt in Zeiteinheiten, erforderlich. Die Menge dieses Potentialfaktors symbolisieren wir mit r_6.

Letztlich entstehen aus den Bauguppen und dem Teil b in der Montage die beiden Enderzeugnisse A und B. Als originärer Potentialfaktor sind Arbeitsleistungen in der Montage einzusetzen, deren zeitlicher Umfang mit r_7 bezeichnet wird. Die jeweiligen Stückzeiten sind der Abb. A.2.6 zu entnehmen.

Eine eindeutige Beschreibung des mengenmäßigen Input-Output-Prozesses läßt sich durch eine analytische Schreibweise erreichen. Für unser Beispiel lassen sich die Input-Output-Beziehungen – bei Beachtung der eingeführten Symbole und Angaben in Abb. A.2.6 – durch die folgenden Gleichungen ausdrücken:

$$r_I = 2x_A + 2x_B$$
$$r_{II} = 3x_A$$
$$r_{III} = x_B$$
$$r_a = 3r_I + 1r_{II}$$
$$r_b = 1r_I + 3x_B$$
$$r_c = 2r_{II} + 1r_{III}$$
$$r_d = 2r_{III}$$
$$r_1 = r_c$$
$$r_2 = r_a$$
$$r_3 = r_b$$
$$r_4 = r_d$$
$$r_5 = 1r_a + 2r_b + 2r_c + 1r_d$$
$$r_6 = 2r_I + 1r_{II} + 0{,}5r_{III}$$
$$r_7 = 10x_A + 20x_B$$

Dieses Gleichungssystem kann man aufgrund seiner speziellen Struktur (die Produktionsstuktur läßt sich durch eine Dreiecksmatrix abbilden) durch triviales Einsetzen und Durchlaufen der Gleichungen von oben nach unten so lösen, daß auf der rechten Seite jeweils die Menge an Enderzeugnissen wiedergegeben werden.

Führen wir nur die quantitativen Beziehungen zwischen den *originären* Einsatzgütern, also den Einsatz an Arbeitskräften und Maschinen sowie des Materials, und den Endprodukten auf, d. h. in unserem Fall die Gleichungen $r_1, \ldots, r_7$, so erhält man:

$$r_1 = 6x_A + x_B$$
$$r_2 = 9x_A + 6x_B \qquad \text{Repetierfaktor-}$$
$$r_3 = 2x_A + 5x_B \qquad \text{beziehungen}$$
$$r_4 = 2x_B$$

$$r_5 = 25x_A + 20x_B$$
$$r_6 = 7x_A + 4{,}5x_B \qquad \text{Potentialfaktor-}$$
$$r_7 = 10x_A + 20x_B \qquad \text{beziehungen}$$

Dieses Gleichungssystem stellt eine spezielle **Produktionsfunktion des Betriebes** dar. Aus dieser inputorientierten Form der Produktionsfunktion kann man unmittelbar ablesen, welche Produktionsfaktormengen für ein gegebenes Produktionsprogramm (x_A, x_B) erforderlich sind.

A.2.1.3.1 Leontief-Produktionsfunktion des Betriebes

In unserem einführenden Beispiel haben wir eine spezielle Produktionsfunktion veranschaulicht, die sog. *Leontief-Produktionsfunktion:* Die verschiedenartigen Einsatzgüter können nur in einem *konstanten* Mengenverhältnis eingesetzt werden oder anders formuliert zur Erzeugung einer Einheit des Produktes j ist eine *feste* Menge a_{ij} des Faktors i notwendig. Die Größe a_{ij} heißt Produktionskoeffizient.

Betriebswirtschaftliche Produktionsfunktionen lassen sich mittels der Input-Output-Analyse allgemeiner herleiten: Der Leistungserstellungsprozeß wird in Teilprozesse zerlegt, wobei jeder Teilprozeß auf einer Produktionsstelle stattfindet und dabei eine Güterart entsteht. In jeder Produktionsstelle können zwei Arten von Produktionsfaktoren eingesetzt werden:

- Originäre Produktionsfaktoren, die als Input-Güter von der Systemumwelt stammen (gedanklich kann dieser Input als von Beschaffungsstellen stammend interpretiert werden).

- Derivative Produktionsfaktoren, die von den Produktionsstellen des Betriebes erzeugt werden.

Jede Produktionsstelle kann eine Güterart an andere Produktionsstellen und/oder an die Umwelt (als absatzbestimmtes Produkt) abgeben. In allgemeiner Schreibweise entspricht die Menge r_i der Ausbringungsmenge der Stelle i. Umfaßt das Produktionssystem n Stellen und bezeichnet man die Einsatzmenge, die von einer Stelle i zu einer Stelle j fließt, $i \neq j$, mit r_{ij}, sowie die zum Absatz bestimmte Outputmenge der Stelle i mit d_i (die wir im Beispiel Null gesetzt haben), so läßt sich der Realgüterfluß durch das folgende Gleichungssystem darstellen:

$$(1) \quad r_i = \sum_{j=1}^{J} r_{ij} + d_i, i = 1, \ldots, n$$

wobei J die Anzahl der Erzeugnisse darstellt, in der das Erzeugnis i eingeht.

Im speziellen Fall einer Leontief-Produktionsfunktion gilt:

$$(2) \quad r_{ij} = a_{ij} \cdot r_j$$

Damit ergibt sich für (1)

$$(1') \quad r_i = \sum_{j=1}^{J} a_{ij} \cdot r_j + d_i,$$

oder in Matrixschreibweise

$$(3) \quad \begin{pmatrix} r_1 \\ \vdots \\ r_n \end{pmatrix} = \begin{pmatrix} a_{11} & \cdots & a_{1J} \\ \vdots & \vdots\vdots\vdots & \vdots \\ a_{n1} & \cdots & a_{nJ} \end{pmatrix} \cdot \begin{pmatrix} r_1 \\ \vdots \\ r_J \end{pmatrix} + \begin{pmatrix} d_1 \\ \vdots \\ d_n \end{pmatrix}$$

Die Elemente der Matrix $\underline{A}$ entsprechen den direkten Einzelverbräuchen von Gütern an den jeweiligen Stellen; die Matrix $\underline{A}$ heißt daher auch Direktverbrauchsmatrix. Schreiben wir (3) in der kompakten Form $\underline{r} = \underline{A} \cdot \underline{r} + \underline{d}$, so gelangen wir nach Umformung zu dem Gleichungssystem (Existenz der Inversen vorausgesetzt):

$$(4) \quad \underline{r} - \underline{A} \cdot \underline{r} = (\underline{E} - \underline{A}) \cdot \underline{r} = \underline{d}, \text{ wobei } \underline{E} \text{ der Einheitsmatrix entspricht}$$
$$\underline{r} = (\underline{E} - \underline{A})^{-1} \cdot \underline{d}$$

Das Gleichungssystem (4) gibt die quantitativen Beziehungen zwischen den originären und derivativen Einsatzgütern und den Endprodukten des Betriebes wieder. Die Zeilenvektoren von $(\underline{E} - \underline{A})^{-1} \cdot \underline{d}$, die die Beziehungen zwischen den *originären* Einsatzgütern und den absatzbestimm-

ten Outputmengen ausdrücken, umfassen die gesuchte Produktionsfunktion des Betriebes. Führen wir lediglich für die m < n *originären* Produktionsfaktoren die entsprechenden Gleichungen von (4) auf, so erhalten wir
die Leontief-Produktionsfunktion des Betriebes (Kloock 1969, Schweitzer/
Küpper 1974).

Im Kap. B.2 werden wir kennenlernen, daß die Leontief-Produktions-
funktionen besonders enge Zusammenhänge zu Grunddaten der Produktion – wie Stücklisten, Teileverwendungsnachweise sowie Arbeitspläne –
aufweisen.

A.2.1.3.2 Allgemeinere Produktionsfunktionen des Betriebes

Die Beziehungen zwischen den in einer Stelle eingesetzten und den hergestellten bzw. weitergegebenen Gütermengen können wiederum von mehreren Einflußgrößen $e_1, e_2, \ldots$, abhängen und können nichtlinear sein. Sie lassen sich daher allgemeiner durch sogenannte *Transformationsfunktionen*

(5) $r_{ij} = f_{ij}(e_1, e_2, \ldots) \cdot r_j$

ausdrücken.

Setzen wir die Transformationsfunktionen (5) in das Gleichungssystem
(1) ein, so erhalten wir:

(6) $r_i = \sum_{j=1}^{J} f_{ij}(e_1, e_2, \ldots) \cdot r_j + d_i$

Kompakter läßt sich (6) in Matrixschreibweise fassen:

(6') $\underline{r} = \underline{F}(e_1, e_2, \ldots) \cdot \underline{r} + \underline{d}$

Formen wir (6') um, so gelangen wir zu dem Gleichungssystem (Existenz
der Inversen vorausgesetzt):

(7) $\underline{r} = (\underline{E} - \underline{F}(e_1, e_2, \ldots))^{-1} \cdot \underline{d}$

Wiederum lassen sich die entsprechenden Gleichungen von
$(\underline{E} - \underline{F}(e_1, e_2, \ldots))^{-1} \cdot \underline{d}$, die die Beziehungen zwischen den *originären*
Einsatzgütern und den absatzbestimmten Outputmengen ausdrücken,
separat aufführen, was der *allgemeinen statischen Produktionsfunktion
des Betriebes* entspricht (Kloock 1969).

In der Betriebswirtschaftslehre sind eine Reihe von Produktionsfunktionen entwickelt worden, die Spezialfälle der allgemeinen statischen Pro-

duktionsfunktion darstellen. Ein Beispiel haben wir bereits in der Leontief-Produktionsfunktion kennengelernt. Allgemeinere Einflußgrößen wurden in der Produktionsfunktion vom Typ B von Gutenberg (1979) und in der Produktionsfunktion des Typs C von Heinen (1983) einbezogen. In der Abb. A.2.7 sind im Überblick die wichtigsten statischen Produktionsfunktionen mit ihren Merkmalen angedeutet. (Der Index m soll dabei andeuten, daß lediglich die Beziehungen zwischen den m *originären* Produktionsfaktorarten und den absatzbestimmten Outputmengen aufgeführt sind.)

Typ der Produktions-funktion	genereller Ansatz	Berücksichtigte Einflußgrößen
Leontief-Produktionsfunktion	$r_m = (E - A)_m^{-1} \cdot d$	Enderzeugnismengen d
Produktionsfunktion vom Typ B	$r_m = (E - F(s))_m^{-1} \cdot d$	Enderzeugnismengen d, Intensitäten s
Produktionsfunktion vom Typ C	$r_m = (E - F(s^*, \lambda, V, C, v))_m^{-1} \cdot d$	Enderzeugnismengen d, Intensitätsverläufe s*, Ausbringungsmengen λ, Maschinenbelegung V, Ausschußkoeffizienten C, Auflagegrößen v
Produktionsfunktion Typ D	$r_m = (E - F(e_1, e_2, ...))_m^{-1} \cdot d$	Enderzeugnismengen d, beliebige Einflußgrößen e1, e2,...

Abb. A.2.7:   Ausgewählte (statische) Produktionsfunktionen

Da wir aus Platzgründen nicht auf die einzelnen statischen Produktionsfunktionen eingehen können und in der Literatur exzellente Darstellungen zur Produktionstheorie vorliegen, wird der Leser für Einzelheiten auf die Werke von Schweitzer/Küpper (1974), Fandel (1991), Zelewski (1993), Dyckhoff (1994), Kistner (1993), Steven (1994 b), Dinkelbach/Rosenberg (1994) verwiesen. Die vier zuletzt genannten Autoren führen ebenfalls mit großer Sorgfalt Umweltwirkungen in die Produktionstheorie ein.

A.2.1.3.3 Koordinierung des Materialflusses mittels Fortschrittszahlen auf der Basis einfacher dynamischer Produktionsfunktionen

Bisher haben wir den *zeitlichen Bezug* der Leistungserstellungsprozesse in den Input-Output-Beziehungen *vernachlässigt*. Da aber Prozesse nicht zeitlos ablaufen, ist auch die zeitliche Dynamik abzubilden. Neuere Entwicklungen gehen ebenfalls dahin, die Produktionsfunktionen **dynamisch** zu formulieren, d. h. den zeitlichen Ablauf zusätzlich zu den Mengenbeziehungen zu erfassen (Küpper 1979, Matthes 1979). Im folgenden wollen wir lediglich eine einfache, spezielle Erweiterung der Input-Output-Beziehungen um den Zeitbezug vornehmen. Anliegen dieser Weiterentwicklungen ist es, neben den Beziehungen zwischen den Einsatz- und Ausbringungsmengen auch die Zusammenhänge zwischen den *Einsatz- und Ausbringungszeitpunkten* abzubilden.

Im folgenden veranschaulichen wir eine *spezielle dynamische Produktionsfunktion, basierend auf der Leontief-Produktionsfunktion*. Diese hat auch Bedeutung in der Praxis für die Ermittlung des zeitlichen Bedarfs an Repetierfaktoren erlangt. Dabei gehen wir davon aus, daß für den zeitlichen Durchlauf durch die Leistungsstellen *Durchlauf- bzw. Wiederbeschaffungszeiten* für die Stellen geschätzt werden können (vgl. zur Ermittlung von Durchlaufzeiten Kap. B.5.2.1.3).

Der Realgüterfluß soll nun nicht nur die mengenmäßigen Beziehungen zwischen den Input- und Outputmengen umfassen, sondern auch den groben zeitlichen Ablauf abbilden. In Erweiterung der Gleichungen (1) erhalten wir für den Realgüterfluß:

$$(1'') \quad r_{it} = \sum_{j=1}^{J} a_{ij} \cdot r_{j,t+D_{ij}} + d_{it}, \ i = 1,\ldots,n; \ t = 1,\ldots,T$$

wobei

r_{it} := Gesamtbedarf von Produktionsfaktor i in der Periode t

d_{it} := zum Absatz bestimmte Outputmenge von Produktionsfaktor i in der Periode t

D_{ij} := Durchlaufzeit, um die der Faktor i mindestens früher gegenüber dem Erzeugnis (Faktor j) bereitzustellen ist

Ein Anwendungsbeipiel, das auf einer einfachen dynamischen Leontief-Produktionsfunktion basiert, ist das Fortschrittszahlenkonzept, das zur *logistischen Regelung der Material- und Warenflüsse* dient, und vor allem in der Automobilindustrie und bei Zulieferern angewendet wird.

Das *Fortschrittszahlenkonzept* basiert auf der Idee, den Material- und
Warenfluß über die Leistungsstellen (z. B. Beschaffung, Teilefertigung,
Montage etc.) zu koordinieren (vgl. Heinemeyer 1994). Die Leistungsstellen – auch Kontrollblöcke genannt – werden über kumulierte Mengen
(Fortschrittszahlen) periodenbezogen koordiniert. Dabei kann das Fortschrittszahlenverfahren auch die Zulieferunternehmen einbeziehen. Zentral für dieses Konzept sind zwei Größen:

* Bildung von Kontrollblöcken
* Ermittlung von Fortschrittszahlen.

Bildung von Kontrollblöcken

Der Material- und Warenfluß wird in Leistungsstellen (sogenannte *Kontrollblöcke*) unterteilt, die bei Erfüllung der vorgegebenen Soll-Werte für
den gegebenen Output sich selbst autonom regeln können. Zentral werden
jedem Kontrollblock (kumulierte) Soll-Mengen vorgegeben, die Erfüllung
dieser Größen ist für einen bestimmten Zeitraum aber den (teil-)autonomen
Kontrollblöcken überlassen.

Im Prinzip kann jeder Arbeitsplatz bzw. jede Arbeitsplatzgruppe als
Kontrollblock definiert werden. Allerdings lassen reale Anwendungen in
der Automobilindustrie erkennen, daß sich Kontrollblöcke auf aggregierte-
re Subsysteme des Material- und Warenflusses, wie z. B. Rohteilefertigung,
Teilefertigung, Montage beziehen.

Jeder Kontrollblock wird jeweils hinsichtlich eines von ihm zu erstellenden Produkts (Teil, Baugruppe etc.) durch den zeitlichen Verlauf
seiner Eingangs-Fortschrittszahlen und durch entsprechende Ausgangs-
Fortschrittszahlen charakterisiert. *Eingangs-Fortschrittszahlen* stellen die
kumulierten Inputmengen, die für den ersten Arbeitsgang eines Erzeugnis-
sess in dem jeweiligen Kontrollblock benötigt werden, dar. Die kumulierten Auslieferungsmengen, die nach Abschluß des letzten Arbeitsgangs im
jeweiligen Kontrollblock bis zu einem bestimmten Zeitpunkt geplant sind
(Soll-Wert) bzw. realisiert werden (Ist-Wert), entsprechen den *Ausgangs-
Fortschrittszahlen*.

Läger müssen nicht als eigene Kontrollblöcke geführt werden, da sich
ihre Bestände aus den jeweiligen Input-Output-Differenzen der Kontrollblöcke errechnen lassen. Die Zeitspanne zwischen dem Input und Output eines Kontrollblocks – *Blockverschiebezeit* genannt - ist der mittleren
Durchlaufzeit dieser Leistungsstelle identisch. Die Regelung des Prozesses beim Fortschrittszahlenkonzept orientiert sich am Holprinzip: Die Fort-

schrittszahlen einer unmittelbar im Materialfluß nachfolgenden Leistungsstelle signalisieren der unmittelbar vorausgehenden (liefernden) Leistungsstelle, welche Mengen mit einem entsprechenden Vorlauf bis zu einem bestimmten Zeitpunkt mindestens bereitzustellen sind.

Ermittlung von Fortschrittszahlen

Fortschrittszahlen stellen zum einen den auf einen Zeitpunkt geplanten Produktionsfortschritt als kumulierte Soll-Stückzahl (= *Soll-
Fortschrittszahl*) dar, zum anderen beschreiben sie den auf einen Zeitpunkt
bezogenen tatsächlichen Produktionsfortschritt als realisierte kumulierte
Gut-Stückzahl (= *Ist-Fortschrittszahl*). Ist zu einem bestimmten Zeitpunkt
die Ist-Fortschrittszahl kleiner als die Soll-Fortschrittszahl für einen
Kontrollblock, so liegt eine Unterdeckung bzw. ein Rückstand vor. Im
umgekehrten Fall ist eine Überdeckung oder ein Vorlauf vorhanden.

Entsprechend den aufeinanderfolgenden Kontrollblöcken entsteht ein
System untereinander verbundener Fortschrittszahlen, die eine transpa-
rente Kontrolle des Material- und Warenflusses über die Leistungsstellen
ermöglichen.

Das zentrale Problem im Rahmen des Fortschrittszahlenkonzepts ist die
Bestimmung der Soll-Fortschrittszahlen. Ausgangsbasis für die Ermittlung
der Soll-Fortschrittszahlen bilden die zum Absatz bestimmten Outputmengen. Diese sind mit den Soll-Fortschrittszahlen für die Enderzeugnisse
identisch.

Die Ermittlung der Soll-Fortschrittszahlen entspricht dem Lösen des
linearen Gleichungssystems, das bei der Ermittlung der dynamischen
Leontief-Produktionsfunktion für Repetierfaktoren erforderlich ist (For-
mel (1")). Als Spezifikum wird die *kumulierte* Menge an Enderzeugnissen vorgegeben und die Input-Output-Beziehungen der Produkte für alle Kontrollblöcke betrachtet. Es interessieren nun allerdings nicht nur die
mengenmäßigen effizienten Beziehungen zwischen den originären Produktionsfaktoren und den Enderzeugnismengen, sondern auch die zeitlichen Materialflußbeziehungen für die Produkte der Kontrollblöcke und den
Endprodukten.

An einem Beispiel wollen wir die formale Ermittlung der Sollfort-
schrittszahlen darstellen. Dabei wird eine Materialflußstruktur mit drei
Kontrollblöcken Endmontage, Baugruppenmontage und Teilefertigung unterschieden, wobei die Erzeugnisstruktur entsprechend der Abb. A.2.8 gegeben sei.

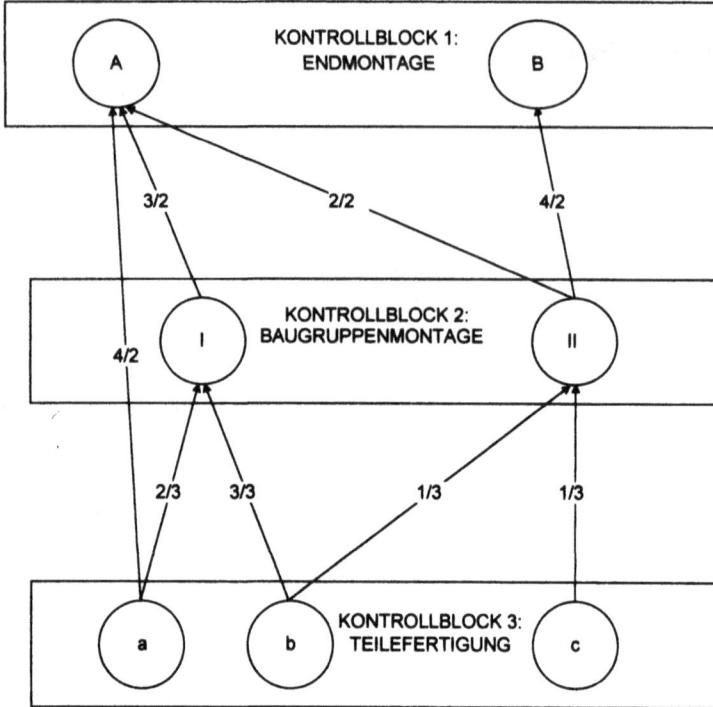

Legende: Die Zahlen x_{ij}/D_i an den Pfeilen bedeuten, daß x Einheiten von Produkt
          i in eine Einheit von Produkt j eingeht, und das Produkt i ein Vorlaufeit
          von D_i aufweist

Abb. A.2.8:   Kontrollblöcke und Erzeugnisstruktur des Beispiels

In analytischer Schreibweise kann die Mengenstruktur durch ein Gleichungssystem auf der Basis einer dynamischen Leontief-Produktionsfunktion beschrieben werden:

$$r_{I,t} = 3x_{A,t+2}$$
$$r_{II,t} = 2x_{A,t+2} + 4x_{B,t+2}$$
$$r_{a,t} = 2r_{I,t+3} + 4x_{A,t+2}$$
$$r_{b,t} = 3r_{I,t+3} + r_{II,t+3}$$
$$r_{c,t} = r_{II,t+3}$$

Durch sukzessives Auflösen der Gleichungen von oben nach unten bei gegebenen *kumulierten Mengen an Enderzeugnissen* $\hat{x}$ (Endmontageplan) für
die jeweilige Periode t erhalten wir die *Plan-Fortschrittszahlen* für unser
Beispiel wie folgt:

$$r_{I,t} = 3\hat{x}_{A,t+2}$$
$$r_{II,t} = 2\hat{x}_{A,t+2} + 4\hat{x}_{B,t+2}$$
$$r_{a,t} = 6\hat{x}_{A,t+5} + 4\hat{x}_{A,t+2}$$
$$r_{b,t} = 9\hat{x}_{A,t+5} + 2\hat{x}_{A,t+5} + 4\hat{x}_{B,t+5}$$
$$r_{c,t} = 2\hat{x}_{A,t+5} + 4\hat{x}_{B,t+5}$$

Für unser Beipiel wollen wir für das Teil b die Ermittlung der Fortschrittszahlen für die interessierenden Perioden in der Abb. A.2.9 darstellen.

| Periode | Endmontageplan vorgegeben | | | | Fortschrittszahlen $r_{bt} = 9\,\hat{x}_{A,t+5} + 2\,\hat{x}_{A,t+5} + 4\,\hat{x}_{B,t+5}$ |
	A	kum.	B	kum.	
1					r_{b1} = 900+200+200= 1300
2					r_{b2}= 1350+300+400= 2050
3					r_{b3}= 2070+460+800= 3330
4					r_{b4}= 2970+660+1200= 4830
5					r_{b5}= 4050+900+1800= 6750
6	100	100	50	50	r_{b6}= 5400+1200+2600=9200
7	50	150	50	100	
8	80	230	100	200	
9	100	330	100	300	
10	120	450	150	450	
11	150	600	200	650	

Abb.A.2.9: Fortschrittszahlen für Teil b für ein bestimmtes
Produktionsprogramm

Das Fortschrittszahlenkonzept hat den Vorteil, daß eine einfache Koordination des Material- und Warenflusses im Unternehmen und gegebenenfalls zwischen dem Unternehmen und den Lieferanten möglich ist. Anwendungen des Verfahrens zwischen Leistungsstellen sind vor allem möglich, sofern über langfristige Rahmenverträge und laufende Abrufe über Fortschrittszahlen ein einfacher logistischer Ablauf über die Leistungsstellen gewährleistet werden kann.

Für die erfolgreiche Anwendung des Fortschrittszahlenkonzepts ist auch entscheidend, ob es gelingt, realistische Vorlaufzeiten bzw. Blockverschiebezeiten für die Kontrollblöcke zu ermitteln.

A.2.2   Regler des Leistungserstellungssystems: Produktions- und Logistikmanagement

Das Produktions- und Logistikmanagement hat die Aufgabe, die Prozesse der Leistungserstellung zu gestalten und zu lenken. Produktions- und Logistikmanagement ist Führung. Wie jede andere betriebliche Führungsfunktion hat es generell zwei Aufgabenkomplexe zu bewältigen:

(1) *Fachfunktion* (auch Lokomotionsfunktion genannt)

Sie dient primär der Sachaufgabenerfüllung. Das Produktions- und Logistikmanagement hat demnach Sorge zu tragen, daß (Müller/Hill 1977, S. 355):

- in bezug auf die zu erfüllenden Aufgaben und zu lösenden Probleme richtige Entscheide getroffen werden,
- die Mitarbeiter im Sinne dieser Entscheide zielgerichtet tätig werden oder mit anderen Worten, daß die Entscheide in vorgesehener Weise implementiert werden.

Das macht sowohl Planungs- als auch Durchsetzungsaktivitäten notwendig, wie

- Zielfindung und -durchsetzung
- Problemerkenntnis und -analyse
- Suche, Beurteilung und Auswahl von geeigneten Maßnahmen zur Problemlösung
- Veranlassen der ausgewählten Maßnahmen
- Überwachen bzw. Kontrolle
- Sichern der Aufgabendurchführung durch Analyse der Abweichungen und gegebenenfalls Planrevisionen.

(2) *Personalfunktion* (auch Kohäsionsfunktion genannt)

Sie dient dem Gruppenerhalt bzw. der Gruppenstärkung und soll die Aktionsfähigkeit der Gruppe aufrechterhalten und entwickeln, wie z. B. durch

- Personalförderung (Unterweisung, Schulung, Beförderung)
- Motivation durch Schaffen befriedigender Arbeitsinhalte
- geeigneten Personaleinsatz.

Diese sozio-emotionale Unterstützung der Gruppenmitglieder verlangt Kenntnisse über das Individual-, das Gruppen- sowie das Vorgesetztenverhalten, insbesonders über die Auswirkungen der Führungsstile. Obwohl diese Kohäsionsfunktion für jede Führungstätigkeit von eminenter Wichtigkeit ist, steht im Zentrum unserer Ausführungen die Behandlung der Fachfunktion. Das findet seine Begründung darin, daß die Kohäsionsfunktion ein generelles – nicht nur für den Bereich der Leistungserstellung gültiges – Führungsproblem darstellt (vgl. aber dazu z. B. Wunderer/Grünwald 1980; Kieser/Reber/Wunderer 1987). Die Fachfunktion der Produktion unterscheidet sich dagegen grundlegend von denen anderer Funktionsbereiche des Betriebes.

Betrachtet man die Fachfunktion näher, so läßt sich eine idealtypische Abfolge von Führungstätigkeiten aufstellen. Sie sind als Phasen eines Management-Prozesses zu deuten und entsprechen der Willensbildung und Willensdurchsetzung. Die charakteristischen Inhalte des Management-Prozesses sind in der Abb. A.2.10 festgehalten.

Planung für den Bereich der Leistungserstellung umfaßt jene Phasen, in deren Mittelpunkt die systematische Suche und Festlegung der gegenwärtigen Handlungsmöglichkeiten steht, um die zukünftigen Zustände in diesem Bereich zu bewirken. Sie entspricht dem Willensbildungsprozeß. Eine Entscheidung ist immer notwendig, wenn die Wahl zwischen mindestens zwei Alternativen besteht. Sie impliziert wertende Stellungnahmen der Träger des Produktions- und Logistikmanagement aufgrund ihrer Zielvorstellungen. Der normative Aspekt wird an dieser Stelle deutlich.

Steuerung ist die Willensdurchsetzung der gedanklichen Ordnung, des Plans, in die Realität. Gäbe es keine Störungen, die Pläne in Frage stellen, wäre mit dem Auslösen und Realisieren die Durchsetzung beendet. Da aber Abweichungen eher die Regel als die Ausnahme sind, müssen Kontroll- und Sicherungsmaßnahmen vorgesehen werden.

Die Willensdurchsetzung des Produktions-Management haben wir Steuerung genannt. In diesen Phasen wird ebenfalls das Ergebnis des Lenkungsvorgangs berücksichtigt, und man müßte eigentlich von Regelung sprechen. Da in der Praxis aber von Planung und Steuerung der Produktion gesprochen wird, halten wir an der inkonsistenten Begriffsbildung fest.

Planungs- und Steuerungsphasen laufen nicht immer in einer linearen, sondern eher in einer zyklischen Abfolge ab. Beispielsweise sind Ziele Voraussetzung zur Problemerkennung und -analyse, andererseits werden Ziele häufig erst während der Planungsphasen konkretisiert, ausgewählt, modifiziert oder gar verworfen und Zielumformulierungen notwendig. Betrachten wir ein weiteres Beispiel: Sind keine Alternativen mit zufriedenstellender Zielerfüllung in der Bewertungsphase zu finden, so ist unter Umständen die

Phasenbenennung des Management-Prozesses		Charakteristische Tätigkeitsinhalte
Willens-bildung (Planung)	Problem- und Suchphase	– Bestimmung der Bereichsziele der Leistungserstellung – Erkennen der Auswahlprobleme der Leistungserstellung – Festlegen der Handlungs-alternativen im Leistungserstellungsbereich – Erfassen und Quantifizierung der begrenzenden Bedingungen
	Bewertungsphase	– Berechnen der Alternativen – Analyse des Zielerfüllungsgrades
	Entscheidungsphase	– Fällen der endgültigen Entscheidung durch Festlegen auf eine bestimmte Handlungs-alternative nach Abstimmung mit übrigen Planbereichen des Betriebes
Willens-durchsetzung (Steuerung)	Anweisungs- und Realisierungsphase	– Detaillierte Festlegung der Durchführung (Vorgabe) – Auslösen der Aufgaben-durchführung
	Überwachungs- bzw. Kontrollphase	– Festlegung der Aufgabenerfüllung bzw. der Abweichung der Ist- von den Soll-Daten
	Sicherungsphase	– Maßnahmen zum Vermeiden oder Vermindern von Abweichungen der Ist- von den Soll-Daten

Abb. A.2.10:   Phasen des Management-Prozesses

Problemstellung zu modifizieren oder sind Zielanpassungen vorzunehmen.
Im Phasenschema finden also Rückläufe oder Zyklen statt.

Planungs- und Steuerungsphasen des Produktions- und Logistikmanagement sind durch Rückkoppelungsbeziehungen verbunden. Sie bilden Phasen eines sich ständig wiederholenden Management-Prozesses, der zielgerichtet die Leistungserstellung regelt. Im folgenden Kapitel 2.2.1 werden wesentliche Ziele des Produktions- und Logistikmanagement besprochen. Im Kapitel 2.2.2 wollen wir die Planungsprozesse, die das Produktions- und Logistikmanagement durchführt, differenziert darstellen.

A.2.2.1 Ziele des Produktions- und Logistikmanagement

Die Ziele des Produktions- und Logistikmanagement sind generell am sozio-ökonomischen Prinzip orientiert. Unter dem *sozio-ökonomischen Prinzip* versteht man, daß die Handlungen der Produktions- und Logistikmanager nicht von einem einzelnen Ziel, sondern von einem Zielsystem beeinflußt werden, das gleichzeitig ökonomische und soziale Zielvorstellungen beinhaltet.

Die Handlungen des Produktionsmanagement orientieren sich in der Regel an den Zielvorstellungen von Interessensgruppen des Betriebes wie Unternehmenseigentümer, Mitarbeiter und Gewerkschaften, Kunden, Lieferanten und der Öffentlichkeit (Abb. A.2.11).

Die grundsätzlichen Ziele für den Bereich der Produktion bestimmen die autorisierten Interessensgruppen des Betriebes. Welche Ziele real verfolgt werden, hängt von dem Einfluß der am Entscheidungsprozeß beteiligten Führungsgruppen ab. Sie spiegeln nicht zuletzt die herrschende Machtstruktur wider. Besonders deutlich haben das Kieser und Kubicek (1992) herausgearbeitet.

Betrachten wir allein die ökonomische Sichtweise der Leistungserstellung, so findet man in der Literatur häufig den Hinweis auf das *ökonomische Prinzip*: Handle so, daß die angestrebten Leistungen mit einem Minimum an Mitteln erreicht werden (Minimumprinzip) bzw. daß die Leistungen bei gegebenem Mitteleinsatz möglichst groß werden (Maximumprinzip).

Generell geht es um die ökonomische Ergiebigkeit des Transformationsprozesses. Schematisch ist das in der Abb. A.2.12 dargestellt.

Die Ergiebigkeit zwischen Output- und Inputgrößen läßt sich zum einen durch mengenmäßige Größen erfassen, und zum anderen ist die Einsatz-Ausbringungs-Beziehung durch eine wertmäßige oder mengen-wertmäßige Relation darzustellen. Aus der Fülle der Ergiebigkeitsbeziehungen haben im besonderen drei Bedeutung erlangt:

- Produktivität
- Wirtschaftlichkeit
- Rentabilität

Für Lenkungsentscheidungen im Rahmen der laufenden (operativen) Abwicklung der Leistungserstellung sind im besonderen die Produktivität und Wirtschaftlichkeit bedeutend. Für Gestaltungsentscheidungen der Lei-

Interessensgruppen	Beispiele für Zielvorstellungen	
Unternehmenseigentümer bzw. -leitung	Mengen- und Zeitziele, bezogen auf • Qualität • Mengenausstoß • Lieferzeit • Auslastung Monetäre Ziele, bezogen auf: • Produktivität • Wirtschaftlichkeit • Rentabilität • Deckungsbeitrag Sicherheitsziele: • Liquidität • Unabhängigkeit • Fertigungssicherheit	
Mitarbeiter und Gewerkschaften	Ziele, bezogen auf • Arbeitseinkommen • Sicherheit der Arbeitsplätze • Sicherheit am Arbeitsplatz • bestimmte Freiheitsspielräume im Betrieb • innerbetriebliche Information und Einflußnahme • Selbstverwirklichung durch befriedigende Arbeitserlebnisse	**Bereichsziele des Produktions- und Logistik- management**
Kunden	Ziele, bezogen auf • hochwertige Leistungen • günstiges Preis-Leistungsverhältnis • schnelle Liefertermine	
Lieferanten	Ziele, bezogen auf • angemessenen Preis für die gelieferten Waren • längerfristige Geschäfts-beziehungen	
Öffentlichkeit	Ziele, bezogen auf • hohe Versorgungsleistung zu angemessenen Preisen • Einhaltung von Umweltstandards	

Abb. A.2.11:   Zielvorstellungen (Beispiele)

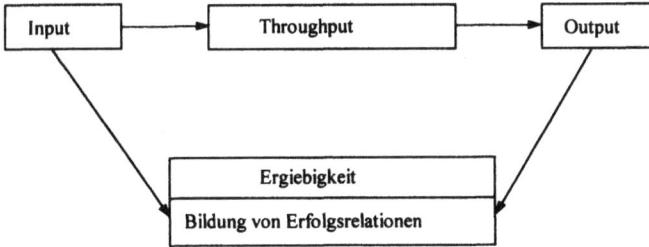

Abb. A.2.12: Ergiebigkeit des Transformationsprozesses

stungserstellung spielt im besonderen die Rentabilität eine entscheidende Rolle.

A.2.2.1.1 Produktivität

Die Produktivität stellt ein Maß für die mengenmäßige Ergiebigkeit dar; sie drückt das Verhältnis der Ausstoßmenge zu der dafür eingesetzten Produktionsfaktormenge aus:

$$\text{Produktivität} = \frac{\text{Ausbringungsmenge}}{\text{Faktoreinsatzmenge}}$$

Diese Input-Output-Relation ist auch unter „Technische Ergiebigkeit", „Technizität" oder „Technische Wirtschaftlichkeit" bekannt.

Eine Messung der Gesamtproduktivität scheitert in der Regel; einmal lassen sich die eingesetzten Mengen und Qualitäten an Produktionsfaktoren nicht addieren, da die Maßstäbe nicht gleich sind, zum anderen erfüllen auch die Ausbringungsmengen häufig nicht die nötige Homogenität. Als Ausweg verbleiben die Möglichkeiten, Teilproduktivitäten zu bilden:

$$\frac{\text{Mengenmäßiger Ausstoß}}{\text{Zahl der eingesetzten Arbeitskräfte}} = \text{Arbeitsproduktivität}$$

$$\frac{\text{Mengenmäßiger Ausstoß}}{\text{Zahl der eingesetzten Arbeitsstunden}} = \text{Arbeitsstundenproduktivität}$$

$$\frac{\text{Mengenmäßiger Ausstoß}}{\text{Zahl der eingesetzten Maschinen}} = \text{Maschinenproduktivität}$$

$$\frac{\text{Mengenmäßiger Ausstoß}}{\substack{\text{Zahl der eingesetzten} \\ \text{Maschinenstunden}}} = \text{Maschinenstundenproduktivität}$$

$$\frac{\text{Mengenmäßiger Ausstoß}}{\text{Materialverbrauch}} = \text{Materialproduktivität}$$

Generell ist bei den Teilproduktivitäten das Problem zu lösen, wie die Aufteilung der Leistung auf den jeweiligen Faktoreinsatz festzulegen ist. Zusätzlich tritt ein Problem dann auf, wenn der jeweilige Produktionsfaktor selbst keine homogene Maßgröße darstellt. Definiert man beispielsweise die Arbeitsproduktivität durch das Verhältnis zwischen dem in einer Periode erstellten Produktionsausstoß zur Zahl der eingesetzten Arbeitskräfte oder Arbeitsstunden, so ist diese Kennzahl „Leistung je Mann oder je Arbeitsstunde" dann fragwürdig, wenn die Qualitätsstruktur der Arbeitskräfte starke Unterschiede aufweist.

Gelegentlich wird auch vorgeschlagen, die Produktivitätsbeziehung über den *Produktionskoeffizienten* zu messen: Er stellt den *reziproken* Wert der Faktorproduktivität dar und gibt diejenigen Einheiten eines einzusetzenden Faktors an, die beim Kombinationsprozeß notwendig sind, um eine Ausbringungseinheit hervorzubringen. Eine derartige Produktivitätskennzahl, die in jüngster Zeit eine große Beachtung gefunden hat, ist im Rahmen der Diskussion zur Lean Production für die Automobilindustrie bekannt geworden (Womack et al. 1991): Produktivität = Herstellstunden pro Auto. Die Analyse dieser Kennzahl für verschiedene japanische, amerikanische und europäische Hersteller eines vergleichbaren Automobils offenbarten erhebliche Diskrepanzen (vgl. Kap. C.2).

Eine isolierte Berechnung einer Teilproduktivität führt erst bei einem Zeit- und Betriebsvergleich zu bedeutsamen Erkenntnissen im Sinne einer Produktivitätsentwicklung.

A.2.2.1.2 Wirtschaftlichkeit

Wirtschaftlichkeit – auch Ökonomität genannt – ist im engen Sinne als das Verhältnis von wertmäßiger Leistung zu Kosten definiert:

$$\text{Wirtschaftlichkeit (W)} = \frac{\text{Leistung (L)}}{\text{Kosten (K)}}$$

Einige Autoren subsumieren alle Erfolgsrelationen unter einen Oberbegriff, den sie Wirtschaftlichkeit nennen (Kosiol 1968, Lehmann 1958). Dieser Begriff wird auch als Wirtschaftlichkeit im weiteren Sinne bezeichnet. Weiterhin existieren auch engere Definitionen, etwa der Quotient Gesamtkosten/Stück (Kostenwirtschaftlichkeit).

Das Wirtschaftlichkeitsprinzip als wertmäßige Leistung im Verhältnis zu den Kosten läßt sich wie folgt interpretieren:

(1) Das Verhältnis von wertmäßiger Leistung L und Kosten K ist zu maximieren, wobei sowohl die Leistung als auch die Kosten variabel sind:

$$W = \frac{L}{K} \rightarrow Max!$$

(2) Bei gegebenen Kosten $\overline{K}$ ist die wertmäßige Leistung L zu maximieren, wobei

$$W = \frac{L}{\overline{K}} \rightarrow Max! \text{ bzw. } L \rightarrow Max!$$

(3) Bei gegebener Leistung $\overline{L}$ sind die Kosten zu minimieren, d. h.

$$W = \frac{\overline{L}}{K} \rightarrow Max! \text{ bzw. } K \rightarrow Min!$$

Im Bereich der Produktion ist vor allem der Umfang der Kosten, also die bewerteten Einsatzmengen der zur Leistungserstellung eingesetzten Produktionsfaktoren, beeinflußbar. Daher ist für diesen Bereich das Wirtschaftlichkeitsprinzip in der Fassung (3) und, sofern die Erlöse tangiert werden, in der Formulierung (1) von besonderer Relevanz.

E. Gutenberg schränkt seinen Begriff der Wirtschaftlichkeit auf den technisch-organisatorischen Bereich ein und bildet die Kennzahl für eine *gegebene Leistung*:

$$W = \frac{Sollkosten}{Istkosten}$$

Diese Kennzahl setzt eine Kenntnis über die Höhe der Sollkosten voraus. Für den Bereich der Produktion liegt es nahe, diejenigen Sollkosten für eine gegebene Leistung zu wählen, die unter den „günstigsten" Produktionsbedingungen anfallen. Damit bleibt die zentrale Frage, wie die Sollkosten praktisch zu ermitteln sind.

Im Rahmen des Logistikmanagement spielt eine spezielle Ausprägung der Wirtschaftlichkeit eine besondere Rolle: Für bestimmte logistische Leistungen sind die Kosten möglichst gering zu machen. Die logistischen Leistungen eines Unternehmens werden im Versorgungs- und Lieferservice sichtbar und werden aufgrund mangelnder Quantifizierbarkeit in Form monetärer Größen ersatzweise als Zeit- bzw. Mengengrößen ausgedrückt (z. B. Pfohl 1994; Schulte 1991):

- Lieferzeit
- Lieferzeitzuverlässigkeit bzw. Liefertreue
- Lieferbeschaffenheit
- Lieferflexibilität.

Lieferzeit ist die Zeit, die zwischen der Auftragserteilung durch den Kunden bis zum Zeitpunkt der Verfügbarkeit des Erzeugnisses beim Kunden verstreicht. Auf die Einflußgrößen der Lieferzeit gehen wir im Kap. B.3.4 näher ein.

Lieferzeitzuverlässigkeit (Liefertreue, Termintreue) läßt sich als die Anzahl der termingerecht ausgelieferten Aufträge zu der Gesamtzahl ausgelieferter Aufträge interpretieren. Nicht eingehaltene Liefertermine können für das Unternehmen erhebliche Kosten für die Über- und Unterschreitung von Lieferterminen hervorrufen. Die Einhaltung der zugesagten Lieferzeiten hängt von der Zuverlässigkeit aller die Lieferzeiten bestimmenden Tätigkeiten ab. Ein weiterer mit der Lieferzeitzuverlässigkeit in enger Beziehung stehender Faktor, die *Lieferbereitschaft*, läßt sich beispielsweise so definieren: Anteil der nachgefragten Mengen, der vom Lager unmittelbar oder innerhalb einer bestimmten Zeitspanne befriedigt werden kann.

Lieferbeschaffenheit bezeichnet, wie genau die Menge (Mengenzuverlässigkeit) und die Qualität (Qualitätszuverlässigkeit) vorgegebenen Liefervereinbarungen entsprechen. Durch Abweichungen vom Qualitätsstandard bzw. von der bestellten Menge können sowohl beim Unternehmen als auch beim Kunden erhebliche Kostenwirkungen (Fehlmengenkosten) auftreten.

Lieferflexibilität beschreibt die Fähigkeit des Logistiksystems, auf besondere Wünsche des Kunden einzugehen. Im einzelnen läßt sich damit die Anpassungsfähigkeit des Logistiksystems eines Unternehmens an Modalitäten der Auftragserteilung (z. B. Sonderwünsche der Kunden), an technische Änderungswünsche der Kunden nach Auftragserteilung, an Logistiksysteme der Kunden (z. B. an verschiedene Transportsysteme), an Informationswünsche der Kunden bei Anfragen (wie z. B. über den aktuellen Stand der Auftragsabwicklung im Betrieb) ausdrücken. Eine einfache Quantifizierung kann in der Art vorgenommen werden, daß Lieferflexibilität als Prozentsatz der erfüllten Sonderwünsche zu der Gesamtzahl der Sonderwünsche definiert wird.

A.2.2.1.3 Rentabilität

Die Rentabilität wird im besonderen herangezogen, um Gestaltungsent-scheidungen, die die Struktur der Leistungserstellung festlegen, zu bewerten.

Die (statische) Rentabilität R in Prozenten ist definiert als:

$$R = \frac{\text{Gewinn}}{\text{Kapital}} \cdot 100 \, [\%]$$

Durch die Rentabilität wird die Verzinsung des eingesetzten Kapitals in einem bestimmten Zeitraum ausgedrückt.

Eine Erweiterung erfährt diese einfache Rentabilitätskennzahl in der Return-on-Investment-Rechnung (ROI). Die Erweiterung geschieht durch Einbeziehung des Umsatzes in der Form:

$$\text{ROI} = \frac{\text{Gewinn(G)}}{\text{Umsatz(U)}} \cdot \frac{\text{Umsatz(U)}}{\text{Kapital(C)}} \cdot 100$$

Aus der erweiterten Rentabilitätsgleichung lassen sich sogenannte Iso-Rentabilitätskurven ableiten, d. h. Kurven gleicher Rentabilität.

Aus der Abb. A.2.13 ist zu entnehmen, daß dieselbe Rentabilitätszahl sich durch unterschiedliche Kombinationen aus der Umsatzgewinnrate (Gewinn/Umsatz) und dem Kapitalumschlag (Umsatz/Kapital) ergibt.

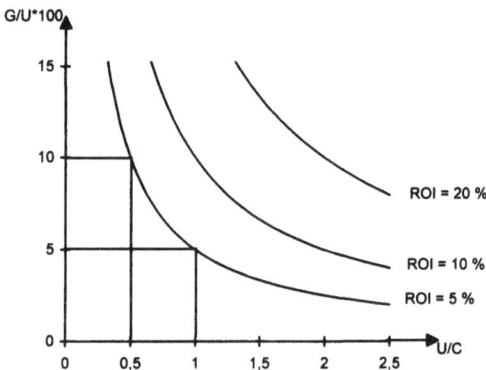

Abb. A.2.13:   ISO-Rentabilitätskurven

Durch diese Erweiterung wird zusätzlich ersichtlich, welche Änderungen in der Rentabilität auf Variationen im Kapitalumschlag und welche

Änderungen auf die Variation der Umsatzgewinnrate und damit auf Markt-
einflüsse zurückzuführen sind.

Die Rentabilitätskennzahl läßt sich weiterhin in ihre Teilzielkomponenten aufschlüsseln. Dabei wird bei der hierarchischen Aufspaltung in
die Komponenten von der Gesamtkapital-Rentabilität ausgegangen. Der
Erfüllungsgrad der Teilzielkomponenten hängt von dispositiven Handlungen der Entscheidungsträger im Betrieb ab, die in der Abb. A.2.14 auf der
rechten Seite angedeutet sind.

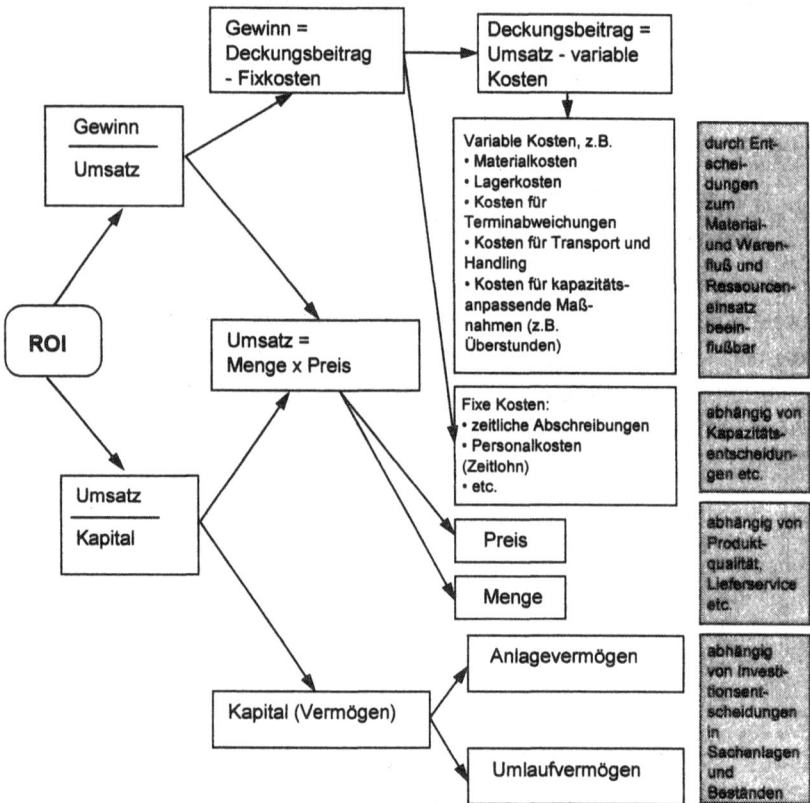

Abb. A.2.14:   ROI-Zielpyramide

Das ROI-System kann gewissermaßen als Anfangs- oder Endpunkt von
dispositiven Handlungen fungieren. So lassen sich, basierend auf dem
Kennzahlensystem, Fragen der Art anschließen: Wie wirken sich Entscheidungen im Produktionsbereich oder in den anderen betrieblichen

Bereichen auf den Zielerfüllungsgrad der Teilzielkomponenten bzw. auf die Rentabilität aus? Ebenso ist umgekehrt die Frage möglich, welchen Erfüllungsgrad müßten die Zielkomponenten haben, um eine bestimmte Rentabilität zu sichern, wobei nun im Anschluß die Handlungen, die die Zielerfüllung gewährleisten, gesucht werden.

A.2.2.2 Regelkreise des Produktions- und Logistikmanagement

Die Entscheidungen des Produktions- und Logistikmanagement haben wir im Kap. A.1 beispielhaft umrissen. Systematisiert man diese Entscheidungen, die die Regelungsprozesse der Leistungserstellung bestimmen, so kann man Gestaltungs- und Lenkungsaufgaben unterschiedlicher Bedeutung und zeitlicher Tragweite für das Unternehmen unterscheiden. Sie lassen sich wie folgt systematisieren:

- *Grundsatzentscheidungen über die Leistungserstellung, die längerfristig wirksam sind.* Der zentrale Inhalt dieser Grundsatzentscheidungen liegt auf dem Schaffen und Erhalten einer wettbewerbsfähigen Leistungserstellung und ist Gegenstand des **strategischen Management**: Dabei sind das Ziel-, Produkt-, Markt- sowie das Ressourcenkonzept zu erarbeiten, um die künftigen Erfolgspotentiale sicherzustellen, d. h. betriebliche Fähigkeiten aufzubauen, die es dem Unternehmen erlauben, langfristig wettbewerbsfähig zu sein (vgl. dazu im einzelnen Zäpfel 1989 a).

   Die politischen Prozesse der Unternehmung konstituieren das *Zielkonzept* (Kirsch 1971, Schreyögg 1984). Die Mitglieder des politischen Systems, im besonderen die von der Unternehmensverfassung bestimmten Personen (Kernorgane) sind für die autorisierten Entscheidungen über Ziele verantwortlich. Dabei wirken auf das politische System eine Vielzahl von Forderungen und Beeinflussungen – auch in Form von unterstützenden Aktionen – durch Satellitengruppen ein. Satelliten stellen jene (internen oder externen) Interaktionspartner des politischen Systems dar, die nicht Miglied dieses Systems sind, aber an dieses mit Forderungen herantreten. Zielbildung ist selbst als multipersonaler Prozeß zu begreifen, bei dem es um wechselseitiges Abstimmen und um Konflikthandhabung geht. Welche Interessen letztlich zu Stellgrößen werden und welches Zielkonzept als autorisiert anzusehen ist, läßt sich mit dem Hinweis auf die Machtstruktur andeuten. Als Führungsgröße (Oberziel) dieses Regelkreises könnte dabei die Überlebensfähigkeit (Erhaltung des Systembestandes) der betrachteten Organisation angesehen werden. (Diese Sichtweise ist nicht unumstritten, vor allem wenn darin eine unkritische Hinterfragung einer bestehenden Organisation befürchtet wird. Der Leser vergleiche dazu Luhmann 1977.)

Die autorisierten Wertvorstellungen bilden die Führungsgröße für das strategische Management. Aufgabe dieser Führungsebene ist es nun, unter Vorgabe von strategischen Zielen einen Regelprozeß in Gang zu setzen, der darüber Aussagen macht, auf welchen Leistungsfeldern und auf welchen Märkten ein Unternehmen tätig sein will *(Produkt-Markt-Konzept)* und mit welchen betrieblichen Ressourcen *(Ressourcenkonzept)* das Unternehmen eine vorteilhafte Wettbewerbsposition erreichen möchte. Strategisches Management hat damit vor allem Gestaltungsaufgaben. Im besonderen bei oligopolistischen und monopolistischen Marktstrukturen bestehen signifikante strategische Handlungsspielräume für die Gestaltungsaufgaben, um die Wettbewerbsposition zu beeinflussen (vgl. dazu Schreyögg 1984).

Als Aktionsparameter der strategischen Planung sind Entscheidungen zu fällen über neue Produkte, neue Märkte und Absatzwege, Einsatz neuer Technologien, Umfang der Wertschöpfung, Umfang an Kapazitäten, Standortwahl etc., die Wettbewerbsvorteile schaffen. Durch diese Strategien wird die generelle Ausrichtung des Unternehmens in seiner Umwelt mitbestimmt. Als Informationsinput für die rationale Wahl der Strategie ist zum einen eine Umweltanalyse notwendig, die die im Wettbewerb sich bietenden Chancen (aber auch Bedrohungen) zu identifizieren hat, und zum anderen eine Unternehmensanalyse, die den betrieblichen Möglichkeitsraum für notwendige Veränderungen aufgrund der unternehmenseigenen Ressourcen erkennen läßt. Durch diesen Regelkreis ist also sicherzustellen, daß die Unternehmensstrategie mit den autorisierten Wertvorstellungen übereinstimmt. Das strategische Produktions-Management beeinflußt mit seinen Entscheidungen im besonderen das Ressourcenkonzept.

- *Umsetzung dieser Grundsatzentscheide, d. h. die Konkretisierung dieser Strategien, für den Bereich der Leistungserstellung.* Dies ist zentraler Inhalt des **taktischen Produktions- und Logistikmanagement.** Aufgabe dieses Regelkreises ist es, die Produktionsstrategien (Produkt- und Ressourcenkonzept) zu konkretisieren und umzusetzen. Aktionsparameter des taktischen Produktions- und Logistikmanagement sind daher:

- *Programmentscheidungen,* die sich auf die Einführung neuer Produkte oder die Verbesserung bestehender oder die Elimination bisheriger Produkte (Produktprogramm) beziehen,
- *Ausstattungsentscheidungen,* die auf die Anpassung des Leistungserstellungssystems an veränderte Umweltbedingungen zielen und in Form neuer Technologien im Betrieb, neuer Produktions- und Logistikkonzepte, neuer Produktionsstandorte, eines veränderten betrieblichen Leistungsvermögens etc. sichtbar werden. Damit wird der Produktionsapparat des Unternehmens konstituiert.

Weichen die taktischen Pläne von den vorgegebenen Strategien signifikant ab, z. B. aufgrund inzwischen eingetretener Umweltänderungen, so sind Rückkoppelungen zum Regelkreis des strategischen Management notwendig, um neue Vorgaben für das taktische Management erarbeiten zu können.

- *Entscheidungen zum wirtschaftlichen Vollzug der laufenden Prozesse der Leistungserstellung für einen gegebenen Produktionsapparat und ein gegebenes Produktprogramm.* Dies ist zentraler Inhalt des **operativen Produktions- und Logistikmanagement.** Im einzelnen ist damit verbunden, die zu produzierende Menge an Leistungen laufend festzulegen (Output), die dafür notwendigen Produktionsfaktoren (Input) bereitzustellen und den zeitlichen Produktionsprozeß (Throughput) wirtschaftlich zu vollziehen. Aktionsparameter des operativen Produktions- und Logistikmanagement sind daher:

- Entscheidungen über das Produktionsprogramm, d. h. Art und Menge der zu produzierenden Leistungen im Zeitablauf und die Koordinierung der Material- und Warenflüsse,
- Entscheidungen über die einzusetzenden Produktionsfaktoren (Mensch und Betriebsmittel, Werkstoffe),
- Entscheidung über den zeitlichen Ablauf der Leistungserstellung.

Es handelt sich um die Lenkungsaufgaben der Leistungserstellung. Damit sollen während der Einsatzzeit bestimmte positive ökonomische (z. B. ausreichende Deckungsbeiträge) und soziale Wirkungen (z. B. eine bestimmte Beschäftigungssituation) angestrebt werden.

Das *(operative) Steuerungssystem* ist auf die Durchführung bezogen und stellt die unterste Führungsebene dar. Seine Führungsgröße stammt aus dem operativen Planungssystem.

Die Aufgaben des Produktions-und Logistikmanagement lassen sich aus den Stell- und Regelgrößen dieses Gestaltungs- und Lenkungsprozesses der Leistungserstellung ableiten. Die Stellgrößen einer Planungsstufe entsprechen den Plänen bzw. Vorgaben, die die entsprechende Regelungsebene zu erarbeiten hat; die Regelgrößen, als Ergebnisse des Lenkungsprozesses, geben an, welche Systemzustände von dieser Ebene überwacht und kontrolliert werden. In der Abb. A.2.15 sind wesentliche Regel- und Stellgrößen des Produktions- und Logistikmanagement dargestellt und gleichzeitig aufgeführt, welche definitive Entscheidung die jeweilige Planungsebene trifft.

Die Architektur dieses Regelungs- bzw. Planungssystems basiert vor allem auf den folgenden systembildenden Komponenten:

- Hierarchisierung
- stufenweise Ungewißheitsbewältigung.

Hierachisierung

Die Regelungsaufgaben des Produktions- und Logistikmanagement sind so komplex und umfangreich, daß sie nicht durch eine Person zu bewältigen sind, sondern mehrere Aufgabenträger erfordern. Daher werden in der Praxis hierarchisch angeordnete Entscheidungsebenen gebildet, wie wir sie in der Abb. A.2.15 dargestellt haben.

Allgemein ist ein Regelungssystem hierarchisch strukturiert, wenn (Rieper 1979; Zäpfel 1982; Stadtler (1988); Steven 1994 a; Schneeweiß 1993):

- *eine Zerlegung des Planungssystems in mehrere Teil- bzw. Subsysteme erfolgt.* Es findet also eine vertikale Anordnung in mehrere (mindestens zwei) Ebenen statt, die gemeinsam das gesamte Regelungsproblem arbeitsteilig lösen. Die vertikale Struktur des Systems entsteht durch die Festlegung der Über-/Unterordnungsbeziehung zwischen den Ebenen. Dies setzt voraus, daß jede Ebene zumindest mit der direkt über- und der direkt untergeordneten Ebene kommuniziert.
- *das Recht der oberen Ebenen, Vorgaben zu setzen:* Die Entscheidung einer oberen Ebene ist der nachfolgenden inhaltlich übergeordnet und geht dieser zeitlich voraus. Die Stellgrößen der übergeordneten Ebene stellen für die untere jeweils bindende Vorgaben oder Restriktionen dar, die bei der Problemlösung der nachgeordneten Ebene einzuhalten sind.
- *Erfolgsabhängigkeit der oberen Ebenen von den Ergebnissen der unteren:* Die Güte einer Entscheidung der oberen Ebene hängt davon ab, wel-

**Strategisches
Produktions- und Logistikmanagement**

Stellgrößen:
• Produktkonzept
• Ressourcenkonzept

(Wettbewerbs-
ausrichtung hinsichtlich
Technologie,
Wertschöpfungs-
ketten, Kapazitäts-
dimensionierung, Standorte
etc.)

Regelgrößen:
Ökonomische und soziale
Wirkungen von
Produktions-
strategien, z.B.
Kostenposition im
Wettbewerb

**Taktisches
Produktions- und Logistikmanagement**

Stellgrößen:

• Produktprogramm
• Personal- und
  Maschinenkapazität
• Logistikstrukturen

(Inhaltliche Konkretisierung
des Produkt- und
Ressourcenkonzepts)

Regelgrößen:
Ökonomische und soziale
Wirkungen der taktischen
Entscheidungen, z.B.
permanente Kapazitäts-
engpässe

**Operatives
Produktions- und Logistikmanagement**

Stellgrößen:

• Menge an zu produ-
  zierenden Enderzeugnissen
• Menge an zu produ-
  zierenden Komponenten
• Menge an bereitzu-
  stellenden Einkaufs-
  teilen sowie Abruftermine
• Start- und Endtermine der
  Fertigungsaufträge

Regelgrößen:
• Lieferservice
• Durchlaufzeiten
• Bestände
• Kapazitätsauslastung

Physisches Leistungserstellungssystem

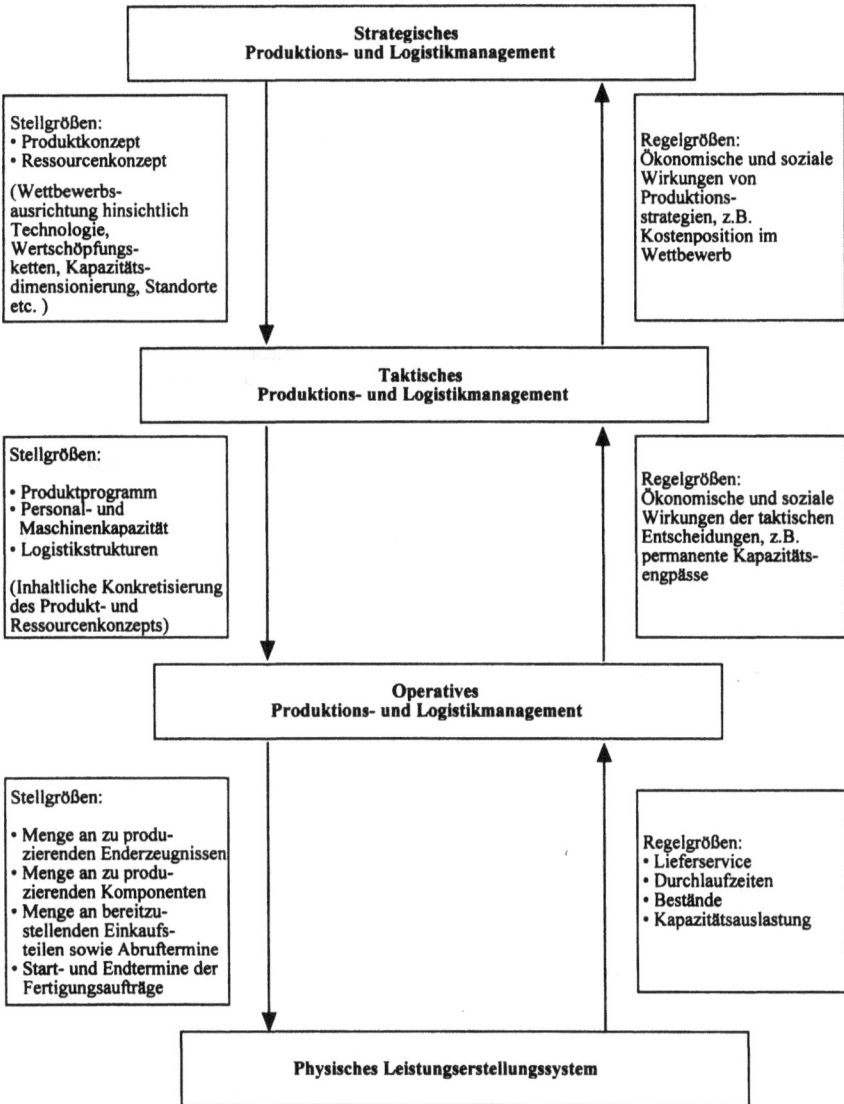

Abb. A.2.15:   Stell- und Regelgrößen des Produktions- und Logistikmanagement

che Ergebnisse die untergeordnete Ebene unter Beachtung dieser Vorgaben bzw. Restriktionen erzielen kann. Diese Ergebnisse werden ex post
als Rückmeldeinformationen der oberen Ebene mitgeteilt. Eine Optimierung des Gesamtergebnisses ist nur möglich, wenn die obere Ebene bei

ihren Entscheidungen ex ante korrekte Annahmen über das Systemverhalten auf der unteren Ebene trifft.

Um den Lenkungsprozeß eines Leistungserstellungssystems hierarchisch zu strukturieren, sind in der Regel folgende Elemente festzulegen:

- Dekomposition des Regelungssystems
- Koordination der Teil-Regelungssysteme
- Aggregation
- Stufenweise Ungewißheitsreduzierung

Die **Dekomposition** bezeichnet die Zerlegung einer Regelungsaufgabe in einfacher zu handhabende Teile von Regelungsproblemen. Sie stellt ein typisches Verfahren dar, um schlechtstrukturierte Probleme zu lösen. Ein *schlechtstrukturiertes Problem* ist dadurch charakterisiert, daß ihm mindestens eines der Merkmale für eine wohlstrukturierte Problemlösung fehlt: eindeutig formulierte Ziele, bekannte Anzahl von Alternativen, vollständige Informationen über deren Konsequenzen, die diese auf die Ziele haben, Existenz eines Algorithmus, der in vertretbarer Zeit Lösungen liefert. Allgemein erlaubt die Zerlegung einer gesamten Regelungsaufgabe in Teilprobleme den Einsatz einfacherer Lösungsverfahren für diese.

Unter **Koordinierung** versteht man, die Partiallösungen der einzelnen Ebenen zu einer Gesamtlösung zu integrieren. Generell sind drei Arten der Integration möglich:

- *Einseitige Abstimmung:* Die obere Ebene setzt der unteren Vorgaben, die diese bei der Bestimmung ihrer Lösung zu beachten hat. Eine Rückmeldung erfolgt nicht. Daher ist es nicht unbedingt gewährleistet, daß das Gesamtoptimum erreicht wird.
- *Einseitige Abstimmung mit Rückkoppelung:* Zusätzlich zu den Vorgaben, die eine obere der unteren Ebene setzt, sind Rückkoppelungen vorgesehen. Dadurch kann eine Neuplanung der oberen Ebene ausgelöst werden, wenn auf der unteren Ebene Unzulässigkeit oder sich nicht ein ausreichendes Anspruchsniveau für das Niveau der Regelgrößen der oberen Ebene ergibt.
- *Wechselseitige Abstimmung:* Die Ebenen stimmen ihre Pläne bzw. Regelungsaufgabe solange aufeinander ab, bis das Gesamtoptimum gewährleistet ist.

Unter **Aggregation** versteht man eine sinnvolle Zusammenfassung von Daten und Entscheidungsvariablen (vgl. Steven 1994 a). Der Zweck der

Aggregation im Rahmen des hierarchischen Ansatzes ist die Entlastung der oberen Entscheidungsebenen von zu vielen, entscheidungsirrelevanten Detailinformationen. Die Informationen jeder Ebene sollen für deren Problemlösung optimal angepaßt sein, d. h. jenen Detaillierungsgrad aufweisen, daß kein Optimalitätsverlust aufgrund mangelnder Datengenauigkeit auftritt. Untrennbar verbunden mit einer Aggregation ist dann eine *Disaggregation*: Sie hat die mit den aggregierten Daten ermittelten Ergebnisse auf die bei der Aggregation beteiligten Einzeldaten aufzuschlüsseln, also z. B. Aufteilung der Menge einer Erzeugnisgruppe auf die einzelnen Erzeugnisse, die dieser Erzeugnisgruppe angehören, oder Schließen von der Belastung einer Maschinengruppe auf die Belastung der einzelnen Maschinen dieser Gruppe. Ein weiteres Beispiel ist die Detaillierung einer Produktionsmenge pro Planperiode, z. B. Monat auf Teilperioden, also pro Woche.

Stufenweise Ungewißheitsreduzierung

Die Integration der Entscheidungsebenen erfordert bei diesen Gestaltungs- und Lenkungsaufgaben der Leistungserstellung, sachliche und zeitliche Wirkungszusammenhänge – sog. Interdependenzen – zu beachten und bei der Regelung im Zeitablauf zu berücksichtigen. Diesem Charakter der Regelungsaufgabe entsprechend könnte man den Schluß ziehen: Die Gestaltungs- und Lenkungsaufgaben der Leistungserstellung sind gleichzeitig in gegenseitiger Abstimmung über die Lebensdauer des Betriebes zu fällen. Dies ist aber eine utopische Forderung. Zum einen würde eine gleichzeitige Lösung aller Gestaltungs- und Lenkungsaufgaben des Betriebes zu einer komplexen Aufgabenstellung führen, für die keine praktisch realisierbare Lösung existiert. Zum anderen werden die den einzelnen Handlungsalternativen zugrundezulegenden Daten immer unsicherer, je weiter sich diese auf die Zukunft beziehen, und die darauf basierenden Entscheidungen unglaubwürdiger.

Unsicherheiten entstehen für ein Unternehmen daraus, daß die Realisation von relevanten Daten, die bei den Gestaltungs- und Lenkungsaufgaben zu berücksichtigen sind, von den Erwartungen über diese Daten abweicht. Die bedeutendsten Unsicherheiten entstehen vor allem aus Gründen der:

- *Nachfrageunsicherheit*: In der Regel kann ein Unternehmen längerfristig die Realisation der Absatzwerte für die einzelnen Enderzeugnisse nach Art und Menge kaum präzise vorhersagen. Je weiter die Planperioden in der Zukunft liegen, umso unpräziser werden üblicherweise diese Absatzprognosen.

- *Prozeßunsicherheit*: Leistungserstellungsprozesse können im einzelnen nur schwer prognostizierbar sein. Längerfristig entstehen Prozeßunsicherheiten daraus, daß die technische Entwicklung und die Bedeutung, die diese für die Wettbewerbsfähigkeit des Unternehmens hat, nur schwer vorherzusehen ist. Kurzfristig manifestiert sich Prozeßunsicherheit darin, daß die Prognose von Betriebsmittelausfällen, Abwesenheit von Personal, zufälligen Schwankungen der Fertigungsprozesse nur ungenau möglich ist.
- *Beschaffungsunsicherheit*: Längerfristig ist es für ein Unternehmen häufig nur schwer möglich, die genauen Beschaffungsmengen und -zeitpunkte festzulegen, da der Bedarf an den Beschaffungsgütern unsicher ist. Kurzfristig entsteht eine Beschaffungsunsicherheit dadurch, daß die Möglichkeit besteht, daß Lieferanten terminlich oder mengenmäßig von den Lieferzusagen abweichen.

Schneidet man den Planungshorizont aus Gründen der Sicherheit der Prognosen (bzw. aus Gründen des Rechenaufwands) zu frühzeitig ab, so entsteht die Gefahr, Ergebniswirkungen von Handlungsalternativen, die über den Planungshorizont hinausgehen, zu übersehen und nicht-optimale Entscheidungen zu treffen. Das führt uns auf ein *Dilemma der Planung*: Einerseits möchte man eine Entscheidung erst fällen, wenn Informationen vorliegen, die sicher sind, andererseits ist man gezwungen, Handlungsalternativen, aufgrund der notwendigen Vorlaufzeiten bis zur Realisation, bereits früher umzusetzen, damit sie rechtzeitig wirksam werden. Da die Unsicherheit zukünftiger Daten also aufgrund des Planungsvorlaufs nicht auszuschließen ist, läßt sich zumindest eine Schlußfolgerung ziehen: Entscheidungen erst zum spätest möglichen, an der Mindestvorlaufzeit orientierten Zeitspanne festzulegen, um neueste Informationen einbeziehen zu können, d. h. das Unumgängliche zu realisieren. Nimmt also die Planungsgenauigkeit mit zunehmendem Abstand vom Planungszeitpunkt ab, so liegt es nahe, *die Lenkungsaufgabe in mehrere Teilplanungen mit abnehmendem Planungshorizont und zunehmendem Detaillierungsgrad der Daten zu zerlegen und eine stufenweise Unsicherheitsbeseitigung zu realisieren*: Die übergeordneten Planungsebenen haben einen längeren (oder mindestens gleichlangen) Planungshorizont als die untergeordneten, dafür ist der Detaillierungsgrad der einbezogenen Informationen geringer. Für jede Planungsebene wird also ein bestimmter – nur betriebsindividuell zu bestimmender – Planungshorizont T, d. h. die zeitliche Reichweite für die Vorausplanung, gewählt und dieser Zeitraum in mehrere Planungsintervalle (Perioden genannt) unterteilt. Ein Planungsintervall gibt dabei jeweils die Zeitspanne zwischen zwei Neuplanungen an. Die Anzahl der Planungsintervalle ist an der Häufigkeit des Auftretens der jeweiligen relevanten Datenänderungen auszurichten. Ideal wäre ein Planintervall, das noch einen wirksamen Eingriff auf Datenänderungen zuläßt. Der auftretende Planungsaufwand kann allerdings eine Beschränkung der Planungsintervalle nahelegen.

Ein Aktualisieren und Fortschreiben der Planung über die Zeit ist durch eine gleitende, rollende bzw. *rollierende Planung* zu erreichen: Man löst jeweils ein T-periodiges Planungsproblem und setzt nur den Plan der ersten Periode in die Realität um. Eine Periode später werden die Daten aktualisiert und der Planungshorizont um eine Periode hinausgeschoben, wobei die abgelaufene Periode außer Betracht bleibt. Da nur der Plan der jeweils ersten Periode bei der rollierenden Planung realisiert wird und man die neuesten Informationen einbezieht, kann man auch von einer *schrittweisen Unsicherheitsreduzierung* sprechen. Bei der rollierenden Planung muß die Länge des Planungshorizonts festgelegt werden. Hierzu ist in Betracht zu ziehen, wie lange sich die Handlungsalternativen auf die zukünftigen Ergebnisse der Zielfunktion auswirken und mit welcher Mindestvorlaufzeit aus Gründen der Realisierungsdauer für die Handlungsalternativen zu rechnen ist. Da die Aufgabe des strategischen Management darin besteht, zukünftige *Erfolgspotentiale* zu schaffen und zu erhalten, d. h. betriebliche Fähigkeiten aufzubauen, die es dem Unternehmen erlauben, langfristig wettbewerbsfähig zu bleiben, beträgt der Planungshorizont üblicherweise mehrere Jahre (fünf Jahre und länger); die Planperioden z. B. ein bis zwei Jahre. Es werden in der Regel hochaggregierte Daten für die Entscheidungen betrachtet.

Das taktische Produktions-Management hat auf der Basis der Produktionsstrategien die laufenden Erfolgspotentiale, die den Bereich der Leistungserstellung betreffen, zu realisieren. Der Planungszeitraum erstreckt sich (im Vergleich zur strategischen Planung) nicht so weit in die Zukunft (z. B. kleiner fünf Jahre), die einbezogenen Daten sind in der Regel weniger aggregiert.

Das operative Produktions- und Logistikmanagement ist vornehmlich am laufenden Erfolg orientiert, wobei der Erfolg als Vorsteuergröße der Erhaltung der Liquidität gesehen werden kann (vgl. dazu Gälweiler 1987, Zäpfel 1989 a). Der Planungshorizont erstreckt sich daher in vielen Fällen auf ein Jahr, die Planungsperioden entsprechen Tage, Woche oder Monate. Die Entscheidungen basieren auf detaillierten Daten.

In den folgenden Abschnitten behandeln wir vor allem die Aufgaben und Lösungskonzepte des operativen Produktions- und Logistikmanagement. Einige Überlegungungen zum taktischen und strategischen Produktionsmanagement sind im Kapitel C enthalten. Ausführliche Darstellungen sind den Büchern von Zäpfel (1989 a und b), Günther/Tempelmeier (1994), Corsten (1995) und Hoitsch (1993) sowie Hahn/Laßmann (1989,1990, 1993) zu entnehmen.

B Grundzüge des operativen Produktions- und Logistikmanagement

Das operative Produktions- und Logistikmanagement regelt das Tag für Tag ablaufende Produktionsgeschehen. Es trägt die Verantwortung für das zielgerichtete Systemverhalten des laufend stattfindenden Leistungserstellungsprozesses. Im folgenden betrachten wir vor allem die Entscheidungen, die im Rahmen der *Produktionslogistik* zu fällen sind.

Die *Stellgrößen*, die das operative Produktionsmanagement festzulegen hat und die als Vorgaben auf die durchführenden Produktionsstellen einwirken, sind die:

- Menge an zu produzierenden *End*erzeugnissen im Planungszeitraum (z. B. für die nächsten drei Monate). Damit wird der sog. *Primärbedarf* fixiert.
- Menge an zu produzierenden Teilen, Baugruppen u. ä. im Planungszeitraum, die für die Enderzeugnisse benötigt werden, sofern die Enderzeugnisse aus mehreren (eigengefertigten) Komponenten bestehen. Damit wird der *Sekundärbedarf* festgelegt. Darüberhinaus ist der Bedarf an *Betriebsstoffen* zu bestimmen, also jener, der nicht unmittelbar in das Enderzeugnis eingeht, aber bei der Produktion ver- bzw. gebraucht wird, der sog. *Tertiärbedarf*.
- Menge an bereitzustellenden Einkaufsteilen, die zur Produktion für die vorgesehenen Enderzeugnisse benötigt werden.
- Start- und Endzeitpunkte für alle daraus resultierenden Fertigungsaufträge und den damit verbundenen Arbeitsvorgängen auf den entsprechenden Produktionsstellen.

Diese Stellgrößen bestimmen den *Material- und Warenfluß* sowohl in mengenmäßiger als auch in zeitlicher Hinsicht für den Planungszeitraum. Bei der Wahl des Material- und Warenflusses hat das Produktionsmanagement einerseits die bereits vorliegenden Kundenaufträge und gegebenenfalls noch erwartete Aufträge im Planungszeitraum und andererseits die vorhandenen Ressourcen (Kapazitäten, Materialien etc.) zu berücksichtigen.

Die zielgerichtete Erarbeitung der Stellgrößen bzw. allgemeiner der Lenkungsprozeß über den Material- und Warenfluß konstituiert die Aufgaben des operativen Produktionsmanagement. Im folgenden wenden wir uns diesen zu.

B.1 Aufgaben des operativen Produktionsmanagement

Die spezifischen Aufgaben des Produktionsmanagement lassen sich – wie wir bereits festgestellt haben – aus dem notwendigen Lenkungsprozeß des physischen Produktionssystems ableiten. Im einzelnen entsprechen die *Aufgaben des operativen Produktionsmanagement* den willensbildenden und willensdurchsetzenden Tätigkeiten, die mit der unmittelbaren Lenkung der Produktion, einschließlich der informationsversorgenden Aktivitäten, verbunden sind. Als das wesentliche Subsystem des Führungssystems der Produktion kann daher das System der operativen Produktionsplanung und -steuerung (PPS) sowie das damit eng verbundene Informationsversorgungssystem angesehen werden.

Das PPS-System hat die Aufgabe, aufgrund erwarteter und/oder vorliegender Kundenaufträge den mengenmäßigen und zeitlichen Produktionsablauf unter Beachtung der verfügbaren Ressourcen (z. B. Kapazitäten) durch Planvorgaben festzulegen, diese zu veranlassen sowie zu überwachen und bei Abweichungen Maßnahmen zu ergreifen, so daß bestimmte betriebliche Ziele erreicht werden. Im Rahmen dieses Lenkungsprozesses sind eine Reihe von Stellgrößen zu erarbeiten und Regelgrößen zu überwachen. Mit diesen Tätigkeiten sind Elementaraufgaben bzw. Aufgabenkomplexe verbunden wie sie in der Abb. B.1.1 zum Ausdruck kommen.

Die wesentlichen Elementaraufgaben der Produktionsplanung und -steuerung lassen sich durch folgende Tätigkeiten kennzeichnen:

Im Rahmen der *Produktionsprogrammplanung* sind – ausgehend von Absatzprognosen und/oder bereits eingelangten Kundenaufträgen – die zu produzierenden Enderzeugnisse nach Art, Menge und Termin im Planungszeitraum festzulegen. Damit wird gleichzeitig der *Primärbedarf* fixiert, der als Vorgabe in die Mengenplanung eingeht. Die Genauigkeit, mit der dieser

Aufgaben-komplexe der Produktions-planung und -steuerung	Teilaufgaben	Daten
Programm-planung	• Produktarten und -mengen für den Planungszeitraum festlegen • Liefertermine bestimmen • Höhe der Endlager (soweit vorhanden) verwalten und festlegen, Ressourcenübersichten (z. B. für Kapazitäten) erstellen und - soweit notwendig - über Anpassungsmaßnahmen entscheiden • Konstruktions- und Arbeitsplantätigkeiten bei kundenorientierter Fertigung planen • Kundenaufträge verwalten und bearbeiten	**Stammdaten** (Beispiele): • Stücklisten • Arbeitspläne • Betriebsmitteldaten (z. B. Kapazitäten, Schichtdauer etc.) **Bewegungsdaten** (Beispiele): • Kundenaufträge • Lagerbestände
Mengen-planung	• (Brutto/Netto-)Bedarf an Komponenten festlegen (Sekundärbedarf) • (Brutto/Netto-)Bedarf an Betriebsstoffen bestimmen (Tertiärbedarf) • Bestände an Komponenten und Betriebsstoffen führen und reservieren • Eigenzufertigende Nettobedarfe festlegen (Fertigungsaufträge) • Fremdzufertigende Nettobedarfe bestimmen (Bestellaufträge) • Bestellungen schreiben und überwachen	
Termin- und Kapazitäts-planung	• Start- und Endtermine der Fertigungsaufträge bestimmen • Kapazitätsbedarfe ermitteln • Kapazitätsbedarf und Kapazitätsangebot abstimmen • Arbeitsvorgänge auf den Arbeitssystemen zeitlich einplanen	
Auftrags-veranlassung	• Verfügbarkeitsprüfung für Personal, Maschinen, Komponenten, Werkzeuge, NC-Programme etc. durchführen und notwendige Produktionsfaktoren reservieren • Fertigungsaufträge und Arbeitsvorgänge freigeben • Arbeitsbelege erstellen • Arbeit zuteilen	

Auftragsüber-wachung und Sichern des Produktions-vollzugs	• Rückmeldung von Istdaten
	  – auftragsbezogen
	  – maschinenbezogen
	  – mitarbeiterbezogen
	  – materialbezogen
	• Fertigungsfortschritt überwachen und Kapazitätsauslastung überprüfen
	• Liefertermine für Kundenaufträge überwachen
	• Anpassungsmaßnahmen bei Soll-Ist-Abweichungen auslösen	

Abb. B.1.1:   Grundstruktur des PPS-Systems

Primärbedarf bestimmt wird, entscheidet bereits über die Zuverlässigkeit der Planvorgaben des PPS-Systems. Je unzuverlässiger diese sind, umso häufiger sind durch die Steuerung Eingriffe in das Produktionsgeschehen, z. B. durch Eilaufträge, notwendig.

Die Systemunterstützung der PPS-Systeme beschränkt sich in vielen Fällen für eine erwartungsbezogene Programmplanung auf *Prognoseverfahren*, wie z. B. die exponentielle Glättung und ihre Varianten.

Optimierungsmodelle, die erlauben, Produktionsprogramme unter dem Gesichtspunkt von Kosten oder Deckungsbeiträgen zu ermitteln, fehlen.

Neuere PPS-Systeme enthalten die Möglichkeit, Produktgruppen und Kapazitätseinheiten zu bilden und mittels einer deterministischen Simulation vom Sachbearbeiter festgelegte Produktionsprogramme auf ihre Durchführbarkeit, d. h. den Bedarf an Ressourcen, zu prüfen. Allerdings entstehen dabei Probleme der Datenverdichtung (Bildung von Produktgruppen, Aggregation von Kapazitäten), die auch aus theoretischer Sicht noch nicht vollständig gelöst sind (vgl. dazu Steven 1994 a).

Für eine kundenauftragsbezogene Programmbildung ist es im Rahmen der *Liefererterminbestimmung* ebenfalls notwendig, die Kapazitätssituation des Betriebes in die Analyse einzubeziehen und die Materialdeckung zu prüfen. Auch hier sind Simulationsmodelle zum rechtzeitigen Erkennen von Kapazitäts- und Materialengpässen hilfreich. Als Besonderheit tritt hinzu, daß eine terminliche Vorlaufsteuerung für die auftragsabhängigen Arbeiten der Konstruktion und Arbeitsplanung durch die Programmplanung vorzunehmen ist. Tätigkeiten der *Kundenauftragsverwaltung und -abwicklung* sind also in einem wechselseitigen Zusammenhang mit der Programmbildung zu sehen. Diese erfaßt und ändert den Status der Kundenaufträge, bestätigt Liefertermine, stellt Rechnungen aus, bucht Artikel vom Lagerbestand und überwacht Auslieferungen.

Die *Mengenplanung* ermittelt die Materialien (Repetierfaktoren) nach Art, Menge und Termin, die zu fertigen bzw. zu beschaffen sind, um das geplante Produktionsprogramm durchzuführen. Dazu enthalten PPS-Systeme EDV-Programme der Stücklistenauflösung, die es ermöglichen, den Bedarf an Baugruppen, Teilen, Rohstoffen – also allgemein den Sekundärbedarf – unter Zugrundelegung des Produktionsprogramms zu errechnen. Bei der *Nettobedarfsermittlung* werden die verfügbaren Lagerbestände der Komponenten (Lagerbestand, Bestellbestand, Werkstattbestand sowie Reservierungen) in der Rechnung berücksichtigt (vgl. dazu Kap. B.4.2.2). Der Nettobedarf für jede Komponente wird dabei durch eine *zeitliche Vorlauf-*

verschiebung auf Perioden zugeordnet. Die Vorlaufverschiebung basiert auf geplanten Durchlaufzeiten.

Untrennbar mit diesen Aufgaben ist eine *Bestandsführung* verbunden. Diese erfaßt und verbucht Lagerzugänge und Lagerabgänge. Damit lassen sich die buchmäßigen Lagerbestandswerte feststellen und statistische Auswertungen über den vergangenen Verbrauch vornehmen. Wahlweise läßt sich der Bedarf auch durch eine *verbrauchsgesteuerte Disposition* bestimmen, die auf dem vergangenen Bedarf gründet. In der Regel wird dies nur für die Komponenten mit geringem Wert durchgeführt (vgl. dazu Kap. B.4.3).

Sind alle Bedarfe einer Komponente bekannt, so werden diese gegebenenfalls nach wirtschaftlichen Kriterien im Rahmen der *Losgrößen- bzw. Bestellgrößenrechnung* in Lose bzw. Bestellmengen zusammengefaßt. Viele PPS-Systeme enthalten dazu einfache Näherungsverfahren, die erlauben, Rüst- und Lagerhaltungskosten alternativer Auftragsgrößen gegeneinander abzuwägen. Ergebnis dieses Schrittes sind Vorschläge über Fertigungsaufträge bzw. über Bestellaufträge für Einkaufsteile.

Die *Termin- und Kapazitätsplanung* ermittelt die Start- und Endtermine der Arbeitsvorgänge für die geplanten Fertigungsaufträge. Basis stellen dabei die Rüstzeiten und Bearbeitungszeiten je Einheit aus den Arbeitsplänen dar, sowie die in der Regel vergangenheitsbezogenen Übergangszeiten, die Warte-, Transportzeiten und dergleichen antizipieren sollen.

Die Termin- und Kapazitätsplanung erfolgt in der Fertigungsindustrie im allgemeinen in zwei Schritten. Bei der *Durchlaufterminierung* werden die Start- und Endtermine unter Beachtung der technisch bedingten Arbeitsabläufe festgelegt, ohne aber die Kapazitätsgrenzen zu berücksichtigen. Die *Kapazitätsbedarfsrechnung* ermittelt aus diesen terminierten Arbeitsvorgängen den Kapazitätsbedarf auf den entsprechenden Kapazitätseinheiten in den einzelnen Planperioden. Dazu werden die Kapazitätsbedarfe der einzelnen Arbeitsvorgänge je Maschinengruppe und Periode summiert und dem entsprechenden Kapazitätsangebot gegenübergestellt. Resultat sind gegebenenfalls Über- und Unterdeckungen.

Die *Kapazitätsterminierung* hat die Aufgabe, Kapazitätsbedarf und -angebot aufeinander abzustimmen, sofern diese pro Maschinengruppe und Periode voneinander abweichen. In einigen fortgeschrittenen PPS-Systemen favorisierte man lange Zeit eine Lösung, diese Aufgabe durch algorithmisch aufwendige EDV-Programme in Stapelverarbeitung zu unterstützen. Da aufgrund der langen Laufzeit die EDV-Programme häufig nur in großen Zeitabständen (z. B. einmal pro Woche) abliefen, waren die

Ergebnisse schnell durch die Realität überholt. Nicht zuletzt aus diesem Grunde ziehen PPS-Systeme neuerdings verstärkt Dialoglösungen heran, wobei sogenannte elektronische Leitstände an Bedeutung gewinnen (vgl. dazu Kap. B.6.5)

Für die geplanten Fertigungsaufträge aus der Termin- und Kapazitätsplanung ist im nächsten Schritt zu bestimmen, welche von diesen kurzfristig aus Termingründen freigegeben werden müssen. Neuerdings enthalten einige PPS-Systeme den Algorithmus der belastungsorientierten Auftragsfreigabe (vgl. dazu Kap. B.5.3).

Die Auftragsfreigabe ist mit einer *Verfügbarkeitskontrolle* verbunden. Diese hat zu gewährleisten, daß für die freigegebenen Aufträge das erforderliche Personal, die Maschinen, die Werkzeuge und Vorrichtungen etc. bereitstehen. Im Rahmen der automatisierten Fertigung ist auch die Verfügbarkeit von NC-Programmen und Roboter-Programmen sicherzustellen. Für die freigegebenen und in Arbeit befindlichen Aufträge ist aus Aktualitätsgründen in vielen Fällen eine erneute Arbeitsgangterminierung – die sogenannte *Terminfeinplanung* - erforderlich. Die sich ergebenden Maschinenbelegungspläne und die benötigten Fertigungsinformationen (z. B. Fertigungsbelege) sind im Anschluß daran den durchführenden Produktionsstellen zu übermitteln und die Arbeit zu verteilen.

Der Übergang von *Planung* und *Steuerung* vollzieht sich dort, wo Planvorgaben in Durchsetzungsaktivitäten übergehen. Allerdings ist diese Schnittstelle nicht eindeutig, sondern hängt davon ab, inwieweit einzelne Planungsaufgaben (vor allem die Maschinenbelegungsplanung) von den ausführenden Ebenen übernommen werden (die darauf beruhende Unterteilung in zentrale und dezentrale PPS-Systeme wird im Kap. B.6.2 besprochen).

Wird die Maschinenbelegungsplanung von der zentralen Planungsstelle (also nicht von der ausführenden Ebene) durchgeführt, so sind lediglich die ausführenden Tätigkeiten sowie die Kapazitäts- und Auftragsüberwachung der Steuerung zuzurechnen. Im anderen Fall (Maschinenbelegung dezentral durch die ausführende Ebene) setzen die Steuerungsaktivitäten mit der Auftragsfreigabe ein und enthalten mit der Maschinenbelegungsplanung noch planerische Aufgaben.

Die *Kapazitäts- und Auftragsüberwachung* beginnt unmittelbar mit dem Fertigungsvollzug. Durch diese Aktivitäten ist das Produktionsgeschehen zu verfolgen, also die Zustandsänderungen bezüglich der Kunden- und Fertigungsaufträge in der Produktion sowie die bezüglich der Kapazitätseinheiten.

Die *Auftragsfortschrittsüberwachung* betrachtet auftragsbezogene Daten, im besonderen ob sich die Aufträge entsprechend den Planwerten nach Qualität, Menge und Zeit verhalten. Damit läßt sich der Abarbeitungsgrad der Aufträge feststellen sowie ein Vergleich zwischen Soll- und Istdaten vornehmen, und es lassen sich gegebenenfalls Maßnahmen ergreifen. Die *Kapazitätsüberwachung* erfaßt maschinenbezogene sowie mitarbeiterbezogene Daten (Anwesenheitszeiten etc.).

Historisch gesehen entwickelten sich computergestützte PPS-Systeme zu Beginn der sechziger Jahre. Zunächst standen leicht formalisierbare Lösungen wie die Grunddatenverwaltung und die Mengenplanung im Vordergrund. Im Anschluß daran entstanden EDV-Programme für die Programm-, Termin und Kapazitätsplanung. Diese EDV-Programme konnten zunächst nur in Stapelverarbeitung betrieben werden, d. h. die anfallenden Daten wurden während einer bestimmten Zeitdauer gesammelt und dann in einem geschlossenen Posten ohne Eingriff des Benutzers vom Anwendungsprogramm verarbeitet. Planungsaufgaben, die laufend aktuelle Daten aus dem Produktionsgeschehen erfordern (z. B. die Kapazitätsterminierung), konnten daher in der Regel nicht zufriedenstellend gelöst werden. Anfangs der achtziger Jahre gelangte zunehmend die *Dialogverarbeitung* zum Einsatz: Der Benutzer kann nun Bearbeitungsvorgänge unmittelbar durch Interaktion über die Benutzerschnittstelle mit dem EDV-System abwickeln. Vom computergestützten Arbeitsplatz des Sachbearbeiters aus ist es möglich, Datenbestände einzugeben, zu verändern und abzufragen sowie EDV-Programmabläufe zu beeinflussen.

Darüberhinaus wurden die zunächst vor allem für die kundenanonymen Serienfertiger mit standardisierten Erzeugnissen entwickelten PPS-Systeme im Laufe der Zeit auch auf die spezifischen Bedürfnisse der Einzel- und Kleinserienfertiger mit kundenindividuellen Produkten erweitert.

Im folgenden betrachten wir die Elemente eines PPS-Systems im einzelnen.

B.2 Operatives Informationsversorgungssystem der Produktion

Abgestimmt auf die Produktionsplanung und -steuerung – und mit dieser in der Regel untrennbar verbunden – ist das operative *Informationsversorgungssystem der Produktion* zu sehen. Es umfaßt die Beschaffung, Analyse und Aufbereitung aller für die Regelung des Produktionsprozesses relevanten Ist-, Prognose- und Soll-(Vorgabe-)Daten. In der Abb. B.2.1 sind beispielhaft einige wichtige Daten für den Aufgabenkomplex „Produktionsplanung und -steuerung" angedeutet.

Zu den *Istdaten* zählen grundlegende Beschreibungen der Produkt- und Ablaufstruktur (Stücklisten, Arbeitspläne, Betriebsmitteldaten etc.), die als *Stammdaten* bezeichnet werden, bzw. *Bewegungsdaten*, wie aktuelle Lagerbestände, Kundenaufträge, Bestellungen bei Lieferanten, auftragsfortschrittsbezogene Daten, maschinenbezogen Daten, mitarbeiterbezogene Daten (z. B. Anwesenheitszeiten), materialbezogene Daten (z. B. Ausschußprozentsätze) etc., die für die zielgerichtete Regelung des Produktionsprozesses notwendig sind.

Prognosedaten beziehen sich auf Vorhersagen zukünftiger Zustände, die für die Regelung des Produktionsprozesses erforderlich sind. Dabei spielen im besonderen die Absatzprognosen eine bedeutende Rolle. Im Kap. B.3.5.1 werden wir darauf näher eingehen. Weitere wichtige Prognosedaten sind Plan-Durchlaufzeiten, mit deren Bestimmung wir uns im Kap. B.5.2.1.3 beschäftigen.

Soll(Vorgabe-)Daten stellen Stellgrößen dar, die unter Zugrundelegung von Ist- bzw. Prognosedaten durch das PPS-System erarbeitet werden. Im Rahmen der Steuerung sind vor allem Differenzen (Abweichungen) von Soll- und Istdaten relevant, die dazu dienen, Kontrolle zu ermöglichen und bei Bedarf erneut Planungszyklen anzustoßen. Dieser Ablauf im Rahmen des operativen Produktionsmanagement läßt sich in dieser Sichtweise als ein informationssuchender und -verarbeitender Prozeß interpretieren.

Im folgenden wollen wir lediglich die wesentlichsten Stammdaten über die Erzeugnisstrukturen und die Fertigungsabläufe, vor allem die Stücklisten und Arbeitspläne, erläutern. Weitere spezifische Daten, die für Teilaufgaben der Produktionsplanung und -steuerung notwendig sind, behandeln wir im Rahmen der Darstellung der Teilaufgaben.

Beispiele für Daten des Informations-versorgungssystems	
Istdaten	**Prognosedaten**

Programm-planung

- Kundenaufträge
- Bestandsdaten für Enderzeugnisse
- Stückzeiten für Erzeugnisse
- etc.

- Absatzprognosen
- Plan-Kapazitäten
- Stückerlöse und Stückkosten

Solldaten:
Mengen an Enderzeug-nissen
geplante Lagermengen

Mengen-planung

- Teilestammdaten
- Erzeugnisstruktur-daten
- Bestandsdaten für Komponenten
- Lieferantendaten
- etc.

- geplante Vorlaufzeiten für die einzelnen Komponenten der Erzeugnisse
- etc.

Fertigungs-aufträge nach Art, Menge, Zeitpunkt

Bestellaufträge

Termin- und Kapazitäts-planung

- Arbeitsplandaten
- Betriebsmitteldaten
- etc.

- Plan-Durchlaufzeiten von Fertigungsauf-trägen bzw. von Arbeitsvorgängen

Start- und End-termine für alle Arbeitsvorgänge

Steuerung

Daten bezogen auf
- Aufträge
- Maschinen
- Mitarbeiter
- Material

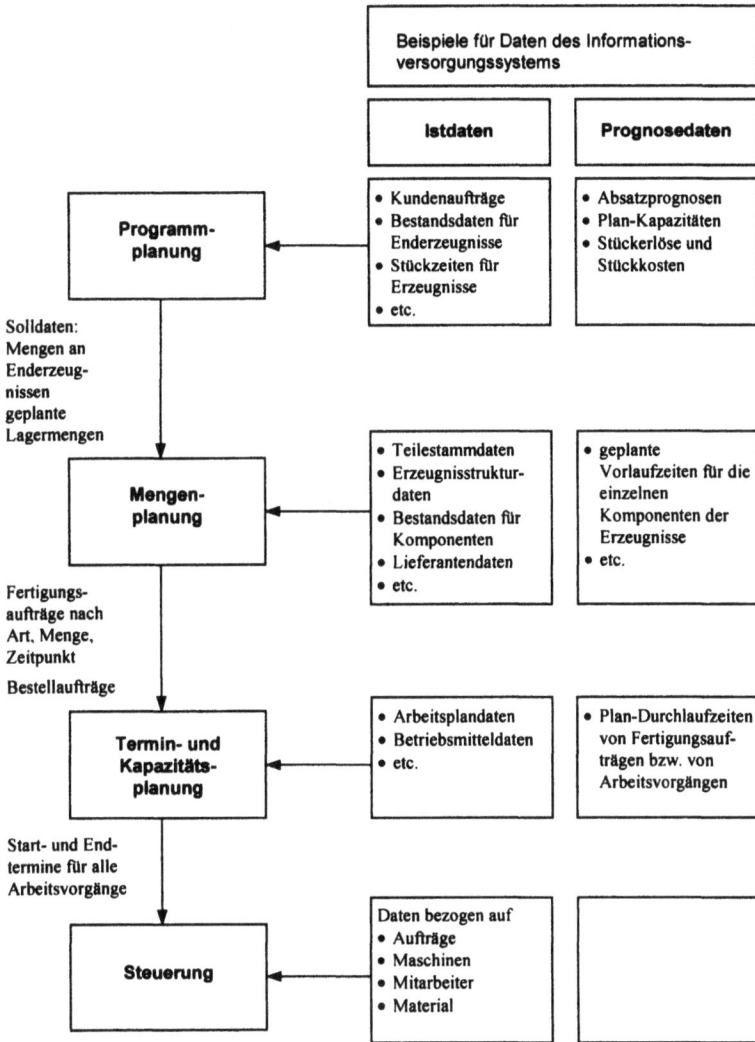

Abb. B.2.1: PPS und Informationsversorgungssystem

B.2.1   Stammdaten über Erzeugnisstrukturen: Stücklisten

Anschaulich lassen sich Erzeugnisstrukturen besonders durch Erzeugnisbäume und Gozinto-Graphen wiedergeben. Ein *Erzeugnisbaum* (auch Stammbaum genannt) zeigt in graphischer Darstellung die Struktur *eines* Erzeugnisses. Als Beispiel für einen Erzeugnisbaum wollen wir die (vereinfachte) Struktur eines „Fahrrades" betrachten (Abb. B.2.2).

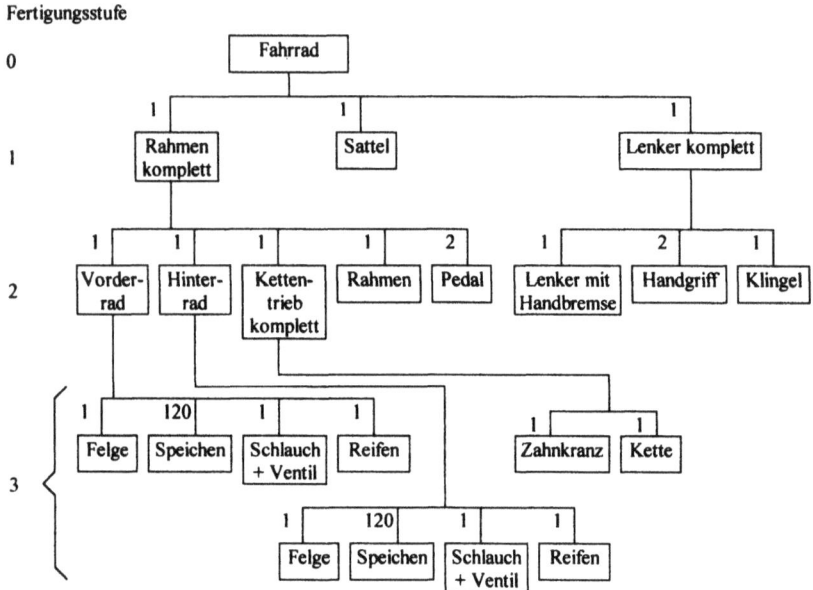

Abb. B.2.2:   Erzeugnisbaum „Fahrrad"

Die Zahlen an den Kanten geben die Mengenrelationen wieder, d. h. sie symbolisieren, welche Mengen von den untergeordneten Erzeugnissen in eine Mengeneinheit eines jeweiligen direkt übergeordneten Erzeugnisses eingehen. Die Komponenten sind nach dem fertigungstechnischen Ablauf, den *Fertigungsstufen*, geordnet. Mehrfach verwendete Teile, sogenannte *Wiederholteile*, führt man auf jeder Stufe eines Erzeugnisses, auf der sie vorkommen, auf.

Enthalten die Erzeugnisstrukturen Wiederholteile, so beinhaltet die Darstellung durch Stammbäume Redundanzen. Bei der Verwendung von *Gozinto-Graphen* kann man diese vermeiden. Jedes *Erzeugnis* (als Oberbegriff für alle Enderzeugnisse, Baugruppen, Einzelteile, Rohstoffe u. ä.)

stellt man unabhängig von seiner Verwendungshäufigkeit in verschiedenen Erzeugnissen durch einen einzigen Knoten dar. Die verbindenden Pfeile mit den Zahlen (Mengenrelationen) geben den Zusammenhang zwischen den Erzeugnissen wieder. Durch den Gozinto-Graphen wird also eine kompakte Darstellung der Erzeugnisstrukturen erreicht. Ein Beispiel möge das verdeutlichen. Zwei Enderzeugnisse A und B sollen gegeben sein. Ihre Erzeugnisstrukturen seien durch folgende Stammbäume gegeben (Abb. B.2.3):

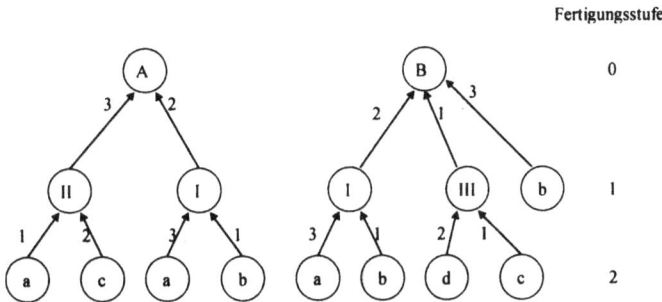

Abb. B.2.3:   Erzeugnisstrukturen durch Stammbäume

Da Wiederholteile vorkommen, lassen sich die Erzeugnisstrukturen kompakter durch einen zusammenhängenden Gozinto-Graphen wiedergeben (Abb. B.2.4).

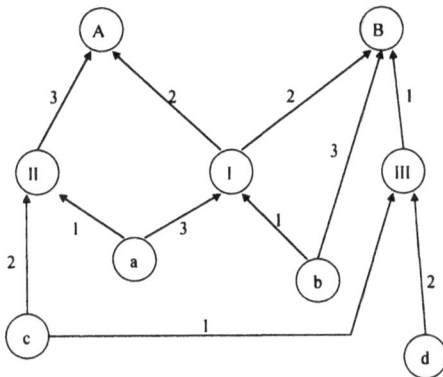

Abb. B.2.4:   Gozinto-Graph für die Erzeugnisstruktur der Abb. B.2.3

Der Gonzinto-Graph veranschaulicht treffend „the part that goes into". Dieses Wortspiel hat Vaszonyi (1962) zu der Namensgebung *„Gozinto-Graph"* angeregt.

Algebraisch läßt sich der Gozinto-Graph durch *Mengenbilanzen* darstellen. Die Mengenbilanzen für unser Beispiel haben das folgende Aussehen, sofern wir mit x_A, x_B die Menge der Enderzeugnisse und mit $r_a, \ldots, r_d$ die Menge an Teilen sowie r_I, r_{II}, r_{III} die Menge an Baugruppen bezeichnen:

$$r_I = 2x_A + 2x_B$$
$$r_{II} = 3x_A$$
$$r_{III} = 1x_B$$
$$r_a = 3r_I + 1r_{II}$$
$$r_b = 1r_I + 3x_B$$
$$r_c = 2r_{II} + 1r_{III}$$
$$r_d = 2r_{III}$$

In der industriellen Praxis sind die Erzeugnisstrukturen üblicherweise listenförmig dokumentiert. So sind in diesem Zusammenhang folgende Informationsträger von Bedeutung:

- Stücklisten und Verwendungsnachweise in der mechanischen Fertigung
- Rezepturen in der chemischen Industrie
- Materiallisten in der Bauindustrie
- Gattierlisten in der stahlerzeugenden Industrie
- Holzlisten in der holzverarbeitenden Industrie
- Zutatenlisten in der Textilindustrie.

Von diesen Informationsträgern ist die Stückliste die allgemeinste Form; diese wird daher im weiteren behandelt.

Die *Stückliste* enthält in einer Listendarstellung die Mengen der Komponenten (z. B. Baugruppen, Teile und Rohstoffe), die für die Fertigung einer Einheit des Erzeugnisses oder einer Gruppe erforderlich sind. In der Praxis existieren eine Vielzahl von Stücklistenformen. Im Überblick sind sie in der Abb. B.2.5 dargestellt.

Die *Mengenübersichtsstückliste* (Aufzählungsstückliste) ist die einfachste Form (Abb. B.2.6 a). Sie nennt alle Komponenten des Erzeugnisses mit ihren Gesamtmengen, ohne Hinweise auf ihre Stellung innerhalb der Erzeugnisstruktur zu geben. Um die Gesamtmengen für eine Komponente zu erhalten, muß eine Mengenaggregation für diese Komponente über alle Fertigungsstufen eines Enderzeugnisses durchgeführt werden. Obwohl die Aufzählungsstückliste den Bedarf an Komponenten für ein Erzeugnis

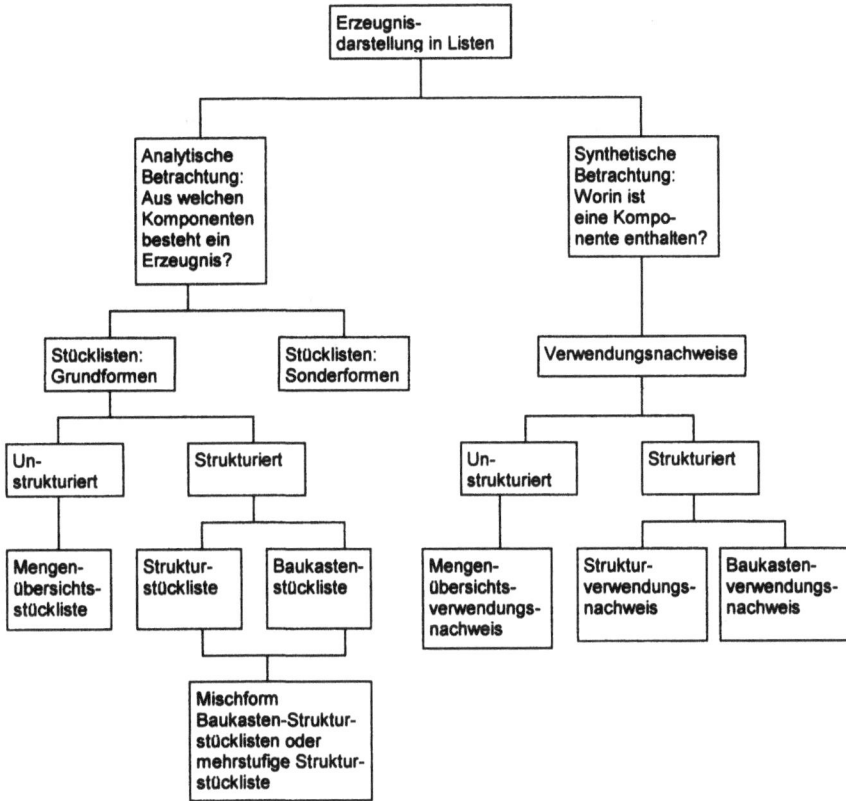

Abb. B.2.5:   Übersicht über Stücklisten und Verwendungsnachweise

unmittelbar liefert, ist nicht zu erkennen, für welche anderen Erzeugnisse ein Teil gebraucht wird. Eine zeitlich differenzierte Bedarfsermittlung läßt sich daher nicht vornehmen. Rezepturen und Gattierungslisten entsprechen dieser Darstellungsform (enthalten aber häufig zusätzlich Arbeitsanweisungen).

Die *Strukturstückliste* nennt alle Komponenten mit ihren Mengen, die in ein Erzeugnis eingehen, weist aber die Bestandteile entsprechend den Fertigungsstufen aus (Abb. B.2.6 b). Die Erzeugnisstruktur kann verschieden angegeben sein, beispielsweise ist ein Einrücken der untergeordneten Komponenten oder eine Zuordnung von Ebenennummern oder eine visuelle Veranschaulichung durch Pfeile ← (wie im Beispiel) oder durch Kreuze üblich. Diese Stücklistenform gibt einen guten Überblick über die Gesamtstruktur des Erzeugnisses und läßt eine zeitlich differenzierte Bedarfsermittlung zu. Nachteilig ist, daß Wiederholteile mehrfach aufgeführt werden müssen. Änderungen werden dadurch erschwert, da ein einzelnes Aufsuchen jedes Verwendungsfalls nötig wird.

Die *Baukastenstückliste* führt für jedes Enderzeugnis und jede Baugruppe genau diejenigen Komponenten mit ihren Mengen auf, die direkt eingehen (Abb. B.2.6 c). Für jede Baugruppe existiert eine getrennte Liste. Eine Erzeugnisstruktur mit mehreren Fertigungsstufen zerlegt man also in mehrere Stücklisten mit jeweils einer Fertigungsstufe. Der Vorteil dieser Stücklistenform besteht darin, daß für jede Baugruppe auch bei mehrfacher Verwendung nur eine Stückliste vorhanden und dadurch der Speicherplatzbedarf geringer ist. Änderungen in den Stücklistenpositionen sind leicht durchzuführen.

In der Praxis existieren *Mischformen*. So untergliedert man in der Strukturstückliste eines Erzeugnisses die Wiederholbaugruppen nicht, sondern führt für diese eine eigene Baukastenstückliste. Man spricht auch von *Baukasten-Strukturstückliste*.

Im Vergleich sind die wesentlichen Grundformen der Stückliste in der Abb. B.2.6 für das Enderzeugnis A unseres Beispiels wiedergegeben.

Neben den Stücklisten-Grundformen existieren je nach Verwendung *Sonderformen*. Beispielsweise betrachtet die Konstruktionsabteilung die Erzeugnisbestandteile nach Funktionsgesichtspunkten und faßt diese Teile in einer *Konstruktionsstückliste* zusammen. Die Arbeitsvorbereitung benötigt die Information in Form einer *Fertigungsstückliste*, die entsprechend des Zusammenbaus zu einem Enderzeugnis dargestellt ist.

Sonderformen werden auch in den Betrieben notwendig, die neben den Grundprodukten eine Vielzahl von *Varianten* herstellen. Häufig ist es wirtschaftlich nicht vertretbar, für jede Variante vorweg eine vollständige Stückliste zu erstellen. Beispielsweise läßt sich in diesem Fall so vorgehen, daß für die Gleichteile, die in allen Produkten enthalten sind, eine Gleichteilestückliste geführt wird und für jene Komponenten, die in den einzelnen Varianten spezifisch vorkommen, sogenannte Endformstücklisten angelegt werden (zu weiteren Variantenstücklisten vgl. Zimmermann 1988; Glaser/Geiger/Rhode 1992; Scheer 1994).

Stücklisten werden im Unternehmen zur Lösung verschiedener Aufgaben herangezogen, z. B. (Heinen 1991):

- In der Konstruktionsabteilung werden Stücklisten für die Durchführung von Änderungen an Erzeugnissen bzw. zu Ähnlichkeitskonstruktionen herangezogen.

Fertigungsstufen

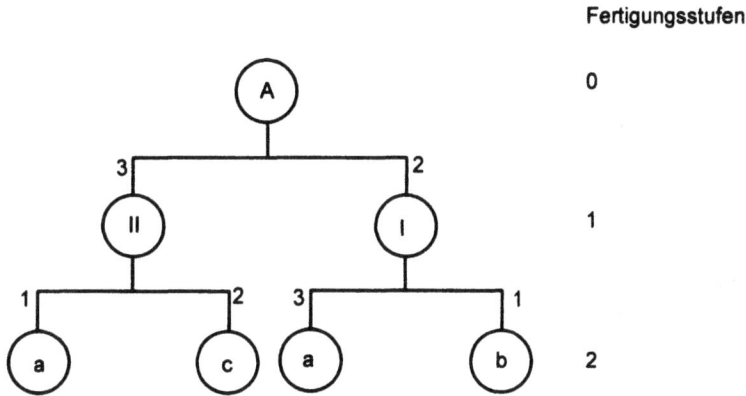

a) Mengenübersichtsstückliste

Erzeugnis A		
Sach-Nr.	Menge	Bezeichnung
I	2	Baugruppe
II	3	Baugruppe
a	9	Teil
b	2	Teil
c	6	Teil

c) Baukastenstücklisten

Erzeugnis A		
Sach-Nr.	Menge	Bezeichnung
I	2	Baugruppe
II	3	Baugruppe

Baugruppe I		
Sach-Nr.	Menge	Bezeichnung
a	3	Teil
b	1	Teil

Baugruppe II		
Sach-Nr.	Menge	Bezeichnung
a	1	Teil
c	2	Teil

b) Strukturstückliste

Erzeugnis A		Strukturstückliste	
Fertigungsstufe	Sach-Nr.	Menge	Bezeichnung
1	I	2	Baugruppe
└2	a	3	Teil
└2	b	1	Teil
1	II	3	Baugruppe
└2	a	1	Teil
└2	c	2	Teil

Abb. B.2.6: Grundformen von Stücklisten

- Für die Arbeitsvorbereitung stellen Stücklisten die Basis dar, um die Fertigungsschritte festzulegen.
- In der Materialwirtschaft dienen Stücklisten zur Bedarfsermittlung.
- Für die Terminplanung bilden Stücklisten das Mengengerüst, um zeitliche Belastungen ermitteln zu können.
- In der Fertigungssteuerung werden auf der Basis von Stücklisten Verfügbarkeitsrechnungen durchgeführt.
- Das Lager benötigt Stücklisten als Information zur Materialbereitstellung für die Fertigung.
- Die Montagevorbereitung zieht Stücklisten zur Erstellung von Montageanleitungen heran.
- Der Kundendienst verwendet Stücklisten als Ersatzteile- und Prüflisten.
- Der Rechnungslegung dienen Stücklisten als Unterlagen für die Vor- und Nachkalkulation.

Bei den Stücklisten sind wir von einer analytischen Sicht ausgegangen, d. h. es wurde gefragt, aus welchen Komponenten sich ein Erzeugnis zusammensetzt. Wollen wir dagegen wissen, in welchen Erzeugnissen eine Komponente verwendet wird, gelangen wir zu den Verwendungsnachweisen. Ein *Verwendungsnachweis* enthält in einer Liste die übergeordneten Erzeugnisse, in denen eine Komponente mit ihren Mengen vorkommt. Generell lassen sich Teileverwendungsnachweise nach den gleichen Grundformen wie die Stücklisten aufbauen: Der *Mengenübersichts-Teileverwendungsnachweis* gibt alle Verwendungen einer Komponente in allen übergeordneten Baugruppen bis hin zum Enderzeugnis mit den jeweiligen Mengen (ohne Kennzeichnung der Stufung) wieder. Beim *Struktur-Teileverwendungsnachweis* führt man die Verwendung einer Komponente über alle Fertigungsstufen auf. Der *Baukasten-Teileverwendungsnachweis* enthält nur die jeweilige direkte Verwendung eines Teils in allen direkt übergeordneten Erzeugnissen. Die Bedeutung von Verwendungsnachweisen liegt vor allem beim Auffinden und Ändern von Wiederholteilen und dem Feststellen der Auswirkungen auf übergeordnete Erzeugnisse.

Stücklisten bzw. Teileverwendungsnachweise dokumentieren vor allem in Fertigungs- und Montageindustrien das Mengengerüst. In der Prozeßindustrie läßt sich das Mengengerüst geeignet durch Mengenbilanzen darstellen. Dabei können die Mengenbilanzen Zyklen beinhalten. Auf die Datenverwaltung von Stücklisten und Teileverwendungsnachweisen in PPS-Systemen sei der Leser auf Kurbel (1993) verwiesen.

B.2.2 Stammdaten über Ablaufstrukturen: Arbeitspläne

Aussagen zum Zeitgerüst im Produktionsbereich sind im *Arbeitsplan* niedergelegt: Dieser beschreibt die Vorgangsfolgen zur Fertigung einer Komponente oder eines Erzeugnisses. Üblicherweise geht aus einem Arbeitsplan hervor,

- wie (technologische Folge der Arbeitsvorgänge),
- in welcher Zeit (Angabe der Rüst- und Stückzeiten),
- wo (Angabe der Kostenstellen bzw. Arbeitsplätze),
- womit (Beschreibung der Maschinen, Vorrichtungen und Werkzeuge),
- bei welcher Lohngruppe und aus welchem Werkstoff die betreffende (selbsterstellte) Komponente zu produzieren ist (Abb. B.2.7).

Der Arbeitsplan enthält also alle Vorschriften für die Fertigung und Montage von Einzelteilen, Baugruppen und Enderzeugnissen unter Berücksichtigung von Einsatzstoffen und den verfügbaren Betriebsmitteln. Bezieht sich ein Arbeitsplan auf die Montage, so ist aus ihm zu entnehmen, in welcher Reihenfolge der Zusammenbau der Komponenten zu erfolgen hat. Die Fertigungsprozesse werden also in einer Folge von Arbeitsvorgängen (oft auch kurz Arbeitsgänge genannt) sichtbar, d. h. jenen Abschnitten eines Arbeitsablaufs, die in der Ausführung an einer Einheit eines Produktionsauftrages bestehen (REFA, MLA-1, 1971, S. 76).

In einer feineren Betrachtung sind Arbeitsvorgänge wiederum das Resultat von Verrichtungen der Potentialfaktoren, die an Arbeitsobjekten vollzogen werden. Arbeitsverrichtungen der ausführenden Arbeitskräfte und Werkverrichtungen der Betriebsmittel führen in ihrer Kombination zu Arbeitsvorgängen an Objektfaktoren. Schlüsselt man weiterhin die Verrichtungen der am Prozeß beteiligten Potentialfaktoren auf, so gelangt man zu den Bewegungs- und Prozeßelementen. Bewegungselemente sind dabei die vom Menschen ausgeführten Grundbewegungen, wie z. B. Hinlangen, Bringen, Montieren. Prozeßelemente bezeichnen dagegen von Maschinen ausgeführte Grundvorgänge, wie z. B. Bohren, Doppelhub bei Pressen. Sie bewirken letztlich eine Transformation der Arbeitsobjekte.

Aus dem Arbeitsplan lassen sich die Rüst- und Stückzeiten für alle selbsterstellten Arbeitsvorgänge entnehmen. Durch das *Rüsten* bereitet man eine Produktiveinheit auf die Erfüllung einer Arbeitsaufgabe vor. Die Zeit für das Ausführen einer Produktionsaufgabe läßt sich aus der gewünschten Menge und den Zeiten je Einheit bestimmen. Aufgrund die-

ARBEITSPLAN		Teilefertigungsplan (Arbeitsplanart)	für (Teil) Ventilkörper		gehört zu Kompressor K 1		Blatt: K1/1 Apl. besteht: 1 Blatt
erstellt am	Bearb. Meier	Änderung:	Werkstoff St 50		an Abteilung		Arbeitspl.-Nr. A48
geprüft am	Prüfer Stein		Rohabmessung				Funktions-Nr. 2,3
Planungsbereich	1 Stück	Mengenbereich 30 Stück	Rohteilzeichnungs-Nr.:				

Kostenstelle	Lfd. Nr. d. Arbeitsganges	ARBEITSGANG	Maschinen Nr.	Vorrich-tung-Nr.	Werkzeug Nr.	Rüstzeit	Stückzeit	Lohngruppe
1291	1	ablängen a. Maß 14	1291				14'	
1210	2	drehen: beiders. plan Maß 12,4 ± 0,05	1210			45'	4,8'	
1252	3	bohren-graten: 4 x 11Ø mit 4 Spin-delapparat + Peiseler	1252	3310 2000	S42		1,7'	
1208	4	drehen: in Vorr. M6, 35Ø + 1,5 x 5,2 plan. Einstiche 10Ø/15,2Ø,17,3Ø/ 27,7Ø; 35Ø/29,8Ø x 1 mm tief: Platte wenden, die 2. Seite M6-Gewinde schneiden	1208	3347	D142 G-M6 B-Ø4.8 D135	125'	17,5'	
1348	5	Maßkontrolle						
1251	6	bohren-graten: 2 x 10 x 4,8Ø u. an-senken 1/60°	1251	3848	B-4.8Ø	12,5	8,1'	
1294	7	entgraten					2'	
1264	8	schleifen: beiders. plan Maß 12,2	1264			12,5'	6,4'	
1208	9	drehen: in Vorr. Ventilsitz innen plan vv Maß 5,3 + glätten	1208	3347	D164	25'	3,4'	
1348	10	Endkontrolle						

Abb. B.2.7:   Arbeitsplan für einen Ventilkörper

ser Informationen ist ein Schluß auf die Kapazitätsausnutzung der Potentialfaktoren möglich.

Die Dokumentation der Soll-Zeiten der einzelnen Arbeitsvorgänge setzt
eine Vorgabezeitermittlung voraus. Im besonderen der Refa-Verband hat
der Ermittlung von Sollzeiten eine umfassende Beachtung geschenkt. Die
wesentlichen Methoden lassen sich wie folgt systematisieren:

Zeitaufnahme: Ermitteln von Soll-Zeiten durch Messen und Auswerten
von Ist-Zeiten. Zeitaufnahme besteht in der Beschreibung des Arbeitssystems, im besonderen des Arbeitsverfahrens, der Arbeitsmethode und der
Arbeitsbedingungen, und in der Erfassung der Bezugsmengen, der Einflußgrößen, der Leistungsgrade und Ist-Zeiten für einzelne Ablaufabschnitte;
deren Auswertung ergibt Soll-Zeiten für bestimmte Ablaufabschnitte.

Multimomentaufnahme: Erfassen der Häufigkeit zuvor festgelegter Ab-
laufarten an einem oder mehreren gleichartigen Arbeitssystemen mit Hilfe
stichprobenmäßig durchgeführter Kurzzeitbeobachtungen.

Systeme vorbestimmter Zeiten: Verfahren, mit denen Soll-Zeiten für das
Ausführen solcher Vorgangselemente bestimmt werden können, die vom
Menschen voll beeinflußbar sind. Es wird in zwei Schritten vorgegangen, zunächst erfolgt eine Analyse des Bewegungsablaufs (z. B. Hinlangen, Bringen, Greifen etc.), um nachfolgend für die festgestellten Bewegungselemente aus (vorbestimmten) Bewegungszeittabellen die Zeiteinheiten zuzuordnen.

Prozeßzeiten: sind vom Menschen unbeeinflußbare Haupt- und Neben-
nutzungszeiten von Betriebsmitteln und können aus technologischen For-
meln ermittelt werden.

In der Praxis lassen sich zwei Formen von Arbeitsplänen unterscheiden:

• auftragsneutrale Arbeitspläne
• auftragsbezogene Arbeitspläne.

Für standardisierte Erzeugnisse erstellt man Arbeitspläne, ohne daß bereits konkrete Kundenaufträge vorliegen. Durch Hinzufügen der auftragsabhängigen Daten (Termin, Stückzahl, Auftragsnummer u. ä.) gelangt man
zu dem auftragsbezogenen Arbeitsplan. Für eine *Kundenfertigung* (im Gegensatz zur Lagerfertigung) erstellt man daher Arbeitspläne gleich auf-
tragsbezogen. Arbeitspläne sind, sofern eine Dokumentation überhaupt als
wirtschaftlich angesehen wird, für alle selbstgefertigten Stücklistenpositionen auszuarbeiten.

Arbeitspläne werden in der Regel in der Abteilung „Arbeitsvorbereitung" erstellt und für verschiedene betriebliche Aufgaben herangezogen,
z. B.:

- Die Terminplanung ermittelt auf der Basis von Arbeitsplänen die Bear-
  beitungszeiten. Dabei sind die Informationen über Stück- und Rüstzeiten
  sowie durchzuführende Arbeitsplätze (Maschinen, Personal) auszuwer-
  ten.
- Die Kapazitätsplanung bestimmt unter Heranziehung von Daten aus Ar-
  beitsplänen Kapazitätsübersichten.
- In den durchführenden Produktionsstellen dient der Arbeitsplan als
  Produktions- und Montagevorlage.
- Die Rechnungsabteilung entnimmt dem Arbeitsplan Informationen zur
  Kostenarten-, Kostenstellen- und Kostenträgerrechnung. Arbeitspläne
  enthalten beispielsweise wichtige Informationen für die Kalkulation von
  Fertigungskosten.

B.2.3 Stammdaten für Arbeitssysteme: Kapazität

Da im Rahmen des PPS-Systems die Abstimmung der Absatz- mit den Produktionsmöglichkeiten im Zeitablauf eine der Hauptaufgaben darstellt, ist
die Dokumentation und die Messung des Leistungsvermögens der Arbeitssysteme – Kapazität genannt – eine notwendige Voraussetzung für den Einsatz von PPS-Systemen.

*Kapazität ist das Leistungsvermögen einer Produktiveinheit oder eines
Arbeitssystems – beliebiger Art, Größe und Struktur – in einem Zeitabschnitt* (vgl. auch Kern 1975, Sp. 2084).

Leistungsvermögen läßt sich entsprechend einer Mikro- oder Makrobe-
trachtungsweise eines Leistungserstellungssystems auf verschiedenen Aggregationsniveaus betrachten (vgl. auch Zäpfel 1989 b):

- *Leistungsvermögen einer Kapazitätseinheit 1. Stufe*
  Hiermit ist das Leistungsvermögen eines Unternehmens als Ganzes ge-
  meint, wobei das Unternehmen über örtlich verschiedene Produktivein-
  heiten (Betriebsstätten) mit eigenem Leistungsvermögen verfügen kann.
- *Leistungsvermögen einer Kapazitätseinheit 2. Stufe*
  Damit ist das Leistungsvermögen einer Betriebsstätte angesprochen, die
  verschiedene Produktionsstufen, also Produktiveinheiten in Form von
  Abteilungen, umfaßt.

- *Leistungsvermögen einer Kapazitätseinheit 3. Stufe*
  Darunter verstehen wir das Leistungsvermögen einer Produktionsstufe. Dieses wird wiederum von den in den einzelnen Produktionsstufen vorhandenen Arbeitsplätzen bestimmt, die die Produktiveinheiten dieser Kapazitätseinheit darstellen.
- *Leistungsvermögen einer Kapazitätseinheit 4. Stufe*
  Dieser Systemumfang umfaßt das Leistungsvermögen eines einzelnen Arbeitsplatzes. Dabei bestimmen die Potentialfaktoren „Mensch" und „Betriebsmittel", die diese Produktiveinheit bilden, das Leistungsvermögen dieser Kapazitätseinheit.

Das Leistungsvermögen einer beliebigen Kapazitätseinheit ist durch eine qualitative und eine quantitative Komponente zu beschreiben. Art und Güte einer Kapazitätseinheit bestimmen sein *qualitatives Leistungsvermögen*. Damit sind die potentiellen Möglichkeiten einer Kapazitätseinheit hinsichtlich der Erstellung alternativer Leistungsarten gemeint.

Qualitative Kapazität einer Kapazitätseinheit =
die mit der Kapazitätseinheit realisierbaren Leistungsarten

Als *quantitatives Maß der Kapazität* läßt sich – vor allem für Unternehmen, die gleichzeitig mehrere verschiedene Produktarten auf den Kapazitätseinheiten herstellen – der sog. Zeitfonds heranziehen. Der *Zeitfonds für eine Kapazitätseinheit s*, die aus mehreren gleichartigen (homogenen) Produktiveinheiten besteht, ist wie folgt definiert:

$$b_s = z_s \cdot a \cdot h \cdot t - v_s, s = 1, \ldots, S$$

Dabei bedeuten:

b_s = praktisch nutzbare Kapazität der Kapazitätseinheit s in der Planperiode (Zeiteinheiten)

z_s = Anzahl der gleichartigen Produktiveinheiten, aus der die Kapazitätseinheit s besteht (Kapazitätsquerschnitt)

a = Anzahl der Arbeitstage pro Planperiode

h = Anzahl der Schichten pro Arbeitstag

t = Anzahl der Zeiteinheiten pro Schicht

v_s = kapazitätsmindernde Verlustzeiten für die Kapazitätseinheit s.

Die praktisch nutzbare Kapazität der Kapazitätseinheit für einen bestimmten Zeitabschnitt (Planperiode) wird bestimmt durch die Anzahl der verfügbaren, gleichartigen Produktiveinheiten dieser Kapazitätseinheit, der maximal möglichen Einsatzzeit in diesem Zeitabschnitt und den in diesem Zeitraum auftretenden Verlustzeiten.

Je größer die Anzahl der zur Verfügung stehenden gleichartigen Produktiveinheiten ist, die gleichzeitig genutzt werden können, umso größer ist der Zeitfonds. Dabei ist der Umfang des Zeitfonds von der realen Einsatzzeit der Mensch-Betriebsmittel-Kombinationen in der Planperiode abhängig. Die reale Einsatzzeit einer Produktiveinheit in einer Planperiode ergibt sich aus der maximal möglichen Einsatzzeit dieser Mensch-Betriebsmittel-Kombination abzüglich der Verlustzeiten. Quantitative Kapazitäten sind daher nur im Zusammenspiel Mensch und Betriebsmittel zu verstehen, wenn wir von rein manuellen oder vollautomatischen Produktionssystemen absehen. Die Kapazität der Betriebsmittel in einem Zeitabschnitt ist durch deren quantitatives und qualitatives Leistungsvermögen bestimmt. In der Regel stehen Betriebsmittel, von Ausfallzeiten abgesehen, vollzeitlich für die Produktion zur Verfügung. Vergleicht man die zeitliche Verfügbarkeit der Arbeitskräfte mit derjenigen der Betriebsmittel, so ist festzustellen, daß menschliche Arbeitsleistungen meist nicht vollzeitlich einsetzbar sind. Sie stehen nur einen Teil der Zeit der Betriebsmittel zur Disposition. Andererseits ist zu beachten, daß (von vollautomatischen Anlagen abgesehen) die Betriebsmittel erst durch die Mitwirkung der menschlichen Arbeitskraft aktiviert werden, um Leistungen zu erbringen. Sind die Arbeitskräfte für die Nutzung des Faktors Betriebsmittel ausschlaggebend, weil ihre Anwesenheit erforderlich ist, so ergibt sich:

> Nutzbare Betriebsmittelkapazität =
> f(zeitliche Verfügbarkeit der Arbeitskräfte)

Das verfügbare Leistungsvermögen basiert somit auf der betrieblichen Arbeitszeit. In diesem Zusammenhang spielt die *Flexibilisierung der Personalkapazität* in jüngster Zeit eine entscheidende Rolle. Dabei geht es im besonderen darum, Kapazitätsangebot und -bedarf durch Personaleinsatz besser aufeinander abzustimmen, d. h. flexibel auf zeitliche Auslastungsschwankungen und einen unregelmäßigen Wechsel der Auftragslage zu reagieren. Hinsichtlich der Auswirkungen auf die Personalkapazität können drei Anpassungsformen unterschieden werden (vgl. ausführlicher Günther 1989, Hahn/Laßmann 1993):

- *Chronometrische Personalflexibilisierung:* Dabei wird die Dauer der Normalarbeitszeit – d. h. die gesetzlich und/oder tariflich festgelegte Regelarbeitszeit in Stunden für das zu erbringende Arbeitsangebot, z. B. die 37-Stundenwoche – bzw. das Ausmaß der Personalkapazität entweder erweitert oder verkürzt. Dazu zählen u. a. Kapazitätsanpassungen durch Überstunden und Kurzarbeit sowie der Einsatz von Teilzeitarbeit.
- *Chronologische Personalflexibilisierung:* Diese hängt davon ab, wie die Arbeitszeit bzw. die Personalkapazität innerhalb des Bezugszeitraums unterschiedlich verteilt werden kann. Ein aktuelles Beispiel ist die *kapazitätsorientierte variable Arbeitszeit (KAPOVAZ):* In diesem Fall fixiert das Unternehmen Lage und Dauer der Arbeitszeit innerhalb bestimmter Bandbreiten (Unter- und Obergrenzen), wobei die tarifliche Regelarbeitszeit aber insgesamt im Bezugszeitraum (z. B. ein halbes Jahr) eingehalten wird.
- *Querschnittsmäßige Personalflexibilisierung:* Im kurz- bis mittelfristigen Bereich ist dabei an den innerbetrieblichen Austausch von Personal zwischen verschieden ausgelasteten betrieblichen Einsatzbereichen (was entsprechende Qualifikation voraussetzt) und die kurzfristige Erhaltung der Betriebsbereitschaft durch sogenannte Springer zu denken. Langfristig versteht man darunter die Verringerung bzw. Erhöhung des Personalstandes.

Im Rahmen flexibel-automatisierter Fertigungskonzepte versucht man neuerdings, die zeitliche Verfügbarkeit der Anlagen zu erhöhen, ohne daß der Mensch laufend anwesend sein muß (Abkoppelung der Betriebs- von der Arbeitszeit). Das wird dadurch erreicht, daß z. B.

- während der Pausen des Personals die Anlagen durcharbeiten,
- in der zweiten oder gar dritten Schicht eine bedienerarme Fertigung durchgeführt wird („Geisterschichten").

Um den Zeitfonds in diesem Fall zu bestimmen, sind die Anzahl der Zeiteinheiten pro Schicht um die Pausenzeiten zu erhöhen bzw. zusätzliche Schichten („Geisterschicht") in die Kapazitätsrechnung einzubeziehen.

Diese Anpassungsformen eröffnen für das Produktions-Management einen Dispositionsspielraum im Hinblick auf den Umfang und die zeitliche Lage des Kapazitätsangebots (Zeitfonds). Dagegen existieren kapazitätswirksame Maßnahmen, die nicht in der alleinigen Entscheidungsfreiheit des Unternehmens stehen, wie etwa die Vereinbarung der tariflichen Wochenarbeitszeit.

Die Kapazität, die durch die Betriebszeit bestimmt wird, ist nicht unbedingt voll nutzbar. Kapazitätsmindernde Verlustzeiten, die nicht zuletzt auf Störungen zurückzuführen sind, verhindern eine maximale zeitliche Nutzung. Zu den kapazitätsmindernden Verlustzeiten sind vor allem zu zählen:

- Betriebsmittelbedingte Verlustzeiten, wie z. B. Zeiten für Reparaturen, Wartung und Pflege der Betriebsmittel, Ausfälle von Maschinen.
- Personalbedingte Verlustzeiten, wie z. B. Urlaub, Krankheit.
- Sonstige auf Potentialfaktoren einwirkende Verlustzeiten, wie z. B. Betriebsausflüge, Betriebsferien, Betriebsversammlungen.

Generell ist zu unterscheiden, ob die kapazitätsmindernden Verlustzeiten beeinflußbar oder unbeeinflußbar sind. So hängt die Produktionskapazität beispielsweise von der gewählten Instandhaltungspolitik ab, d. h. ob

- alle Instandsetzungsarbeiten erst nach Schadenseintritt vorgenommen werden, wobei vor Schadenseintritt die planmäßige Wartung und Pflege vorschriftsmäßig stattfindet;
- unabhängig vom Abnutzungszustand die Kapazitätseinheiten vorbeugend zu festgesetzten Terminen oder bei vorherigem Ausfall instandgesetzt werden;
- in Abhängigkeit vom Abnutzungszustand, als Ergebnis durchgeführter laufend periodisch festgesetzter Überprüfungen, Kapazitätseinheiten vorbeugend oder bei vorherigem Ausfall instandgesetzt werden. Durch eine vorbeugende Instandhaltung wird die Wahrscheinlichkeit späterer Verlustzeiten durch Ausfälle der Anlagen verringert.

Ist es möglich, Instandhaltungsarbeiten außerhalb der Arbeitszeit zu legen, so findet keine Kapazitätseinbuße statt. Sind Instandhaltungsarbeiten aber während der Arbeitszeit durchzuführen, so entzieht man Kapazität der Nutzungsmöglichkeit.

Für die Verlustzeiten sind betriebsspezifische Werte zu ermitteln und der Kapazitätsmessung zugrundezulegen. Ein Teil der Verlustzeiten, der beeinflußbar ist, kann vorgeplant werden, ein anderer Teil, der nicht beeinflußbar ist und als Störung in Erscheinung tritt, ist aufgrund von statistischen Erfahrungswerten zu schätzen.

B.3 Planung des Produktionsprogramms

B.3.1 Begriff und Charakteristika von Programmen

Jeder Betrieb hat für einen bestimmten Planungszeitraum darüber eine Entscheidung zu treffen, welche Leistungen er in welchem Umfang und in welcher zeitlichen Verteilung herstellen will oder kann. Diese Aufgabe ist durch die Planung des Produktionsprogramms zu lösen: Sie legt die Arten und Mengen an herzustellenden Erzeugnissen innerhalb eines Planungszeitraumes fest. Ergebnis ist der Programmplan oder das Produktionsprogramm. Es enthält

- eine qualitative Komponente (Art der zu erstellenden Leistungen)
- eine quantitative Komponente (Menge an einzelnen Leistungsarten)
- eine zeitliche Komponente (vorgesehene Zeitpunkte der Erstellung der Leistungen).

Die in Theorie und Praxis verwendeten Programmbegriffe sind nicht einheitlich. Es gibt unterschiedlich weitreichende Aufgaben des Produktions-Management zu lösen, die eine Programmplanung erfordern. So obliegt dem strategischen Management die strategische Programmplanung. Sie hat die Auswahl der generellen Produktfelder vorzunehmen, die der Betrieb in Zukunft anzubieten bzw. herzustellen beabsichtigt. Nach Jacob (1972, S. 47) umfaßt ein Produktfeld die Gesamtheit der Erzeugnisse, die sich gedanklich auf ein allgemeines Grundprodukt zurückführen lassen, wie beispielsweise Radiogeräte, Waschmaschinen, Schuhe, Herrenhemden. Die Konkretisierung des jeweiligen Produktfeldes ist Aufgabe der taktischen Programmplanung. Sie hat die Leistungen auf der Basis des strategischen Programms zu konzipieren, die hergestellt bzw. angeboten werden sollen.

In diesem Kapitel behandeln wir lediglich die *operative Programmplanung: Diese hat auf der Basis bereits festgelegter Leistungskonzeptionen und einer gegebenen Infrastruktur der Produktion die Leistungen nach Art, Menge und Zeitpunkt für den unmittelbar folgenden Planungszeitraum zu fixieren. Als Resultat erhält man das operative Produktionsprogramm. Allein dieser Plan dient als Vorgabe, was in welchen Mengen im unmittelbar folgenden Planungsabschnitt zu produzieren ist.*

Eine wesentliche Aufgabe der operativen Planung ist das Abstimmen des Absatz- mit dem Produktionsprogramm. Im operativen *Absatz- oder Vertriebsprogramm* sind die Leistungen festgelegt, die nach Art und

Umfang im unmittelbar folgenden Planungszeitraum abgesetzt werden oder werden sollen. Es berücksichtigt vor allem Gegebenheiten des Absatzmarktes (Käufer- und Konkurrenzverhalten) sowie die Möglichkeiten des eigenen Vertriebsbereiches (Marketinginstrumente und Absatzkapazitäten). Das Festlegen des Absatzprogramms ist Aufgabe des Marketing-Management. Das Bereichsinteresse des Marketing ist an Größen, wie z. B. schnelle und weitgehende Befriedigung des Kundenbedarfs, Umsatz, Marktanteil, Deckungsbeitrag u. ä. orientiert.

Bei der *Festlegung des Produktionsprogramms* sind dagegen die kapazitativen Möglichkeiten der Produktion und die Möglichkeiten der Beschaffung zu beachten. Das Bereichsinteresse der Produktion ist auf Größen, wie z. B. Deckungsbeitrag, Kosten, Kapazitätsausnutzung der Betriebsmittel, gleichmäßige Beschäftigung der Arbeitskräfte, Durchlaufzeiten u. ä. ausgerichtet. Obwohl Absatz- und Produktionsprogramm in enger Verbindung zu erstellen sind, decken sie sich also nicht unbedingt. Das ist zurückzuführen auf:

(a) *Sachliche Nichtübereinstimmung*: Diese ergibt sich aus:

- Zukauf von Handelswaren: Nicht alle zum Absatz bestimmten Erzeugnisse müssen durch die eigene Produktion hergestellt werden. Zur Ergänzung des Absatzprogramms können weitere, den Absatz der eigengefertigten Erzeugnisse unterstützende Artikel aufgenommen werden. Gründe, die ein derartiges Vorgehen nahelegen, können mannigfaltig sein, wie fehlende eigene Produktionsmöglichkeiten, unwirtschaftliche eigene Produktionsweise, Abbau von Kapazitätsüberlastungen, Straffung des eigenen Produktionsprogramms und Anstreben größerer Auflagen für die verbleibenden Erzeugnisse etc.
- Absatzmäßige Produktaufgliederung: Produktionstechnisch einheitlich erstellte Erzeugnisse können aus Absatzgründen in mehrere Gruppen aufgegliedert werden, weil verschiedene Abnehmerkreise bedient oder wesensverschiedene Verwendungszwecke abgedeckt werden sollen. Als Beispiel ist die absatzmäßige Aufgliederung von Gas in Haushalts- und Industriegas zu nennen.
- Innenleistungen: Nicht alle von der Produktion erstellten Erzeugnisse müssen letztlich zum Absatz bestimmt sein, sondern können auch zum Eigengebrauch oder -verbrauch dienen, wie z. B. die Eigenerstellung von Werkzeugen.

(b) *Zeitliche Nichtübereinstimmung*: Die abzusetzenden Mengen werden nicht unbedingt im gleichen Zeitabschnitt hergestellt. Die Produktion kann bei Lagerfähigkeit losgelöst vom Absatz erfolgen. Einer Vorausproduktion liegen nicht nur Kostenüberlegungen zugrunde; sie kann auch zum Erreichen einer gleichmäßigen Beschäftigung angestrebt werden.

B.3.2 Ziele der Programmplanung

Das Entstehen von Produktionsprogrammen wird nur verständlich, wenn wir die Interessen der autorisierten Gruppen des Betriebes (Kernorgane) und deren Durchsetzungsmöglichkeiten analysieren. Mit anderen Worten: *Produktionsprogramme sind in der Regel Kompromisse*, die durch einen Ausgleich von Bereichsinteressen zustandekommen (Abb. B.3.1).

Im besonderen liegt die Programmentscheidung im Spannungsfeld zwischen dem Produktions- und Marketing-Management. Das Marketing-Management ist auf das Wahrnehmen von Absatzchancen ausgerichtet und verlangt in der Regel ein umfassendes Programm, eine Bedienung von individuellen Kundenwünschen, kurze Lieferfristen sowie eine hohe Lieferbereitschaft. Derartige Forderungen können im Widerspruch zu den Wünschen des Produktions-Management stehen. Es ist eher orientiert an einer kostengünstigen Produktion durch ein gestrafftes Programm, größere Serien, standardisierte Erzeugnisse, möglichst geringe Teilevielfalt sowie ausreichende Lieferzeiten etc. Ferner sind stark schwankende Kapazitätserfordernisse, hervorgerufen durch im Zeitablauf veränderliche Absatzverhältnisse, aus der Sicht der Produktion unerwünscht. Der Interessenausgleich stellt daher durchaus keine triviale Aufgabe dar. Diese Aufgabe kompliziert sich weiter, sofern Engpässe in der Beschaffung oder restriktive Begrenzungen der verfügbaren finanziellen Mittel das Produktionsprogramm limitieren.

In den Abhandlungen, die sich mit der quantitativen Bestimmung von Produktionsprogrammen befassen, findet in der Regel eine Reduktion der möglichen Zielkonzeptionen auf die Maximierung des Deckungsbeitrages statt. Nach diesem Erfolgsziel sind die Erlöse abzüglich der variablen Kosten möglichst groß zu machen. Als Zielfunktion der Programmplanung wird daher häufig gewählt:

$$D(x_1, \ldots, x_n) = d_1 \cdot x_1 + d_2 \cdot x_2 + \ldots + d_n \cdot x_n$$

mit d_j = Deckungsbeitrag für Erzeugnis j
  x_j = Menge von Erzeugnis j

Produktions-Management		Marketing-Management
ökonomische Bereichs-interessen, z. B.	personelle Bereichs-interessen, z. B.	Bereichsinteressen, z. B.
• angemessener Deckungsbeitrag • geringe Kosten • maximale Kapazitäts-auslastung	• befriedigende Arbeitserlebnisse • Entscheidungs- u. Kontrollspielräume • Sicherheit des und am Arbeitsplatz	• Umsatzmaximierung • angemessener Deckungsbeitrag • hoher Marktanteil • kurze Lieferzeiten • vielfältige Angebotspalette • hohe Lieferbereitschaft

Artikulierte Ziele für die Unternehmung

	Machtbeziehungen
Ziel-beziehungen	Kernorgane des Betriebes

Rahmenbedingungen

Autorisierte Ziele der Unternehmung

Produktionsprogramm

Beschaffungs-Management	Finanz-Management
Bereichsinteressen, z. B. • optimale Lieferantenwahl • kostenminimale Beschaffungsmengen • termingerechte Belieferung • genügend lange Dispositionsspielräume für Beschaffung	Bereichsinteressen, z. B. • große Einzahlungsüberschüsse • Wahrung der Liquidität

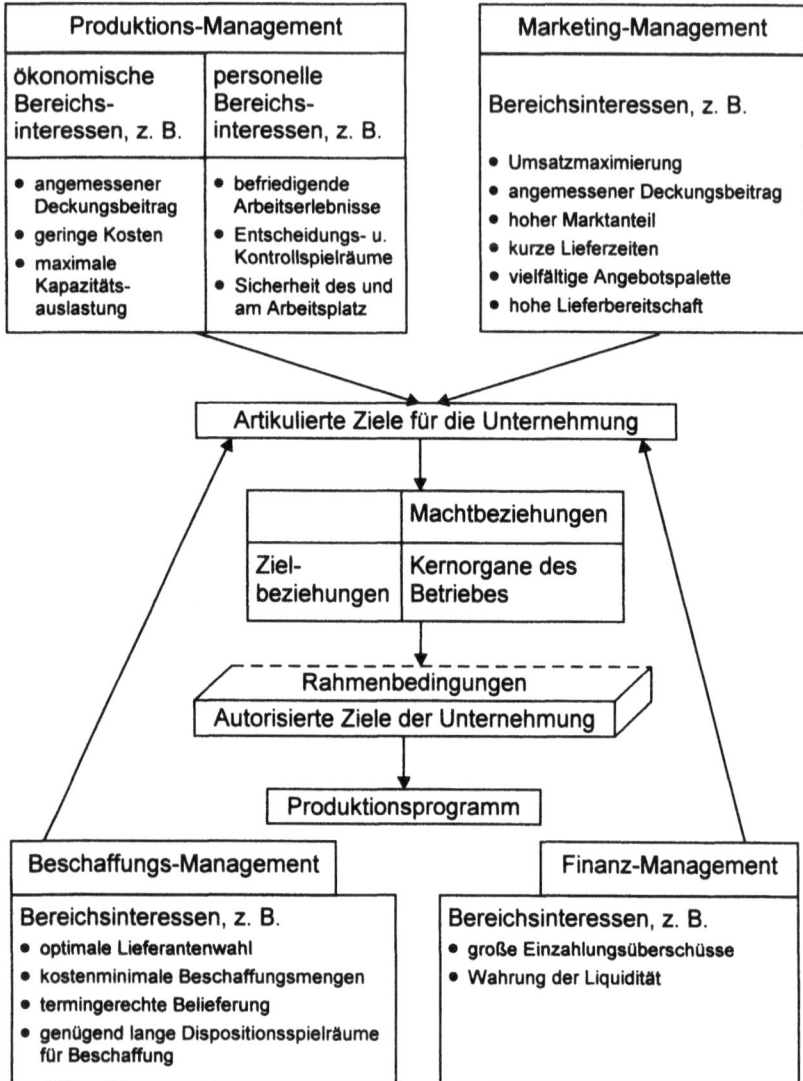

Abb. B.3.1:   Bereichsinteressen der Kernorgane

Die Bedeutung des Deckungsbeitrages als Ziel zur Auswahl der Programme läßt sich damit begründen, daß sowohl die Interessen des Produktions-Management, was die Kosten betrifft, als auch die Interessen des Marketing-Management, was die Erlöse betrifft, gleichzeitig angesprochen werden. Die Wirkungen produktionswirtschaftlicher sowie absatzwirtschaftlicher Instrumente schlagen sich in der Höhe des Deckungsbeitrags nieder; er liefert daher Informationen für den Ausgleich der Bereichsinteressen.

Ferner ist die Erzielung eines positiven Deckungsbeitrages auch im Interesse des Finanz-Management. Das Produktionsprogramm löst laufend Beschaffungs-, Herstellungs- sowie Veräußerungsakte aus; sie binden und setzen Kapitalbeträge frei und beeinflussen damit das finanzielle Gleichgewicht. Das Finanz-Management ist in diesem Zusammenhang daran interessiert, wie sich das Produktionsprogramm auf die Liquidität, d. h. die Fähigkeit eines Betriebes, seinen Zahlungsverpflichtungen jederzeit nachzukommen, auswirkt. Das trifft vor allem bei angespannter finanzieller Situation zu. Ob ein Produktionsprogramm durchzuführen ist, hängt damit auch vom finanziellen Spielraum ab. Dieser läßt sich aber wiederum nur unter Kenntnis der Eigenkapitalausstattung, der Kreditmöglichkeiten u. ä. fixieren.

Das operative Produktionsprogramm hat einen großen Einfluß auf die Beschäftigungssituation in der Produktion. Dieser Einfluß ist vor allem gewichtig, wenn das Unternehmen sich stark schwankenden Absatzverläufen gegenübersieht und das operative Produktions-Management das Ziel verwirklichen soll, Absatzchancen möglichst zu nutzen, aber gleichzeitig eine gleichmäßige Beschäftigung für die Mitarbeiter zu schaffen.

Kommen wir auf die gesellschaftlichen Forderungen des Umweltschutzes zu sprechen und auf ihren Einfluß, den sie auf das Produktionsprogramm entfalten. In Sachleistungsbetrieben tritt nicht selten eine Art von Kuppelproduktion auf; es entstehen gleichzeitig Leistungen und Schadstoffe, die die Umwelt beeinträchtigen. Die Planung des Produktionsprogramms kann dabei erfordern, Ziele einer möglichst geringen Belastung der Umwelt zu beachten. Damit tritt die Wahl zwischen der Erstellung von mehr oder minder umweltfreundlichen Erzeugnissen sowie dem Einsatz von umweltfreundlicheren oder umweltbelastenderen Verfahren auf. Da diese Alternativen sich vor allem stellen, wenn der Betrieb neue Produkte einführt oder entwickelt beziehungsweise wenn der Betrieb vor der Entscheidung der Neugestaltung eines Verfahrens steht, so sind Umweltziele vor allem durch Entscheidungen des strategischen und taktischen Management zu verwirklichen. Die operative Programmplanung hat sich in dem – durch das strategische und das taktische Management – festgelegten Rahmen zu bewegen, insbesondere wenn durch gesetzliche Regelungen Emissionsstandards für einzelne Schadstoffe vorgegeben oder Abga-

ben auf Emissionen vorgesehen sind oder Subventionen für umweltentla-
stende Aktivitäten gewährt werden.

B.3.3 Aufgaben der Programmplanung und ihre Abhängigkeit von den Typen der Programmbildung

In diesem Kapitel wenden wir uns der Frage zu, welche einzelnen Aufgaben im Rahmen der Programmplanung zu lösen sind. Dabei wird sich
zeigen, daß die Teilaufgaben vor allem vom Typ der Programmbildung
abhängen. Sie läßt sich wie folgt klassifizieren:

• Rein kundenauftragsgetriebene Programmbildung
• Rein prognosegetriebene (kundenanonyme) Programmbildung
• Mischtypen der Programmbildung.

B.3.3.1 Rein kundenauftragsgetriebene Programmbildung

Bei der *rein kundenauftragsgetriebenen Programmbildung* basiert das Produktionsprogramm auf bereits eingelangten Kundenaufträgen eines Zeit-
abschnitts. Da alle Fertigungs- und Bestellaufträge erst aufgrund realisierter Kundenaufträge ausgelöst werden, entstehen für den Betrieb folgende
Probleme:

• Die Lieferfristen nehmen das maximale Ausmaß (gegenüber den anderen Typen) an, wenn erst nach Auftragseingang alle notwendigen Wert-
  steigerungsstufen für die Erzeugnisse angestoßen werden. Zur Bestimmung der Lieferzeiten sind generell alle Lieferzeitsegmente zu beachten;
  sie sind beispielhaft in der Abb. B.3.2 aufgelistet.
    Die Lieferfrist setzt sich allerdings nicht unbedingt aus einer Addition
  der Zeiten für die Lieferzeit-Segmente zusammen, da diese nicht nur hin-
  tereinander abzuwickeln sind, sondern auch parallel verlaufen können
  (vgl. dazu Kap. B.5.1).
• Die Ressourcenbelastungen (z. B. der Maschinen) hängen von der
  zufälligen Zusammensetzung des eingegangenen Auftragsbestands ab.
  Treffen die Kundenaufträge im Zeitablauf ungleichmäßig ein und/oder
  sind die einzelnen Kundenaufträge mit stark variierenden Ressourcen-
  erfordernissen verbunden, so ensteht das Problem, wie einerseits die
  gewünschten Lieferzeiten eingehalten werden können (Lieferservice)

Lieferzeit-Segmente	Charakteristikum
Auftragswartezeit	Zeitliche Spanne zwischen dem Eingang eines Auftrags und dem Beginn der konstruktiven Ausarbeitung
Technische Vorlaufzeit	Zeitspanne für die Erstellung der Konstruktionsunterlagen, im besonderen Zeichnungen, Stücklisten und Arbeitspläne
Kaufmännische Vorlaufzeit	Zeitspanne für die Dispositionen des Arbeitsablaufs und die Bereitstellung der Produktionsfaktoren, die zur Auftragsabwicklung nötig ist.
Beschaffungszeit	Zeitspanne zwischen der Bestellung der Beschaffungsgüter und ihrer Verfügbarkeit im Betrieb
Teilefertigungszeit	Zeitspanne für das Erstellen der Erzeugnisbestandteile
Montagezeit	Zeitspanne, die zum Zusammenführen der Erzeugnisbestandteile zum Enderzeugnis notwendig ist
Testzeit	Zeitspanne für die Überprüfung der Funktionsfähigkeit des Erzeugnisses
Fertigwarenlagerzeit	Verweilzeit des Enderzeugnisses im Absatzlager
Vertriebszeit	Zeitspanne, während sich das verkaufte Erzeugnis auf dem Weg zu seinem Bestimmungsort befindet

Abb. B.3.2:   Lieferzeit-Segmente (nach Wagner 1978)

und andererseits eine wirtschaftliche Produktion realisiert werden kann. Dabei kann sich das Unternehmen auch vorbehalten, einen Auftrag für den Planungszeitraum abzulehnen (*Entscheidung über Auftragsannahme oder -ablehnung*).

Eine Programmbildung allein an den eingelangten Aufträgen auszurichten hat nicht nur den Vorteil, daß keinerlei Kenntnisse über die zukünftigen Absatzmöglichkeiten bereits zum jetzigen Zeitpunkt verfügbar sein müssen, sondern auch, daß ein völliger Wegfall des Risikos entsteht, den Absatz nach Art, Menge und zeitlichem Auftreten falsch einzuschätzen und eine Produktion anzustoßen, die sich als nicht oder nur nach einem Umarbeiten als absetzbar erweist. Das bedeutet aber nicht, daß kein Absatzrisiko besteht; zumindest entsteht eine Gefahr dadurch, daß Konkurrenten kürzere Lieferzeiten offerieren und dadurch Absatzvorteile erringen. Das muß aber nicht in jedem Fall eintreten, wie Beispiele aus der Praxis zeigen, nämlich dann, wenn die Kaufentscheidung der Kunden von einer besonderen Qualitätserwartung dominiert wird, so daß sie hierfür lange Lieferfristen in Kauf nehmen.

Die Programmbildung muß sich dann auf bereits eingelangte Kundenaufträge beschränken, wenn weder die Art bzw. Menge der Erzeugnisse noch deren zeitliches Auftreten genügend verläßlich vorhergesagt werden kann. Im speziellen ist das gegeben, wenn sich der Betrieb darauf spezialisiert, einen völlig individualisierten Bedarf abzudecken, der nur durch eine rein kundenindividuelle Spezifikation zu befriedigen ist. Für eine auf Erwartungen basierende Bildung von Programmen fehlt in der Regel eine fundamentale Voraussetzung. Man müßte zumindest annähernd Aussagen über Erzeugnisspezifikationen machen können, um die Produktion aufgrund von Prognosen auszulösen. Doch selbst bei den häufig angeführten Beispielen der Kundenproduktion, wie die Produktion von Schiffen, die Herstellung von Kraftwerksanlagen und ähnlichen Produktionen, ist die extreme Ausprägung kaum anzutreffen, vielmehr versucht das Produktions-Management auch in diesen Fällen – wenn sie auch nicht die Individualität der Erzeugnisse antastet – auf der Ebene der Erzeugnisbestandteile gewisse Vereinheitlichungen vorzunehmen, die erwartungsbezogen zu disponieren sind. Bei den Mischtypen werden wir uns ausführlicher damit beschäftigen.

B.3.3.2   Rein prognosegetriebene Programmbildung

Die rein prognosegetriebene – auch erwartungsbezogene oder kundenanonyme Programmbildung bzw. Marktproduktion genannt – basiert auf Absatzschätzungen; die Produktion wird allein aufgrund dieser Erwartungen ausgelöst. Die Voraussetzungen einer derartigen Programmbildung sind im besonderen beim Vorliegen *standardisierter* Erzeugnisse gegeben (vgl. Zäpfel 1989 a).

Im extremen Fall der rein erwartungsbezogenen Programmbildung sind die Erzeugnisse bei Auftragseingang bereits erstellt. Dadurch ist die Lieferfrist gegenüber der kundenauftragsorientierten Programmbildung erheblich verkürzt. Es sind im wesentlichen nur noch die Zeiten der internen Auftragsbearbeitung und die Vertriebszeit zu berücksichtigen. Um aber die Erzeugnisse bereits bei Auftragseingang vorrätig zu haben, sind die Produktionsentscheidungen bei der Programmplanung vorauseilend zu treffen, und zwar mindestens um die Vorlaufzeiten, die für die Herstellung der Produktionsmengen erforderlich sind. Da nun schon bereits heute zukünftige Aufträge antizipiert werden müssen, treten unter Umständen erhebliche Prognoseprobleme auf. Das Risiko der Fehleinschätzung des Bedarfs ist nun manifest. Es läßt sich durch die Wahrscheinlichkeit ausdrücken, mit der die durch die Absatzerwartungen ausgelöste Produktion von der effektiv absetzbaren Produktion abweicht. Steigende Variantenvielfalt erschwert die Prognostizierbarkeit erheblich und erhöht das Risiko, zukünftige Bedarfe falsch einzuschätzen.

Der Vorteil einer prognosegetriebenen Programmbildung ist aber darin zu sehen, daß die Lieferfristen kurz gehalten werden können und daß auch bei zeitlichen Schwankungen des Absatzes eine gleichmäßigere Produktion aufrechterhalten werden kann. Einem wirtschaftlichen Produktionsablauf kann unter diesen Gegebenheiten leichter Rechnung getragen werden.

Eine *kundenanonyme Produktion* führt vor allem zu folgenden *Aufgaben der Programmplanung*:

- Erstellen von Prognosen für die verkaufsfähigen Erzeugnisse
- Festlegen der Art, Menge sowie der zeitlichen Verteilung der Produktion der Erzeugnisse im Planungszeitraum unter Beachtung der Absatzprognosen und der vorhandenen betrieblichen Ressourcen. Damit verbunden ist eine

  – Vorgabe des Primärbedarfs im Planungszeitraum. Der Primärbedarf dient als notwendiger Ausgangspunkt, um die kurzfristige Materialbedarfsplanung an Rohstoffen, Halbzeugen, Fremdteilen, Normteilen, Hilfsstoffen, Betriebsstoffen und dgl. zu initialisieren.
  – Vorschau der benötigten Potentialfaktoren, d. h. es sind Aussagen darüber zu machen, wie Kapazitätsangebot und -nachfrage, vor allem bei zeitlich schwankendem Absatzverlauf, in Einklang stehen. Ein temporäres Auseinanderfallen dieser beiden Kapazitätsdimensionen macht gleichzeitig Abstimmungsmaßnahmen durch das operative Produktions-Management erforderlich.

– Prognose des finanziellen Ressourcenbedarfs, der durch das Produktionsprogramm ausgelöst wird.

Prognosegetriebene Programmbildung ist häufig in Sachleistungsbetrieben zu finden. Das bedeutet aber nicht, daß in Dienstleistungsbetrieben nicht ebenfalls Programme allein aufgrund von Erwartungen getroffen werden. So sind beispielsweise Verkehrsleistungen nach Fahrplan oder Theateraufführungen nach Spielplan allein erwartungsbezogen gebildet.

Prognosegetriebene Programmbildung tritt am ausgeprägtesten in Form der *reinen Lagerfertigung* auf. Eingelangte Aufträge sind aus dem Endlager zu befriedigen. Das Produktionsprogramm hat dabei zu gewährleisten, daß der gewünschte Soll-Lagerbestand für die Enderzeugnisse festgelegt und die Auffüllung des Lagerbestands möglichst durch ökonomische Auftragsgrößen vorgenommen wird. Reine Lagerfertigung ist vornehmlich unter den folgenden Voraussetzungen vorzufinden:

- Relativ verläßliche Vorhersehbarkeit des Bedarfs: Ein universeller und im wesentlichen anhaltender Bedarf, der relativ genau zu prognostizieren ist, fällt in diese Kategorie
- Standardisierte Erzeugnisse: Es handelt sich um einen – mit einer bestimmten Standardlösung – zu befriedigenden Bedarf. Nach Prognose des Produkts und der Menge kann unter Beachtung der Erzeugnisgliederungen und der Arbeitsabläufe unmittelbar auf die Repetier- und Potentialfaktoren geschlossen werden.
- Angemessene Lagerhaltungskosten und Sensitivität der Kunden auf Lieferzeiten: Gründe für eine bewußte Hinnahme von Lagerhaltung können mannigfaltig sein, wie z. B.

  – eine geringe Bereitschaft der Kunden, Lieferfristen zu akzeptieren, die dem gesamten Durchlauf durch die Produktion entsprechen, und die Möglichkeit der Durchsetzung dieser Forderung aufgrund der Marktverhältnisse. Kurze Lieferzeiten stellen also ein wesentliches Verkaufsargument dar.
  – hohe relative Kosten für Produktionsumstellungen auf andere Erzeugnisse gegenüber den Lagerhaltungskosten. Dadurch entsteht der Anreiz, große Produktionsmengen eines Erzeugnisses zu erstellen und auf Lager zu legen. Diese Tendenz verstärkt sich bei relativ geringem Wert der Erzeugnisse.

- Erreichung von akquisitorischen Potentialen (Eigenschaften, die vom Verwender wahrgenommen werden und die Kaufentscheidung beeinflussen) durch ein sortiertes Lager, wobei die Lagerhaltungskosten diese Vorteile aber nicht überkompensieren.

Beispiele, die einer reinen Lagerfertigung nahekommen, sind die Produktion von Haushaltsgeräten sowie von Holzspanplatten, weiterhin von Ziegeln und von Autoreifen für den anonymen Markt.

B.3.3.3 Mischtypen der Programmbildung

Mischtypen finden sich in der Realität häufig. Die Ausprägung des Mischtyps ist davon abhängig, welchen Anteil die prognosegetriebene im Vergleich zu der kundenauftragsgetriebenen Produktion hat. Ein Nebeneinander von erwartungs- und kundenauftragsorientierter Programmbildung tritt unter anderem dann auf, wenn der Betrieb gleichzeitig standardisierte und kundenindividuelle Enderzeugnisse bzw. Varianten anbietet. Man denke etwa daran, daß ein Werkzeugmaschinenhersteller sowohl Standardmaschinen als auch kundenspezifische Werkzeugmaschinen herstellt. Weiterhin fallen unter die Mischtypen alle jene Betriebe, die bis zu einer Fertigungsstufe erwartungsbezogen fertigen und auf den darüber liegenden Fertigungsstufen die Prozesse erst auslösen, wenn konkrete Kundenaufträge vorliegen. Damit hängt die konkrete Ausprägung des Mischtyps von dem Vorfertigungsgrad (*Bevorratungsebene*) ab. Im Rahmen eines Mischtyps entstehen vor allem folgende Aufgaben der Programmplanung:

- Bestimmen der Liefertermine für die kundenindividuellen Erzeugnisse
- Erstellen von Absatzprognosen, um eine erwartungsbezogene Disposition der kundenanonymen Erzeugnisse bzw. Erzeugniskomponenten realisieren zu können
- Festlegung der Art, Menge und der zeitlichen Verteilung der Produktion im Planungszeitraum
- Abstimmen der gewünschten Produktion mit dem Ressourcenbedarf.

Aus der Beschreibung der Aufgaben wird ersichtlich, daß ein Mischtyp (im Verhältnis zu den reinen Typen) zu einer besonders komplexen Aufgabe der Programmplanung führt.

Gleichgültig wie die verschiedenen Ausprägungen der Programmbildung auch aussehen, für die Produktion hat sie in jedem Fall eine fundamentale Bedeutung: Sie stellt den Ausgangspunkt für die wirtschaftliche Durchführung der Produktion dar. Sie ermöglicht eine Übersicht über die

notwendigen Produktionsfaktoren, in dem sie Schlüsse auf den Materialbe-
darf ebenso zuläßt wie sie den Bedarf an Kapazitäten sichtbar macht. Un-
terläßt man eine Planung des Produktionsprogramms, so ist eine wirtschaftliche Durchführung der Produktion nur schwer zu realisieren. Mit anderen
Worten: Die Produktionsprogrammplanung stellt die *Weichen für den Pro-
duktionsdurchlauf!*

Im folgenden wollen wir die Formen einer kundenauftragsbezogenen
und einer prognosebezogenen Programmbildung näher erörtern.

B.3.4   Planung des Produktionsprogramms bei kundenauftragsgetriebener Fertigung

Bei der kundenauftragsbezogenen Progammbildung – kurz Kundenproduktion bzw. Auftragsfertigung genannt – wird der Leistungserstellungsprozeß – wie bereits erörtert – erst aufgrund vorliegender Kundenaufträge
ausgelöst. Vor allem Betriebe, die sich im Wettbewerb darauf konzentrieren, Erzeugnisse bzw. Varianten nach Kundenspezifikationen zu offerieren,
werden diesen Typ der Programmbildung wählen.

Die primäre Quelle für die Festlegung der zu produzierenden Enderzeugnisse sind die *individuellen Kundenaufträge*. Die *Primärbedarfsdis-
position* - auch Grobplanung genannt – des Auftragsfertigers besteht aus
folgenden eng miteinander verwobenen Aufgaben:

• Bearbeiten von Kundenanfragen, mit Entscheidung über Auftragsannah-
me oder -ablehnung für einen bestimmten Planungszeitraum.
• Bestimmung der Liefertermine für die Kundenaufträge.
• Abstimmung der Kundenaufträge mit den vorhandenen betrieblichen
Ressourcen.

Mit der Kundenanfrage sind im besonderen folgende Problemkreise verbunden:

• Prüfung der technischen Machbarkeit
• Entscheidung über die Auftragsannahme und
• Bestimmung eines Liefertermins unter Beachtung der betrieblichen Res-
sourcen.

Für eine Kundenproduktion ist es typisch, daß der betriebliche Prozeß mit
einer Anfrage des Kunden initialisiert wird. Danach hat das Unternehmen
zu klären, ob ein individualisierter Kundenwunsch innerhalb des Ferti-

gungsrahmens hergestellt werden kann, und wenn ja, zu welchem Preis und mit welchem Liefertermin dies möglich ist. Um den Produktpreis und den geplanten Liefertermin abschätzen zu können, sind zunächst Vorstellungen über den konstruktiven Aufwand und den Fertigungsablauf zu entwickeln. Da bei diesem Betriebstyp häufig nur ein Teil der Angebote in konkrete Aufträge umgewandelt werden kann, versucht das Unternehmen in der Regel den Aufwand, der mit der konstruktiven Abklärung und der Festlegung des Fertigungsablaufs verbunden ist, in diesem Stadium klein zu halten. Detaillierte Unterlagen – wie Zeichnungen, Stücklisten, Arbeitspläne, NC-Programme etc. – werden oft erst erstellt, nachdem der Kunde das Angebot definitiv angenommen hat. Dieser Ablauf bietet sich auch aus Gründen einer schnellen Angebotsabgabe an.

Neben der technischen Machbarkeit spielen für die Angebotsabgabe ökonomische Gründe eine ausschlaggebende Rolle. Damit ist die Frage der *Auftragsannahme bzw. -ablehnung* verbunden. Ausgangspunkt stellt die Überlegung dar, abschlußreife Aufträge nach dem Gesichtspunkt der Deckungsbeiträge auszuwählen. Sind Anfragen eingegangen, so hat der Disponent eine Entscheidung darüber zu treffen, ob er diese im gewünschten Zeitraum annehmen oder ablehnen soll (Entscheidungsvariablen). Hat der Disponent Vorstellungen über noch *zusätzlich* eingehende Kundenanfragen für den Zeitraum, die „gewinnbringend" für das Unternehmen wären, so steht er vor der Frage, ob dafür Kapazitäten reserviert werden sollen.

In engem Zusammenhang mit der Frage der Auftragsannahme und -ablehnung steht die *Bestimmung realistischer Liefertermine*. Dies setzt eine Abstimmung der angenommenen Kundenaufträge bzw. abschlußreifer Aufträge mit den betrieblichen Ressourcen voraus. Damit stellt sich die Frage, wie die Festlegung realistischer Liefertermine praktisch zu ermitteln ist bzw. welche Hilfestellungen dem Disponenten für die Klärung dieser Frage bereitstehen müßten. Aufgrund der Komplexität der Fragestellung wird der Disponent bei dieser Entscheidung eine erhebliche Rolle spielen, allerdings sind ihm geeignete Informationen und gegebenenfalls einfache Entscheidungsmodelle zur Verfügung zu stellen.

Realistische Liefertermine erfordern neben der Kenntnis des Kundenwunschtermins vor allem die Abschätzung der (zukünftigen) Fertigungssituation. Werden Liefertermine aufgrund dieser Schätzproblematik ohne genaue Prüfung der Fertigungssituation festgelegt, so können später erhebliche Kapazitätsprobleme und damit Terminüberschreitungen auftreten. Um eine Abschätzung des Liefertermins machen zu können, benötigt der Disponent folgende Informationen (vgl. auch Kurbel 1993, S. 208):

- die Erzeugnisstruktur des gewünschten Produkts
- die Bearbeitungs- und Rüstzeiten für die zu fertigenden Komponenten
- die Beschaffungsfristen für fremdbezogene Teile
- die Kapazitätseinheiten, die ein Auftrag durchläuft
- die Kapazitätsauslastung bzw. freien Kapazitäten
- Prognosen über zusätzlich eingehende Kundenaufträge im Planungszeitraum.

Der Umfang, mit dem diese Informationen bereitgestellt werden können, hängt vor allem vom Neuigkeitsgrad der Produkte ab.

Handelt es sich um eine *weitgehend bekannte Erzeugnisstruktur*, so sind im Regelfall die Grunddaten (Stücklisten, Arbeitspläne) bereits im Unternehmen vorhanden. In diesem Fall wäre zu fordern, daß vom PPS-System eine probeweise Einlastung vorgenommen werden kann, die die Kapazitätssituation bei den in Anspruch genommenen Betriebsmittelgruppen bzw. Betriebsmitteln aufzeigt. Zeigt sich, daß der Kundenwunschtermin nicht eingehalten werden kann, so hat der Disponent eine Entscheidung zu fällen, ob kapazitätsmäßige Anpassungen, wie Überstunden, zu ergreifen sind oder eine Verschiebung anderer Aufträge in Frage kommt. Die Konsequenzen auf die Auslastung und Kosten lassen sich in fortgeschrittenen PPS-Systemen im Sinne einer What-if-Abfrage simulieren (vgl. Kap. B.3.6.3)

Erschwerend kommt bei den Auftragsfertigern, bei denen sich nur ein Teil des Angebots in Kundenaufträgen realisiert, hinzu, daß zur Abschätzung der voraussichtlichen Kapazitätsbelastung die Kenntnis der Erfolgswahrscheinlichkeit einbezogen werden muß. Beim Aufstellen eines (Auftrags-)Programms steht das Produktions-Management nämlich dann vor der Situation, daß nicht alle Angebote mit Sicherheit in Kundenaufträge umgewandelt werden können und damit die Kapazitätsbelegung und die möglichen Liefertermine im Planungszeitraum Zufallsvariable darstellen: Die verfügbare Kapazität ist nicht nur vom Umfang der abgegebenen Angebote abhängig, sondern auch von der jeweiligen Erfolgswahrscheinlichkeit, mit der ein Angebot in eine Bestellung überführt werden kann, aber auch davon, zu welchem Zeitpunkt ein Auftrag nach Angebotsabgabe erteilt wird. Damit sind aber ebenfalls Auswirkungen auf die Liefertermine gegeben. Ist nämlich keines der abgegebenen Angebote erfolgreich, so kann ein neues Angebot unmittelbar im Anschluß an die bereits eingeplanten Aufträge anschließen, und der Liefertermin liegt an der unteren Schranke. Sind dagegen alle Angebote erfolgreich, kann ein neues Angebot, sofern nach first come, first served verfahren wird, erst nach diesen vorgesehen werden. Der Liefertermin liegt an der oberen Schranke.

Berücksichtigt man die Erfolgswahrscheinlichkeit einzelner Angebote nicht, merkt man aber die Kapazitätsnachfrage für jedes Angebot vorsorglich vor, so besteht die Gefahr, daß die verfügbare Kapazität in relativ kurzer Zeit ausgeschöpft ist und weitere Aufträge in der Planperiode abgelehnt werden müssen. Führen aber Angebote nicht zu Bestellungen, so ist die tatsächliche Kapazitätsnachfrage weit geringer als angenommen. Empirische Untersuchungen im Apparatebau haben beispielsweise gezeigt, daß das Verhältnis Bestellungen zu Angeboten nur etwa 7 % beträgt. Diesem Phänomen muß die Programmplanung Rechnung tragen. Opitz et al. (1970) schlagen für diesen Fall daher vor, in der Angebotsphase von zwei Arten von Kapazitäten auszugehen:

- Angebotskapazität
- tatsächlich vorhandene Kapazität.

Die Angebotskapazität bestimmt sich dabei aus der tatsächlich vorhandenen Kapazität multipliziert mit der mittleren Kapazitätsrate (auch Bestellbzw. Auftragsfaktor genannt). Die mittlere Kapazitätsrate ist dabei definiert als die im langfristigen Durchschnitt gebildete Kapazitätsrate r (bei $t = 1, ..., T$ Perioden):

$$r = \frac{1}{T} \sum_{t=1}^{T} B_t$$

$$\text{mit } B_t = \frac{\text{Kapazitätsbedarf für die abgegebenen Angebote}}{\text{Kapazitätsbedarf für die eingegangenen Bestellungen}}$$

Ist also der Kapazitätsbedarf für die abgegebenen Angebote 10000 und derjenige für die eingegangenen Bestellungen 1000, so ergibt sich eine Rate von 10, d. h. die Angebotskapazität wäre 10 mal höher anzusetzen als die tatsächlich vorhandene Kapazität.

Bei diesem Vorgehen unterstellt man, daß die im langfristigen Durchschnitt sich ergebende Kapazitätsrate auch im zukünftigen Planintervall im wesentlichen gleichbleibt. Trifft das nicht zu, ist eine Anwendung fragwürdig.

Handelt es sich bei der Kundenanfrage für das Unternehmen um ein *weitgehend unbekanntes Produkt*, das zuerst einer konstruktiven Ab-

klärung bedarf, so sind zunächst die grundlegenden Daten (Erzeugnisstrukturen, Arbeitspläne) nicht vorhanden, und es fehlt die Datenbasis für die
Simulationsmöglichkeiten des Kapazitätsbedarfs. In diesem Fall sind die
konstruktiven und arbeitsplanerischen Tätigkeiten abzuwarten. Allerdings
wäre auch denkbar, daß Daten aus „ähnlichen" Kundenaufträgen, die früher
gefertigt wurden, vom System bereitgestellt werden. Um schnelle Aussagen zu treffen, könnten die vorhandenen Daten herangezogen und vom Disponenten entsprechend korrigiert werden, so daß mit diesen Daten eine Simulation der Kapazitätssituation erfolgen kann. Sind keine Erfahrungswerte vorhanden, so bleibt letztlich nur die Schätzung des Experten, um die
Eingangsdaten für die Kapazitätssimulationen zu gewinnen. In jedem Fall
sollte mindestens die Bereitstellung der Statusinformationen über die bereits auf den Arbeitssystemen eingeplanten Aufträgen möglich sein.

Das Problem einer kundenauftragsorientierten Fertigung tritt auch
häufig bei umfangreichen Vorhaben, z. B. im Anlagenbau, auf. Dabei sind
Produkte mit einer komplexen Erzeugnisstruktur, die gemeinsame Ressourcen beanspruchen, herzustellen. Die Produkte sind in Form von Projekten zu realisieren und es ensteht das Problem der Mehrprojektplanung.
Dabei spielt ebenfalls die Liefertermineinbestimmung eine entscheidende
Rolle.

Entscheidungsmodelle, die sich in der Praxis für diese Aufgabe bewährt
haben, stehen heute noch weitgehend aus (vgl. aber die erfolgversprechen-
den Ansätze von Drexl/Kolisch (1993)).

B.3.5 Planung des Produktionsprogramms bei prognosegetriebener Fertigung

Im Rahmen einer prognosegetriebenen Fertigung werden die Art, Menge
und Zeitpunkte von zu produzierenden Erzeugnissen des Unternehmens im
anstehenden Planungszeitraum auf der Basis von Absatzprognosen bzw.
allgemeiner von Erwartungen über die Absatzmöglichkeiten festgelegt. Eine erwartungsbezogene Programmbildung bietet sich vor allem an, um

(1) eine möglichst schnelle und umfassende Belieferung der Kunden zu
    erreichen (hoher Lieferservice). Dies setzt allerdings voraus, daß die
    Antizipation der Nachfrage hinreichend gelingt.

(2) eine gleichmäßige Beschäftigung und wirtschaftliche Produktion im
    Zeitablauf zu ermöglichen, auch wenn Schwankungen im zeitli-

chen Absatzverlauf auftreten. Dies wird vor allem durch eine Produktion auf Lager realisiert, weshalb auch dieser Typ häufig mit *Lagerfertigung* bezeichnet wird.

Eine prognosegetriebene Programmplanung ist für alle Unternehmen notwendig, die zumindest Teile ihres Leistungserstellungsprozesses aufgrund von Absatzprognosen auslösen. Damit ist dieser Typ nicht nur für die Fertiger, die auf Endlager produzieren, relevant, sondern auch für alle Mischtypen. Das betrifft aber viele Unternehmen in der Praxis.

Grundlegend für diesen Programmtyp sind Absatzprognosen bzw. Vorstellungen über zukünftige Absatzmöglichkeiten. Aus diesem Grunde werden in PPS-Systemen Prognoseverfahren als Hilfestellungen geboten. Im folgenden wollen wir die bekanntesten Verfahren darstellen.

B.3.5.1 Prognose der Absatzmöglichkeiten

Quantitative Prognoseverfahren stellen eine empirisch fundierte Vorhersage des zukünftigen Absatzes von Erzeugnissen eines Betriebes in einem vorgegebenen Zeitabschnitt mittels mathematisch-statistischer Verfahren dar. Diese treten in zwei Formen auf:

* Univariable Vorhersageverfahren
* Multivariable Vorhersageverfahren.

Die *univariablen* Vorhersageverfahren – auch Zeitreihenanalysen genannt – basieren auf der Überlegung, daß das zukünftige Nachfrageverhalten für ein Erzeugnis sich am besten dadurch vorhersagen läßt, indem man den vergangenen Nachfrageprozeß analysiert und diese Zeitreihe in die Zukunft extrapoliert. Dabei unterstellt man bei diesen Verfahren, daß die in der Vergangenheit gewählte Kombination der Marketinginstrumente, die Nachfragestruktur etc. sich nicht grundlegend ändert.

Vorhersagen mit *multivariablen Verfahren* gehen dagegen davon aus, daß die zu prognostizierende Variable eine Funktion von mehreren unabhängigen Variablen ist. Es liegt dem die Überlegung zugrunde, daß sich das Nachfrageverhalten auf eine oder mehrere unabhängige Variable zurückführen läßt, diese also den Prozeß kausal erklären. So könnte man beispielsweise versuchen, den Absatz von Möbeln aus dem Einkommen, der Anzahl der Hochzeiten, der Anzahl der Haushaltsgründungen, dem Möbelabsatz von vergangenen Perioden und ähnlichem zu schätzen. Das ist allerdings nur sinnvoll, wenn die zur Erklärung dienenden Variablen leichter als die zu schätzende Größe zu ermitteln sind.

Für die Absatzprognose erfreuen sich in der Praxis im besonderen die auf der Zeitreihenanalyse basierenden Vorhersageverfahren großer Beliebtheit. Zu ihrer Beurteilung spielen vor allem die Güte der Prognose und die Anwenderfreundlichkeit, wie Rechenzeit und Eingriffsmöglichkeiten, eine Rolle. Im einzelnen ist zu beurteilen:

- Genauigkeit der Prognose: Ein grundlegendes Bestreben besteht darin, möglichst genaue Prognosen zu erstellen. Aus wirtschaftlichen Gründen ist es aber immer notwendig, den erhöhten Aufwand einer verfeinerten Methode mit dem Nutzen aus besseren Prognosen zu vergleichen.
- Reagibilität: Dieses Kriterium kennzeichnet die Fähigkeit, Verhaltensänderungen einer Zeitreihe zu erkennen und sich an die neue Entwicklung anzupassen.
- Stabilität: Sie weist auf die Fähigkeit hin, die ein Prognosesystem für den Ausgleich oder die Dämpfung von Zufallsschwankungen besitzt.

    Reagibilität und Stabilität sollte ein Prognosesystem gleichermaßen ermöglichen, da sich bei jeder Abweichung eines Beobachtungswertes vom Prognosewert die Frage stellt, ob diese zufälliger Natur ist oder ein erstes Anzeichen dafür, daß sich die Zeitreihe in ihrem Verhalten grundlegend ändert.
- Rechenzeit und Speicherbedarf: Rechenzeit und Speicherbedarf schlagen sich auf der Aufwandsseite nieder. Da in der operativen Programmplanung in kurzen Zeitabständen häufig eine Vielzahl von Erzeugnissen auf ihre Absatzmöglichkeiten hin zu untersuchen sind, spielen diese beiden Größen eine bedeutende Rolle.
- Eingriffsmöglichkeiten des Benutzers: Es kann von Vorteil sein, wenn der Benutzer der Prognoseverfahren in diese eingreifen kann. Im speziellen ist es dem Anwender möglich, externe Hintergrundinformationen einzubeziehen, die die Güte der Prognose verbessern.

Von den Verfahren der Zeitreihenanalyse haben im besonderen die gleitende Durchschnittsbildung und die sogenannte exponentielle Glättung eine weite Verbreitung in PPS-Systemen gefunden. Im folgenden skizzieren wir diese Verfahren der Zeitreihenanalyse.

B.3.5.2 Ausgewählte Verfahren der Zeitreihenanalyse

Die Auswahl eines Prognosemodells für den Bedarf eines Erzeugnisses setzt eine Analyse der Zeitreihe voraus. Eine Zeitreihe ist eine Menge von Beobachtungswerten y_t zu den äquidistanten Zeitpunkten $t = 1, 2,...., k$. Sie zeigt die Entwicklung einer bestimmten Größe, in unserem Fall der vergangenen Bedarfswerte, über die Zeit auf. Gedanklich kann man bei der Analyse der Zeitreihe so vorgehen, daß man die beobachteten Bedarfswerte als Resultate einer systematischen und einer zufälligen Komponente auffaßt.

Für die systematische Komponente der Zeitreihe nimmt man an, daß sie einer Gesetzmäßigkeit unterliegt, die durch eine funktionale Beziehung zwischen der zu prognostizierenden Größe und der Zeit ausgedrückt werden kann. Die zufällige Komponente stellt dagegen die gesetzmäßig nicht erfaßbare, weil zufällige Schwankung des Istwertes um die systematische Komponente dar. Ein einzelner Wert y_t einer Zeitreihe läßt sich daher darstellen durch

$$y_t = f(t) + u_t$$

Die Funktion $f(t)$ gibt dabei die Gesetzmäßigkeit der systematischen Komponente wieder; u_t bezeichnet die Zufallskomponente. Die Zufallskomponente kann jeder beliebigen Wahrscheinlichkeitsverteilung mit dem Erwartungswert Null gehorchen. Einige bedeutendere Funktionstypen der systematischen Komponente sind in der Abb. B.3.3 aufgelistet.

Die systematische Komponente der Zeitreihe kann einem *Trend*, d. h. einer allgemeinen Entwicklungstendenz, folgen; Beispiele dafür sind ein linearer oder nichlinearer Trend entsprechend der Abb. B.3.3. Verzeichnet man systematisch in festen Zeitabständen wiederkehrende Schwankungen der Zeitreihe, so liegen *zyklische Schwankungen* vor. Hierbei unterscheidet man zwei Fälle: Die Amplitude der zyklischen Schwankung kann unabhängig oder abhängig vom Zeitpunkt t sein. Im Falle der Abhängigkeit überlagern die zyklischen Schwankungen den Trend multiplikativ, was beispielsweise bedeutet, daß die Höhe der Amplitude der zyklischen Schwankungen mit der Zunahme von t wächst. Bei Unabhängigkeit der Amplitude vom Zeitpunkt t überlagert dagegen die zyklische Schwankung den Trend additiv.

Für die Beschreibung von zyklischen Schwankungen kann man die systematische Komponente der Zeitreihe als eine Überlagerung von Schwingungen mit verschiedenen Elementarfrequenzen (Frequenzanalyse) darstellen. Der erforderliche mathematische Aufwand ist erheblich. Ein einfa-

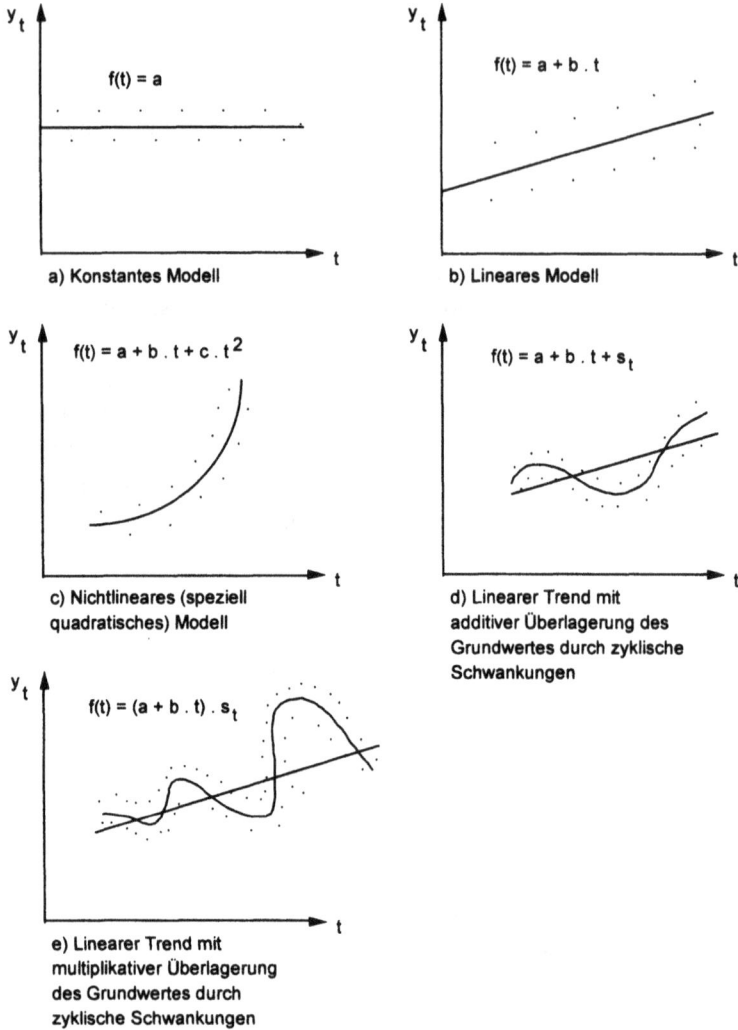

a) Konstantes Modell

$f(t) = a$

b) Lineares Modell

$f(t) = a + b \cdot t$

c) Nichtlineares (speziell quadratisches) Modell

$f(t) = a + b \cdot t + c \cdot t^2$

d) Linearer Trend mit additiver Überlagerung des Grundwertes durch zyklische Schwankungen

$f(t) = a + b \cdot t + s_t$

e) Linearer Trend mit multiplikativer Überlagerung des Grundwertes durch zyklische Schwankungen

$f(t) = (a + b \cdot t) \cdot s_t$

Abb. B.3.3:   Zeitreihenverläufe

cheres Verfahren stellt die Einbeziehung einer Saisonkomponente in Form eines Vektors von Saisonkoeffizienten s_t dar (vgl. Winters 1960).

Aufgabe der Prognose basierend auf Zeitreihen ist es, anhand der vorhandenen Istwerte den Funktionstyp der systematischen Komponente zu identifizieren und die Koeffizienten dieser Funktion zu schätzen. Hilfestellungen bei der Identifizierung des Funktionstyps geben bestimmte statistische Tests (vgl. Mertens 1994). Die Prognose bezieht sich daher auf die systematische Komponente. Man erwartet, daß der wahre, noch unbekannte zukünftige Istwert gemäß der Zufallsstruktur um die geschätzte systematische Komponente der Zeitreihe streut.

Als Beispiel wollen wir lediglich die – in PPS-Systemen häufig implementierten – Prognoseverfahren der gleitenden Mittelwertbildung sowie die exponentielle Glättung 1. Ordnung darstellen. Für weitere Verfahren sei der Leser auf Tempelmeier (1992) verwiesen.

Wir gehen davon aus, daß die systematische Komponente einer Zeitreihe eine konstante Funktion der Zeit f(t) = a sei und damit die einzelnen Werte der Zeitreihe beschrieben werden können durch

$$y_t = a + u_t$$

Für die Zufallsabweichungen nimmt man gewöhnlich an, daß der Erwartungswert Null und die Varianz konstant ist. Liegen k Vergangenheitswerte des Absatzes $y_1.....y_k$ vor, so gelangen wir zu einer Schätzung des Koeffizienten a (den wir mit ^ versehen, da es sich um einen Schätzwert handelt), indem wir den Wert von â suchen, für den die Funktion der summierten Abstandsquadrate

$$S(a) = \sum_{t=1}^{k} (y_t - a)^2$$

ihr Minimum annimmt.

Durch Differentiation dieser Funktion nach a und Nullsetzung der Ableitung erhält man die Bedingung

$$\hat{a} = \frac{1}{k} \sum_{t=1}^{k} y_t$$

Liegt wirklich ein konstanter Prozeß zugrunde, so ist der Mittelwert der letzten k Werte der abweichungsminimale Schätzwert â, den wir auch mit D_k bezeichnen wollen. Ein Nachteil liegt darin, daß mit zunehmender Anzahl der Beobachtungen immer mehr Werte mit gleichem Gewicht in die Mittelwertbildung einzubeziehen sind. Ein Ausweg besteht in der *gleitenden Durchschnittsbildung*.

Wollen wir jeweils N Beobachtungswerte in die Mittelwertbildung einbeziehen, so fällt von Periode zu Periode der älteste Beobachtungswert y_{k-N} weg, der in der vorherigen Mittelwertbildung enthalten ist, und der neueste Beobachtungswert y_k kommt hinzu. Die Motivation für dieses Vorgehen liegt darin, daß man nur die letzten N Beobachtungswerte als relevant für die Prognose ansieht. Die Schätzung für a erfolgt analog zu oben: Man sucht den Wert von a, für den die Funktion der summierten Abstandsquadrate

$$S(a) = \sum_{t=k-N+1}^{k} (y_t - a)^2$$

ihr Minimum annimmt. Als Schätzwert für $\hat{a}$ ergibt sich nach Differentiation und Nullsetzung

$$\hat{a} = \frac{1}{N} \sum_{t=k-N+1}^{k} y_t := D_k$$

Beachtet man, daß definitionsgemäß

$$D_{k-1} = \frac{1}{N} \sum_{t=k-N}^{k-1} y_t$$

ist, so läßt sich der gleitende Durchschnitt D_k rekursiv ermitteln aus:

$$D_k = D_{k-1} + \frac{1}{N}(y_k - y_{k-N}).$$

Je kleiner man N wählt, umso schneller paßt sich das Prognoseverfahren der gleitenden Durchschnittsbildung an eine Änderung der Beobachtungswerte an; demgegenüber werden aber auch zufällige Schwankungen stärker berücksichtigt. Hier offenbart sich, daß eine Abwägung zwischen Reagibilität und Stabilität des Verfahrens nötig ist.

Bei dem Verfahren der gleitenden Mittelwertbildung gehen die einbezogenen Beobachtungswerte alle mit der gleichen Bewertung von $\frac{1}{N}$ in die Prognose ein. Eine Erweiterung bildet die gewogene gleitende Mittelwertbildung. Eine Variante ist die exponentielle Glättung. Sie hat in der Praxis eine weite Verbreitung gefunden, da sie sich vor allem in bezug auf die Rechenzeit und den Speicherbedarf auf EDV-Anlagen als günstig erwiesen hat.

Exponentielle Glättung für einen konstanten Prozeß.

Bei der exponentiellen Glättung gewichtet man die Beobachtungswerte der Vergangenheit unterschiedlich stark. Das stärkste Gewicht mißt man dem jüngsten Wert zu, das nächststärkste Gewicht dem zweitjüngsten Beobachtungswert etc. Im Gegensatz zur gleitenden Mittelwertbildung berücksichtigt man aber *alle* Werte der Vergangenheit, wenn auch mit abnehmendem

Gewicht. Da dieses exponentiell abnimmt, spricht man auch von exponentieller Glättung. Wendet man die exponentielle Glättung auf eine Zeitreihe

$$y_k, y_{k-1}, y_{k-2}, \ldots$$

an und setzt man α, $0 < \alpha < 1$, als Gewichtungsfaktor fest, so läßt sich der exponentiell gewichtete Durchschnitt schreiben als:

$$D_k = \alpha \cdot y_k + \alpha(1-\alpha)y_{k-1} + \alpha(1-\alpha)^2 y_{k-2} + \ldots = \alpha \sum_{t=0}^{\infty} (1-\alpha)^t \cdot y_{k-t}$$

Ist die systematische Komponente durch eine *konstante* Funktion f(t) = a zu beschreiben, so suchen wir den Schätzwert â, für den die Funktion der summierten, gewichteten Abstandsquadrate

$$S(a) = \alpha \sum_{t=0}^{\infty} (1-\alpha)^t (y_{k-t} - a)^2$$

ihr Minimum annimmt. Differentiation der Gleichung nach a und Nullsetzung ergibt (Zäpfel 1982, S.169):

$$\frac{dS}{da} = -2\alpha \sum_{t=0}^{\infty} (1-\alpha)^t (y_{k-t} - â) = 0$$

$$\text{bzw. } â = \alpha \sum_{t=0}^{\infty} (1-\alpha)^t y_{k-t} = \alpha \cdot y_k + (1-\alpha) \left[\alpha \sum_{t=0}^{\infty} (1-\alpha)^t y_{k-t-1} \right]$$

und damit:

$$\boxed{â = D_k = \alpha y_k + (1-\alpha)D_{k-1} = D_{k-1} + \alpha(y_k - D_{k-1})}$$

Diese Gleichung stellt die Rekursionsformel für die *exponentielle Glättung erster Ordnung* dar: Der neue Vorhersagewert entspricht dem alten Vorhersagewert D_{k-1}, zu dem der mit α gewichtete Vorhersagefehler $e_k = y_k - D_{k-1}$ addiert wird.

Wenden wir uns einigen Eigenschaften der exponentiellen Glättung erster Ordnung zu: Die Gewichtung nimmt exponentiell mit dem Alter der Daten ab, wobei den jüngsten Werten das größte Gewicht zukommt, da

$$(1-\alpha)^{t-1} > (1-\alpha)^t \text{ für } \alpha < 1 \text{ gilt.}$$

Mit der Wahl von α sind alle Gewichtskoeffizienten festgelegt; die Wahl von α stellt das Kernproblem bei der Anwendung des Verfahrens dar. Beispielhaft ist die Gewichtung von Vergangenheitswerten bei unterschiedlichen Werten von α in der Abb. B.3.4 dargestellt.

Zurück-liegende Perioden	$\alpha = 0,2$	$\alpha = 0,3$	$\alpha = 0,4$
0	0,2	0,3	0,4
1	0,16	0,21	0,24
2	0,128	0,147	0,144
3	0,1024	0,1029	0,0864
4	0,0819	0,0720	0,0518
5	0,0655	0,0504	0,0311

Abb.B.3.4: Einfluß des Gewichtskoeffizienten α

Ein großes α berücksichtigt verstärkt neueste Werte, die Prognose reagiert sensibler auf Zufallsschwankungen. Ein großer α-Wert macht es möglich, ziemlich schnell auf eine Änderung des Verlaufs der systematischen Komponente zu reagieren, leistet also der Reagibilität Vorschub, wobei aber unter Umständen Zufallsschwankungen zu gering gedämpft werden. Ein kleiner α-Wert ermöglicht dagegen eine geringere Empfindlichkeit gegenüber Zufallsschwankungen und ist daher im Interesse der Stabilität eines Prognosesystems, kann aber unzureichend Verlaufsänderungen identifizieren. Ein optimaler α-Wert ist derjenige, bei dem die Prognosefehler möglichst gering ausfallen. Er läßt sich durch eine Simulation mit verschiedenen α-Werten für den bekannten Teil einer Zeitreihe gewinnen (Tempelmeier 1992). In der Literatur werden Erfahrungswerte empfohlen, die eine Wahl eines α-Wertes zwischen 0,1 und 0,3 anraten. Sie sind aber theoretisch nicht begründet.

Ein großer Vorteil des exponentiellen Glättens ist der geringe Rechen- und Speicheraufwand für EDV-Anlagen. Für die exponentielle Glättung erster Ordnung sind pro Erzeugnis vier Werte zu speichern: der effektive Bedarf der laufenden Periode, der Glättungsfaktor und der alte und neue Vorhersagewert. In PPS-Systemen sind ebenfalls Verfahren der exponentiellen Glättung implementiert, die eine Vorhersage für den Fall liefern, daß die Zeitreihe einem linearen Trend (2. Ordnung) bzw. saisonellen Schwankungen unterliegt. Der Leser vergleiche dazu Mertens (1994).

B.3.6 Bestimmung der Art, Menge und der zeitlichen Verteilung der Produktion

Die Kernaufgabe der Programmplanung besteht darin, die Absatz- und Produktionsmöglichkeiten zielgerichtet abzustimmen, indem die Art, Menge und die zeitliche Verteilung dieser Mengen im Planungszeitraum festgelegt werden. Um die Entscheidungslogik dieser Problemstellung darzustellen, gehen wir zunächst auf ein einfaches Entscheidungsmodell der Programmplanung ein (Kap. B.3.6.1). Für den praktischen Einsatz hat dieses Grundmodell in der Regel zu restriktive Prämissen. Für die Realität eine größere Bedeutung haben Entscheidungsmodelle zur Programmplanung bei saisonalen Schwankungen des Absatzes im Zeitverlauf. Für diesen Fall wird das Grundmodell im Kap. B.3.6.2 erweitert. Einzelne Betriebe haben derartige Modelle im praktischen Einsatz. Die bekannten Standardprogramme für PPS-Systeme beinhalten diese Entscheidungsmodelle zur Zeit aber noch nicht. Um die Programmplanung, die innerhalb der weiterentwickelten PPS-Systeme realisiert ist, kennenzulernen, skizzieren wir deren konzeptionellen Aufbau im Kap. B.3.6.3.

B.3.6.1 Grundmodell der Planung des Produktionsprogramms für standardisierte Erzeugnisse

Für das Grundmodell werden folgende Prämissen unterstellt:

- Es werden n verschiedene Erzeugnisse auf S Produktiveinheiten hergestellt.
- Produktions- und Absatzmengen stimmen für jedes Erzeugnis überein, d. h. es wird nur eine Planperiode betrachtet.
- Für jedes Erzeugnis ist eine Absatzobergrenze gegeben und es sind gegebenenfalls Absatzuntergrenzen im Planungszeitraum eindeutig bekannt.
- Zwischen den einzelnen Erzeugnissen werden nur Interdependenzen bezüglich gemeinsam beanspruchter Kapazitäten berücksichtigt. Absatzseitige Verbundwirkungen (z. B. in Form von substitutiven Absatzwirkungen) seien ebenso ausgeschlossen wie produktionsseitige Verbundwirkungen in Form einer Kuppelproduktion.
- Die Input-Output-Beziehungen sind durch lineare, limitationale Produktionsbeziehungen (Leontief-Produktionsfunktion) eindeutig beschrieben.

- Erlöse und variable Kosten je Mengeneinheit sind für jedes Erzeugnis konstant und bekannt.
- Als Ziel wird die Maximierung des Deckungsbeitrags unterstellt.

In diesem Fall läßt sich das *Grundmodell der Programmplanung* formal wie folgt formulieren:

$$(1) \quad \max z(x_1, x_2, \ldots, x_n) = \sum_{j=1}^{n} d_j \cdot x_j$$

unter den Nebenbedingungen

$$(2) \quad \sum_{j=1}^{n} a_{sj} \cdot x_j \leq b_s, \, s = 1, \ldots, S$$

$$(3) \quad x_j \leq h_j, \, j = 1, 2, \ldots, n$$

$$(4) \quad x_j \geq u_j, \, j = 1, 2, \ldots, n$$

Dabei bedeuten:

x_j = Produktionsmenge von Erzeugnis j (Variable)
d_j = Stückkostendeckungsbeitrag von Erzeugnis j
a_{sj} = Stückzeit für Erzeugnis j auf der Anlage s
b_s = Kapazität des Potentialfaktors s in Zeiteinheiten
h_j = Absatzobergrenze von Erzeugnis j in Mengeneinheiten
u_j = Absatzuntergrenze von Erzeugnis j in Mengeneinheiten

Die Zielfunktion (1) bringt zum Ausdruck, daß die Produktionsmengen gesucht sind, die den gesamten Deckungsbeitrag bzw. den Gewinn (bei Beachtung der Fixkosten) maximieren. Dabei sind als Restriktionen zu beachten, daß die Einsatzzeiten für die benötigten Potentialfaktoren die jeweilige Kapazität des Potentialfaktors nicht überschreiten (Nebenbedingungen 2). Durch die Restriktion (3) wird sichergestellt, daß die Produktionsmengen nicht größer als die maximal absetzbaren Mengen jedes Erzeugnisses werden. Die Absatzobergrenzen ergeben sich aus Absatzprognosen. Die Nebenbedingungen (4) fordern, daß die jeweilige Produktionsmenge mindestens den bereits vorliegenden Kundenaufträgen des jeweiligen Erzeugnisses im Planungszeitraum entsprechen muß.

Im folgenden wollen wir das Grundmodell und den Lösungsansatz an einem einfachen Beispiel veranschaulichen:

Zwei Enderzeugnisse A und B können im Planungszeitraum produziert werden. Für das Enderzeugnis A ist ein Stückdeckungsbeitrag von 120 und für Enderzeugnis B von 100 Geldeinheiten ermittelt worden. Mittels Absatzprognosen wurde festgestellt, daß von Erzeugnis A höchstens 150 und von Erzeugnis B höchstens 100 Mengeneinheiten verkauft werden können. Kundenaufträge seien für diesen Planungszeitraum noch keine eingegangen. Die Enderzeugnisse A und B durchlaufen die Abteilungen Endmontage, Baugruppenmontage und Teilefertigung. Das Leistungsvermögen (Kapazität) dieser Abteilungen wird in Stunden ausgedrückt und umfaßt 2000 Stunden für die Montage, 2100 Stunden für die Baugruppenmontage und 3500 Stunden für die Teilefertigung. Aus den Arbeitsplänen und Stücklisten wurden durch Aggregation die folgenden Stückzeiten für die Produkttypen in den einzelnen Abteilungen wie folgt ermittelt

Abteilung	Enderzeugnis A	Enderzeugnis B
Teilefertigung	25	20
Baugruppenmontage	7	4,5
Montage	10	20

Exkurs:

In der Fertigungsindustrie, bei der die Produkte aus verschiedenen Produktkomponenten bestehen, sind die Stückzeiten für *Enderzeugnisse* durch eine Aggregation der Daten aus den Stücklisten und den Arbeitsplänen zu ermitteln. Diese Aggregation läßt sich kompakt wie folgt beschreiben (Matrixschreibweise): Bezeichnen wir mit $\underline{Q}$ die Matrix der direkten Mengenbeziehungen zwischen den Erzeugnissen (d. h. wieviel Teile eines untergeordneten in jeweils *ein* übergeordnetes Teil bzw. Produkt eingehen), mit $\underline{A}$ die Matrix der Produktionskoeffizienten für die Produktiveinheiten (Stückzeiten für Arbeitsvorgänge), mit $\underline{b}$ den (Spalten-)Vektor der Kapazitätshöchstgrenzen für die Kapazitätseinheiten sowie mit $\underline{x}$ bzw. $\underline{r}$ die (Spalten-)Vektoren der Erzeugnismengen, die zum Verkauf bzw. zur Herstellung bestimmt sind, so lassen sich die Repetierfaktor- und Potentialfaktorbeziehungen ausdrücken durch das Ungleichungssystem:

(1) $\quad \underline{x} + \underline{Q} \cdot \underline{r} = \underline{r} \quad$ Mengenbilanzen (Repetierfaktoren)

(2) $\quad \underline{A} \cdot \underline{r} \leq \underline{b} \quad$ Kapazitätsrestriktionen (Potentialfaktoren)

Dabei ist unterstellt, daß lediglich die Potentialfaktoren nach oben begrenzt sind. Die Aggregation erreicht man nun durch die Lösung von Gleichungssystem (1). Existiert die Inverse, so lautet die Lösung:

(1') $\underline{r} = (\underline{E} - \underline{Q})^{-1} \cdot \underline{x}$

Dabei entspricht $\underline{E}$ der Einheitsmatrix. Das Gleichungssystem (1') enthält die *input-orientierte Leontief-Produktionsfunktion* (vgl. Kap. A. 2.1.3.1). Damit wird deutlich, daß Stücklisten und Arbeitspläne mit der Leontief-Produktionsfunktion in Verbindung stehen. Setzen wir (1') in einem zweiten Schritt in die Ungleichungen (2) ein, so ergeben sich die *Produktionsmöglichkeiten* bzw. Kapazitätsrestriktionen, sofern nur die Potentialfaktoren als Engpässe wirksam werden können:

(3) $\underline{A}(\underline{E} - \underline{Q})^{-1} \cdot \underline{x} \le \underline{b}$

Unter Zugrundelegung dieser Daten läßt sich das folgende lineare Optimierungsmodell formulieren:

Zielfunktion:

$$\max D(x_A, x_B) = 120x_A + 100x_B$$

Nebenbedingungen:

I. $25x_A + 20x_B \le 3500$
II. $7x_A + 4{,}5x_B \le 2100$
III. $10x_A + 20x_B \le 2000$
IV. $x_A \le 150$
V. $x_B \le 100$
VI. $x_A, x_B \ge 0$

Die Lösung dieses Problems läßt sich zeichnerisch ermitteln (Abb. B.3.5). Die Nebenbedingung II haben wir dabei nicht eingezeichnet, da sie – wie sich der Leser selbst überzeugen kann – keinen Engpaß darstellt.

Aus der Abb. B.3.5 kann ermittelt werden, daß sich als optimales Ergebnis ergibt:

$\hat{x}_A = 100; \hat{x}_B = 50.$

Dabei sind wir zur Bestimmung des optimalen Programms wie folgt vorgegangen:

Betrachten wir als erstes die Nichtnegativitätsbedingungen, durch sie kommen als zulässige Lösungen für unser Produktionsprogramm nur Punkte aus dem *ersten* Quadranten des rechtwinkligen kartesischen x_A, x_B-Systems in Betracht.

Die Restriktionen liegen als Ungleichungen in der Form $a\,x_A + b\,x_B \le c$ vor. Jede Ungleichung definiert eine abgeschlossene Halbebene, die durch

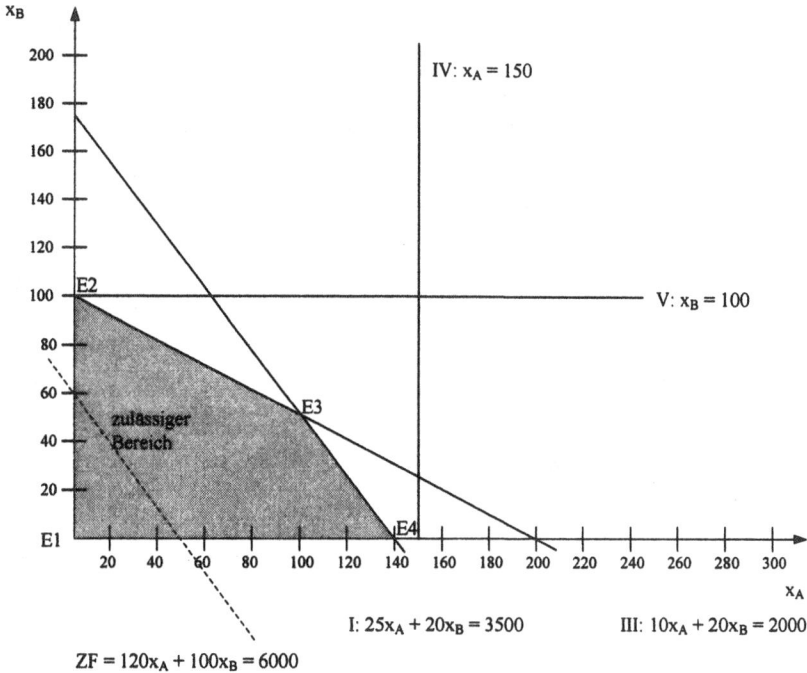

Abb. B.3.5: Zeichnerische Lösung des Problems

die Gerade $a\,x_A + b\,x_B = c$ begrenzt wird. Beliebige Programme $x = (x_A, x_B)$ sind in bezug auf *diese Ungleichung* zulässig, wenn sie die Bedingung $a\,x_A + b\,x_B \leq c$ erfüllen; im anderen Fall sind sie unzulässig. Es erweist sich zum weiteren Vorgehen als vorteilhaft, für die Gleichungen der begrenzenden Geraden die Achsenabschnittsform zu wählen, d. h. für $c \neq 0$ zu schreiben:

$$\frac{a}{c}x_A + \frac{b}{c}x_B = 1$$

Eine Gerade ist durch zwei Punkte eindeutig definiert. Aus der Achsenabschnittsform erhält man sofort $\frac{c}{a}$ als Schnittpunkt der Geraden mit der x_A-Achse und $\frac{c}{b}$ als Schnittpunkt mit der x_B-Achse, also die Punkte $(\frac{c}{a}, 0)$ bzw. $(0, \frac{c}{b})$. Durch Verbindung der Punkte ist die jeweilige Gerade eindeutig definiert. Wenden wir das auf unser Beispiel an, so erhalten wir die Abb. 3.5.

Der *zulässige Bereich* der linearen Optimierungsaufgabe in zwei Variablen ist durch den Teil des Durchschnitts der zu allen Restriktionen gehörenden abgeschlossenen Halbebenen gegeben, der im ersten Quadranten des Koordinatensystems liegt. In der Abb. 3.5 ist der Durchschnitt dieser Halbebenen schraffiert; dieser Bereich bildet ein konvexes Polyeder mit den Eckpunkten E_1, E_2, E_3, E_4. Die Engpässe in unserem Beispiel sind durch die Kapazitäten der Abteilungen „Teilefertigung" und „Montage" bestimmt, d. h. die Produktionsmöglichkeiten dieser Abteilungen bestimmen über die *zulässigen Produktionsprogramme*. Die Abteilung „Baugruppenmontage" stellt keinen Engpaß dar, da genügend Kapazität verfügbar ist. Die Absatzobergrenzen der beiden Erzeugnisse limitieren ebenfalls nicht die zulässigen Produktionsprogramme, da diese Restriktionen nicht zum Engpaß werden können. Der zulässige Bereich gibt also an, welche Produktionsmengen in einem spezifischen Fall aufgrund der vorhandenen Begrenzungen gewählt werden können, die durch die Produktions- und Absatzmöglichkeiten gegeben sind. Dabei bestimmen die Engpässe die zulässigen Produktionsmengen. Der Engpaß regelt alles auf sich ein (vgl. Gutenberg 1979).

Zur Auswahl der Optimallösung ist die Zielfunktion einzubeziehen; sie ist bei zwei Variablen definiert durch

$$z = d_A \, x_A + d_B \, x_B$$

oder

$$\frac{d_A}{z} x_A + \frac{d_B}{z} x_B = 1$$

Setzen wir ein beliebiges $z \neq 0$ ein, so können wir in analoger Vorgehensweise wie oben die Gerade bestimmen; sie stellt eine *Iso-Deckungsbeitragskurve,* also eine Kurve gleichen Deckungsbeitrags mit dem Wert z, dar. Setzt man Werte $z_1 \neq z$ in die Achsenabschnittsform ein, so führt das zu zueinander parallel verschobenen Geraden, wobei eine Erhöhung von z zu einer Verschiebung nach rechts oben führt.

Wir verschieben die Gerade solange parallel (und zwar bei einem Maximumproblem so, daß der Wert z zunimmt) bis die Gerade mit dem definierten zulässigen Bereich noch wenigstens einen Punkt gemeinsam hat. Diesem Punkt (oder diesen Punkten bei unendlich vielen Lösungen) entspricht die gesuchte Optimallösung der Aufgabe. Für unser Beispiel kommen wir nach diesem Vorgehen zu der Optimallösung $(\hat{x}_A, \hat{x}_B) = (100, 50)$.

Die zeichnerische Lösung ist für ein Problem mit zwei Variablen geeignet. Da Praxisprobleme der Programmplanung bedeutend mehr Variable haben, ist eine allgemeinere Methodik notwendig. Dies leistet die Simplex-Methode, deren Ablaufschritte wir im folgenden ökonomisch interpretieren und an unserem Beispiel verdeutlichen. Der Leser wird zur Simplex-methode auf die anschaulichen Darstellungen bei Müller-Merbach (1973) und Domschke/Drexl (1991) sowie Neumann/Morlock (1993) verwiesen.

Betrachten wir nochmals die mathematische Formulierung unseres Optimierungsproblems:

Zielfunktion

$$\max D(x_A, x_B) = 120x_A + 100x_B$$

Nebenbedingungen:

I. $25x_A + 20x_B \leq 3500$
II. $7x_A + 4,5x_B \leq 2100$
III. $10x_A + 20x_B \leq 2000$
IV. $x_A \leq 150$
V. $x_B \leq 100$

Zunächst wollen wir dieses Optimierungsproblem in Gleichungsform schreiben. Dazu führen wir eine Schlupfvariable $s_1, \ldots, s_5$ für jede Ungleichung ein, die größer oder gleich Null ist:

(1) $D - 120\,x_A - 100\,x_B = \quad\ 0$ (Zielfunktion)
(2) $s_1 + 25\,x_A + 20\,x_B = 3500$ (Teilefertigung)
(3) $s_2 + 7\,x_A + 4,5\,x_B = 2100$ (Baugruppenfertigung)
(4) $s_3 + 10\,x_A + 20\,x_B = 2000$ (Montage)
(5) $s_4 + x_A = \quad 150$ (Absatzobergrenze für Produkt A)
(6) $s_5 + x_B = \quad 100$ (Absatzobergrenze für Produkt B)

Wie wir sehen werden, lassen sich die Schlupfvariablen ökonomisch interpretieren. Setzen wir zunächst versuchsweise die Mengen von Produkt A und B auf Null ($x_A = x_B = 0$), so läßt sich aus dem Gleichungssysem ablesen, daß der Deckungsbeitrag Null beträgt und $s_1 = 3500$ Zeiteinheiten ist, d. h. in der Teilefertigung noch 3500 Stunden an freier Kapazität zur Verfügung stehen; in Analogie sind noch $s_2 = 2100$ Stunden in der Baugruppenfertigung und $s_3 = 2000$ Stunden in der Montage an Kapazität vorhanden. Der Wert von s_1, s_2, s_3 entspricht also den Leerzeiten in den Produktionsstufen. Die Größe s_4 gibt an, daß noch 150 Mengeneinheiten an Produkt A zum Absatz verfügbar sind (bezogen auf die Absatzobergrenze); in Analogie ist $s_5 = 100$ zu interpretieren. Das obige Gleichungssystem entspricht dem Eckpunkt E1. Aus der Gleichung (1) ist weiterhin zu entnehmen, daß es sich nicht um die Optimallösung handeln kann, da noch negative Koeffizienten in der Zielfunktion auftreten. Erhöht man nämlich x_A um

eine Einheit, so läßt sich der Deckungsbeitrag um 120 Geldeinheiten, bei
einer Einheit von x_B um 100 Geldeinheiten erhöhen. Da wir den Deckungsbeitrag möglichst groß machen wollen, versuchen wir zunächst x_A soweit
es geht zu steigern. Dies stellt allerdings nur ein lokales Kriterium dar. Aus
Gleichung (2) ersehen wir, daß x_A maximal 3500/25 = 140 werden kann,
da sonst s_1 negativ würde. Aus Gleichung (3) können wir entnehmen, daß
x_A maximal 2100/7 = 300 sein kann, aus Gleichung (4) resultiert, daß x_A
maximal 2000/10 = 200 betragen kann und aus Gleichung (5) ergibt sich
der maximale Wert mit 150. Die Gleichung (6) kann bezüglich x_A nicht be-
schränkend sein. Am restriktivsten wirkt sich also Gleichung (2) aus, d. h.
die Teilefertigung ist der Engpaßfaktor in bezug auf die gewünschte Produktion von x_A.

Wir können nun die Gleichung (2) nach x_A auflösen:

$$x_A = 140 - \frac{4}{5} \cdot x_B - \frac{1}{25} \cdot s_1.$$

Setzt man diese Gleichung in unser Ausgangsgleichungssystem ein, so ergibt sich als neues Gleichungssystem:

(1) $D + \frac{24}{5} \cdot s_1 - 4 \cdot x_B = 16800$

(2) $x_A + \frac{1}{25} \cdot s_1 + \frac{4}{5} \cdot x_B = 140$

(3) $s_2 - \frac{7}{25} \cdot s_1 - \frac{11}{10} \cdot x_B = 1120$

(4) $s_3 - \frac{2}{5} \cdot s_1 + 12 \cdot x_B = 600$

(5) $s_4 - \frac{1}{25} \cdot s_1 - \frac{4}{5} \cdot x_B = 10$

(6) $s_5 \qquad\qquad + x_B = 100$

Setzen wir in dem neuen Gleichungssystem s_1 und x_B gleich Null, so kann
aus der Gleichung (1) ersehen werden, daß der Deckungsbeitrag 16800
Geldeinheiten beträgt, und aus der Gleichung (2) ist zu entnehmen, daß 140
Stück von Produkt A produziert werden. Die Teilefertigung ist voll ausgelastet, da s_1 gleich Null ist. In der Baugruppenfertigung tritt eine Leerzeit
von 1120 Zeiteinheiten auf (Gleichung 3). Die Montage hat eine Leerzeit
von 600 Zeiteinheiten zu verzeichnen, ferner sind 10 Einheiten von Produkt
A und 100 Mengeneinheiten von Produkt B gegenüber der Absatzobergrenze noch nicht ausgeschöpft. Dieses neue Gleichungssystem entspricht
dem Eckpunkt E4.

Aus der Zielfunktion (1) können wir wiederum ersehen, daß der Gesamtdeckungsbeitrag durch eine Erhöhung der Menge von Erzeugnis B (aufgrund des negativen Koeffizienten) gesteigert werden kann, wobei für jede

Mengeneinheit des Produkts B der Deckungsbeitrag um 4 Geldeinheiten zunimmt. Um zu erkennen, um welchen maximalen Betrag die Produktionsmenge von Produkt B gesteigert werden kann, ohne daß Unzulässigkeit eintritt, betrachten wir die Gleichungen (2) – (6). Daraus können wir errechnen, daß x_B maximal um $\min\left\{\dfrac{140}{4/5}, \dfrac{600}{12}, \dfrac{100}{1}\right\} = 50$ gesteigert werden kann. Gleichung (4) wirkt am restriktivsten, und daraus läßt sich bestimmen, daß die Produktionsmenge von B maximal um 50 Mengeneinheiten zunehmen kann. Im anderen Fall würde sich eine unzulässige Lösung ergeben. In der Gleichung (3) und (5) hat jeweils der Koeffizient von x_B ein negatives Vorzeichen, was signalisiert, daß diese Nebenbedingung nicht zum Engpaß werden kann.

Lösen wir die Gleichung (4) nach x_B auf, so resultiert:

$$x_B = 50 + \frac{1}{30} \cdot s_1 - \frac{1}{12} \cdot s_3.$$

Eingesetzt in das obige Gleichungssystem ergibt die neue Lösung:

$$(1) \quad D + \frac{14}{3} \cdot s_1 + \frac{1}{3} \cdot s_3 = 17000$$

$$(2) \quad x_A + \frac{1}{15} \cdot s_1 - \frac{1}{15} \cdot s_3 = 100$$

$$(3) \quad s_2 - \frac{19}{60} \cdot s_1 + \frac{11}{120} \cdot s_3 = 1175$$

$$(4) \quad x_B - \frac{1}{30} \cdot s_1 + \frac{1}{12} \cdot s_3 = 50$$

$$(5) \quad s_4 - \frac{1}{15} \cdot s_1 + \frac{1}{15} \cdot s_3 = 50$$

$$(6) \quad s_5 + \frac{1}{30} \cdot s_1 - \frac{1}{12} \cdot s_3 = 50$$

Setzen wir $s_1 = s_3 = 0$, d. h. es sind keine Leerzeiten mehr in der Montage und Teilefertigung vorhanden, so können wir aus den Gleichungen (2) und (4) ablesen, daß von Produkt A 100 Stück und von Produkt B 50 Mengeneinheiten zur Produktion vorgesehen sind. Der Gesamtdeckungsbeitrag ist – wie der Gleichung (1) entnommen werden kann – 17000 Geldeinheiten. Die Leerzeit in der Baugruppenfertigung beträgt 1175 Zeiteinheiten (Gleichung 3); die Absatzobergrenze von Produkt A und ebenfalls die von Produkt B ist um 50 Mengeneinheiten noch nicht ausgeschöpft (Gleichung 5 und 6). Bei dieser Lösung handelt es sich um das Optimum, da in der Zielfunktion die Koeffizienten nur positive Vorzeichen haben. Aus den Koeffizienten von s_1 und s_3 in der Zielfunktion geht hervor, daß der Wert einer Zeiteinheit Mehrkapazität in der Teilefertigung 14/3 und in der Montage 1/3 beträgt. Dies stellen die *Opportunitätskosten (Schattenpreise) der beiden Kapazitäten* dar, die den Engpaß bestimmen. Multipliziert man diese Schattenpreise mit den jeweils maximal vorhandenen Kapazitäten dieser Engpässe, so erhalten wir wiederum den optimalen Gesamtdeckungsbeitrag:

$$\frac{14}{3} \cdot 3500 + \frac{1}{3} \cdot 2000 = 17000$$

Der Leser vgl. zur theoretischen Fundierung den Anhang.

Aus den Gleichungen (1) bis (6) geht weiters hervor, daß bei einer Vergrößerung der Leerzeit der Teilefertigung (s_1) um eine Einheit der Deckungsbeitrag um 14/3 abnehmen würde (Gleichung 1) und in diesem Fall die Menge von Produkt A um 1/15 sinkt (Gleichung 2), die Leerzeit in der Baugruppenmontage sich um 19/60 erhöht (Gleichung 3), die Erzeugnismenge von Produkt B um 1/30 größer wird (Gleichung 4), die nicht ausgeschöpfte Menge von Erzeugnis A bis zur Absatzobergrenze um 1/15 zunimmt (Gleichung 5) sowie die nicht ausgeschöpfte Menge von Produkt B bis zur Absatzobergrenze sich um 1/30 verringert (Gleichung 6). In Analogie lassen sich die Wirkungen einer Vergrößerung der Leerzeit der Montage (s_3) aus den Gleichungen (1) bis (6) ökonomisch interpretieren.

Das Gleichungssystem, das die Optimallösung definiert, ist die analytische Beschreibung des Eckpunktes E3 in der Abb. B.3.5.

Das dargestellte Lösungskonzept entspricht der Simplexmethode. Diese kann daher auch so charakterisiert werden, daß – sofern eine optimale Lösung existiert – von einem Ausgangspunkt ausgehend schrittweise von Eckpunkt zu Eckpunkt in Richtung einer Verbesserung des Zielfunktionswertes gegangen wird, bis die optimale Lösung gefunden ist (zur allgemeinen Darstellung vgl. z. B. Domschke/Drexl 1991, Neumann/Morlock 1993).

Das in diesem Kapitel erörterte Grundmodell der Planung des Produktionsprogramms zeigt die Entscheidungslogik bei der Wahl der optimalen Mengen an Enderzeugnissen auf. Allerdings ist dieses Grundmodell aufgrund der einschränkenden Prämissen in der Regel für einen praktischen Einsatz wenig geeignet. Modelle zur Unterstützung der Programmplanung sind für die Bestimmung der Produktionsmengen bei saisonalen Schwankungen des Absatzes im Zeitablauf bekannt geworden, die allerdings erweiterte Ansätze notwendig machen (vgl. dazu z. B. Bumba 1974).

B.3.6.2 Modell der Programmplanung bei saisonalen Schwankungen des Absatzes

In Betrieben, die beispielsweise landwirtschaftliche Maschinen, Fahrräder, Nähmaschinen, Textilien, Autobatterien, Düngemittel, Reifen, Süßwaren, Getränke, Eiscreme oder Konserven herstellen, schwanken die Absatzmöglichkeiten in rhythmisch gebundenen Schwingungen im Zeitablauf. Ursachen für das Auftreten von diesen Saisonschwankungen des Absatzes liegen in dem jahreszeitlich unterschiedlichen Kaufverhalten der Kunden, wie z. B. in Käufen zu bestimmten Terminen. Saisonflüsse wirken sich, wenn auch in abgeschwächter Form, in fast allen Industriebetrieben aus. Es stellt sich die Frage, wie bei der Programmplanung Saisonschwankungen einbezogen werden sollen. Die Beantwortung der Frage läuft darauf hinaus, wie die Produktions- und Absatzmengen im Zeitablauf aufeinander abzustimmen sind. Dazu stehen der Unternehmensleitung vor allem produktions- und absatzwirtschaftliche Instrumente zur Verfügung (Abb. B.3.6).

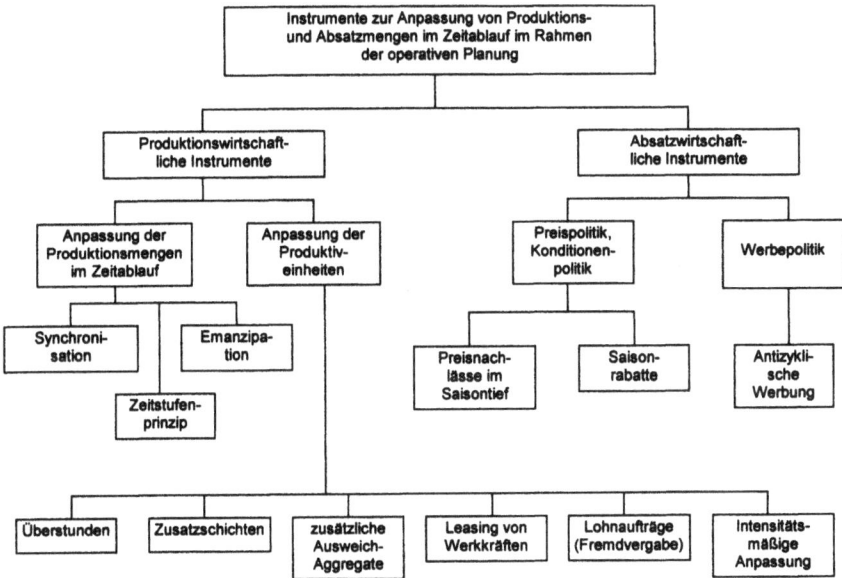

Abb. B.3.6: Anpassungsinstrumente der Produktions- an die Absatzmengen

Das wohl bedeutendste Anpassungsinstrument (im Rahmen der operativen Produktionsplanung) ist im Industriebetrieb die Anpassung der Produktionsmengen im Zeitablauf. Damit ist untrennbar die Frage verbunden, ob eine Vorausproduktion von Absatzmengen in absatzschwachen Zeiten sinnvoll ist oder nicht, bzw. mit anderen Worten, ob Lager angelegt werden sollen. Dieses Instrument setzt also Lagerfähigkeit der Leistung voraus. Die zeitliche Anpassung der Produktion im Hinblick auf den Absatzverlauf kann in den folgenden Formen auftreten:

* *Synchronisation* (Gleichlauf-, Parallelprinzip)
  Die Produktion wird dabei vollständig den Absatzmengen angepaßt. Hierzu müssen die Produktiveinheiten in einem Umfang bereitstehen, der es erlaubt, auch Absatzspitzen in voller Höhe zu produzieren. Durch den schwankenden Absatzverlauf variieren ebenfalls entsprechend die Produktionsmengen, und die Arbeitskräfte und Betriebsmittel werden ungleichmäßig beansprucht. Aus beschäftigungspolitischen Erwägungen ist eine stark schwankende Beschäftigung unerwünscht. Als Vorteil ist dagegen zu verzeichnen, daß Lagerbestände bei der Synchronisation nicht notwendig sind.
* *Emanzipation* (vollständige Emanzipation, Ausgleichsprinzip)
  Die Ausbringung pro Zeiteinheit ist während des gesamten Planungszeitraums gleichbleibend. Da man Absatzspitzen nicht folgt, kommt das Prinzip der Emanzipation mit einer geringeren Dimensionierung der Kapazitäten aus. Eine gleichmäßige Ausbringung bei saisonalen Schwankungen des Absatzes führt zum Auf- und Abbau von Lagerbeständen. In absatzschwachen Perioden werden Lager aufgebaut, um Bedarf für absatzstarke Perioden daraus zu befriedigen. Allerdings kann auch der Fall auftreten, daß – im besonderen bei ungenügend dimensionierten Kapazitäten – die Vorausproduktion nicht ausreicht, um Absatzspitzen abzudecken, so daß Nachlieferungen oder Absatzverluste eintreten können, die die Deckungsbeiträge mindern. Als Vorteil der Emanzipation ist aber die gleichmäßige Beschäftigung der Arbeitskräfte und Auslastung der Betriebsmittel aufzuführen. Das Problem der Emanzipation besteht vor allem darin, daß Absatzprognosen herangezogen werden müssen und die Gefahr besteht, aufgrund von Fehlprognosen falsche Produktionsentscheidungen zu fällen.
* *Zeitstufenprinzip* (teilweise Emanzipation)
  Die nachteiligen Wirkungen der beiden extremen Prinzipien versucht man durch eine tendenzielle Anpassung des Produktionsniveaus an die

Absatzentwicklung zu vermeiden. Der Absatz- und Produktionsverlauf kann teilweise identisch und teilweise emanzipiert sein. Dadurch soll erreicht werden, daß weder die Inanspruchnahme der Betriebsmittel noch die der Arbeitskräfte in der Produktion zu extremen Schwankungen ausgesetzt ist. Ferner versucht man, die Höhe der Lagerbestände in einem erträglichen Ausmaß zu halten.

Bei der Wahl der produktionswirtschaftlichen Instrumente hat das Produktions-Management den Forderungen einer kostengünstigen Produktion ebenso Rechnung zu tragen wie es allzugroße Beschäftigungsschwankungen vermeiden soll, ferner ist das Ausnutzen von Marktchancen zu gewährleisten.

Da unterschiedliche Kapazitätsbeanspruchungen im Zeitablauf, z. B. innerhalb eines Jahres, ausgeglichen werden sollen, müssen weit vor dem konkreten Kundenauftragseingang Entscheidungen über die Produktions- und Lagermengen getroffen werden. Damit muß also ein genügend großer *Planungszeitraum* berücksichtigt werden, der mindestens den gesamten Saisonzyklus eines jeden Erzeugnisses umfaßt, z. B. ein Jahr. Aus Prognosegründen werden für diesen Zeitraum die Entscheidungen häufig für Produktgruppen (und nicht für einzelne Enderzeugnisse) getroffen (vgl. dazu Kap. B.3.6.3). Dabei werden jene Erzeugnisse zu Produktgruppen zusammengefaßt, die einen gleichen saisonalen Verlauf aufweisen und deren Kapazitätsbelastung pro Einheit sowie Stückkosten gleich oder zumindest ähnlich sind. Um den schwankenden Absatzverlauf im Modell abzubilden, unterteilt man den Planungszeitraum üblicherweise in *Planperioden*. Der Bedarf eines Erzeugnisses bzw. einer Produktgruppe kann nun von Periode zu Periode unterschiedlich sein. Damit wird dem dynamischen Nachfrageaspekt Rechnung getragen.

Im folgenden wollen wir das Modell der Programmplanung bei saisonalen Schwankungen des Absatzes im Zeitablauf darstellen. Wir unterstellen dabei, daß für jede Produktgruppe Absatzprognosen für alle Perioden des Planungszeitraums bekannt sind und die Normalarbeitsstunden in den Planperioden sich um Überstunden bis zu einer gegebenen Grenze erhöhen lassen. In diesem Fall läßt sich das Ziel der Programmplanung darauf reduzieren: Ermittle jenes Produktionsprogramm, bei dem die Summe aus den Lagerhaltungs- und Überstundenkosten minimal wird. Definieren wir als

Entscheidungsvariable:

X_{kt} := Produktionsmenge von Produktgruppe k in Periode t

Y_{kt} := Lagermenge von Produktgruppe k am Ende der Periode t

O_{st} := Überstunden in der Produktionsstufe s in Periode t

Parameter:

l_{kt} := Lagerkosten pro Stück und Periode t für Produktgruppe k

c_{st} := Kosten für eine Überstunde in der Produktionsstufe s in Periode t

D_{kt} := Nachfrage für Produktgruppe k in Periode t

a_{sk} := Bearbeitungszeit von Produktgruppe k für die Produktionsstufe s

b_{st} := Normalarbeitsstunden für Produktionsstufe s in der Periode t

U_{st} := maximal verfügbare Anzahl von Überstunden auf der Stufe s in der Periode t, ausgedrückt in Zeiteinheiten

$Y_{k0} = \sum\limits_{j \in N_k} y_{j0}$, wobei y_{j0} die Lagermenge von Enderzeugnis j zu Beginn des Planungszeitraums darstellt

N_k := Menge der Enderzeugnisse, die zur Produktgruppe k gehören,

so läßt sich das Entscheidungsmodell zur Bestimmung der Mengen der Produkte bzw. Produktgruppen im Planungszeitraum wie folgt formulieren:

$$(1) \quad \sum_{t=1}^{T} \left(\sum_{k=1}^{K} l_{kt} \cdot Y_{kt} + \sum_{s=1}^{S} c_{st} \cdot O_{st} \right) \Rightarrow \text{Min!}$$

unter den Nebenbedingungen:

$$(2) \quad Y_{kt} = Y_{k,t-1} + X_{kt} - D_{kt}, \quad k = 1,\ldots,K; \quad t = 1,\ldots,T$$

$$(3) \quad \sum_{k=1}^{K} a_{sk} X_{kt} \leq b_{st} + O_{st}, \quad s = 1,\ldots,S; \quad t = 1,\ldots,T$$

$$(4) \quad 0 \leq O_{st} \leq U_{st}, \quad s = 1,\ldots,S; \quad t = 1,\ldots,T$$

$$(5) \quad X_{kt}, Y_{kt} \geq 0, \quad k = 1,\ldots,K; \quad t = 1,\ldots,T$$

Die Zielfunktion (1) bringt zum Ausdruck, daß die Summe aus Lagerhaltungs- und Überstundenkosten im Planungszeitraum zu minimieren ist. Gleichung (2) definiert den Lagerbestand einer Produktgruppe am Ende einer Periode als den Lagerbestand zu Beginn dieser Periode zuzüglich den Produktionsmengen in der Periode abzüglich der Bedarfsmenge der Produktgruppe in der Periode. Die Beschränkungen (3) sichern für jede Planperiode, daß die geplanten Produktionsmengen der Produktgruppen zu einer Ressourcenbelastung führt, die nicht größer als die Normal- und Überstundenkapazität ist. Überstunden werden in jeder Periode so begrenzt, daß die maximale Überstundenkapazität jeder Periode nicht überschritten wird (Beschränkung 4).

Im Kap. B.3.6.4 werden wir darstellen, wie dieses Modell in ein hierarchisches Planungssystem eingebettet werden kann.

B.3.6.3 Konzept der Programmplanung in PPS-Systemen

Ein Großteil der heutigen computergestützten PPS-Systeme bietet für die Programmplanung keine umfassende Unterstützung. So werden meist nur Verfahren zur Absatzprognose, vor allem der exponentiellen Glättung und Funktionen zum Verwalten und Abwickeln von Kundenaufträgen angeboten. Lediglich einige neuere Systeme – wie das MRP II-Konzept – unterstützen methodisch die Kernaufgaben der Programmplanung. *MRP II stellt ein Konzept dar, das die Integration aller Teilpläne, die der Disposition der logistischen Material- und Warenflußkette dienen, anstrebt und dabei die Ressourcenrestriktionen bei allen Teilplanungen einbezieht, um zulässige Vorgaben an die jeweils untergeordneten Planungsebenen weiterzugeben.* Gegenüber traditionellen computergestützten PPS-Systemen werden zusätzlich die Geschäfts- und Programmplanung als Softwarebausteine angeboten, und auf allen Planungsebenen können die Ressourcen (auf unterschiedlichen Aggregationsniveaus) durch das EDV-System überprüft werden.

Die *Geschäftsplanung* erstellt aus vorgegebenen Budgets Erfolgspläne. Die konkrete Ausgestaltung dieser Planungsebene hängt vom Betriebstyp ab. Grundlage der Produktionsprogrammplanung für Produktgruppen (*aggregierte Programmplanung*) bildet der Absatzplan auf Produktgruppenebene sowie (bei Lagerfertigung) die geplanten Lagermengen der Produktgruppen. Aus diesem Absatz- und Lagerplan werden ein Produktionsprogramm für Produktgruppen abgeleitet und die resultierenden Ressourcenbelastungen ermittelt. Als Ressourcen müssen nicht nur Maschinenkapazitäten verstanden werden, sondern es lassen sich z. B. ebenso Personalressourcen, kritische Materialien etc. einbeziehen. Aggregierte Arbeitspläne u.ä. stellen dabei grundlegende Informationen dar. Ist das Produktionsprogramm ressourcenmäßig undurchführbar, sind Eingriffe des Benutzers erforderlich, und eine Umplanung ist vorgesehen. Die Auswirkungen werden wiederum ressourcenmäßig überprüft und die Prozedur solange fortgesetzt, bis ein zufriedenstellendes Programm gefunden ist. *Das Programm ist in Teamarbeit von den beteiligten Funktionsbereichen zu er-*

arbeiten und dient als verbindliche Vorgabe für alle Funktionsbereiche.
Damit sind die Konflikte, die durch eine unterschiedliche Sichtweise der
Funktionsbereiche (vor allem der Produktion und des Absatzes) über die
Ungewißheit der Nachfrageverläufe sowie Zielvorstellungen und Maßnahmen zur Bewältigung der Nachfrageunsicherheiten entstehen, bereits auf
dieser Planungsebene auszutragen, und ein gemeinsamer Kompromiß ist
zu finden. Damit wird dem *Prozeß- und Logistikdenken* Rechnung getragen.

Das Konzept der Programmplanung eines MRP II-Systems ist im Überblick in Abb. B.3.7 dargestellt:

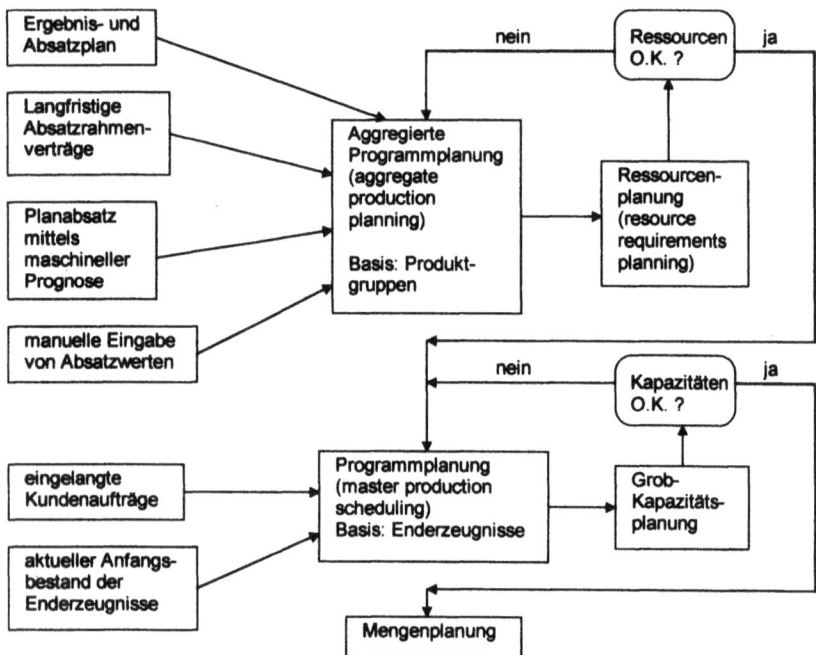

Abb. B.3.7:   Struktur der Programmplanung im MRP II – Konzept

Die Programmplanung wird nach diesem Konzept in zwei Entscheidungsebenen zerlegt

- Programmplanung auf Produktgruppenebene (aggregierte Programmp-
  laung)
- Programmplanung auf Enderzeugnisebene (master production scheduling),

wobei ein nach Perioden unterteilter Planungszeitraum zugrundegelegt wird.

Die Aufteilung der Programmplanung auf zwei Entscheidungsebenen ist im besonderen notwendig für Betriebe, die eine hohe Anzahl von Enderzeugnissen bzw. Varianten anbieten. Für derartige Betriebe ist es in der Regel kaum oder nur schwer möglich, längerfristig eine zuverlässige Prognose der Absatzwerte auf der *Enderzeugnisebene* vorzunehmen. Dagegen lassen sich erfahrungsgemäß die Absatzwerte für Produktgruppen auch für einen längeren Zeitraum (z. B. ein Jahr) in der Regel mit genügender Genauigkeit abschätzen. Daher liegt es nahe, zunächst den Kapazitäts- bzw. allgemeiner den Ressourcenbedarf (z. B. an Personal, maschinellen Anlagen, Materialien) für die geplanten Produktions- und Absatzmengen der Produktgruppen unter ökonomischen Gesichtspunkten für einen längeren Planungszeitraum abzustimmen und notwendige kapazitätsanpassende Maßnahmen, z. B. Überstunden, zu planen.

Nachdem die Absatzwerte der Enderzeugnisse für die erste Planperiode aufgrund der eingelangten Kundenaufträge bekannt sind, werden die Mengen an zu produzierenden Enderzeugnissen für diese Planperiode endgültig (und für die übrigen Planperioden üblicherweise vorläufig) festgelegt. Im Englischen spricht man bei der Planung der Mengen an *Enderzeugnissen* vom *Master Production Scheduling*. Dabei fließen die aktuellen Kundenaufträge, die aktuellen Lagerbestände der Enderzeugnisse, sowie die Vorgaben aus der aggregierten Programmplanung in Form der geplanten Produktionsmengen und Lagerbestände an Produktgruppen in die Entscheidung ein. Wiederum besteht die Möglichkeit (auf disaggregierterer Ebene) die Produktionsmengen auf Zulässigkeit im Hinblick auf die Ressourcen zu überprüfen. Ist diese nicht gegeben oder der Disponent mit dem Zielerfüllungsgrad unzufrieden, so kann er Planmengen verändern und das System prüft wiederum, ob diese ressourcenmäßig durchführbar sind etc. Der Planungsvorgang kann somit als Planen, Simulieren (des Ressourcenbedarfs) und Plananpassung beschrieben werden. Methodisch sind also Vorgaben des Benutzers, z. B. in Form von Produktionsmengen und Prüfung der Ressourcen auf Zulässigkeit (What-if-Abfragen) durch das EDV-System, vorgesehen, um das Produktionsprogamm festzulegen.

Dieses hierarchische Konzept der Programmplanung weist aus methodischer Sicht allerdings einige Mängel auf, die den praktischen Einsatz behindern:

- Dem Disponenten werden keine Unterstützungen geboten, wie die jeweiligen Produktionsmengen zu ermitteln sind. Der Programmplaner kann lediglich versuchen, durch interaktive Abänderungen der Entscheidungsvariablen (z. B. der Lagerbestände in jeder Periode) einen durchführbaren Produktionsplan zu erhalten.
- Produktionsmengen und Kapazitätsbelastung werden sukzessiv festgelegt. Daher können mehrere Iterationen notwendig werden, um zumindest eine zulässige Lösung zu erreichen. Aufgrund des Arbeitsaufwands besteht die Gefahr, daß Iterationsschritte unterbleiben und das Produktionsprogramm weit von der „optimalen" Lösung entfernt liegt.
- Ferner ist bei diesem Vorgehen nicht garantiert, daß die Ziele der Programmplanung (z. B. die nach Kostenminimierung bzw. Deckungsbeitragsmaximierung) hinreichend verfolgt werden. Dem Disponenten wird es überlassen, durch seine Intuition die Zielvorstellungen zu realisieren.
- Der Abstimmungsprozeß zwischen der aggregierten Programmplanung und der Programmplanung auf Enderzeugnisebene wird formal kaum unterstützt. Im besonderen bleibt ungeklärt, wie die Aggregation und Disaggregation im einzelnen zu gestalten ist, damit zulässige Lösungen auch bei unsicheren Erwartungen über den Absatz resultieren.

Damit sind Weiterentwicklungen dieses Konzepts notwendig. Im folgenden skizzieren wir ein hierarchisches Planungskonzept, das eine weiterreichende Entscheidungsunterstützung für diese Problemstellung bietet.

B.3.6.4   Konzept der robusten Produktionspläne für die Bewältigung von Nachfrageunsicherheiten

Um die *Nachfrageunsicherheit zu bewältigen*, kann das hierarchische *Konzept der robusten Produktionspläne* - wie es in der Abb. B.3.8 skizziert ist – Anwendung finden.

Das hierarchische Planungskonzept besteht aus zwei Planungsebenen:

- *Aggregierte Programmplanung*: Für die obere Ebene der aggregierten Programmplanung werden – basierend auf Daten über Absatzschätzungen der Produktgruppen, über Anfangslagerbestände der Erzeugnisse, über geschätzte Unter- und Obergrenzen der Absatzwerte der Enderzeugnisse für *alle* Planperioden – die Mengen jeder Produktgruppe im Planungszeitraum so bestimmt, daß robuste Programmpläne entstehen.

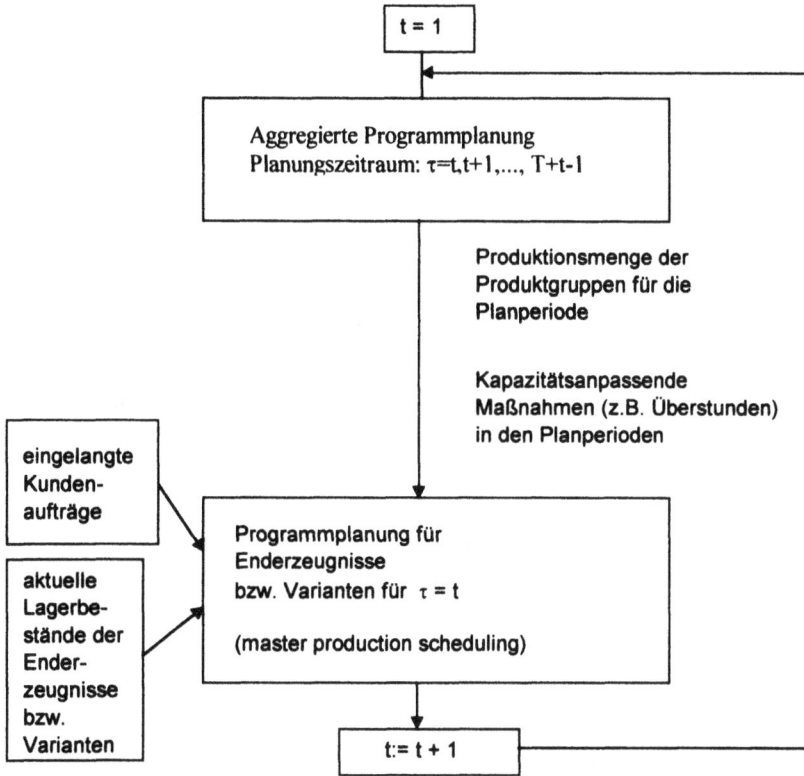

Abb. B.3.8:   Hierarchisches Planungskonzept mit rollierendem Planungshorizont

Ein aggregierter Programmplan heißt *robust*, wenn für jeden *möglichen* Bedarf der jeder Produktgruppe angehörenden Enderzeugnisse und für die gegebenen Anfangslagerbestände eine *zulässige Disaggregation* für jede Periode des Planungszeitraums existiert. Zulässigkeit in einer Periode setzt voraus, daß für jedes Enderzeugnis der Produktgruppen *keine* Fehlmengen auftreten und die Summe der Produktionsmengen für die Einzelerzeugnisse einer Produktgruppe gleich der geplanten Produktionsmenge der Produktgruppe ist. Ein robuster Plan erzwingt, daß bestimmte Mindestmengen an Produktgruppen produziert werden, um Zulässigkeit für die untere Planungsebene zu sichern. Implizit wird dadurch der Sicherheitsbestand festgelegt.

• *Programmplanung für Enderzeugnisse*: Nachdem die tatsächlichen Absatzwerte und die Endlagerbestände für der Enderzeugnisse für die jeweilige *erste* Periode des Planungszeitraums unter Einbeziehung der weiteren Daten (geschätzte Unter- und Obergrenzen des Absatzes der Enderzeugnisse in den folgenden Perioden sowie der vorgegebenen Mengen an Produktgruppen aus der oberen Planungsebene) bekannt sind, werden *die Mengen an Enderzeugnissen* in der unteren Planungsebene bestimmt. Bei dieser Disaggregation der Menge von Produktgruppen in die Menge an anteiligen Enderzeugnissen müssen sog. *Konsistenzbedingungen* erfüllt sein. Eine Disaggregation für die erste Periode heißt *konsistent*, wenn die Nachfrage der ersten Periode für jedes Enderzeugnis befriedigt wird sowie die Zulässigkeit des aggregierten Plans für die restlichen Perioden des Planungszeitraums gewährleistet bleibt.

Das gesamte Planungskonzept wird rollierend durchgeführt, d. h. nur jeweils die erste Planperiode wird verbindlich festgelegt, die restlichen vorläufig geplant. Zu Beginn jeder Planperiode werden die Daten aktualisiert und der Planungshorizont um eine Periode hinausgeschoben.

Die Ermittlung robuster Produktionspläne für Produktgruppen läßt sich durch ein lineares Optimierungsmodell unterstützen, wie wir es im Kap. B.3.6.2 dargestellt haben. Allerdings ist es um Robustheitsbedingungen zu erweitern. Ebenso kann die Bestimmung eines konsistenten Produktionsplans für Enderzeugnisse durch ein Modell der linearen Optimierung ermittelt werden. Die quantitative Formulierung der Modelle sowie der Robustheits- und Konsistenzbedingungen kann der Leser in Zäpfel (1995) finden.

B.4 Mengenplanung

B.4.1 Aufgabe und Arten der Mengenplanung

Als Ergebnis der Programmplanung erhalten wir für den Planungszeitraum den termin- und mengenmäßig festgelegten Netto-Primärbedarf. Die Aufgabe der *Mengenplanung* – die auch häufig als *Materialwirtschaft* bezeichnet wird – besteht nun darin, für alle Komponenten die Fertigungsaufträge und die Bestellaufträge nach Art und Zeit unter Beachtung des geplanten Produktionsprogramms so zu bestimmen, daß eine wirtschaftliche Produktion resultiert. Ein *Fertigungsauftrag* gibt dabei an, welche Menge in welcher Planperiode von jeder Komponente zur Produktion vorgesehen ist. Bei einer *Komponente* kann es sich um Rohstoffe, Halbzeuge, Halbfabrikate, Teile, Baugruppen und dgl. handeln. In der Terminologie der Produktionstheorie spricht man von Repetierfaktoren.

Im Rahmen der Mengenplanung sind zwei Konzeptionen zur Bedarfsermittlung zu unterscheiden:

- Programmgebundene Bedarfsermittlung
- Verbrauchsgebundene Bedarfsermittlung.

Während die programmgebundene Bedarfsermittlung auf einem Produktionsprogramm basiert und die Komponentenbedarfe sich aus diesem ableiten, geht man bei der verbrauchsgebundenen Bedarfsermittlung so vor, daß für die (damit disponierten) Komponenten der jeweils aktuelle Lagerbestand bestimmt und im Anschluß daran eine Entscheidung gefällt wird, ob eine Auffüllung des Lagers vorgenommen werden soll oder nicht.

B.4.2 Programmgebundene Bedarfsermittlung

Ausgangspunkt ist der Primärbedarf. Dieses gewünschte Produktionsprogramm kann aber nur durchgeführt werden, wenn der Bedarf an Repetierfaktoren (sowie der an Potentialfaktoren, auf deren Bestimmung wir im Kapitel B.5 zurückkommen) bekannt und verfügbar ist. Den Bedarf an Repetierfaktoren zur Erstellung eines Produktionsprogramms nennt man den *Sekundärbedarf*.

Würde man bei der Planung des Produktionsprogramms gleichzeitig eine detaillierte Planung des Sekundärbedarfs vornehmen, so wäre eine separate Mengenplanung nicht notwendig. Eine gleichzeitige Festlegung des Primär- und des Sekundärbedarfs scheitert aber in der Regel aus Gründen des Rechenaufwands. Daher wird von den PPS-Systemen ein sukzessiver Planungsablauf bevorzugt: Zunächst legt man das Produktionsprogramm fest, um im Anschluß daran den Sekundärbedarf abzuleiten. Dieses Vorgehen basiert also auf einem Produktionsprogramm und macht Informationen über die Erzeugnisstrukturen in Form von Stücklisten, Teileverwendungsnachweisen, Rezepten und dgl. notwendig. Das Ableiten des Sekundärbedarfs aus dem Primärbedarf geht mit einer Auflösung der Enderzeugnisse in ihre Bestandteile einher und einer rechnerischen Überwälzung des Bedarfs auf die jeweils untergeordneten Komponenten. Dabei stellt sich zunächst die Frage, wie die Reihenfolge der Auflösung vorzunehmen ist. Dazu existieren verschiedene Auflösungsverfahren.

B.4.2.1 Auflösungsverfahren im Rahmen der programmgebundenen Bedarfsermittlung

(1) *Ordnung nach Dispositionsstufen.*

Dieses ist das in der Praxis weitestverbreitete Auflösungsverfahren. Dabei ordnet man die Erzeugnisse (Enderzeugnisse, Baugruppen, Teile etc.) nach Dispositionsstufen: Die Dispositionsstufe eines Erzeugnisses, das auf mehreren Fertigungsstufen vorkommt (wobei Enderzeugnissen die Fertigungsstufennummer Null zugeordnet wird) ist die größte Fertigungsstufennummer, auf der dieses vorkommt. Dies soll an einem Beispiel gezeigt werden. In der Abb. B.4.1 ist ein Erzeugnis nach Fertigungsstufen gegliedert.

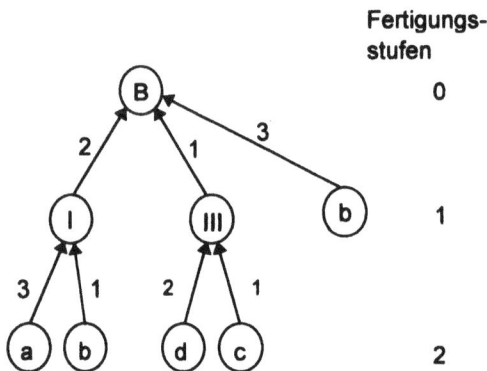

Abb. B.4.1:   Erzeugnis nach Fertigungsstufen

Ordnet man dieses Erzeugnis B nach *Dispositionsstufen*, so ergibt sich folgende Auflösungsreihenfolge (Abb. B.4.2).

Die Dispositionsstufe für das Teil b entspricht der größten Fertigungsstufennummer, also 2.

Formal läßt sich für jedes Erzeugnisbestandteil k die Dispositionsstufe DS_k wie folgt bestimmen:

$$DS_k := \max_{\ell \in N_k}\{DS_\ell\} + 1,$$

$DS_k := 0$ für $k \in$ Enderzeugnisse $(N_k = \varnothing)$

mit

DS_ℓ = Dispositionsstufe von Erzeugnis ℓ

N_k = Menge der von Knoten k aus direkt erreichbaren Knoten ℓ (unmittelbare Nachfolger)

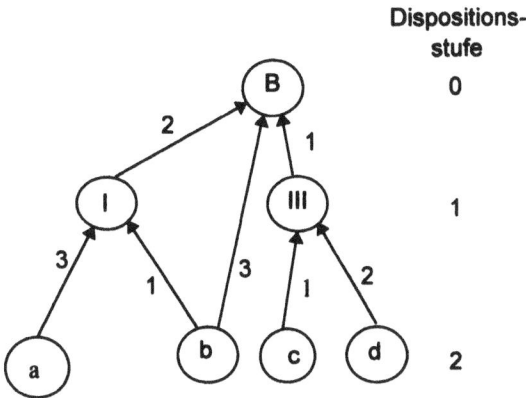

Abb. B.4.2:   Erzeugnis B nach Dispositionsstufen gegliedert

Beispiel:

Für das Teil b ergibt sich: $DS_b = \max\limits_{\ell \in \{B,I\}} \{DS_\ell\} + 1 = \max\{DS_B = 0, DS_I = 1\} + 1 = 2$

(2) Ordnung nach dem Kriterium „Pfeilzähler"

Der Gesamtbedarf einer Komponente steht immer dann fest, wenn zuvor von allen direkt übergeordneten Erzeugnisbestandteilen der Gesamtbedarf ermittelt wurde. Um das festzustellen, kann man in der Weise vorgehen, daß zu Beginn für jede Komponente der Erzeugnisstruktur die Zahl der direkten Verwendungsfälle (der *Pfeilzähler*) bestimmt wird. Im Gozinto-Graphen entspricht das der Anzahl der ausgehenden Pfeile, die aus dem die jeweilige Komponente repräsentierenden Knoten hinausführen.

Man wählt bei der Auflösungsrechnung jeweils ein Erzeugnis, das einen Wert des Pfeilzählers von Null hat (das sind zu Beginn die Enderzeugnisse) und ermittelt den von diesem Erzeugnis verursachten Bedarf für alle direkten Vorgänger. Dabei werden die Werte der Pfeilzähler z_k aller direkten Vorgänger k um Eins reduziert. Sobald eine Komponente k die Bedingung $z_k = 0$ erfüllt, ist der Gesamtbedarf für dieses Erzeugnis ermittelt: Die Zahl aller von dem Knoten ausgehenden Pfeile ist „abgearbeitet".

Die Ordnung nach dem Kriterium „Pfeilzähler" hat den Vorteil, daß keine vorherige Sortierung nach Stufen vor Beginn der Rechnung durchgeführt werden muß, wie das bei der Ordnung nach Dispositionsstufen der Fall ist. Der Nachteil besteht für das Kriterium „Pfeilzähler" darin, daß der vorher ersparte Aufwand jetzt eine Markierung der abgearbeiteten Pfeile (Aktualisierung der Pfeilzähler) während des Verfahrensablaufs bedingt.

B.4.2.2 Verfahrensablauf der programmgebundenen Bedarfsermittlung

Die *Stücklistenauflösung bzw. terminierte Nettosekundärbedarfsermitt-lung* – unter Verwendung des Dispositionsstufenverfahrens – läßt sich entsprechend dem Struktogramm der Abb. B.4.3 skizzieren.

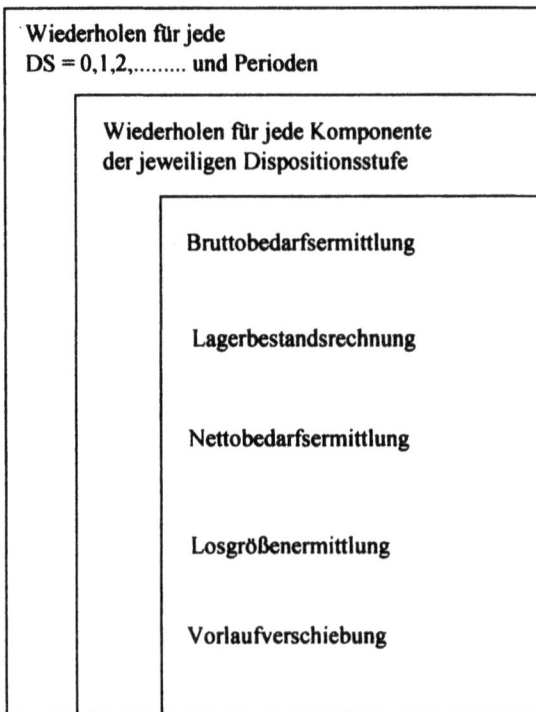

Wiederholen für jede
DS = 0,1,2,......... und Perioden

Wiederholen für jede Komponente
der jeweiligen Dispositionsstufe

Bruttobedarfsermittlung

Lagerbestandsrechnung

Nettobedarfsermittlung

Losgrößenermittlung

Vorlaufverschiebung

Abb. B.4.3:   Genereller Ablauf der terminierten Sekundärbedarfsermittlung

Bei der terminierten Nettosekundärbedarfsermittlung werden die folgenden Teilschritte durchgeführt:

• *Bruttobedarfsermittlung*: Dadurch wird der Gesamtbedarf aller Komponenten ermittelt, ohne daß vorhandene Lagerbestände betrachtet werden.

• *Nettobedarfsermittlung*: Diese hat die Aufgabe nachzuprüfen, ob der Bruttobedarf bereits durch den Lagerbestand nach dem folgenden generellen Berechnungsschema abgedeckt ist:

Nettobedarf = max {Bruttobedarf − verfügbarer Bestand ; 0}

Ein Nettobedarf ist also nur vorhanden, sofern der Bruttobedarf den verfügbaren Bestand übersteigt, im anderen Fall beträgt er Null. Untrennbar verbunden mit der Nettobedarfsermittlung ist also die

• *Bestandsrechnung*. Sie hat die aktuellen Bestände termingerecht zu errechnen und dabei die verschiedenen Bestandsarten zu unterscheiden. Der verfügbare Bestand ist jene im Betrieb verfügbare Menge, die zur Abdeckung eines Bruttobedarfes herangezogen werden kann. Dieser berechnet sich im allgemeinen aus:

> verfügbarer Bestand = Lagerbestand + Werkstattbestand + offene Bestellungen − reservierter Bestand − Sicherheitsbestand

Der *(physische) Lagerbestand* gibt die gegenwärtig körperlich an ihrem vorherbestimmten Lagerort oder an ihren Lagerorten liegenden Mengen eines Erzeugnisses wieder. Ein Teil des physischen Lagerbestands kann dem oder den Lagern entnommen sein und sich zur Weiterverarbeitung bereits in den Fertigungsstätten („Werkstatt") befinden, der sogenannte *Werkstattbestand*. Bei der Nettobedarfsermittlung ist neben dem Lagerbestand auch der Werkstattbestand an halbfertigen Teilen periodengerecht vom Bruttobedarf zu subtrahieren. *Offene Bestellungen* für ein Erzeugnis – auch Bestellbestand genannt – stellen Produktions- bzw. Bestellaufträge dar, die bestellt und zu einem bestimmten Zeitpunkt dem verfügbaren Bestand hinzugefügt werden. Unter *reserviertem Bestand* (Vormerkbestand) sind jene Teile des Lagerbestands zu verstehen, die für bestimmte Aufträge vorgemerkt sind und zu einem vorgesehenen Termin dem Bestand entnommen werden sollen. Der Vormerkbestand ist für die Abdeckung des Bruttobedarfs anderer Aufträge nicht *verfügbar* und muß daher in einem gesonderten Rechenschritt vom Lagerbestand abgezogen werden. Diese Bestandsart ist zu unterscheiden, da zwischen den Freigaben von Aufträgen und der tatsächlichen Lagerentnahme eine bestimmte Zeit vergehen kann.

Der *Sicherheitsbestand* stellt denjenigen Teil des Lagerbestands dar, der für außergewöhnliche Ereignisse wie unvorhergesehene Bedarfs-

und Lieferterminabweichungen reserviert ist. Dieser Bestand steht ebenfalls nicht für die Abdeckung des *vorhergesehenen* Bruttobedarfs zur Verfügung und ist nur in Ausnahmefällen anzugreifen.

- *Losgrößenermittlung*: Diese Aufgabe tritt auf, wenn Nettobedarfe gleicher Erzeugnisse für aufeinanderfolgende Perioden zusammengefaßt werden. Lose sind nach Kostengesichtspunkten zu bestimmen. In bezug auf die Auftrags- bzw. Losgrößenbildung steht man dabei vor den Alternativen:

  - Die Fertigungsauftrags- bzw. Losgrößen entsprechen den jeweiligen Nettobedarfen. Dies ist eine spezielle Losbildung, die in der internationalen Literatur *lot for lot* genannt wird. Jede neuerliche Auflage macht Vorbereitungsarbeiten notwendig und führt zu Einrichtekosten. Lagerhaltungskosten entfallen dagegen.

  - Ein Los einer Erzeugniskomponente entsteht durch eine Zusammenfassung mehrerer oder aller im Planungszeitraum vorgesehenen Nettobedarfe dieses Teils. Da das Los größer als der aktuelle Verbrauch ist, müssen Lagerhaltungskosten in Kauf genommen werden. Dagegen fallen geringere Einrichtekosten an, als das bei einer separaten Auflage der Bedarfswerte der Fall wäre. Die Bedarfsbündelung setzt eine Lagerfähigkeit des Erzeugnisses voraus.

Im Kap. B.4.2.3 gehen wir auf einzelne Verfahren zur Bestimmung von Losgrößen ein. An dieser Stelle wollen wir lediglich festhalten, daß Losgrößenbildung (sofern diese überhaupt in PPS-Systemen vorgesehen ist) innerhalb der Nettobedarfsermittlung stattfindet.

- *Vorlaufverschiebung:* Die Beschaffung bzw. Produktion von Erzeugnissen (z. B. Teile, Baugruppen) ist mit einem bestimmten Zeitbedarf verbunden. Bei der terminierten Nettobedarfsrechnung sind die Durchlaufzeiten für Beschaffung und Produktion zu berücksichtigen. Die Vorlaufverschiebung ist erforderlich, da untergeordnete Erzeugnisbestandteile bei Arbeitsbeginn des übergeordneten Produkts zur Verfügung stehen müssen. Ein untergeordneter Teil muß um seine Durchlaufzeit früher gestartet werden, damit es rechtzeitig zum geplanten Beginn des übergeordneten Erzeugnisses bereitgestellt werden kann. Die Durchlaufzeit eines Erzeugnisses errechnet sich aus:

$$\text{Durchlaufzeit} = \text{Menge} \cdot \text{Stückzeit} + \text{Rüstzeit} + \text{Übergangszeit}$$

Die Übergangszeit umfaßt vor allem Warte- und Transportzeiten für das Erzeugnis (vgl. ausführlicher Kap. B.5.2.1.3). Die terminierte Bedarfsrechnung setzt also eine Kenntnis der Durchlaufzeiten voraus. Das stellt eine problematische Annahme dar, da vor allem die Wartezeiten von der Freigabe der Fertigungsaufträge und der Maschinenbelegung abhängen. Im Zeitpunkt der Bedarfsermittlung sind diese noch nicht bekannt, so daß Schätzungen für die Durchlaufzeiten notwendig werden.

Im folgenden stellen wir den Ablauf der *terminierten Nettobedarfsermittlung nach dem Dispositionsstufenverfahren* unter Einschluß der Bestandsrechnung, Vorlaufverschiebung sowie Losgrößenbildung im einzelnen dar. Unter Zugrundelegung der Symbole:

b_{kt} = Bruttobedarf des Erzeugnisses k in der Periode t

n_{kt} = Nettobedarf des Erzeugnisses k in der Periode t

y_{kt} = Lagerbestand des Erzeugnisses k am Ende der Periode t

$q_{k\ell}$ = Mengenkoeffizient, d.h. die Menge, die vom Erzeugnis k in eine Mengeneinheit von Erzeugnis ℓ eingeht

x_{kt} = Losgröße für Erzeugnis k in der Periode t

N_k = Menge der Erzeugnisse, die Erzeugnis k unmittelbar technologisch nachfolgen

D_k = Durchlaufzeit für Erzeugnis k (in ganzen Perioden ausgedrückt)

läßt sich das Struktogramm der terminierten Nettobedarfsrechnung entsprechend der Abb. B.4.4 darstellen:

Zu Beginn der Bedarfsermittlung wird für jedes Erzeugnis die Dispositionsstufe ermittelt und werden den Enderzeugnissen die Primärbedarfe (aus dem Produktionsprogramm) zugeordnet sowie unter Berücksichtigung der entsprechenden verfügbaren Lagerbestände die Nettobedarfe in den Perioden des Planungszeitraums bestimmt. Der jeweilige Lagerbestand ist dabei von Periode zu Periode fortzuschreiben.

In der Folge sind zunächst für alle Erzeugnisse mit der Dispositionsstufe 1, dann für die der Dispositionsstufe 2 etc., die Bruttobedarfe, Nettobedarfe und aktualisierten Lagerbestände sowie Lose für alle Perioden des Planungszeitraumes zu errechnen. Aus Gründen der Übersichtlichkeit haben wir die verfügbaren Bestände nicht entsprechend dem oben gezeigten Vorgehen aufgeschlüsselt. Die Einbeziehung der Losbildung in die Nettobedarfsermittlung führt zu folgendem Ablauf:

Initialisierung:

Ermittle für jedes Erzeugnis (Knoten) $k \in \{1,...,K\}$ des Gozinto-Graphen die Dispositionsstufe $DS_k = \max_{l \in N_k} \{DS_l\} + 1$, beginnend mit den Enderzeugnissen $k \in E$, wobei gesetzt wird $DS_k = 0$, $k \in E$.

Für jedes Erzeugnis weise zu:

- vorgesehener Brutto-Primärbedarf: b_{kt}, $t = 1,...,T$ sowie
- Anfangsbestände: y_{k0}

Ermittle für $k \in E$:

- Nettobedarf: $n_{kt} = \max\{0, b_{kt} - y_{k,t-1}\}$
- aktualisierter Lagerbestand (ohne Losbildung) am Ende der Periode t:
  $$y_{k,t} = \max\{0, y_{k,t-1} - b_{kt}\}$$

Ermittle gewünschte Lose für $k \in E$:

- Lose: $x_{kt} \in \{n_{k,t}, \ n_{k,t} + n_{k,t+1}, \ n_{k,t} + n_{k,t+1} + n_{k,t+2}, ...\}$
- Lagerbestand *nach* Losbildung am Ende der Periode t:
  $$y_{k,t} = \max\{0, y_{k,t-1} + x_{kt} - b_{kt}\}$$

Wiederhole für jede Dispositionsstufe, beginnend mit der Dispositionsstufe 1, dann der Dispositionsstufe 2 etc.

Wiederhole für alle t = 1,...,T der Erzeugnisse der gleichen Dispositionsstufe die Berechnungen:

- Bruttobedarf: $b_{kt} = \sum_{l \in N_k} q_{kl} \cdot x_{l,t+D_k}$
- Nettobedarf: $n_{kt} = \max\{0, b_{kt} - y_{k,t-1}\}$
- aktualisierter Lagerbestand (ohne Losbildung):
  $$y_{k,t} = \max\{0, y_{k,t-1} - b_{kt}\}$$
- Lose: $x_{kt} \in \{n_{k,t}, \ n_{k,t} + n_{k,t+1}, \ n_{k,t} + n_{k,t+1} + n_{k,t+2}, ...\}$
- Lagerbestand nach Losbildung am Ende der Periode t:
  $$y_{k,t} = \max\{0, y_{k,t-1} + x_{kt} - b_{kt}\}$$

Abb. B.4.4:   Nettobedarfsrechnung unter Einschluß von Losbildung und Vorlaufverschiebung

- Für jedes Erzeugnis (z. B. Teil, Baugruppe) werden gegebenenfalls die Nettobedarfe aufeinanderfolgender Perioden zu Losen zusammengefaßt (nach welchen Überlegungen dies geschieht, wird im Kap. B.4.2.3 gezeigt).
- Die Abhängigkeiten der Lose untereinander werden dadurch beachtet, daß für jede Komponente, die in andere Erzeugnisse direkt eingeht, die

Lose dieser übergeordneten Erzeugnisse (multipliziert mit den jeweiligen Mengenkoeffizienten) der *Bruttobedarfsermittlung der entsprechenden untergeordenten Komponente* zugrundegelegt werden. Dadurch können die – mit einem entsprechenden zeitlichen Vorlauf – bestimmten Lose des untergeordneten Erzeugnisbestandteils nicht kleiner als diejenigen der übergeordneten Erzeugnisse sein. Dieses Vorgehen stellt die mengenmäßige Zulässigkeit über die Produktionsstufen sicher. *Eine optimale Bestimmung aller Lose des Produktnetzwerks – wie es im Gozinto-Graphen zum Ausdruck kommt – ist dadurch aber keineswegs garantiert.*

An dem Beispiel aus der Abb. B.4.5 wollen wir die terminierte Nettobedarfsrechnung nach dem Dispositionsstufenverfahren verdeutlichen.

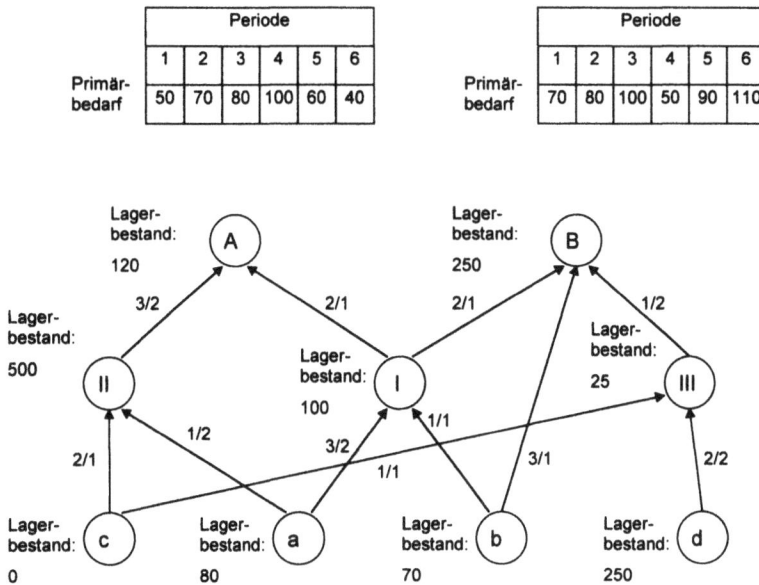

Abb. B.4.5:   Gozinto-Graph für Beispiel

Die Zahlen x/y an einem Pfeil bedeuten wiederum, daß x Mengeneinheiten von der untergeordneten Komponente für *eine* Mengeneinheit des übergeordneten Erzeugnisses erforderlich sind und die untergeordnete Komponente mindestens mit einem zeitlichen Vorlauf von y Zeiteinheiten gefertigt werden muß.

Zusätzlich nehmen wir an, daß die *Losbildung nur für die Baugruppen und Komponenten* vorgenommen werden soll. Als einfache Regel der Losbildung soll für alle Komponenten und Baugruppen gelten, daß jeweils zwei unmittelbar aufeinanderfolgende Periodenbedarfe zusammenzufassen sind (*2-periodige-Eindeckungszeit*).

Für unser Beispiel ergeben sich die folgenden Lösungsschritte (Abb. B.4.6):

Die Losbildung im Beispiel läßt nicht erkennen, ob diese wirtschaftlich ist. Im folgenden behandeln wir ausgewählte bekannte Verfahren der Losplanung, die eine separate Optimierung für einzelne Erzeugnisse des Produktnetzwerks unter kostenwirtschaftlichen Gesichtspunkten erlauben.

B.4.2.3   Verfahren zur separaten Optimierung von Losgrößen

Auftragsgrößen der Erzeugnisse – auch *Losgrößen* genannt – sind die Mengen, die jeweils als geschlossener Posten den Produktionsprozeß durchlaufen bzw. die geschlossen beschafft werden sollen. Die Auftragsgrößen (Losgrößen) entsprechen daher *Nettobedarfen bzw. Zusammenfassungen von Nettobedarfen* von gleichen Erzeugnissen aufeinanderfolgender Perioden.

Die Wirkungen alternativer Lose für insgesamt gegebene Nettobedarfe im Planungszeitraum eines Erzeugnisses sind in der Abb. B.4.7 aufgezeigt.

Einrichte- und Lagerhaltungskosten verhalten sich gegenläufig in bezug auf die Losgröße. Während die Lagerhaltungskosten mit zunehmender Losgröße ansteigen, nehmen die Einrichtekosten bezogen auf eine Mengeneinheit mit wachsender Losgröße ab. Für die Einrichtekosten entsteht in diesem Fall eine Auflagedegression. Das *Auftragsgrößenproblem* läßt sich nun wie folgt formulieren: Die Losgrößen sind so festzulegen, daß die Summe aus Einrichte- und Lagerhaltungskosten ein Minimum annimmt, wobei die vorgegebenen Nettobedarfe befriedigt werden müssen.

Verfahren zur Optimierung von Losgrößen, bei denen jedes Erzeugnis separat betrachtet wird, lassen sich in zwei Klassen einteilen:

* statische Verfahren der Losplanung
* dynamische Verfahren der Losplanung.

Initialisierung:

$DS_A = 0, DS_B = 0$
$DS_I = 1, DS_{II} = 1, DS_{III} = 1$
$DS_a = 2, DS_b = 2, DS_c = 2, DS_d = 2,$

Dispositions-stufe	Produkt			\multicolumn{7}{c}{Periode}						
				0	1	2	3	4	5	6
0	A	BruttoBedarf	b(kt)	0	50	70	80	100	60	40
		Anfangsbest.	y(kt-1)	120	120	70	0	0	0	0
		Endbestand	y(kt)	120	70	0	0	0	0	0
		Nettobedarf	n(kt)	0	0	0	80	100	60	40
				0	1	2	3	4	5	6
	B	BruttoBedarf	b(kt)	0	70	80	100	50	90	110
		Anfangsbest.	y(kt-1)	250	250	180	100	0	0	0
		Endbestand	y(kt)	250	180	100	0	0	0	0
		Nettobedarf	n(kt)	0	0	0	0	50	90	110
				0	1	2	3	4	5	6
1	I	BruttoBedarf	b(kt)	0	0	160	300	300	300	0
		Anfangsbest.	y(kt-1)	100	100	100	0	0	0	0
		Endbestand	y(kt)	100	100	0	0	0	0	0
		Nettobedarf	n(kt)	0	0	60	300	300	300	0
		Lose		0	0	360	0	600	0	0
		Lagerbestand nach Losb.		100	100	300	0	300	0	0
				0	1	2	3	4	5	6
	II	BruttoBedarf		0	240	300	180	120	0	0
		Anfangsbest.		500	500	260	0	0	0	0
		Endbestand		500	260	0	0	0	0	0
		Nettobedarf		0	0	40	180	120	0	0
		Lose		0	0	220	0	120	0	0
		Lagerbestand nach Losb.		500	260	180	0	0	0	0
				0	1	2	3	4	5	6
	III	BruttoBedarf		0	0	50	90	110	0	0
		Anfangsbest.		25	25	25	0	0	0	0
		Endbestand		25	25	0	0	0	0	0
		Nettobedarf		0	0	25	90	110	0	0
		Lose		0	0	115	0	110	0	0
		Lagerbestand nach Losb.		25	25	90	0	0	0	0
				0	1	2	3	4	5	6
2	a	BruttoBedarf		1300	0	1920	0	0	0	0
		Anfangsbest.		80	0	0	0	0	0	0
		Endbestand		0	0	0	0	0	0	0
		Nettobedarf (=Lose)		1220	0	1920	0	0	0	0
				0	1	2	3	4	5	6
	b	BruttoBedarf	b(kt)	0	360	0	750	270	330	0
		Anfangsbest.	y(kt-1)	70	70	0	0	0	0	0
		Endbestand	y(kt)	70	0	0	0	0	0	0
		Nettobedarf	n(kt)	0	290	0	750	270	330	0
		Lose		0	290	0	1020	0	330	0
		Lagerbestand nach Losb.		70	0	0	270	0	0	0
				0	1	2	3	4	5	6
	c	BruttoBedarf		0	555	0	350	0	0	0
		Anfangsbest.		0	0	0	0	0	0	0
		Endbestand		0	0	0	0	0	0	0
		Nettobedarf (=Lose)		0	555	0	350	0	0	0
				0	1	2	3	4	5	6
	d	BruttoBedarf		230	0	220	0	0	0	0
		Anfangsbest.		250	20	20	0	0	0	0
		Endbestand		20	20	0	0	0	0	0
		Nettobedarf (=Lose)		0	0	200	0	0	0	0

Abb. B.4.6:   Nettobedarfsrechnung unter Einschluß der Losplanung

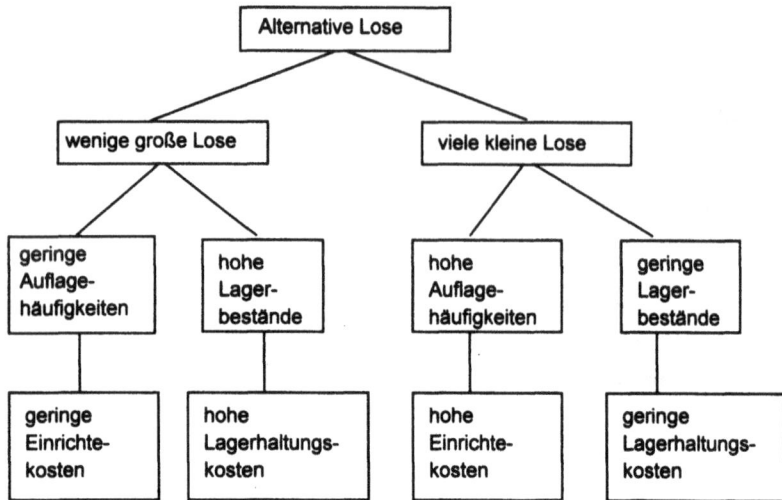

Abb. B.4.7:   Wirkungen alternativer Lose

Bei den *statischen Verfahren* der Losplanung wird pro Erzeugnis bzw. Teil eine Standardlosgröße für den Planungszeitraum ermittelt und z. B. in der Teilestammdatei gespeichert. Besonders bekannt und weit verbreitet in der Praxis ist das statische Grundmodell von HARRIS bzw. ANDLER. Dieses stellen wir im Kap. B.4.2.3.1 dar.

Dynamische Verfahren der Losplanung gehen von variablen Bedarfs- und Kostendaten jedes Erzeugnisses aus und lassen für dieses auch unterschiedliche Losgrößen im Planungszeitraum zu. Im Kap. B.4.2.3.2 behandeln wir diese – auch in PPS-Systemen implementierten Verfahren – näher.

B.4.2.3.1 Statisches Grundmodell der Losgrößenplanung

Ein Modell für das Problem der Losgrößenplanung stammt bereits von Harris aus dem Jahre 1915. In der deutschsprachigen Literatur ist es unter der *Losgrößenformel von Andler* bekannt geworden. Diesem klassischen Grundmodell zur Losgrößenplanung liegen im wesentlichen folgende Voraussetzungen zugrunde:

- Jedes Erzeugnis wird isoliert betrachtet, das bedeutet im speziellen, daß Beschränkungen wie knappe Kapazitäten nicht wirksam werden, da im gegenteiligen Fall eine simultane Betrachtung notwendig wäre.
- Der Bedarf pro Zeiteinheit an dem Erzeugnis ist konstant und bekannt.

- Lose können zu jedem beliebigen Zeitpunkt aufgelegt werden, und jedes Los ist nach einer konstanten Durchlaufzeit verfügbar.
- Das Erzeugnis kann beliebig lange gelagert werden, und es wird ein unbegrenzter Planungszeitraum zugelassen.
- Jeder Bedarf muß sofort bei seinem Auftreten vom Lagerbestand befriedigt werden, d. h. Fehlmengen sind nicht zugelassen.

Da der Bedarf pro Zeiteinheit m und die Durchlaufzeit konstant sind, wird bei einem optimalen Verhalten jedesmal das gleiche Los x aufgelegt, und jede Losauflage kann so eingerichtet werden, daß unmittelbar vor der Verfügbarkeit des Loses der Bestand auf Null sinkt. Das Los hat einen Eindeckungszeitraum von $t_a = x/m$, d. h. es reicht für diesen Zeitraum aus, den dort auftretenden Bedarf abzudecken (Abb. B.4.8).

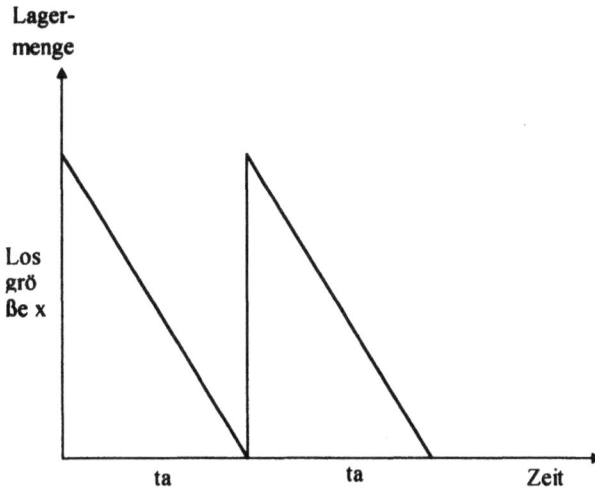

Abb. B.4.8:   Lagerdiagramm

Die Größe t_a entspricht der Zeit zwischen zwei Losauflagen (Loszyklus). Gesucht wird die Losgröße x, die die mittleren Gesamtkosten K(x) pro Zeiteinheit, definiert durch

$$K(x) = \frac{\text{Kosten pro Loszyklus}}{\text{Dauer eines Loszyklus}},$$

minimiert. Die Kosten pro Loszyklus addieren sich aus zwei Größen:

- den Produktionskosten F + s. x mit
  F = Einrichtekosten für eine Losauflage

s = variable Produktionskosten je Mengeneinheit

- den Lagerhaltungskosten pro Loszyklus $\ell \cdot t_a \cdot \dfrac{x}{2}$ mit

  ℓ = Kosten pro lagernde Mengen- und Zeiteinheit

  t_a = Dauer eines Loszyklus

Nach Anlieferung des Loses beträgt der Bestand x, am Ende (vor dem unmittelbaren Eintreffen eines neuen Loses) Null. Der mittlere Bestand ist daher x/2. Als mittlere Gesamtkosten K(x) ergibt sich damit

$$K(x) = \frac{1}{t_a}(F + s \cdot x + \ell \cdot t_a \cdot \frac{x}{2})$$

Da t_a = x/m, so erhält man

$$K(x) = F \cdot \frac{m}{x} + s \cdot m + \ell \cdot \frac{x}{2}$$

Es wird diejenige Losgröße x gesucht, für die die mittleren Gesamtkosten ihr Minimum annehmen (Abb. B.4.9).

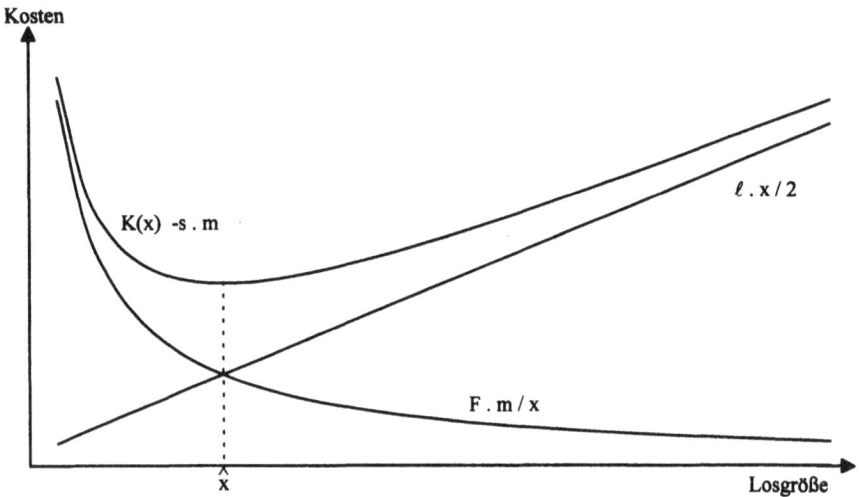

Abb. B.4.9:   Kosten in Abhängigkeit von der Losgröße

Die Ableitung der Gleichung K(x) nach x und Nullsetzung führt zu der Optimalitätsbedingung

$$\frac{dK}{dx} = -\frac{F \cdot m}{\hat{x}^2} + \frac{\ell}{2}$$

$$\Rightarrow \hat{x} = \sqrt{\frac{2 \cdot F \cdot m}{\ell}}$$

Da gilt

$$\frac{d^2 K}{dx^2} = \frac{2 \cdot F \cdot m}{x^3} > 0, \text{ für } x > 0,$$

so ist die Bedingung notwendig und hinreichend.

Die Kosten pro lagernder Mengen- und Zeiteinheit ermittelt man üblicherweise durch die Definitionsgleichung

$$\ell = \frac{p}{100} \cdot s,$$

d. h. vom Wert der variablen Herstellkosten wird der auf eine Zeiteinheit bezogene Prozentsatz p verrechnet. Unter Beachtung dieser Definitionsgleichung läßt sich die klassische Losgrößenformel in der geläufigen Form ausdrücken:

$$\hat{x} = \sqrt{\frac{200 \cdot F \cdot m}{p \cdot s}}$$

Beispiel:

Für das Erzeugnis A wird angenommen, daß ein durchschnittlicher Bedarf pro Monat von 70 Stück vorliege. Die mittleren Einrichtungskosten für die Auflegung eines Loses sollen 65 Geldeinheiten betragen, die variablen Stückkosten 50 Geldeinheiten. Das Produktions-Management setzt für den Lagerkostensatz 24 % p.a. oder 2 % pro Monat an. Wie groß soll die Standardlosgröße gewählt werden?

Lösung:

Für die Daten ergibt sich als optimale Losgröße für den gewählten Planungszeitraum

$$x = \sqrt{\frac{200 \cdot 65 \cdot 70}{2 \cdot 50}} \approx 95$$

Basierend auf dem klassischen Losgrößenmodell ist eine nahezu unübersehbare Fülle von umfassenderen Modellansätzen vorgeschlagen worden.

Die erweiterten Modelle betreffen vor allem eine mehrstufige Produktion (Müller-Merbach 1966; Taha/Skeith 1970; Jensen/Khan 1972) oder eine gleichzeitige Betrachtung mehrerer Erzeugnisse (Müller-Merbach 1966) sowie der Einbezug begrenzter Kapazität im besonderen auf einer Anlage (z. B. Dellmann 1975; Elmagraby 1978). Eine Auswahl von Erweiterungen zum klassischen Losgrößenmodell ist in Oberhoff (1975) zusammengestellt.

Die auf der klassischen Losgröße beruhenden Erweiterungen behalten eine einschneidende Prämisse bei: *konstante Bedarfs- und Kostendaten im Planungszeitraum*. Man kann daher diese Modellansätze als *statisch* bezeichnen, da sie Datenänderungen im Planungszeitraum nicht zulassen. Nun zeigt sich aber, daß die Bedarfswerte von Erzeugnisbestandteilen häufig einen stark schwankenden Verlauf aufweisen. Statische Modellansätze bilden daher realtypische Problemstellungen unvollkommen ab. Darin dürfte auch ein Grund liegen, warum die erweiterten statischen Ansätze keine weite Verbreitung in der Praxis gefunden haben. Daher ist eine alternative Vorgehensweise der Losgrößenplanung, die als dynamisch zu bezeichnen ist, von besonderem Interesse.

B.4.2.3.2 Dynamische Grundmodelle der Losgrößenplanung

B.4.2.3.2.1 Aufgabenstellung

Das dynamische Grundmodell der Losgrößenplanung basiert auf den folgenden Annahmen:

* Der Planungszeitraum ist in T Perioden t = 1, 2,…, T unterteilt.
* Es wird ein Erzeugnis betrachtet; die Nettobedarfe sind bekannt, und eine Aufteilung auf die einzelnen Perioden ist gegeben: $(n_1, n_2, …, n_T)$. Eine Komponente n_t des Vektors gibt den Bedarf in der Periode t an.
* Es wird wiederum von einer einteiligen und einstufigen Fertigung ausgegangen.
* Fehlmengen sind nicht zugelassen.
* Für jede Periode t = 1,…,T soll entschieden werden, ob und in welcher Höhe ein Los aufgelegt wird. Die von den gesuchten Losgrößen $x = (x_1, x_2, …, x_T)$ abhängigen relevanten Kosten setzen sich aus Produktions- und Lagerhaltungskosten zusammen.

Die losabhängigen Produktionskosten H_t für die Auflegung in einer Periode t bestehen aus den fixen Einrichtekosten F_t sowie den variablen Produktionskosten $h_t(x_t)$:

$$H_t(x_t) = F_t \cdot \delta(x_t) + h_t(x_t), t = 1, \dots T,$$
mit
$$\delta(x_t) = \left\{ \begin{array}{l} 1, \text{ wenn } x_t > 0 \\ 0, \text{ wenn } x_t = 0 \end{array} \right\}$$

Die Lagerhaltungskosten L_t einer Periode t mögen vereinfachend vom Lagerbestand am Ende der Periode abhängen ($L_t(y_t)$). Dabei stellt y_t den Lagerbestand am Ende der Periode t dar. Es könnten allerdings auch andere Lagerzustände dem Modell zugrundegelegt werden, wie z. B. der durchschnittliche Lagerbestand 1/2 ($y_t + y_{t-1}$).

Im Grundmodell unterstellt man die speziellen linearen Funktionen:

$$\left. \begin{array}{l} h_t(x_t) = s_t \cdot x_t \\ L_t(y_t) = \ell_t \cdot y_t \end{array} \right\} \quad t = 1, \dots, T$$

Dabei bezeichnen s_t die Stück-Produktionskosten in der Periode t und ℓ_t die Lagerhaltungskosten je *Mengeneinheit und Periode* t.

Unter Beachtung der vorstehenden Annahmen läßt sich das *dynamische Grundmodell der Losgrößenplanung* formulieren:

Gesucht ist der Losvektor $x = (x_1, x_2, \dots, x_T)$, für den die Kostenfunktion

$$K(x) = \sum_{t=1}^{T} \{ F_t \cdot \delta(x_t) + s_t \cdot x_t + \ell_t \cdot y_t \}$$

ein Minimum annimmt.

Als Nebenbedingungen sind zu beachten:

$$y_t = y_{t-1} + x_t - n_t, t = 1, \dots, T$$

$$\left. \begin{array}{l} x_t \geq 0 \\ y_t \geq 0 \end{array} \right\} t = 1, \dots, T$$

$$\delta(x_t) \in \{0, 1\}$$

Bevor wir auf die Lösung dieser Aufgabe eingehen, betrachten wir einige Aussagen, die dafür hilfreich sind. Im vorliegenden Fall haben wir spezielle konkave Kostenfunktionen. Die Produktions- und Lagerhaltungskosten pro Leistungseinheit sind konstante (oder im allgemeinen Fall abnehmende) Funktionen bezüglich x_t und y_t. Für solche Kostenfunktionen läßt sich der folgende Satz ableiten:

Satz 1: Sind $H_t(x_t)$ und $L_t(y_t)$ konkave Funktionen, dann muß eine optimale Entscheidung der Bedingung gegnügen:

$x_t \cdot y_{t-1} = 0$, mit $y_0 = 0$

Beweis: Veinott (1969), S. 267.

Der Satz besagt, daß in einer Periode nur dann zu produzieren ist, wenn der Lagerbestand am Anfang dieser Periode gleich Null war. Die Bedingung, daß zu Beginn des Planungszeitraums der Anfangsbestand Null sein muß ($y_0 = 0$), stellt keine Einschränkung dar. Der Leser möge sich die Begründung überlegen (vgl. Popp 1968). Aus Satz 1 läßt sich folgern: Die Losgröße in irgendeiner Periode t muß, sofern sie optimal sein soll, die Bedingung erfüllen:

$$x_t = 0 \quad \text{oder} \quad x_t = \sum_{v=t}^{k} n_v, \quad t \leq k \leq T$$

Beweis: Popp (1968), S. 67.

Aus der Folgerung ist zu entnehmen, daß ein Los in einer Periode t entweder Null, dem Bedarf der Periode bzw. einer Bündelung zukünftiger Periodenbedarfswerte entspricht:

$$x_t \in \left\{ 0, n_t, n_t + n_{t+1}, \dots, \sum_{v=t}^{T} n_v \right\}$$

Der Entscheidungsbereich (und damit der Rechenaufwand) läßt sich dadurch erheblich einschränken. In den Lösungsverfahren für das dynamische Grundmodell nützt man diese Eigenschaft aus.

B.4.2.3.2.2 Ein exaktes Lösungsverfahren zum dynamischen Grundmodell der Losgrößenplanung

Das bekannteste Verfahren zur dynamischen Losgrößenplanung wurde von Wagner und Whitin (1958) entwickelt. Es basiert auf den folgenden Überlegungen: Der zeitliche Ablauf des Entscheidungsprozesses erfordert zu jedem möglichen Auflagetermin am Beginn einer Periode t eine Entscheidung darüber, ob ein Los aufzulegen ist oder nicht. Aufgrund der Folgerung aus Satz 1 kann ein Los die Werte $x_t \in \left\{ 0, n_t, n_t + n_{t+1}, \dots, \sum_{v=t}^{T} n_v \right\}$ annehmen.

Betrachten wir ein t Perioden umfassendes Problem, bei dem der Lagerbestand am Ende der Periode t gleich Null sein soll ($y_t = 0$). Die minimalen Kosten für dieses t-Perioden-Problem läßt sich durch ein rekursives Vorgehen ermitteln: Das letzte Los in einem t-Perioden-Problem mit dem geforderten Endlagerbestand $y_t = 0$ muß in einer Periode $i \leq t$ produziert worden sein. In der Periode i muß gelten $y_{i-1} = 0$. Allgemein gilt aufgrund von Satz 1: $x_i > 0$ und $x_{i+1} = \ldots = x_t = 0$ sowie $y_i > 0$, ..., $y_{t-1} > 0$. Aus der Folgerung zu Satz 1 ergibt sich außerdem $x_i = n_i + \ldots + n_t$. Für diese Losbildung entstehen in den Perioden i, i+1, ..., t Kosten in Höhe von :

$$F_i + \ell \cdot n_{i+1} + \ell \cdot 2 \cdot n_{i+2} + \ldots + \ell \cdot (t-i) \cdot n_t + s \cdot x_i =$$

$$F_i + \ell \cdot \sum_{v=i+1}^{t} (v-i) \cdot n_v + s \cdot x_i := c_{it}$$

Diese Kosten bezeichnen wir also zusammengefaßt mit c_{it}. In dieser Gleichung haben wir aus Gründen der Einfachheit konstante Lagerhaltungskosten je Mengeneinheit und konstante Stückkosten unterstellt. Da im Falle von konstanten Stückkosten die gesamten mengenproportionalen Kosten im Planungszeitraum für jede Losbildung gleich sein müssen, können bei der Bestimmung von c_{it} die mengenproportionalen Produktionskosten bei der Ermittlung der Lose außer Betracht bleiben.

Nach dem Optimalitätsprinzip der dynamischen Optimierung kann der t-periodige Entscheidungsprozeß nur optimal sein, wenn dieser in den vorausgehenden Perioden 1, ..., i-1 optimal verläuft, d. h. die minimalen Kosten $f_{i-1}(y_{i-1}=0)$ – kurz mit f_{i-1} bezeichnet – zugrundegelegt werden.

Die Periode i ist so zu wählen, daß die gesamten Kosten jeweils für das t-Perioden-Problem minimal werden, d. h.

$$\begin{aligned}
f_t \quad &= \min_{1 \leq i \leq t} \{f_{i-1} + c_{it}\}, \quad t = 2, \ldots, T \\
\text{wobei} \quad & \\
f_0 \quad &= 0 \\
f_1 \quad &= F_1
\end{aligned}$$

Dieses rekursive Gleichungssystem läßt sich leicht in einer Tabelle auswerten. Dabei gibt der Index i jeweils die Periode an, in der zuletzt ein Los aufgelegt wurde ($x_i > 0$), und t bezeichnet die Anzahl der betrachteten Perioden. Von t = 1 ausgehend wird die umseitige Tabelle schrittweise

Periode t \ i	1	2	3	...	T
1	$f_0 + c_{11}$	$f_0 + c_{12}$	$f_0 + c_{13}$	....	$f_0 + c_{1T}$
2		$f_1 + c_{22}$	$f_1 + c_{23}$	....	$f_1 + c_{2T}$
3			$f_2 + c_{33}$	....	$f_2 + c_{3T}$
...					.
T					$f_{T-1} + c_{TT}$
Minimale Kosten für ein t-Perioden-Problem	f_1	f_2	f_3	....	f_T
letzte Auflage in einem t-Perioden-Problem	p_1	p_2	p_3	....	p_T

Abb. B.4.10:   Vorwärtsrekursion

erstellt, bis alle Perioden des Planungszeitraums (t = T) abgearbeitet sind (Vorwärtsrekursion).

Für T Perioden sind $T(T+1)/2$ Werte zu vergleichen. Mit der Größe p_t wird der optimale Auflegungszeitpunkt für ein t-Perioden-Problem erfaßt. Aus den optimalen Auflegungszeitpunkten der einzelnen Perioden lassen sich die optimalen Lose gemäß der Vorschrift ermitteln:

(1) Setze $k := p_T$ (= die Periode, für die sich in T als optimal erwiesen hat, das letzte Los aufzulegen)

(2) Zum Zeitpunkt t: = k wird ein Los gefertigt.

(3) Gilt k = 1, so sind alle Fertigungszeitpunkte fixiert und die Rechnung endet mit (4). Andernfalls (k > 1) setzt man die Rechnung mit $k := p_{k-1}$ bei (2) fort

(4) Die optimalen Losgrößen ergeben sich als Bedarfssummen derjenigen Perioden, die jeweils zwischen zwei aufeinanderfolgenden Fertigungszeitpunkten liegen.

Ein Beispiel soll die Ausführungen verdeutlichen:

Der Nettobedarf eines Erzeugnisses für die nächsten vier Perioden ist wie folgt ermittelt worden (80, 100, 60, 40). Als Einrichtekosten sind für die ersten zwei Perioden 60, für die Perioden drei und vier 70 Geldeinheiten aufzuwenden. An Lagerhaltungskosten je Mengeneinheit und Periode entstehen gleichbleibend 1 Geldeinheit.

Die Auswertung der Rekursionsgleichung $f_t = \min\limits_{1 \leq i \leq t} \{f_{i-1} + c_{it}\}$ führt zu den folgenden Kostenvergleichen:

Planungshorizont eine Periode (t = 1)

$f_1 = \min\{0 + 60\} = 60$ mit $p_1 = 1$

Planungshorizont t = 2

$$f_2 = \min \left\{ \begin{array}{l} i = 1 : 0 + 60 + 1.100 = 160 \\ i = 2 : 60 + 60 = 120 \end{array} \right\} = 120 \text{ mit } p_2 = 2$$

Planungshorizont t = 3

$$f_3 = \min \left\{ \begin{array}{l} i = 1 : 0 + 60 + 1.100 + 2.60 = 280 \\ i = 2 : 60 + 60 + 1.60 = 180 \\ i = 3 : 120 + 70 + 0 = 190 \end{array} \right\} = 180 \text{ mit } p_3 = 2$$

Planungshorizont t = 4

$$f_4 = \min \left\{ \begin{array}{l} i = 1 : 0 + 60 + 1.100 + 2.60 + 3.40 = 400 \\ i = 2 : 60 + 60 + 1.60 + 2.40 = 260 \\ i = 3 : 120 + 70 + 1.40 = 230 \\ i = 4 : 180 + 70 = 250 \end{array} \right\} = 230 \text{ mit } p_4 = 3$$

Die Auswertung der Rekursionsgleichung entspricht dem folgenden Tableau (Abb. B.4.11)

i \ t	1	2	3	4
1	0 + 60	0 + 160	0 + 280	0 + 400
2		60 + 60	60 + 120	60 + 200
3			120 + 70	120 + 110
4				180 + 70
Minimale Kosten f_t	60	120	180	230
letzte Auflage p_t	1	2	2	3

Abb. B.4.11:   Vorwärtsrekursion am Beispiel

Die optimalen Produktionstermine und Losgrößen ergeben sich durch die Rückwärtsrechnung:

$k = p_T = 3$ mit $\hat{x}_3 = n_3 + n_4 = 100$
$k = p_2 = 2$ mit $\hat{x}_2 = n_2$ $= 100$
$k = p_1 = 1$ mit $\hat{x}_1 = n_1$ $= 80$.

Die gesamten Kosten betragen 230 Geldeinheiten, wobei die variablen Produktionskosten noch hinzugezählt werden müssen.

In computergestützten PPS-Systemen werden zur Lösung des dynamischen Problems der Losplanung statt der dynamischen Optimierung eine Reihe von Näherungsverfahren vorgeschlagen. Diesen wenden wir uns nun zu.

B.4.2.3.2.3 Näherungsverfahren zum dynamischen Grundmodell der Losplanung

Für die Lösung des dynamischen Problems der Planung von Losgrößen wurden eine große Zahl von Näherungsverfahren entwickelt. Besonders bekannt sind die Näherungsverfahren

- LUC (least unit cost), auch gleitende wirtschaftliche Losgröße oder Stückkostenverfahren genannt.
- PPA (part period balancing), auch als Stück-Perioden-Verfahren bezeichnet (De Matteis 1968).

Einen umfassenden Überblick geben Kistner/Steven 1993; Tempelmeier 1992; Baker 1989.

Die Näherungsverfahren haben mit dem Wagner-Whitin-Verfahren gemeinsam, daß zu Beginn der Periode geprüft wird, ob ein Los aufzulegen ist, und wenn ja, ob dieses den Bedarf einer oder mehrerer aufeinander folgender Periode umfassen soll. Bei den Näherungsverfahren werden aber im Unterschied zum Wagner-Whitin-Verfahren die einmal getroffenen Losentscheidungen für ein t-Perioden-Problem in den nächsten Schritten t+1, ..., T nicht mehr in Frage gestellt (*Isolierungseigenschaft*). Diese Eigenschaft ist dafür verantwortlich, daß ein Kostenminimum nicht unbedingt gewährleistet ist. Es handelt sich damit bei diesen Algorithmen um Näherungsverfahren.

Die gemeinsame Grundstruktur aller ausgewählter Näherungsverfahren ist aus dem Struktogramm zu ersehen (Abb. B.4.12).

Unterschiede weisen die Näherungsverfahren durch die Wahl der *Stopregel* auf.

Initialisierung: Einlesen der Daten, i = 1

Iterationsschritt

Erhöhe Los

$$x_i = \sum_{v=i}^{t} n_v \text{ für } t = i + \tau, \ \tau = 0, 1, 2,...$$

solange **Stopregel** nicht erfüllt.

Andernfalls bilde das Los

$$x_i = \sum_{v=i}^{t-1} n_v$$

Gilt t = T?	
nein	ja
Setze i: = t	Stop letztes Los umfaßt die Bedarfe der aktuellen Perioden i, i+1, ..., T

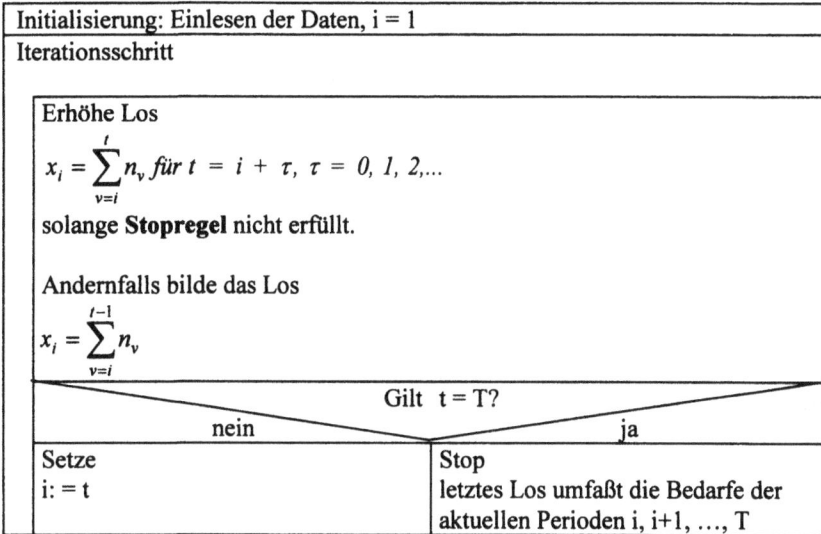

Abb. B.4.12:   Grundstruktur der Näherungsverfahren zur Losplanung

LUC (gleitende wirtschaftliche Losgröße)

Die Grundidee der Stopregel von LUC (least unit cost) basiert auf einer Eigenschaft des statischen Grundmodells der Losplanung, daß das Minimum der mittleren Gesamtkosten und das Minimum der Stückkosten sich für dieselbe Losgröße ergeben. In der dynamischen Betrachtung überträgt man diese Idee wie folgt: Man schließt in ein Los weitere zeitlich aufeinanderfolgende Bedarfswerte ein, solange die Stückkosten dadurch sinken. Dagegen vergrößert man ein Los nicht mehr, sofern die Stückkosten sich erhöhen.

Bezeichne:

$$D_{it} = n_i + n_{i+1} + ... + n_t$$

und

$$c_{it} := F_i + \ell(n_{i+1} + 2n_{i+2} + ... + (t-i)n_t),$$

so ergibt sich die *Stopregel des LUC-Verfahrens* aus

> Suche das kleinste $t = i + \tau$, $\tau = 0, 1, 2, \ldots$, für das erfüllt ist:
>
> $$k_{it-1} := \frac{c_{it-1}}{D_{it-1}} < \frac{c_{it}}{D_{it}} =: k_{it}$$
>
> mit $k_{i,i-1} = \infty$

Man erhöht also die Reichweite t eines Loses, das in der Periode $i \leq t \leq T$ aufgelegt wird, solange, bis erstmals für die Stückkosten $k_{it-1} < k_{it}$ gilt.

Als Losgröße wird in diesem Fall $\sum_{v=i}^{t-1} n_v$ gewählt.

Den Ablauf verdeutlichen wir an unserem Beispiel aus Kap. B.4.2.3.2.2. Die Ausgangsdaten seien nochmals in Erinnerung gerufen.

Periode	1	2	3	4
Nettobedarf	80	100	60	40
Einrichtekosten	60	60	70	70
Lagerkosten je Mengeneinheit und Periode	1	1	1	1

Die einzelnen Verfahrensschritte des LUC-Verfahrens können der folgenden Tabelle entnommen werden (Abb. B.4.13)

Periode der Losauflage i	Zählindex	Reichw eite	Versuchslos	Rüstkosten	Lagerkosten	Stückkosten	Stopregel	"optimale" Lose
	τ	$t = i + \tau$		F_i		k_{it}	$k_{it-1} < k_{it}$	$\hat{x}$
1	0	1	80	60	0	$\frac{60}{80} = 0{,}75$	$\infty < 0{,}75$ f	
1	1	2	180	60	100	$\frac{160}{180} = 0{,}88$	$0{,}75 < 0{,}88$ w	$\hat{x}_1 = 80$
2	0	2	100	60	0	$\frac{60}{100} = 0{,}6$	$\infty < 0{,}6$ f	
2	1	3	160	60	60	$\frac{120}{160} = 0{,}75$	$0{,}6 < 0{,}75$ w	$\hat{x}_2 = 100$
3	0	3	60	70	0	$\frac{70}{60} = 1{,}16$	$\infty < 1{,}16$ f	
3	1	4	100	70	40	$\frac{110}{100} = 1{,}1$	$1{,}16 < 1{,}1$ f	
		t=4=T					w	$\hat{x}_3 = 100$

Abb. B.4.13:   Verfahrensschritte des LUC-Verfahrens
(w = Stopregel erfüllt, f = Stopregel nicht erfüllt)

Die Gesamtkosten für diese Lösung betragen 230 Geldeinheiten, was der optimalen Lösung entspricht.

Stückperioden-Verfahren (Part-Period-Verfahren)

Das Part-Period-Verfahren knüpft wiederum an der Eigenschaft des statischen Grundmodells an, daß das Minimum der mittleren Gesamtkosten bei einer Gleichheit der Lagerhaltungs- und Einrichtekosten erreicht ist. In Übertragung dieser Eigenschaft auf das dynamische Losproblem sucht man aufeinanderfolgende ganze Nettobedarfe so zu bündeln, bis eine annähernde Identität zwischen Einrichte- und Lagerhaltungskosten herbeigeführt ist. Die *Stopregel des Part-Period-Verfahrens* lautet daher, sofern die Lagerhaltungskosten durch $L_{it} = \ell(n_{i+1} + 2n_{i+2} + \ldots + (t-i) \cdot n_t) =$ $\ell \cdot \sum\limits_{v=i+1}^{t} (v-i) \cdot n_v$ definiert sind:

> Suche das kleinste $t = i + \tau$, $\quad \tau = 0, 1, 2, \ldots$ für das erfüllt ist:
> $L_{it-1} \leq F_i < L_{it}$ oder umformuliert:
> $$v_{it-1} := \sum_{v=i}^{t-1}(v-i)n_v \leq \frac{F_i}{\ell} < \sum_{v=i}^{t}(v-i)n_v =: v_{it}$$
> mit $v_{i,i-1} = 0$

Die Größe v_{it} hat die Dimension Stück*Perioden (daher der Name des Verfahrens) und läßt sich rekursiv ermitteln aus $v_{it} = v_{i,t-1} + (t-i)n_t$, wobei $v_{i,i-1} = 0$.

In diesem Falle setze: $x_i = \sum\limits_{v=i}^{t-1} n_v$

Wenden wir das Part-Period-Verfahren wiederum auf unser Beispiel an, so sind die in der untenstehenden Tabelle aufgeführten Schritte vorzunehmen (Abb. B.4.14)

Periode der Losauflage i	Zähl-index τ	Reich-weite $t=i+\tau$	Ver-suchslos	v_{it}	$\frac{F_i}{\ell}$	Stopregel $v_{it-1} \leq \frac{F_i}{\ell} < v_{it}$		"optimale" Lose $\hat{x}$
1	0	1	80	0	60/1	$0 \leq 60 < 0$	f	
1	1	2	180	100	60	$0 \leq 60 < 100$	w	$\hat{x}_1 = 80$
2	0	2	100	0	60/1	$0 \leq 60 < 0$	f	
2	1	3	160	60	60	$0 \leq 60 < 60$	f	
2	2	4	200	140	60	$60 \leq 60 < 140$	w	$\hat{x}_2 = 160$
4	0	4	40	0	70/1	$0 \leq 60 < 0$	f	
		$t=4=T$					w	$\hat{x}_4 = 40$

Abb. B.4.14:   Verfahrensschritte des PPA-Verfahrens

Die Gesamtkosten für diese Lösung summieren sich auf 250 Geldeinheiten (ohne die variablen Produktionskosten) und verfehlen die optimale
Lösung. Für das PPA-Verfahren wird als Variante auch die Stopregel

$$L_{i,t-1} < F_i \leq L_{it}$$

vorgeschlagen. In unserem speziellen Fall würden wir bei Anwendung dieser Stopregel wiederum die optimale Lösung erreichen.

Bis heute sind eine große Zahl von Simulationsstudien erschienen,
z. B. von Ohse (1970), Zäpfel (1970), Knolmayer (1985) sowie die umfassenden Untersuchungen von Robrade (1991), Baker (1989).

Die Ergebnisse lassen tendenziell folgende Schlüsse zu:

- Näherungsverfahren erfordern einen geringen Rechenaufwand. Zu den
  eingesetzten Verfahren der Losplanung in PPS-Systemen vgl. Fandel/
  Francois/Gubitz (1994).
- Näherungsverfahren lassen sich leicht EDV-mäßig realisieren und sind
  für den Benutzer einfach und plausibel, ein nicht zu unterschätzender
  Vorteil für die praktische Anwendung.
- Je geringer die Bedarfsschwankungen (bzw. allgemeiner: Datenschwankungen) sind, umso eher erreichen im Durchschnitt Näherungsverfahren
  die optimale Lösung.
- Besonders für umfangreiche Datenschwankungen von Periode zu Periode ist das Verfahren von Wagner und Whitin gegenüber den Näherungsverfahren zu präferieren. Das läßt sich damit begründen, daß die Kosten-
  abweichungen bei den Heuristiken schon beträchtlich werden können
  (über 30 %) und sich die Rechenzeiten durch algorithmische Weiterentwicklungen des Wagner-Whitin-Verfahrens beschleunigen lassen (vgl.
  dazu vor allem Evans 1985, Federgrün/Tzur 1991).
- Die prognostizierten Bedarfswerte späterer Planperioden sind mit Unsicherheiten behaftet. Die Prognosegüte für weiter in der Zukunft lie-
  gende Werte nimmt ab. Eine Anwendung des Verfahrens von Wagner
  und Whitin kann sich in diesem Fall als ebenfalls nicht optimal erweisen, wenn die zugrundegelegten Prognosewerte nicht eintreffen. Simula-
  tionsexperimente lassen den Schluß zu, daß beim Auftreten von Progno-
  sefehlern und bei der Einbettung der Losverfahren in ein System der rollierenden Planung keine signifikanten Unterschiede zwischen den meisten untersuchten heuristischen Verfahren festgestellt werden konnten
  (DeBodt/vanWassenhove 1983, im Überblick: Tempelmeier 1992). Das
  Wager-Whitin-Verfahren erwies sich gegenüber heuristischen Verfahren

lediglich für lange Planungshorizonte als überlegen (Bookbinder/H'ing 1986).

Für die Anwendung von Losgrößenmodellen in der Praxis sind neben diesen Schlüssen weitere Argumente zu beachten. Diesen wenden wir uns im folgenden zu.

B.4.2.3.3 Grenzen einfacher Losgrößenmodelle und ein Überblick über Erweiterungen

Die bisher dargestellten Modelle von Losgrößen basieren gegenüber den in der Praxis auftretenden Problemen auf stark vereinfachten Prämissen. Damit entstehen für den praktischen Einsatz Probleme, die umfassendere Sichtweisen notwendig machen:

(1) Die im Rahmen der Nettobedarfsrechnung bestimmten Lose können dazu führen, daß das Kapazitätsangebot und die -nachfrage auseinanderfallen und die gewünschten Lose kapazitätsmäßig nicht durchsetzbar sind. Das könnte dadurch verhindert werden, daß bei der Bildung von Losgrößen für jede Produktionsstufe die vorhandene Kapazität der Planperioden gleichzeitig beachtet wird. Für jede Produktionsstufe entsteht ein *Losgrößenproblem mit Kapazitätsbeschränkungen*.

(2) Die Lose aufeinanderfolgender Produktionsstufen sind voneinander abhängig. Im Rahmen der terminierten Nettobedarfsrechnung unter Einschluß der Losbildung, wie wir sie im Kap. B.4.2.3 aufgeführt haben, wurde das dadurch sichergestellt, daß die Lose einer unmittelbar übergeordneten Dispositionsstufe (mit den entsprechenden Produktionskoeffizienten multipliziert) als Bedarfe der unmittelbar untergeordneten Dispositionsstufe zugrundegelegt wurden. Obwohl diese Vorgehensweise Zulässigkeit garantiert, muß sie nicht optimal sein. Eine gleichzeitige Festlegung aller Lose voneinander abhängiger Erzeugnisse wäre eine korrekte Vorgehensweise und führt auf ein *mehrstufiges Losgrößenproblem* (multi-level lotsizing problem).

(3) Da auf jeder Produktionsstufe Kapazitätsrestriktionen wirksam werden können, müßte exakterweise im allgemeinsten Fall ein mehrstufiges und mehrteiliges Losgrößenproblem mit Kapazitätsbeschränkungen gelöst werden. Diese Formulierung ist die allgemeinste und be-

schreibt das MRP (Material Requirements Planning)-Problem am umfassendsten (vgl. dazu Tempelmeier 1992).

B.4.2.3.4   Losbildung im Lichte neuerer Produktionskonzepte

Lose werden nach der bisherigen Betrachtungsweise lediglich durch das Verhältnis der Endlagerhaltungs- zu den Einrichtekosten bestimmt. Losgrößen determinieren die Anzahl der erforderlichen Rüstvorgänge. Sofern nennenswerte Rüstzeiten damit verbunden sind, wird damit die produktive Nutzungsmöglichkeit der Maschinen geschmälert. Ist eine Maschine aufgrund der gesamten Arbeitslast durch Fertigungsaufträge bereits hoch ausgelastet, so behindert häufiges Rüsten den Mengendurchsatz, und dies kann zu geringeren Absatzmengen führen, sofern die Produktionsmengen absetzbar wären (Opportunitätskostencharakter). Sind die Einrichtekosten im Verhältnis zu den Kosten für das Endlager hoch, so sind große Lose zu bilden. Andererseits erhöhen große Lose die Kapitalbindung und führen zu hohen Kosten des Endlagers. Das macht das klassische Losproblem offenbar. *Allerdings wird dadurch nur ein Teil der ökonomischen Wirkungen von Losen erfaßt.*

Betrachtet man die Wirkungszusammenhänge bei der Losbildung genauer, so hat die Losgröße einen Einfluß auf die Ankunftsrate vor den Maschinen und beeinflußt daher auch den zeitlichen Anfall und den Umfang der Werkstattbestände. Die Kosten für diese Bestände haben wir bis jetzt nicht einbezogen. Werkstattbestände beeinflussen wiederum die Kapazitätsauslastung und die Durchlaufzeiten, die die Dauer der Kapitalbindung bestimmen. Die Losbildung hat also Wirkungen auf den Fertigungsablauf. Bei der traditionellen Losbildung unterstellt man, daß die Kosten pro Rüstvorgang bereits bekannt sind. Die Rüstkosten, die von der Dauer des Rüstvorgangs abhängen, hängen von der Auslastung der Kapazitäten ab. Für diesen Teil der Einrichtekosten entsteht ein Problem der praktischen Ermittelbarkeit des Kostensatzes für das Rüsten. Allerdings nimmt heute die Bedeutung der von der Rüstdauer abhängigen Kosten ab, da die Zeiten pro Rüstvorgang drastisch verringert werden.

Bei der Festlegung optimaler Lose werden häufig unkritisch hohe unveränderliche Zeiten je Rüstvorgang hingenommen. Die Folge sind große Lose, die zu langen mittleren Durchlaufzeiten in der Produktion führen. Die Erfolge japanischer Unternehmen bei der Reduktion der Zeiten je

Rüstvorgang haben dazu geführt, intensiv über Maßnahmen zur Verringerung der Rüstzeiten nachzudenken. Ziele dieser Maßnahmen sind:

- Rüstvorgänge soweit wie möglich zu vermeiden.
- Rüstvorgänge zeitlich parallel zu noch laufenden Fertigungsprozessen des vorhergehenden Produkts durchzuführen.
- Die Maschinenstillstandszeit beim Rüsten so kurz wie möglich zu halten.

Vereinfachte Produktgestaltung oder das Zusammenfassen von Arbeitsobjekten zu Teilefamilien mit gleichen oder ähnlichen Bearbeitungsvorgängen sollen Rüstvorgänge möglichst unnötig machen.

Für die Rüstvorgänge, die nicht zu vermeiden sind, sind die Aktivitäten zu trennen in eine Gruppe, die bei noch laufender Produktion durchgeführt werden kann, und denjenigen, die zwingend bei Maschinenstillstand zu erfolgen haben. Maßnahmen bei laufender Produktion betreffen die rechtzeitige Bereitstellung von Werkzeugen und Vorrichtungen, die Bestimmung der rüstzeitoptimalen Produktionsreihenfolgen der Erzeugnisse, die vorbeugende Instandhaltung benutzter Werkzeuge und vieles mehr.

Die bei Maschinenstillstand durchzuführenden Arbeiten sind zu beschleunigen. Dazu zählen Maßnahmen wie ein geeignetes Mitarbeitertraining des Rüstteams und detaillierte und gut verständliche Rüstpläne, die Standardisierung der Einbaumaße von Werkzeugen und Vorrichtungen etc.

In flexiblen Fertigungssystemen beispielsweise werden folgende Maßnahmen ergriffen, um die Rüstzeiten an den Maschinen sehr kurz zu halten: Paletten mit Spannvorrichtungen werden eingesetzt. Handhabungsgeräte und automatische Palettenwechseleinrichtungen nehmen an den Maschinen den Werkstückwechsel vor. Der Palettentransport zwischen Rüstplatz und Maschinen bzw. von Maschine zu Maschine erfolgt über automatische Förderzeuge. Paletten können bereits auf einer Ablage vor der Maschine zwischengespeichert werden. An den Maschinen sind Wechsel- und Speichereinrichtungen für codierte Werkzeuge üblich. Bearbeitungszentren mit automatisiertem (schnellem) Werkzeugwechsel sind typisch.

Zusammenfassend läßt sich die Wirkungskette, die bei der Bildung von Losgrößen für ein gegebenes Auftragsvolumen zu beachten ist, durch die folgende Abb. B.4.15 skizzieren.

Aus diesem Grunde sind neue Modelle, die ebenfalls die Wirkungen der Lose auf den Fertigungsablauf aufzeigen und Werkstattbestände erfassen, notwendig (vgl. dazu umfassender Missbauer 1995, Karmarkar 1993).

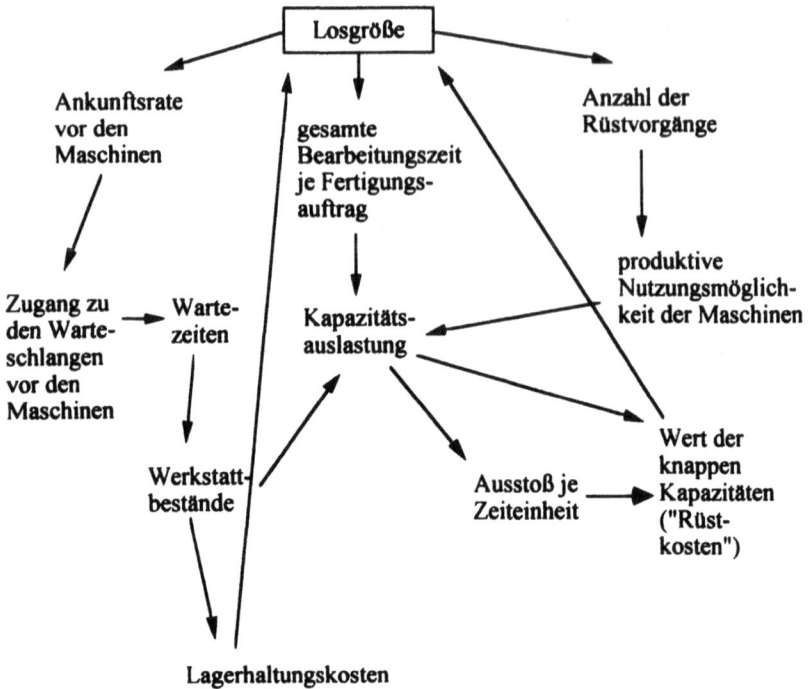

Abb. B.4.15:   Wirkungskette bei der Bildung von Losgrößen

Im folgenden führen wir ein einfaches Modell der Losplanung ein, das aufzeigen soll, wie die Losgröße sich im Verhältnis zum klassischen Modell (das nur Einrichtekosten und Kosten für das Endlager betrachtet!) verhält. Das Modell basiert auf den folgenden Prämissen :

- Es werden N Erzeugnisse (Werkstücke) betrachtet, mit dem jeweiligen Bedarf pro Zeiteinheit m.
- Alle Erzeugnisse haben gleiche Kostenparameter und identische mittlere Bearbeitungszeiten a im Planungszeitraum.
- Rüsten wird bearbeitungsparallel durchgeführt und ist daher vernachlässigbar, d. h. z. B. das Vorbereiten eines Werkstückes zur Produktion wird bereits in der Zeit der Bearbeitung des vorhergehenden Werkstückes vorgenommen, und die unmittelbare Rüstzeit ist so kurz, daß sie außer Betrachtung bleiben kann. Kosten je Rüstvorgang treten allerdings in Höhe von F Geldeinheiten auf. Es handelt sich dabei um die direkten Einrichtekosten, wie z. B. für Material bei zerstörender Werkstoffprüfung für das erste Stück, die für das Rüsten anfallen. Indi-

rekte Einrichtekosten sind dagegen nicht anzusetzen, da die Rüstzeiten zu vernachlässigen sind.

- Die Erzeugnisse weisen exponentialverteilte Zwischenankunftszeiten auf mit einer mittleren Ankunftsrate λ. Da wir N Erzeugnisse betrachten und jedes Erzeugnis (m/x)-mal aufgelegt wird, ergibt sich als Ankunftsrate $\lambda = \dfrac{N \cdot m}{x}$. Der Mittelwert der Bearbeitungszeit eines Loses $a \cdot x$ sei gegeben mit a als der Stückzeit, wobei es *keine* Einschränkung geben soll, wie die Verteilung der Bearbeitungszeit aussehen soll. Die Abfertigungsrate läßt sich demnach ausdrücken durch $\mu = \dfrac{1}{a \cdot x}$, da die Rüstzeiten vernachlässigbar sind.

Die Erzeugnisse werden gemeinsam auf einem Bedienungssystem gefertigt, das eine Bedienungsstelle umfaßt. Damit können wir ein M/G/1-Modell der Warteschlangentheorie heranziehen, für das die Wartezeit aus der *Pollaczek-Khintchine-Formel* gegeben ist (vgl. Hillier/Lieberman 1988, S. 541):

$$E(W_q) = \frac{\rho^2/\lambda + \lambda \cdot \sigma^2}{2(1-\rho)} = \frac{N \cdot m \cdot a^2 \cdot x}{2(1 - N \cdot m \cdot a)}.$$

sofern wir für alle Erzeugnisse eine gleiche Bearbeitungszeit (also eine Standardabweichung $\sigma = 0$) unterstellen.

- Es sind die Lose gesucht, bei denen die Summe der Kosten für das Rüsten sowie die Werkstatt- und Endlagerbestände minimiert wird. In den bisher dargestellten Modellen wurden die Kosten für die Werkstattbestände vernachlässigt. Um die Kosten für Werkstattbestände zu ermitteln, wird angenommen, daß die Lagerkosten pro Mengen- und Wartezeiteinheit (w) geschätzt werden können und linear mit diesen ansteigen.

Die Optimierungsaufgabe läßt sich in diesem Fall wie folgt formulieren: Gesucht sind die Lose für die gilt:

(1) $K(x) = N \left[\dfrac{F \cdot m}{x} + \ell \cdot \dfrac{x}{2} + w \cdot m(a \cdot x + E(W_q)) \right] \Rightarrow \min!$

unter der Nebenbedingung

(2) $E(W_q) = \dfrac{N \cdot m \cdot a^2 \cdot x}{2(1 - N \cdot m \cdot a)}$

(3) $\rho = \dfrac{\lambda}{\mu} = N \cdot m \cdot a < 1$

(4) $x \geq 0$

Die Größe $\rho = \lambda / \mu$ stellt die Verkehrsdichte bzw. Auslastung des Bedienungssystems dar.

Dabei bedeuten:

x :   Losgröße für ein Erzeugnis (*Variable*)
F: Kosten je Rüstvorgang für ein Erzeugnis
m :   Nettobedarf je Zeiteinheit für ein Erzeugnis
ℓ : Lagerkosten je Mengen- und Zeiteinheit für ein Erzeugnis
w :   Wartekosten je Mengen- und Zeiteinheit für ein Erzeugnis
a :   Stückzeit für ein Erzeugnis
m/x: Anzahl der Losauflagen
$E(W_q)$: Wartezeit in der Warteschlange (ausschließlich der Bearbeitungszeit)
N :   Anzahl der Erzeugnisse

Setzt man (2) in (1) ein und ist (3) erfüllt, so ergibt sich die notwendige Bedingung durch Differentiation der Funktion K(x) nach x:

$$(5) \quad \frac{dK}{dx} = N\left[-\frac{F\cdot m}{x^2} + \frac{\ell}{2} + w\cdot m\cdot a + \frac{w\cdot N\cdot m^2\cdot a^2}{2(1-N\cdot m\cdot a)}\right] = 0$$

Daraus erhalten wir die die optimale Losgröße:

$$(6) \quad \hat{x} = \hat{x}_{wart} = \sqrt{\frac{2\cdot F\cdot m}{\ell + 2\cdot w\cdot m\cdot a(1 + \frac{N\cdot m\cdot a}{2(1-N\cdot m\cdot a)})}}.$$

Da für $\hat{x} > 0$ gilt: $\frac{d^2K}{dx^2} = \frac{2\cdot F\cdot m}{x^3} > 0$, so ist die Optimalitätsbedingung notwendig und hinreichend.

Aus der optimalen Losgröße entprechend der Gleichung (6) lassen sich die folgenden Aussagen ableiten:

(1) Nähert sich die Auslastung des Fertigungssystems der Vollauslastung ($\rho \to 1$), so wird die optimale Losgröße immer kleiner. Das ist damit zu erklären, daß eine hohe Auslastung gleichzeitig zu langen Wartezeiten $E(W_q)$ und zu großen Durchlaufzeiten führt und damit hohe Kosten für Werkstattbestände hervorruft, die ceteris paribus die Attraktivität von großen Losen reduziert.

(2) Je kleiner die Kosten je Rüstvorgang ceteris paribus werden, umso kleiner sind die Losgrößen zu wählen.

Durch Vergleich mit der klassischen Losgröße $\hat{x}_{klas} = \sqrt{\dfrac{2 \cdot F \cdot m}{\ell}}$ aus Kapitel B.4.2.3.1 wird offenbar, daß im Falle von $\rho < 1$ gilt: $\hat{x}_{wart} < \hat{x}_{klas}$. Sind auch die Kosten je Rüstvorgang gegenüber dem klassischen Modell geringer (da die indirekten Einrichtekosten entfallen, die von der Dauer des Rüstvorgangs abhängen), so verstärkt sich die Tendenz zu kleineren Losgrößen. Lassen sich die Kosten je Rüstvorgang insgesamt vermeiden, verliert das Losgrößenproblem seine Bedeutung.

B.4.3 Verbrauchsgebundene Bedarfsermittlung

Bei der *verbrauchsgebundenen Bedarfsermittlung (stochastische Bedarfsvorhersage, Verbrauchssteuerung)* nimmt man keinen Bezug auf das Produktionsprogramm, sondern kontrolliert den jeweiligen aktuellen Lagerbestand und trifft je nach der Höhe dieses Lagerbestands eine Entscheidung darüber, ob eine Auffüllung des Lagers zu erfolgen habe oder nicht. Dieses Vorgehen kann auch treffend als eine am Verbrauch orientierte Lagerdisposition bezeichnet werden. Wichtige Dispositionsgrößen sind:

* Bestellmenge (x) oder maximaler Auffüllbestand bzw. Maximalbestand S: Menge, die bei einer Bestellung disponiert wird bzw. auf die der Lagerbestand aufgefüllt wird.
* Bestellpunkt bzw. Meldemenge (r): Bei Erreichen oder Unterschreiten dieser Menge wird die Bestellung ausgelöst.
* Kontrollzeitpunkt (t): Zeitpunkt, zu dem der Lagerbestand kontrolliert wird.

In bezug auf den Kontrollzeitpunkt kann eine laufende (kontinuierliche) oder eine zu bestimmten diskreten Zeitpunkten (periodisch oder diskontinuierlich) stattfindende Lagerbestandüberwachung unterschieden werden. Nach diesem Gesichtspunkt differenziert man zwei Grundtypen:

* kontinuierliche (laufende) verbrauchsgebundene Bedarfsermittlung
* periodische (diskontinuierliche) verbrauchsgebundene Bedarfsermittlung

Betrachtet man zusätzlich die beiden anderen Dispositionsgrößen (Bestellmenge bzw. maximale Auffüllmenge und Bestellpunkt), so lassen sich folgende wichtige – in der Abb. B.4.16 wiedergegebene – Lagerhaltungspolitiken unterscheiden:

	kontinuierlicher Kontrollzeitpunkt		periodischer (diskontinuierlicher) Kontrollzeitpunkt nach t Perioden		
Bestellmenge (x)	x				x
bzw. Maximalbestand(S)		x	x	x	
Bestellpunkt (r)	x	x		x	x
Lagerhaltungs- politiken	(r,x)	(r,S)	(t,S)	(t,r,S)	(t,r,x)

Abb. B.4.16:   Lagerhaltungspolitiken

Typ 1: (r, x)-Politik

Diese Politik ist dadurch charakterisiert, daß der Lagerbestand nach jeder Transaktion (Zugang bzw. Abgang) aktualisiert wird und beim Unterschreiten bzw. Erreichen eines Bestellpunktes r eine Bestellmenge x aufgegeben wird.

Typ 2: (r, S)-Politik

In dieser Lagerhaltungspolitik wird der Lagerbestand ebenfalls sofort nach jeder Transaktion aktualisiert. Unterschreitet bzw. erreicht dieser den Bestellpunkt r, wird auf den Maximalbestand (S) aufgefüllt.

Typ 3: (t, S)

Der in Intervallen t aktualisierte Lagerbestand wird jeweils auf den Maximalbestand S aufgefüllt.

Typ 4: (t, r, S)

Der Lagerbestand wird wiederum in Intervallen der Länge t aktualisiert. Ergibt sich, daß der Lagerbestand den Bestellpunkt r erreicht bzw. unterschreitet, so wird auf den Maximalbestand S aufgefüllt.

Typ 5: (t, r, x)-Politik

Der Lagerbestand wird in Intervallen der Länge t überprüft. Ergibt die Überprüfung, daß der Bestellpunkt r unterschritten oder erreicht ist, wird die Bestellmenge x ausgelöst.

Eine Systematisierung der Lagerhaltungspolitiken kann nach den Merkmalen kontinuierliche/diskontinuierliche Disposition (Kontrollzeitpunkt) sowie fixe versus variable Bestellmenge erfolgen: Bestellpunkt-, Bestellrhythmusverfahren (Abb. B.4.17):

Bestellmenge	Kontinuierliche Disposition	Periodische Disposition
fix	*Bestellpunktverfahren* *(r,x)-Politik*	*Bestellrhythmusverfahren* *(t,r,x)-Politik*
variabel	*Bestellpunktverfahren mit* *variabler Bestellmenge:* *(r,S)-Politik*	*Bestellrhythmusverfahren mit* *variabler Bestellmenge:* *(t,S); (t,r,S)-Politiken*

Abb. B.4.17: Systematik der Lagerhaltungspolitiken

Die verbrauchsgebundene Bedarfsermittlung wird in der Praxis in der Regel für *geringwertige Komponenten* herangezogen. Aus diesem Grund werden einfache heuristische Verfahren bei der Wahl der Dispositionsgrößen in vielen Fällen als ausreichend angesehen. In der Literatur sind differenzierte, tiefgründige Überlegungen zu der Wahl der Dispositionsgrößen angestellt worden, die zu komplexen stochastischen Modellen geführt haben. Der Leser vergleiche dazu z. B. die fundierten Bücher von Schneeweiß (1981), Bartmann/Beckmann (1989), Kistner/Steven (1993).

Im folgenden wollen wir lediglich für das Bestellpunktverfahren mit der Lagerhaltungspolitik (r,x) die Problematik der Bestimmung dieser beiden Dispositionsgrößen aufzeigen. Bei der Anwendung der Bestellpunktpolitik in der Praxis geht man in der Regel von stark vereinfachenden Annahmen (Normalverteilung des Bedarfs, konstante Lieferzeit) aus und bestimmt die Dispositionsgrößen wie folgt:

Bestellmenge: $\hat{x} = \sqrt{\dfrac{200 \cdot F \cdot m}{p \cdot s}}$

Bestellpunkt $=$ Bedarf je Zeiteinheit $\cdot$ Wiederbeschaffungszeit $+$ Sicherheitsbestand

$\hat{r} = \underbrace{m \cdot \delta}_{\mu} + z \cdot \sigma$

mit

F $=$ Kosten je Rüst(Beschaffungs-)Vorgang

m $=$ mittler Bedarf pro Zeiteinheit

p $=$ Lagerkostensatz in Prozent

s $=$ Stückkosten

r $=$ Bestellpunkt (Meldebestand, Meldemenge)

δ $=$ Lieferzeit

z $=$ Sicherheitsfaktor für Lieferbereitschaft

σ $=$ Standardabweichung für den Bedarf

Wir betrachten im folgenden zur Illustration ein Beispiel:

Für ein Erzeugnis bzw. ein Teil ist eine Bedarfsmenge von 10.000 Stück pro Jahr (= Zeiteinheit) zu erwarten. Die Lieferzeit ist fix und betrage 7 Tage. Bezogen auf das Jahr mit 250 Arbeitstagen ist die Lieferzeit mit $\delta = 7/250$ anzusetzen. Für die Nachfrage während der Lieferzeit kann angenommen werden, daß diese annähernd normalverteilt mit einem Mittelwert von 280 Stück und einer Standardabweichung von 40 ist. Die fixen Beschaffungskosten betragen 70 Geldeinheiten pro Beschaffungsvorgang, die variablen Stückkosten 3 Geldeinheiten. Das Unternehmen setzt einen Lagerkostensatz von 20 % fest. Von der Produktionsleitung wird gefordert, daß mindestens eine Lieferbereitschaft von 95,4 % gesichert ist. Wie sind die Dispositionsgrößen Bestellmenge und Bestellpunkt zu wählen?

Für die optimale Bestellmenge ergibt sich:

$\hat{x} = \sqrt{\dfrac{200 \cdot 70 \cdot 10000}{20 \cdot 3}} \approx 1528$

$\hat{r} = m \cdot \delta + z \cdot \sigma$

mit

$m \cdot \delta = 10000 \cdot \dfrac{7}{250} = 280$

Aus Tabellen zur Normalverteilung folgt: z = 1,69

für die Wahrscheinlichkeit, daß mit 95,416 % die Nachfrage gedeckt ist.

Damit resultiert schlußendlich

$$\hat{r} = 280 + 1,69 \cdot 40 \approx 280 + 68 = 348.$$

Die Größe $z \cdot \sigma \approx 68$ entspricht dem zu wählenden Sicherheitsbestand für die Abweichung von der Bedarfsmenge.

Abweichungen des Bedarfs (aber auch solche der Wiederbeschaffungszeit) erfordern Sicherheitsbestände (vgl. dazu Inderfurth 1996).

Die Ermittlung der Dispositionsgrößen nach dieser einfachen Vorschrift stellt lediglich eine grobe *Näherungslösung* dar. Der Vorteil dieser Vorgehensweise liegt in der Einfachheit. Bei einem Lagerabgang muß nur geprüft werden, ob der Bestellpunkt erreicht oder unterschritten ist oder nicht. Liegt eine prognostizierbare und im Zeitablauf weitgehend unveränderliche Bedarfsverteilung vor, so ist es vertretbar, einen einmal ermittelten Bestellpunkt auch über längere Zeit aufrechtzuerhalten. Ändert sich die Bedarfsverteilung im Zeitablauf, so birgt dieses einfache Vorgehen die Gefahr erhöhter Lagerbestände bzw. Fehlmengen in sich.

In der Regel werden in der Praxis aber nur *geringwertige Güter* damit disponiert, so daß dieses Vorgehen als gerechtfertigt angesehen wird.

Wissenschaftlich anspruchsvollere Modelle sind der Literatur in großer Fülle entwickelt worden (vgl. z. B. Hillier/Lieberman 1988, Schneeweiß 1981)

B.4.4 Vergleich der beiden konzeptionellen Vorgehensweisen für die Bedarfsermittlung

Erzeugnisbestandteile haben einen *abhängigen Bedarf*, d. h. der Bedarf eines Teils kann aus dem Bedarf jener Erzeugnisse abgeleitet werden, deren Komponente es ist. Steht der Bedarf der übergeordneten Teile fest, so läßt sich dieser auf die Komponenten entsprechend der Erzeugnisstrukturen überwälzen. Daher ist für ein Erzeugnis mit abhängigem Bedarf das programmgebundene Verfahren das geeignetste, sofern der Primärbedarf hinreichend genau geschätzt werden kann.

Die verbrauchsgebundene (stochastische) Bedarfsrechnung versucht dagegen, durch eine Analyse der Vergangenheitswerte sich ein Bild über den zukünftigen Bedarf zu machen und dafür geeignete Dispositionsgrößen für eine Lagerhaltungspolitik abzuleiten. Der zukünftige Bedarf einer Komponente kann aber stark von den vergangenen Werten abweichen, im besonderen dann, wenn das Produktionsprogramm nach Art und Menge oder die Erzeugnisstrukturen sich wandeln. Bei einer verbrauchsgebundenen Bedarfsermittlung muß man sich in diesem Fall mit dem Problem von Überbeständen bzw. Fehlteilen herumschlagen. Gerade Fehlteile, also nicht rechtzeitig zur Verfügung stehende Teile für die geplante Produktion, können ernste Probleme aufwerfen. Einige Teile eines Erzeugnisses mögen zwar vorhanden sein, aber andere fehlen und verhindern die Aufnahme der Produktion.

Bei der verbrauchsgebundenen Disposition ist eine mangelnde Koordinierung der Teile bezüglich ihrer Verfügbarkeit festzustellen. Betrachten wir dazu ein einfaches Beispiel: Ein Fertigprodukt möge aus fünf Teilen bestehen (Abb. B.4.18).

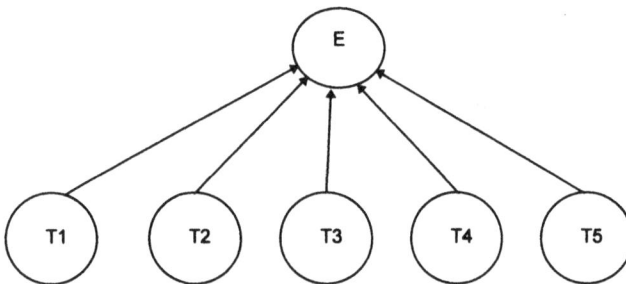

Abb. B.4.18:   Erzeugnisstruktur für das Beispiel

Nehmen wir an, durch die verbrauchsgebundene Disposition sei gesichert, daß für jedes Teil eine 90 % Lieferbereitschaft (p = 0,9) bestehe. Die Wahrscheinlichkeit, daß alle fünf Teile gleichzeitig verfügbar sind, beträgt bei stochastischer Unabhängigkeit aber nur $0,9^5 = 0,5904$, d. h. etwa 60 %. Das wird das Produktions-Management kaum akzeptieren können. Fordert es eine 90 % Lieferbereitschaft für das Erzeugnis E, so muß für jede Komponente eine Lieferbereitschaft von

$$\sqrt[5]{0,9} = 0,98$$

d. h. 98 % gefordert werden. Das kann aber bedeuten, daß je nach den möglichen Bedarfsschwankungen hohe Sicherheitsbestände aufgebaut werden müssen.

Stochastische Bedarfsvorhersagen sind aber geeignete Verfahren für Erzeugnisse mit *unabhängigem Bedarf*, d. h. für jene Produkte, deren Bedarf sich nicht aus dem anderer Erzeugnisse ableiten läßt. Unabhängiger Bedarf ist charakteristisch für Fertigprodukte oder Ersatzteile.

Aus dem bisher Gesagten ergibt sich, daß generell für Erzeugnisse mit
einem abhängigen Bedarf eine programmgebundene Bedarfsermittlung zu
fordern ist und bei Erzeugnissen mit unabhängigem Bedarf die stochastische Bedarfsvorhersage Bedeutung hat. Trotzdem gibt es gute Gründe,
auch für gewisse Erzeugnisse mit abhängigem Bedarf eine verbrauchsgebundene Disposition vorzunehmen, also beide Dispositionsarten *nebeneinander* zu führen:

* Erzeugnisstrukturen in Form von Stücklisten u. ä. liegen (zum Zeitpunkt
  der Bedarfsermittlung) nicht vor, so daß eine programmgebundene Disposition nicht möglich ist. Das trifft beispielsweise für Betriebe zu, die
  kundenindividuelle Erzeugnisse herstellen und aus Absatzgründen Lieferfristen akzeptieren müssen, die unter den Gesamtdurchlaufzeiten liegen. Das kann bedeuten, daß zeitlich vorauseilend disponiert werden
  muß, bevor die Stücklisten durch die Konstruktion erstellt sind. Für bestimmte Erzeugnisbestandteile, die in mehrere Enderzeugnisse eingehen
  und wahrscheinlich in unmittelbarerer Zukunft benötigt werden, ist dann
  eine verbrauchsgebundene Bedarfsermittlung sinnvoll. Dieser Fall kann
  auch generell auf Betriebe zutreffen, die zwar standardisierte Erzeugnisse anbieten, aber für die der Markt wiederum Lieferzeiten erzwingt,
  die unter den Gesamtdurchlaufzeiten dieser Erzeugnisse liegen. Damit
  müssen wiederum Erzeugniskomponenten bereits vor Auftragseingang
  disponiert werden. In diesem Fall hat aber das Produktions-Management
  die Auswahl. Entweder es wählt eine verbrauchsgebundene Bedarfsermittlung, oder es nimmt eine programmgebundene Disposition vor, wobei aber ein Produktionsprogramm auf der Basis von Erwartungen gebildet werden muß. Der Primärbedarf stellt damit eine unsichere Größe dar,
  und die darauf basierende Mengenplanung ist mit Unsicherheiten behaftet.
* Der relative Jahresverbrauchswert einer Erzeugniskomponente ist gering, so daß eine verbrauchsgebundene Bedarfsermittlung als ausreichend angesehen wird.

Der relative Jahresverbrauchswert wird üblicherweise in der Literatur zur
Abgrenzung zwischen programm- und verbrauchsgebundener Bedarfsermittlung empfohlen. Als Hilfsmittel bedient man sich der *ABC-Analyse*:
Die Erzeugnisbestandteile werden dabei in drei Klassen in bezug auf die
meßbare Größe eingeteilt:

A-Klasse: hoher Wertanteil (Jahresverbrauchswert), damit bedeutende
Komponente
B-Klasse: mittlerer Wertanteil, damit weniger bedeutende Komponente
C-Klasse: geringer Wertanteil, damit unbedeutende Komponente.

Eine Übersicht über das Teilespektrum schafft eine Gegenüberstellung des
prozentualen Anteils des Jahresverbrauchswerts (mengenmäßiger Jahresverbrauch mal Stückpreis) mit dem prozentualen Anteil an den Erzeugniskomponenten, wobei die Erzeugnisse nach abnehmendem Jahresverbrauch
geordnet sind (Abb. B.4.19 bis B.4.21).

In dem Beispiel der Abb. B.4.20 umfassen sechs Teile (16 % der Erzeugniskomponenten) einen Anteil am Jahresverbrauchswert von 68,5 %. Die
restlichen 31,5 % des Jahresverbrauchswerts teilen sich dagegen 84 % der
Komponenten. Derartige und noch extremere Verteilungen sind in der Praxis üblich. Die Teile T1020 bis T1037 in Abb. B.4.20 haben einen Ver-
brauchswert (über 1.000.000 Geldeinheiten), der deutlich über dem der anderen Komponenen liegt. Diese sechs Teile werden im Beispiel als A-Teile
klassifiziert. Die Teile T1034 bis T1035 haben einen Wert von über 160.000
Geldeinheiten und werden zu B-Teilen zuammengefaßt. Die restlichen Teile liegen unter 160.000 Geldeinheiten und werden als C-Teile klassifiziert.

Die ABC-Analyse läßt erkennen, welche Erzeugnisse bezüglich der ge-
messenen Größe von Belang sind. Der Zweck der Einteilung in drei Klassen besteht darin, die aufwendigeren Verfahren zur Bedarfsermittlung dort
einzusetzen, wo der größtmögliche ökonomische Effekt zu erwarten ist.
Teile mit einem hohen Jahresverbrauchswert (A-Teile und eventuell B-
Teile) sollen programmgebunden disponiert werden; für geringwertige Teile genügt es, eine verbrauchsgebundene Bedarfsermitttlung mit entsprechenden Sicherheitsbeständen vorzusehen.

Die Einteilung der Erzeugnisse in genau drei Klassen ist willkürlich (hat
sich aber praktisch bewährt), genauso wie das Festlegen der Klassengren-
zen eine subjektive Angelegenheit ist.

Der relative Jahresverbrauchswert gibt wesentliche Informationen zur
Wahl der Bedarfsermittlungsmethode. Als alleinige Bestimmungsgröße ist
er aber kaum geeignet. So haben wir bereits darauf hingewiesen, daß die
Koordinierung der Teile zur Aufrechterhaltung eines ungestörten Produkti-
onsflusses wesentlich ist. Wird eine Erzeugniskomponente aus Gründen eines geringen Jahresverbrauchswertes verbrauchsgebunden disponiert und
ist damit eine ungenaue Bedarfsschätzung verbunden, die zu Fehlmengen
führt, so kann das Fertigungsverzögerungen hervorrufen, deren Kosten-

Beispiel ABC-Analyse

Ein Unternehmen bezieht eine Reihe von Rohteile und Materialien,
deren Einstandspreise und Jahresbezugsmengen der folgenden Tabelle
entnommen werden können:

Teile-Nummer	Einstandspreis je ME	Menge
T1001	104,00	368
T1002	570,00	235
T1003	940,00	165
T1004	35,00	811
T1005	280,00	259
T1006	21.000,00	36
T1007	3,00	3469
T1008	6.100,00	55
T1009	154.000,00	12
T1010	0,82	8766
T1011	2,70	6758
T1012	6.000,00	69
T1013	7,00	5613
T1014	30.000,00	24
T1015	506.000,00	5
T1016	0,33	9615
T1017	1.500,00	103
T1018	425.000,00	6

Teile-Nummer	Einstandspreis je ME	Menge
T1019	3.100,00	94
T1020	1.377.000,00	3
T1021	310,00	336
T1022	9.100,00	55
T1023	210,00	297
T1024	0,65	10224
T1025	157.000,00	16
T1026	8.200,00	58
T1027	8.900,00	43
T1028	2.900,00	82
T1029	2.700,00	108
T1030	6,30	2345
T1031	130,00	401
T1032	750,00	189
T1033	630,00	196
T1034	34.000,00	25
T1035	1.300,00	125
T1036	1.800,00	111
T1037	121.000,00	10

Daraus errechnet sich der Jahresverbrauchswert,
der für die Ermittlung einer Rangfolge herangezogen wird:

Teile-Nummer	Verbrauchswert	Rang
T1001	38.272	30.
T1002	133.950	23.
T1003	155.100	20.
T1004	28.385	31.
T1005	72.520	26.
T1006	756.000	8.
T1007	10.407	34.
T1008	335.500	14.
T1009	1.848.000	5.
T1010	7.188	35.
T1011	18.247	32.
T1012	414.000	12.
T1013	39.291	29.
T1014	720.000	9.
T1015	2.530.000	3.
T1016	3.173	37.
T1017	154.500	21.
T1018	2.550.000	2.

Teile-Nummer	Verbrauchswert	Rang
T1019	291.400	16.
T1020	4.131.000	1.
T1021	104.160	25.
T1022	500.500	10.
T1023	62.370	27.
T1024	6.646	36.
T1025	2.512.000	4.
T1026	475.600	11.
T1027	382.700	13.
T1028	237.800	17.
T1029	291.600	15.
T1030	14.774	33.
T1031	52.130	28.
T1032	141.750	22.
T1033	123.480	24.
T1034	850.000	7.
T1035	162.500	19.
T1036	199.800	18.
T1037	1.210.000	6.

Abb. B.4.19:   Reihung der Erzeugnisse für ABC-Analyse

Im nächsten Schritt werden die Rohteile und Materialien
ihrem Rang nach geordnet und in A-, B- und C-Teile eingeteilt.
Graphisch läßt sich der Zusammenhang anhand des
kumulierten Verbrauchswertes darstellen.

Teile-Nummer	Rang	Verbrauchswert	Wert in %	kumulierter Wert in %	ABC
T1020	1.	4.131.000	19,16%	19,16%	A
T1018	2.	2.550.000	11,82%	30,98%	A
T1015	3.	2.530.000	11,73%	42,71%	A
T1025	4.	2.512.000	11,65%	54,36%	A
T1009	5.	1.848.000	8,57%	62,93%	A
T1037	6.	1.210.000	5,61%	68,54%	A
T1034	7.	850.000	3,94%	72,48%	B
T1006	8.	756.000	3,51%	75,99%	B
T1014	9.	720.000	3,34%	79,33%	B
T1022	10.	500.500	2,32%	81,65%	B
T1026	11.	475.600	2,21%	83,85%	B
T1012	12.	414.000	1,92%	85,77%	B
T1027	13.	382.700	1,77%	87,55%	B
T1008	14.	335.500	1,56%	89,11%	B
T1029	15.	291.600	1,35%	90,46%	B
T1019	16.	291.400	1,35%	91,81%	B
T1028	17.	237.800	1,10%	92,91%	B
T1036	18.	199.800	0,93%	93,84%	B
T1035	19.	162.500	0,75%	94,59%	B
T1003	20.	155.100	0,72%	95,31%	C
T1017	21.	154.500	0,72%	96,03%	C
T1032	22.	141.750	0,66%	96,68%	C
T1002	23.	133.950	0,62%	97,31%	C
T1033	24.	123.480	0,57%	97,88%	C
T1021	25.	104.160	0,48%	98,36%	C
T1005	26.	72.520	0,34%	98,70%	C
T1023	27.	62.370	0,29%	98,99%	C
T1031	28.	52.130	0,24%	99,23%	C
T1013	29.	39.291	0,18%	99,41%	C
T1001	30.	38.272	0,18%	99,59%	C
T1004	31.	28.385	0,13%	99,72%	C
T1011	32.	18.247	0,08%	99,80%	C
T1030	33.	14.774	0,07%	99,87%	C
T1007	34.	10.407	0,05%	99,92%	C
T1010	35.	7.188	0,03%	99,95%	C
T1024	36.	6.646	0,03%	99,99%	C
T1016	37.	3.173	0,01%	100,00%	C
Summe		21.564.742			

Abb. B.4.20:   Einteilung der Erzeugnisse in A-, B- und C-Güter

konsequenzen erheblich sind. Das trifft im besonderen Maße zu, wenn die
Wiederbeschaffungszeit dieser Fehlteile relativ lang ist. Zwar können wir
diesem Effekt durch einen hohen Sicherheitsbestand entgegenwirken, doch
müssen in diesem Fall die nicht geringen Lagerhaltungskosten beachtet

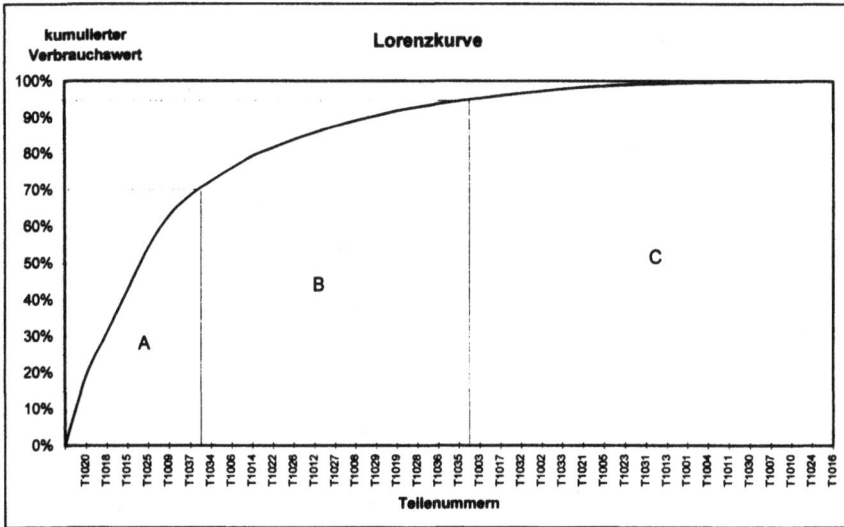

Abb. B.4.21: Lorenzkurve

werden. Unter diesen Umständen kann es durchaus möglich sein, daß eine programmgebundene Disposition nicht nur genauere Bedarfswerte liefert, sondern auch kostengünstiger ist.

Neuerdings wird vielfach auf eine Erweiterung der ABC-Analyse verwiesen, die sog. *ABC-XYZ-Analyse*. Diese ordnet die Erzeugnisse nicht nur nach den Verbrauchswerten, sondern gleichzeitig auch nach der Stetigkeit des Bedarfs (z. B. gemessen durch die Varianz der Bedarfswerte der Erzeugnisse). Diese umfassendere Analyse läßt sich heranziehen, um Anhaltspunkte dafür zu gewinnen, ob ein Erzeugnis eher kundenauftragsgetrieben oder prognosegetrieben disponiert werden soll.

Im folgenden Beispiel (Abb. B.4.22), das eine Fortsetzung des Beispiels in Abb. B.4.19 und B.4.20 darstellt, werden die Teile nach ihrem Variationskoeffizienten der monatlichen Verbrauchszahlen gereiht. Teile, die einen niedrigen Variationskoeffizienten aufweisen, deren monatlicher Bedarf also keinen großen Schwankungen unterliegt, werden als X-Güter eingestuft.

Die Abb. B.4.23 zeigt die Ergebnisse der ABC-XYZ-Analyse, wobei die Punkte den einzelnen Teilen bzw. Rohstoffen entsprechen.

Vor allem für AX, AY, BX, BY-Güter ist zu erwägen, diese erst nachdem die Kundenaufträge vorliegen zu beschaffen. Die übrigen Güter sind eher aufgrund von Prognosen zu disponieren.

Die Rangfolge für die Einteilung in X-, Y- und Z-Güter wird
nach dem Variationskoeffizienten in ansteigender Reihenfolge
vergeben.

Der Variationskoeffizient wird beispielsweise aus
der Standardabweichung der monatlichen Verbrauchszahlen,
dividiert durch den Mittelwert der Monatsverbräuche berechnet.

Teile-Nummer	Variationskoeff.	XYZ	Teile-Nummer	Variationskoeff.	XYZ
T1015	28,71	X	T1004	76,26	Y
T1037	30,16	X	T1011	79,44	Y
T1029	37,82	X	T1003	79,77	Y
T1018	38,21	X	T1005	98,12	Y
T1006	40,86	X	T1031	105,79	Y
T1009	44,04	X	T1008	110,80	Y
T1022	45,95	X	T1028	111,98	Y
T1014	47,59	X	T1012	117,90	Y
T1025	49,36	X	T1016	120,01	Y
T1020	54,63	X	T1033	124,16	Y
T1027	54,93	X	T1034	125,09	Y
T1013	55,80	X	T1019	141,22	Y
T1026	57,44	X	T1024	149,97	Y
T1010	59,99	X	T1021	158,30	Y
T1017	62,12	X	T1030	182,57	Z
T1035	72,48	Y	T1002	189,50	Z
T1023	75,19	Y	T1007	193,98	Z
T1032	76,22	Y	T1001	240,57	Z
			T1036	376,39	Z

Abb. B.4.22:   Einteilung der Erzeugnisse in X-, Y- und Z-Güter

Zum Abschluß wollen wir nochmals eine kurzgefaßte Gegenüberstellung der programm- und verbrauchsgebundenen Bedarfsermittlung geben (Abb. B.4.24).

Für die einzelnen Erzeugnisbestandteile ist nun nach Abwägung der Vor- und Nachteile der beiden Verfahren der Bedarfsermitttlung die geeignete Dispositionsmöglichkeit zu wählen. Dabei erweist sich in der Regel, daß für bestimmte Komponenten eine programmgebundene und für andere eine verbrauchsgebundene Disposition geeignet ist. Es werden also in einem Betrieb häufig nebeneinander beide Verfahren der Bedarfsermittlung eingesetzt.

Gleichgültig welches Dispositionsverfahren gewählt wird, so bleibt zusammenfassend festzuhalten, daß als Ergebnis der Mengenplanung die *Fertigungs- und Beschaffungsaufträge* nach Art, Vorlaufzeit und Menge festliegen. Für die Fertigungsaufträge ist nun im Anschluß daran der

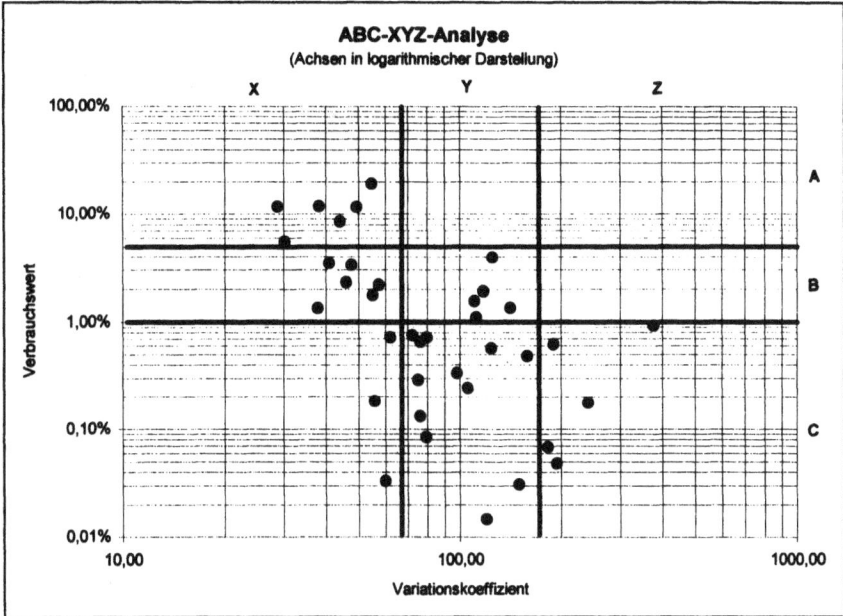

Abb. B.4.23:   Kombination von ABC- und XYZ-Analyse

genaue zeitliche Ablauf festzulegen. Diese Aufgabe ist Gegenstand der
Termin- und Kapazitätsplanung.

B.5   Termin- und Kapazitätsplanung

Im Mittelpunkt der bisher behandelten Teilprobleme der Produktionsplanung standen die Entscheidungen, die Mengen an Enderzeugnissen oder
Komponenten festzulegen. Aussagen zum zeitlichen Ablauf der Produktion erfolgten nicht oder nur global, indem

• bei der Programmplanung der zeitliche Ablauf vernachlässigt bzw. nur
  indirekt über die Beachtung von Kapazitätsgrenzen berücksichtigt wurde,

• bei der Mengenplanung geschätzte, mittlere Durchlauf- bzw. Vorlaufzeiten für die zeitlich vorausgehenden Fertigungsstufen angenommen wurden.

Programmgebundene Bedarfsermittlung	Verbrauchsgebundene Bedarfsermittlung
Grundgedanke: Bedarfsermittlung für Erzeugnisse mit abhängigem Bedarf über Stücklistenauflösung Notwendige Informationen: • Produktionsprogramm • Stücklisten etc.	*Grundgedanke:* Bedarfsermittlung wird so vorgenommen, daß der jeweilige Lagerbestand des Erzeugnisses (Teil, Baugruppe etc.) kontrolliert wird und je nach der Höhe des Lagerbestands eine Entscheidung über die Auffüllung des Lagers erfolgt. Notwendige Informationen: Verbrauchsentwicklung in der Vergangenheit und Extrapolation dieser in die Zukunft, um Dispositionsgrößen (z. B. Bestellpunkt) ableiten zu können.
Vorteile: Exakte Ableitung der Bedarfswerte bei feststehendem Primärbedarf. Basiert das Produktionsprogramm auf verläßlichen Bedarfswerten für Enderzeugnisse und sind die Erzeugnisgliederungen korrekt, so führt das auf • relativ geringe Lagerbestände • eine hohe Lieferbereitschaft der Komponenten	*Vorteile:* Verfahren erfordert relativ geringen Aufwand (hängt allerdings davon ab, welches Lagerdispositionssystem verwendet wird). Kurze Lieferzeiten möglich, wenn der Bedarf aufgrund von Vergangenheitswerten vordisponiert wird.
Nachteile: Verfahren erfordert einen hohen Aufwand bei vielen Enderzeugnissen und Teilen durch • Stücklistenerstellung und Änderungsdienst • Speicher- und Rechenaufwand (laufende Fortschritte der EDV relativieren diesen Nachteil) Lange Lieferzeiten, wenn die programmgebundene Bedarfsermittlung erst ausgelöst werden kann, wenn die Konstruktion die Stücklisten nach Auftragseingang erstellen muß.	*Nachteile:* Erhebliche Lagerhaltungskosten, wenn für die disponierten Komponenten starke Abweichungen bei der Nachfrage und/oder den Lieferzeiten entstehen und eine hohe Lieferbereitschaft aufrechterhalten werden soll. Risiko fehlerhafter Dispositionsgrößen.

Abb. B.4.24:   Vor- und Nachteile der Verfahren der Bedarfsermittlung

Damit bleibt die Frage offen, wie der geplante Material- und Warenfluß im einzelnen zeitlich zu planen ist. Das ist Aufgabe der *Termin- und Kapazitätsplanung:* Diese hat die auszuführenden Fertigungsaufträge bzw. Arbeitsvorgänge auf den Arbeitssystemen zeitlich einzuplanen und eine kapazitätsmäßig zulässige Belegung herbeizuführen. Ergebnis der Terminplanung ist eine Übersicht, die die Start und Endtermine der Arbeitsvorgänge enthält.

Die Art der Termin- und Kapazitätsplanung hängt vom Fertigungstyp ab. In PPS-Systemen sind für die Termin- und Kapazitätsplanung vor allem für den Serienfertiger und zuweilen auch für den Projektfertiger Lösungen vorhanden. Auf diese Lösungsvorschläge gehen wir im folgenden ein.

B.5.1 Terminplanung für Projektfertigung

Der Bau von Schiffen, industriellen Großanlagen wie Kraftwerke, Werkzeugmaschinen, Fertigungsstraßen führt in der Regel auf Einzel- und Kleinserienfertigung und wird in Form von Projekten abgewickelt. Projekte bestehen aus einer Vielzahl von Aktivitäten (auch Tätigkeiten bzw. Arbeitsvorgänge genannt), zwischen denen technologische Beziehungen bestehen. Das grundlegende Problem bei der Projektfertigung ist die zeitliche Koordinierung der Aktivitäten unter Berücksichtigung der technologischen Abhängigkeiten. Dabei tritt vor allem bei Mehrprojektfertigung zusätzlich das Problem auf, Zeitpunkte für die Einplanung von Aktivitäten auf den Ressourcen (Maschinen, Personal etc.) zu bestimmen, wobei beachtet werden muß, daß nicht gleichzeitig mehrere Projekte die gleichen Kapazitäten beanspruchen.

Für den Fall, daß jedes Projekt separat zeitlich terminiert werden kann (also keine Ressourcenkonkurrenz auftritt), läßt sich die einfache Struktur- und Zeitanalyse der *Netzplantechnik* heranziehen. In der

- *Strukturanalyse* wird jedes Projekt in seine Tätigkeiten bzw. Arbeitsvorgänge zerlegt und die technologischen Reihenfolgebeziehungen bestimmt sowie die Dauer jeder Tätigkeit geschätzt. Die Strukturanalyse bildet also die Ablaufstruktur jedes Projekts ab.
- *Zeitanalyse* werden aufbauend auf der Strukturplanung die frühesten und spätesten Anfangs- und Endzeitpunkte für die Tätigkeiten errechnet sowie die Pufferzeiten für jede Tätigkeit und die Gesamtdauer des Projekts ermittelt.

Ein Netzplan ist eine graphische Darstellung von Abläufen und deren Abhängigkeiten. Aus der Sicht der Graphentheorie stellt ein Netzplan einen speziellen (bewerteten, gerichteten) Graphen dar. Jeder Netzplan besteht aus zwei formalen Elementen, den Knoten und den Pfeilen. Durch die Knoten und Pfeile lassen sich entweder Vorgänge (zeitverbrauchende Abschnitte des Ablaufs), Ereignisse (definierte Zustände im Ablauf) oder Anordnungsbeziehungen (Abhängigkeit zwischen Ereignissen oder Vorgängen) darstellen. Je nach Zuordnung unterscheidet man daher:

- Vorgangspfeilnetzplan: es werden Vorgänge beschrieben und durch Pfeile dargestellt.
- Vorgangsknotennetzplan: es werden Vorgänge beschrieben und durch Knoten dargestellt.
- Ereignisknotennetzplan: es werden Ereignisse beschrieben und durch Knoten dargestellt.

Zu allgemeinen Ausführungen der Netzplantechnik vgl. Altrogge (1979), Küpper/Lüder/Streitferdt (1975), Wäscher (1988), Domschke/Drexl (1991).

Vorgangsknotennetzpläne weisen im besonderen bei der Strukturanalyse Vorteile auf (vgl. dazu Drexl, 1990, S. 86). Im folgenden wollen wir daher die Zeit- und Strukturanalyse unter Heranziehung von Vorgangsknotennetzplänen veranschaulichen.

Die Grundregeln, die bei der Erstellung von *Vorgangsknotennetzplänen* zu beachten sind, lauten:

(1) Vorgänge bzw. Aktivitäten werden als Knoten dargestellt. Jeden Vorgangsknoten stellen wir als Rechteck dar, jede Reihenfolgebeziehung durch einen Pfeil. Die folgende Darstellung drückt aus, daß die Aktivität i direkter Vorgänger der Aktivität j ist:

(2) Aktivität j hat die Aktivitäten h und i als direkte Vorgänger:

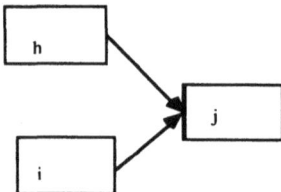

(3) Aktivität h hat die Aktivitäten i und j als direkte technologische Nachfolger:

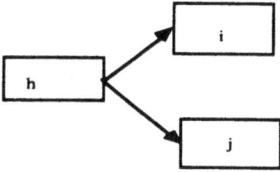

(4) Ist der Beginn einer Aktivität i erst mit Beendigung eines bestimmten Anteils der Aktivität h möglich, so kann h in zwei Teilvorgänge h_1(nach dessen Beendigung i beginnen darf) und h_2 aufgespalten werden.

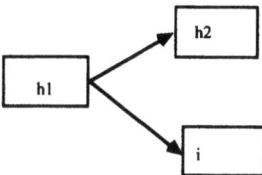

(5) Falls ein Projekt mit mehreren Vorgängen zugleich begonnen bzw. beendet wird, können wir einen Scheinvorgang „Beginn" bzw. Scheinvorgang „Ende" einführen, die jeweils die Zeitdauer 0 haben.

Im folgenden wollen wir die Struktur- und Zeitanalyse anhand eines Projekts „Brückenbau" veranschaulichen. Der Abb. B.5.1 ist die Zeichnung einer Brücke zu entnehmen, wobei die einzelnen Aktivitäten, die technologischen Beziehungen sowie die Schätzungen für die Zeitdauern für die Aktivitäten ebenfalls aufgeführt sind (vgl. auch Zimmermann 1971).

Aus diesen Informationen läßt sich der Vorgangsknotennetzplan für unser Beispiel „Brückenbau" ableiten (Abb. B.5.2).

In den Knoten führen wir die Bezeichnung i/d_i auf, für Vorgangsnummer i und Vorgangsdauer d_i. Die Pfeile entsprechen den technologischen Folgen. Der Vorgangsknotennetzplan entspricht also einem Graphen $G = (V, E, d)$, wobei V die Menge der Aktivitäten und $E \subset V \times V$ die Pfeilmenge darstellt. Die Abbildung $d : d_i \rightarrow V$ weist jedem Vorgang seine Zeitdauer zu.

In den Vorgangsknotennetzplänen können auch Pfeilbewertungen angegeben werden, nämlich zeitliche Mindest- und Höchstabstände zwischen Aktivitäten. Damit läßt sich ausdrücken, daß zwischen zwei Tätigkeiten (die nicht unmittelbar aufeinander folgen müssen) mindestens oder höchstens bestimmte Zeiteinheiten verstreichen müssen bzw. dürfen. Wir verzichten aus Gründen der Einfachheit im folgenden auf diese Verallgemeinerungen und gehen daher davon aus, daß die Pfeilbewertungen Null

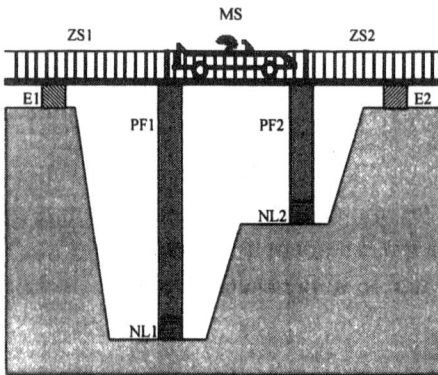

Nr. VG	Vorgang	Dauer in Mon.	Nr. der unmittelbar vorausgehenden Vorgänge
1	Allg. Planung	12	
2	Fert. Endlager E1	1	1
3	Fert. u. Montage von Niederlager NL1 u. Pfeiler PF1	6	1
4	Fertigung aller Einzelteile	4	1
5	Fertigung u. Montage NL2 u. PF2	4	1
6	Fert. E2	1	1
7	Fert. u. Montage von Zwischenstück ZS1	6	2, 3, 4
8	Fert. u. Montage von Mittelstück MS	6	4
9	Fert. u. Montage von ZS2	6	4, 5, 6
10	Einschwimmen u. Montage MS	1	8
11	Eröffnung der Brücke	1	7, 9, 10

Abb. B.5.1:   Projekt „Brückenbau"

sind. Der Leser sei aber für die ausführliche Darstellung des allgemeinen Falles auf Domschke/Drexl (1991) verwiesen.

Aufbauend auf dieser Strukturanalyse sind nun mittels einer Zeitanalyse folgende Fragen zu beantworten:

(1) Welches ist der frühestmögliche Anfangs- und Endzeitpunkt jeder Tätigkeit (= Vorgang = Aktivität)?

(2) Welches ist der spätestmögliche Anfangs- und Endzeitpunkt jeder Tätigkeit?

(3) Kann die zeitliche Lage von bestimmten Tätigkeiten verschoben werden, ohne daß sich das auf den vorgesehenen Liefertermin auswirkt?

Gehen wir von den folgenden Symbolen aus:

d_i Dauer der Aktivität i

FAZ_i frühestmöglicher Anfangszeitpunkt von Tätigkeit (Vorgang) i

FEZ_i frühestmöglicher Endzeitpunkt von Tätigkeit (Vorgang) i

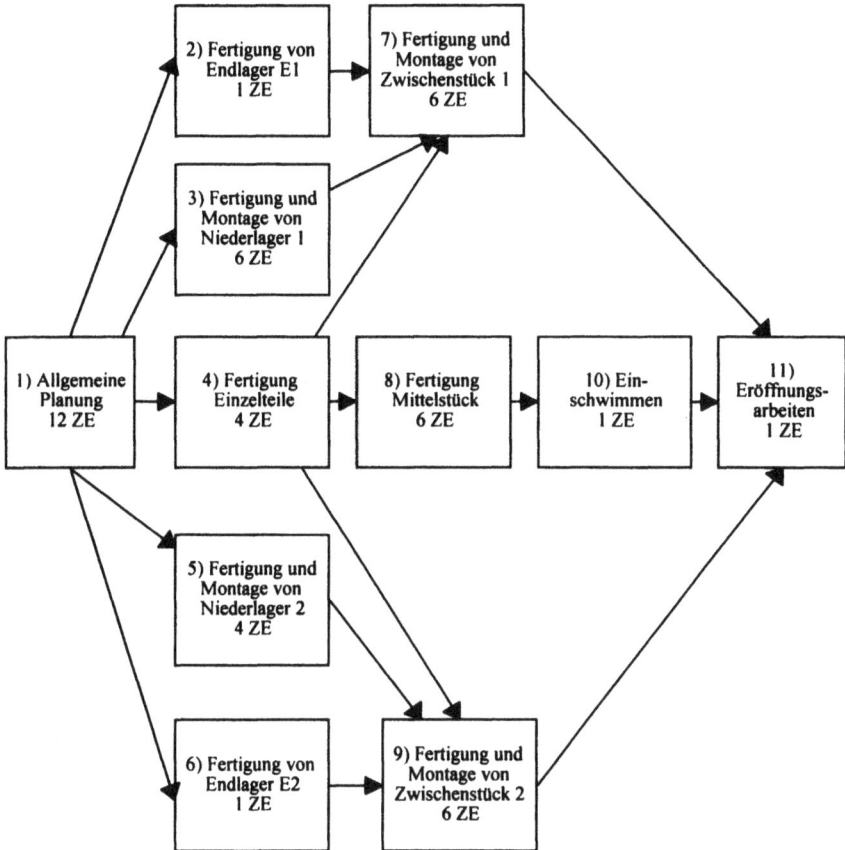

Abb. B.5.2: Netzplan für Brückenbau (ZE = Zeiteinheiten)

SAZ_i spätestmöglicher Anfangszeitpunkt von Tätigkeit (Vorgang) i
SEZ_i spätestmöglicher Endzeitpunkt von Tätigkeit (Vorgang) i
$V(i)$ Menge der direkten Vorgänger der Tätigkeit i
$N(i)$ Menge der direkten Nachfolger von i,

so lassen sich für einen zyklenfreien Netzplan $G = (V, E, d)$ die Knoten $i \in V$ so von 1 bis n (n = Anzahl der Tätigkeiten) numerieren, daß für alle Pfeile $(h, i) \in E$ die Beziehung $h < i$ gilt. Diese Sortierung nennt man topologisch. Für topologisch sortierte Netzpläne lassen sich die Zeiten wie folgt bestimmen:

(1) *Vorwärtsrechnung:*

$$FAZ_1 := 0$$
$$FEZ_i = FAZ_i + d_i, \quad i = 1, \ldots, n$$
$$FAZ_i = \max \{FEZ_h \mid h \in V(i)\}, \quad i = 2, \ldots, n$$

(2) *Rückwärtsrechnung:*

Setzt man beispielsweise $SEZ_n := FEZ_n$, so lassen sich die spätestmöglichen Endzeitpunkte der Tätigkeiten ermitteln durch:

$$SAZ_i = SEZ_i - d_i, \quad i = n, n - 1, \ldots, 1$$
$$SEZ_i = \min \{SAZ_j \mid j \in N(i)\}, \quad i = n - 1(-1), \ldots, 1$$

Die gesamte Pufferzeit eines Vorgangs i (=1,...,n), d. h. die maximale Zeitspanne, um die der Beginn von Vorgang i verschoben werden kann, ohne den Projektendtermin zu gefährden, ergibt sich aus:

$$GP_i = SAZ_i - FAZ_i$$

In der Literatur werden weitere Pufferzeiten unterschieden (vgl. dazu Neumann/Morlock 1993, Kap. 2).

Für unser Beispiel „Brückenbau" erhalten wir die folgenden Zeiten (Abb. B.5.3):

Vorwärtsrechnung			Rückwärtsrechnung		
Vorg.-Nr. i	FAZ_i = max $\{FEZ_h/h \in V(i)\}$	FEZ_i = $FAZ_i + d_i$	SEZ_i = min $\{SAZ_h/h \in N(i)\}$	SAZ_i = $SEZ_i - d_i$	GP_i
1	$FAZ_1 = 0$ {vorgegeben}	0 + 12 = 12	min {SAZ_2, SAZ_3 SAZ_4, SAZ_5, SAZ_6} = min {17, 12, 13, 14, 17} = 12	12 - 12 = 0	0
2	max {FEZ_1} = 12	12 + 1 = 13	min {SAZ_7} = 18	18 - 1 = 17	5
3	max {FEZ_1} = 12	12 + 6 = 18	min {SAZ_7} = 18	18 - 6 = 12	0
4	max {FEZ_1} = 12	12 + 4 = 16	min {SAZ_7, SAZ_8, SAZ_9} = min {18, 17, 18} = 17	17 - 4 = 13	1
5	max {FEZ_1} = 12	12 + 4 =16	min {SAZ_9} = 18	18 - 4 = 14	2
6	max {FEZ_1} = 12	12 + 1 = 13	min {SAZ_9} = 18	18 - 1 = 17	5
7	max {FEZ_2, FEZ_3, FEZ_4} = max {13, 18, 16} = 18	18 + 6 = 24	min {SAZ_{11}} = 24	24 - 6 = 18	0
8	max {FEZ_4} = 16	16 + 6 = 22	min {SAZ_{10}} = 23	23 - 6 = 17	1
9	max {FEZ_4, FEZ_5, FEZ_6} = max {16, 16, 13} = 16	16 + 6 = 22	min {SAZ_{11}} = 24	24 - 6 = 18	2
10	max {FEZ_8} = 22	22 + 1 = 23	min {SAZ_{11}} = 24	24 - 1 = 23	1
11	max {FEZ_7, FEZ_9, FEZ_{10}} = max {24, 22, 23}=24	24 + 1 = 25	SEZ_{11} = 25 (vorgegeben)	25-1 = 24	0

Abb. B.5.3:   Vorwärts- und Rückwärtsrechung

Die Gesamtdauer beträgt 25 Zeiteinheiten. Bezieht man die Werte der Vorwärts- und Rückwärtsrechnung auf den Kalender, so führt man eine *Vorwärts- und Rückwärtsterminierung* durch. *Kritische Aktivitäten* sind in unserem Beispiel die Vorgänge 1, 3, 7 und 11, da ihr Gesamtpuffer jeweils Null ist. Weisen diese Tätigkeiten Zeitverzögerungen auf, so läßt sich die Gesamtprojektdauer nicht mehr gewährleisten.

Erweiterte Verfahren der Netzplantechnik ziehen Kostengesichtspunkte in die Analyse ein und erfassen die Wirkungen der Tätigkeiten auf die Produktionskapazitäten. Im besonderen sollen diese Erweiterungen Hilfestellungen bei der Projektplanung für folgende Problemstellungen geben:

- Es ist der Fertigstellungszeitpunkt gesucht, der eine Projektdurchführung mit minimalen Kosten ermöglicht.
- Es ist die zeitliche Beschleunigung von Tätigkeiten gesucht, die einen bestimmten Projektabschluß ermöglichen und die die Kosten möglichst gering ansteigen lassen.
- Es sind bei Mehrprojektfertigung die gemeinsam genutzten Kapazitäten auf die einzelnen Tätigkeiten der Projekte aufzuteilen, so daß zeitliche Doppelbelegungen der Ressourcen vermieden werden.

Der Leser sei dazu z. B. auf Neumann/Morlock (1993) verwiesen.

B.5.2 Termin- und Kapazitätsplanung für den Serienfertiger

Die Termin- und Kapazitätsplanung für *Serienfertiger* stellt in der Regel eine komplexe Aufgabe dar. Im besonderen in der Fertigungsindustrie werden Erzeugnisse in Serien hergestellt, die auf den gleichen Produktionsanlagen produziert werden können und damit laufend zeitliche Zuordnungsentscheidungen notwendig machen. Da in der Fertigungsindustrie aber zehntausende von Teilen und hunderttausende von Arbeitsvorgängen keine Seltenheit sind und damit die Terminplanung unter gleichzeitiger Beachtung begrenzter Ressourcen sich in der Regel nicht exakt lösen läßt, wird man heuristisch vorgehen müssen. Eine in den *PPS-Systemen* weitverbreitete Methode besteht darin, die Planungsaufgabe der Termin- und Kapazitätsplanung wiederum in mehrere, sukzessiv abzuarbeitende Planungsschritte zu zerlegen:

- Durchlaufterminierung
- Kapazitätsterminierung
- Maschinenbelegung.

B.5.2.1 Durchlaufterminierung

Aufgabe der Durchlaufterminierung (auftragsorientierte Terminermittlung) ist es, Anfangs- und Endtermine der Fertigungsaufträge bzw. Arbeitsvorgänge unter Beachtung der technologisch bedingten Arbeitsabläufe und vorgegebener Durchlaufzeiten festzulegen, *ohne daß Kapazitätsgrenzen* berücksichtigt werden. Bei den ermittelten Anfangs- und Endzeitpunkten handelt es sich um vorläufige Termine, da mögliche, erst später in der Kapazitätsterminierung berücksichtigte Engpässe zeitliche Änderungen erzwingen können. Die isolierte zeitliche Einplanung der einzelnen Fertigungsaufträge (ohne Berücksichtigung der Kapazitätskonkurrenz) im Rahmen der Durchlaufterminierung macht erforderlich, die Zeitspanne für das Durchlaufen der einzelnen Arbeitsvorgänge der Fertigungsaufträge durch die Produktionsstellen zu schätzen. Daher legt man bei der isolierten zeitlichen Einplanung nicht allein die Belegungszeiten (Rüst- und Bearbeitungszeiten), sondern *Durchlaufzeiten* zugrunde, die neben den Zeiten für Rüsten und Bearbeiten auch Zeitanteile für das ablaufbedingte Warten, Kontrollieren sowie Transportieren etc. beinhalten. Die Schätzung dieser Zeitanteile stellt eine komplexe Aufgabe dar. Im Kap. B.5.2.1.3 gehen wir ausführlicher auf die damit verbundene Problematik ein.

Ausgangsbasis der Durchlaufterminierung sind die im Rahmen der Mengenplanung ermittelten Fertigungsaufträge. Unter Rückgriff auf die Daten aus Arbeitsplänen und durch Schätzungen von Durchlaufzeiten für die einzelnen Arbeitsvorgänge werden die *Start- und Endtermine* (auftragsbezogene Terminpläne) festgelegt.

Im Anschluß daran werden in der Regel Belastungsprofile (anlagenbezogene Terminpläne) erstellt, die auf Basis der Ergebnisse der Durchlaufterminierung die entstehende Kapazitätsbelastung auf den betroffenen Arbeitssystemen ausweisen. Die Schritte der Durchlaufterminierung können damit unterteilt werden in:

- Bestimmung der auftragsbezogenen Terminpläne
- Bestimmung der anlagenbezogenen Terminpläne

B.5.2.1.1 Bestimmung der auftragsbezogenen Terminpläne

Die auftragsbezogene Terminplanung bestimmt für die Arbeitsvorgänge jedes durch die Mengenplanung festgelegten (eigenzufertigenden) Fertigungsauftrags die Start- und Endtermine unter Beachtung der technologisch bedingten Abläufe, *ohne aber die mögliche zeitliche Konkurrenz der Fertigungsaufträge um Nutzung der Ressourcen zu beachten*. Auftragsbezogene Terminpläne können nur abgeleitet werden, wenn die technologische Abfolge der Arbeitsvorgänge für die Fertigungsaufträge bekannt ist und geschätzte Durchlaufzeiten (sog. *Plan-Durchlaufzeiten*) festliegen.

Ausgangspunkt der Durchlaufterminierung sind:

- die in der Mengenplanung terminierten Fertigungsaufträge
- die Plan-Durchlaufzeiten der Fertigungsaufträge
- die Stück- und Rüstzeiten aus dem Arbeitsplan.

Aus diesen Daten werden mittels einer Terminierung in Analogie der Rechenschritte der Netzplantechnik die Start- und Endtermine der Arbeitsvorgänge der Fertigungsaufträge errechnet und in Form von auftragsbezogenen Terminplänen dargestellt.

An einem Beispiel wollen wir dies verdeutlichen:

Gegeben seien die Mengen von zwei Fertigungsaufträgen T_1 und T_2 in den folgenden Planwochen, die aus der Mengenplanung stammen:

Fertigungsauftrag \ Woche	1	2	3	4	5	6	7	8	9	10	11	12
T1	0	0	0	195	0	0	510	0	0	0	0	0
T2	0	0	0	0	0	25	220	440	0	0	0	0

Die terminierten Fertigungsaufträge aus der Mengenplanung sagen in unserem Fall aus, daß die entsprechenden Mengen spätestens zu dem aufgeführten Periodenbeginn bereitstehen müssen.

Die Plandurchlaufzeiten der einzelnen Fertigungsaufträge seien wie folgt gegeben:

Durchlaufzeit T1 (Teilefertigung): 3 Wochen

Durchlaufzeit T2 (Teilefertigung): 2 Wochen

Die Plan-Durchlaufzeit der Arbeitsvorgänge in der Teilefertigung in *Tagen* beträgt:

Dreherei   3
Fräserei   7
Bohrerei   5

Die Stück- und Rüstzeiten für das Drehen, Fräsen und Bohren sind den Arbeitsplänen entnehmbar:

T1:

AG-Nr.	Bezeichnung	Rüstzeit/Los (Min.)	Zeit/Stück (Min.)
1	Drehen	20	1.5
2	Fräsen	15	5
3	Bohren	10	3

T2:

AG-Nr.	Bezeichnung	Rüstzeit/Los (Min.)	Zeit/Stück (Min.)
1	Fräsen	15	5
2	Drehen	20	3

Die *Durchlaufterminierung in Form einer Rückwärtsrechnung* basiert auf den Rechenschritten der Netzplantechnik, wie wir sie im Kap. B.5.1 bereits kennengelernt haben, wobei d_i nun den *Durchlaufzeiten* für die Arbeitsvorgänge i entsprechen:

$$SEZ_n := \text{vorgegeben}$$
$$SAZ_i := SEZ_i - d_i, \quad \forall i = n, n-1, n-2, \ldots, 1$$
$$SEZ_i := SAZ_j, \quad \forall j \in N(i) \text{ und } i = n-1, n-2, \ldots, 1$$

Die Ermittlung der spätesten Endzeitpunkte der Arbeitsvorgänge ist in unserem Fall vereinfacht, da für jeden Arbeitsgang i jeweils nur *ein* unmittelbarer technologischer Nachfolger existiert und damit die Minimumbildung entfallen kann. Als Ergebnis der Durchlaufterminierung erhalten wir z. B. für den *Fertigungauftrag T1* mit der Menge 510 – der laut Mengenplanung zu Beginn der Periode 7, d. h. zu Beginn des Arbeitstags 31 (bzw. gleichbedeutend am Ende des Arbeitstags 30), spätestens bereitstehen muß – die spätesten Anfangs- und Endtermine (bezogen auf den jeweiligen *Beginn* des Arbeitstages) für die zugehörigen Arbeitsvorgänge wie folgt:

Arbeitsvorgang i	$SEZ_i = SAZ_j, j \in N(i)$	$SAZ_i = SEZ_i - d_i$
Bohren (i = n)	31 (vorgegeben)	31 -5 = 26
Fräsen	26	26 -7 = 19
Drehen	19	19 -3 = 16

In Analogie lassen sich die übrigen Fertigungsaufträge der Mengenplanung terminieren. Die Ergebnisse der Durchlaufterminierung entsprechen dem *auftragsbezogenen Terminplan* und sind für das Beispiel in der Abb. B.5.4 zusammenfassend dargestellt.

Die grafische Darstellung des auftragsbezogenen Terminplans läßt besonders deutlich erkennen, ob bereits nach der Durchlaufterminierung Starttermine in die Vergangenheit fallen. Das ist immer dann der Fall, wenn Starttermine vor dem Beginnzeitpunkt des Planungszeitraums liegen. In dieser Situation ist eine Einhaltung des gewünschten Liefertermins für den betroffenen Auftrag nicht mehr möglich und zwar unabhängig davon, ob die verfügbare Kapazität für die Abwicklung der Aufträge ausreicht oder nicht, es sei denn, man kann Durchlaufzeiten kürzen. PPS-Systeme sehen eine Reihe von Maßnahmen vor, um die *Durchlaufzeiten zu verringern* (vgl. auch ausführlich Glaser/Geiger/Rhode 1992):

- Verringerung von Übergangszeiten
- Überlappung
- Arbeitsvorgangssplitting
- Losteilung

Eine Möglichkeit, Durchlaufzeiten zu reduzieren, ist *eine Verringerung der geplanten Übergangszeiten* bei den kritischen Arbeitsvorgängen. Das läßt sich dadurch erreichen, daß der Auftrag bzw. die entsprechenden Arbeitsvorgänge auf den Produktiveinheiten bevorzugt eingeplant werden. Da die wesentliche Komponente der Übergangszeit – die Wartezeit – in dieser Planungsstufe als durchschnittlicher Wert eingeht, läßt sich bei einer (nur im konkreten Fall zu bestimmenden) Anzahl von Aufträgen eine Beschleunigung dadurch herbeiführen, daß man diese bevorzugt einplant und damit deren Wartezeiten verkleinert. Die spezifische Grenze für die Anzahl der zu beschleunigenden Aufträge hängt davon ab, wie großzügig bei der Schätzung der Durchlaufzeiten – im Hinblick auf die Liegezeiten – verfahren wurde.

Eine Verkürzung der Durchlaufzeit ist weiterhin durch eine *Überlappung* erreichbar, indem zwei aufeinanderfolgende Arbeitsvorgänge eines Auftrags teilweise gleichzeitig bearbeitet werden. Dabei wird, nachdem ei-

| Woche | Tag | Durchlauf-terminierung | | | | |
		Auftr. T1 510	Auftr. T1 195	Auftr. T2 440	Auftr. T2 220	Auftr. T2 25
8	40					
	39					
	38					
	37					
	36					
7	35			Dr		
	34			Dr		
	33			Dr		
	32			Fr		
	31			Fr		
6	30	■		Fr	Dr	
	29	■		Fr	Dr	
	28	■		Fr	Dr	
	27	■		Fr	Fr	
	26	■		Fr	Fr	
5	25	Fr			Fr	Dr
	24	Fr			Fr	Dr
	23	Fr			Fr	Dr
	22	Fr			Fr	Fr
	21	Fr			Fr	Fr
4	20	Fr				Fr
	19	Fr				Fr
	18	Dr				Fr
	17	Dr				Fr
	16	Dr				Fr
3	15		■			
	14		■			
	13		■			
	12		■			
	11		■			
2	10		Fr			
	9		Fr			
	8		Fr			
	7		Fr			
	6		Fr			
1	5		Fr			
	4		Fr			
	3		Dr			
	2		Dr			
	1		Dr			

Abb. B.5.4:   Ergebnisse der Durchlaufterminierung

ne bestimmte Teilmenge fertiggestellt ist, der nächste Arbeitsvorgang bereits gestartet, bevor der vorangehende Arbeitsvorgang desselben Auftrags abgeschlossen ist. Dieses Verfahren setzt Lose mit relativ großen Stückzahlen voraus. Überlappung führt zu umfangreicheren innerbetrieblichen Transporten, da Teilmengen weitergegeben werden. Daher sind aus produktionswirtschaftlicher Sicht Transportkosten mit Kosten für Terminüberschreitungen abzuwägen (Abb. B.5.5).

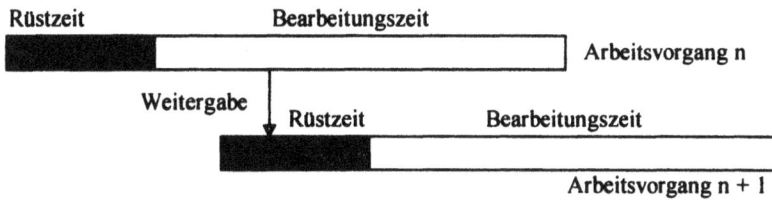

Abb. B.5.5:   Prinzip der Überlappung

Bei der *Arbeitsvorgangssplittung* führt man einen Arbeitsvorgang an zwei oder mehreren Arbeitsplätzen gleichzeitig durch (Abb. B.5.6). Durch das parallele Bearbeiten wird der Durchlauf für eine bestimmte Menge kürzer. Voraussetzung für die Splittung ist, daß mehrere funktionsgleiche Produktiveinheiten verfügbar sind. Arbeitsvorgangssplittung bietet sich immer dann an, wenn die reine Bearbeitungszeit die Rüstzeit um ein Vielfaches überschreitet. Durch die Parallelarbeit muß ein entsprechendes mehrfaches Rüsten in Kauf genommen werden. In diesem Fall sind die zusätzlich entstehenden Rüstkosten mit den Kosten für Terminüberschreitungen zu vergleichen.

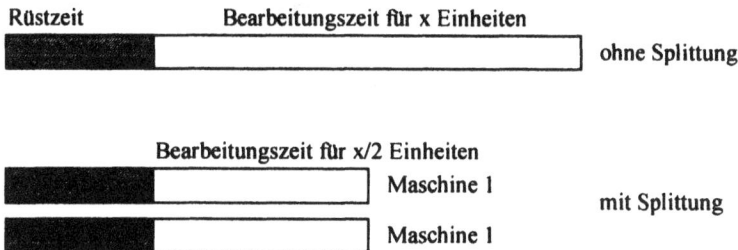

Abb. B.5.6:   Prinzip der Splittung

Eng verwandt mit der Überlappung und Splittung ist die *Losteilung*. Dabei wird das gesamte Los in mindestens zwei Teile aufgespalten. Dadurch soll die Durchlaufzeit für Teile des Loses verkürzt werden. Läuft beispielsweise ein Los mit einem Umfang von 220 Einheiten durch die Fertigung und werden beispielsweise dringend 50 Stück in der Montage benötigt, so kann eine Losteilung in zwei Aufträge von 50 respektive 170 Einheiten sinnvoll sein. Die 50 Einheiten werden beschleunigt durch die Produktion geschleust. Durch die Losteilung muß wiederum ein mehrfaches Rüsten in Kauf genommen werden, so daß die dabei entstehenden Kosten mit jenen für einen Terminverzug abzuwägen sind.

B.5.2.1.2 Kapazitätsbedarfsprofile (anlagenbezogene Terminpläne)

Einen Überblick über die zeitliche Durchführbarkeit von Arbeitsvorgängen soll der *anlagenbezogene Terminplan* (auch *Belastungsdiagramm bzw. Kapazitätsbedarfsprofil* genannt) geben: Dieser gibt die aus der Duchlaufterminierung entstehende Kapazitätsnachfrage im Zeitablauf auf den jeweiligen Produktiv- bzw. Kapazitätseinheiten wieder. Dabei ist von den *relevanten Belegungszeiten* (Rüst- und Bearbeitungszeiten) sämtlicher Fertigungsaufträge bzw. der mit diesen Aufträgen verbundenen Arbeitsvorgänge auszugehen, und diese sind *periodengerecht* den Arbeitssystemen zuzurechnen. Der anlagenbezogene Terminplan wird durch die Kapazitätsbelastungsrechnung ermittelt.

Die *Kapazitätsbelastungsrechnung* ist dadurch charakterisiert, daß für jedes betrachtete Arbeitssystem die kumulierte zeitliche Belastung durch alle Arbeitsvorgänge, differenziert für jede Periode (z. B. Tag, Woche), bestimmt wird. Dabei entsteht allerdings das Problem, wie die Rüst- und Bearbeitungszeiten der Arbeitsvorgänge zeitlich innerhalb der jeweiligen Plan-Durchlaufzeit aufgeteilt werden sollen. Da zu diesem Zeitpunkt die *Maschinenbelegung noch nicht bekannt* und durchgeführt ist, muß eine Annahme darüber getroffen werden. Eine einfache, weitverbreitete Vorgehensweise in PPS-Systemen besteht darin, die Rüst- und Bearbeitungszeiten gleichmäßig auf die geschätzte Durchlaufzeit für den Arbeitsvorgang aufzuteilen. Das bedeutet für unser Beispiel, daß z. B. zu Beginn der 5. Woche für den Tag 21 die zeitliche Belastung (*Kapazitätsnachfrage*) in der *Fräserei* in Minuten sich ergibt aus:

$$1/7(15 + 5*510) + 1/7(15 + 5*220) + 1/7(15 + 5*25) = 545,71 \text{ Minuten.}$$

Die zeitliche Belastung am Tag 21 setzt sich aus den anteiligen Zeiten für Fräsen des Auftrages T1 mit 510 Stück, den anteiligen Zeiten für das Fräsen von Auftrag T2 mit 220 Stück und dem Auftrag T2 mit 25 Stück zusammen. Entsprechend dieser Vorgehensweise ergibt sich für die Fräserei der in der Abb. B.5.7 wiedergegebene auftragsbezogene Terminplan.

In PPS-Systemen werden die Resultate der Kapazitätsbelastungsrechnung häufig in Form von *Kapazitätsbedarfsprofilen* (Belastungsdiagramm) ausgegeben: Diese stellen den Verlauf der Kapazitätsnachfrage für jedes Arbeitssystem in einem geeigneten zeitlichen Maßstab dar. Wählen wir als Zeitmaßstab Wochen, so erhalten wir für die Fräserei das in Abb. B.5.8 wiedergegebene Kapazitätsbedarfsprofil.

Die Belastung in Minuten pro Woche ist dabei in Stunden umgerechnet, für die 5. Woche erhalten wir z. B. eine Inanspruchnahme der Kapazität in Höhe von 2668.57 : 60 = 44,48 Stunden. In Analogie ergeben sich die übrigen Plan-Belastungen in Stunden für die Fräserei.

Die durchgezogene Gerade in der Abb. B.5.8 gibt die vorhandene Kapazität (*Kapazitätsangebot*) wieder. Kapazitätsangebot und Kapazitätsnachfrage definieren das *Kapazitätsprofil* eines Arbeitssystems. Stimmen Angebot und Nachfrage in einer Planperiode nicht überein, so liegt eine *Überauslastung* (Nachfrage ist größer als das Angebot) oder eine *Unterauslastung* (Nachfrage ist kleiner als das Angebot) vor.

Problematisch bei dem gezeigten Vorgehen ist – wie wir gesehen haben – die Annahme, zu welchen Zeitpunkten die Rüst- und Bearbeitungszeit eines Arbeitsvorgangs innerhalb der Durchlaufzeiten auf den Arbeitssystemen auftreten. Die Genauigkeit der Kapazitätsprofile hängt von folgenden Größen ab:

- Schätzung der Durchlaufzeiten
- zeitliche Verteilung der Rüst- und Bearbeitungszeiten innerhalb der Durchlaufzeit eines Vorgangs
- Länge der Planperiode zur Erstellung eines anlagenbezogenen Terminplans.

Mit der Schätzung der Durchlaufzeiten werden wir uns wegen der Bedeutung in einem eigenen Kap. B.5.2.1.3 befassen.

Werden kurze Rüst- und Bearbeitungszeiten eines Arbeitsvorgangs auf eine lange Plan-Durchlaufzeit *gleichmäßig* verteilt, so ist die Zurechnung der zeitlichen Belastung wohl kaum realistisch, d. h. die zeitlichen Belastungen treten nicht zu den ermittelten Zeitpunkten auf. Derartigen Annahmen fehlt in der Regel die theoretische Begründung, und es entsteht die Gefahr, Planwerte für die Kapazitätsbelastungen auszuweisen, die mit dem späteren realen Ablauf nicht übereinstimmen. Allerdings steht man zum

						Kapazitätsbelastungsrechnung		
	Durchlauterminierung					Kapazitätsbedarf		Kapazitätsbedarf
	Auftr. T1	Auftr. T1	Auftr. T2	Auftr. T2	Auftr. T2	Fräserei in Minuten		Fräserei in Minuten
Tag	510	195	440	220	25	(Tageweise)		(Wochenweise)
40						0.00		
39						0.00		
38						0.00		
37						0.00		
36						0.00		0.00
35			Dr			0.00		
34		Dr				0.00		
33		Dr				0.00		
32			Fr			316.43		
31			Fr			316.43		632.86
30	■		Fr	Dr		316.43		
29	■		Fr	Dr		316.43		
28	■		Fr	Dr		316.43		
27	■		Fr	Fr		475.71		
26	■		Fr	Fr		475.71		1900.71
25	Fr		Fr		Dr	525.71		
24	Fr		Fr		Dr	525.71		
23	Fr		Fr		Dr	525.71		
22	Fr		Fr	Fr		545.71		
21	Fr		Fr	Fr		545.71		2668.57
20	Fr				Fr	386.43		
19	Fr				Fr	386.43		
18	Dr				Fr	20.00		
17	Dr				Fr	20.00		
16	Dr				Fr	20.00		832.86
15			■			0.00		
14			■			0.00		
13			■			0.00		
12			■			0.00		
11			■			0.00		0.00
10		Fr				141.43		
9		Fr				141.43		
8		Fr				141.43		
7		Fr				141.43		
6		Fr				141.43		707.14
5		Fr				141.43		
4		Fr				141.43		
3		Dr				0.00		
2		Dr				0.00		
1		Dr				0.00		282.86

Abb. B.5.7:   Auftragsbezogener Terminplan

Belastungsdiagramm der Fräserei

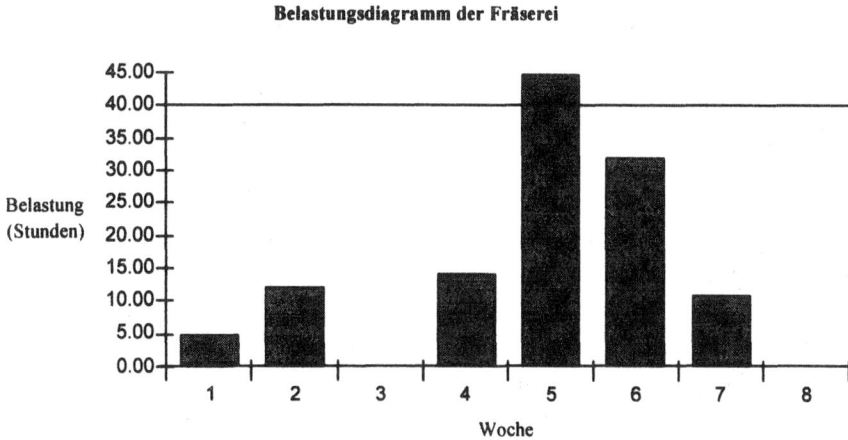

Abb. B.5.8: Kapazitätsbedarfsprofil

Zeitpunkt der Erstellung der Belegungsprofile vor dem Problem, daß eine genaue Maschinenbelegung – wie bereits betont – noch nicht erfolgt ist.

Die Genauigkeit des Kapazitätsprofils wird weiterhin von der Länge der Planperiode bestimmt. Ist die Planperiode groß genug gewählt, so daß die Belastung mit Sicherheit in diesem Zeitraum auftritt, so sind verläßlichere Ergebnisse zu erreichen. Die Durchlaufterminierung ist daher der *Grobterminierung* zuzurechnen, da sie für ein feines Zeitraster keine genügend genauen Ergebnisse aufgrund der fehlenden Planung der Maschinenbelegung liefert, für genügend lange Planperioden aber durchaus brauchbare Ergebnisse für die tatsächliche Belastung aufzeigen kann, sofern die Plandurchlaufzeiten realistisch sind.

B.5.2.1.3 Bestimmung der Plan-Durchlaufzeiten

In der Durchlaufterminierung wird jedes Erzeugnis separat terminiert, ohne explizit die Kapazitätsgrenzen einzubeziehen. Da aber der Fertigungablauf nicht außer Acht gelassen werden kann, erfolgt dies näherungsweise über eine Schätzung von Durchlaufzeiten. Entscheidend für die Durchlaufterminierung ist daher die korrekte Schätzung dieser Zeiten. Daher wenden wir uns im folgenden Kapitel einer näheren Charakterisierung der Durchlaufzeiten und ihrer Einflußgrößen zu.

Die *Durchlaufzeit eines Erzeugnisses* durch die Produktion bezeichnet die Zeitspanne, die zwischen dem Beginn seines ersten Arbeitsvorgangs und dem Abschluß seines letzten Arbeitsvorgangs verstreicht. Muß ein Auftrag nicht nur die Produktion, sondern auch die Konstruktion, die Arbeitsvorbereitung und weitere Bereiche durchlaufen, so ist die Durchlaufzeit dieser Bereiche entsprechend einzubeziehen. Im weiteren betrachten wir die Durchlaufzeit durch die Produktion. Sie läßt sich weiter zerlegen.

Die *auftragsbezogene Durchlaufzeit* beinhaltet die gesamte Zeitspanne, die ein Auftrag für das Durchlaufen der Arbeitssysteme benötigt. Davon läßt sich die *vorgangsbezogene Durchlaufzeit* abgegrenzen. Sie ist die Zeitspanne, die zwischen der Erledigung eines Arbeitsvorgangs am Vorgängerarbeitsplatz und dem Ende der Bearbeitung des unmittelbar nachfolgenden Arbeitsvorgangs eines Auftrags vergeht. Die vorgangsbezogene Durchlaufzeit setzt sich wiederum aus verschiedenen Teilelementen zusammen: Liegen nach Bearbeitung, Transportieren, Liegen vor Bearbeitung, Rüsten, Bearbeiten (Abb. B.5.9).

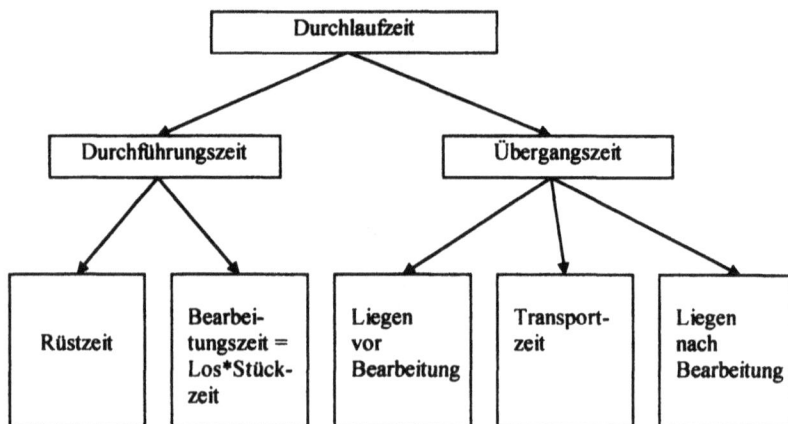

Abb. B.5.9:   Elemente der Durchlaufzeit

Die Teilelemente der Durchlaufzeiten faßt man in zwei Gruppen zusammen:

- Durchführungszeit: Darunter versteht man die Zeit für das Rüsten und das Bearbeiten (Stückzeit mal Losgröße) für einen Arbeitsvorgang.
- Übergangszeit: die Zeitspanne, die zwischen der Erledigung des Arbeitsvorgangs am Vorgängerarbeitsplatz und dem Start des nächstfolgenden

Arbeitsvorgangs des gleichen Auftrags am nachfolgenden Arbeitsplatz vergeht. Es sind Zeitelemente wie Liegen (Warten) nach Bearbeitung, Transportieren, Liegen vor Bearbeitung etc. inkludiert.

In Betrieben mit diskontinuierlichen Produktionsprozessen, wie z. B. in der metallverarbeitenden Industrie, aber auch der Elektroindustrie, werden die Durchlaufzeiten vorwiegend durch die Übergangszeiten und weniger durch die Dauer der Durchführungszeiten bestimmt. Das kommt daher, weil die Durchführungszeiten häufig nur 10 bis 20 % der Durchlaufzeiten ausmachen. Untersuchungen in der metallverarbeitenden, aber auch der Elektroindustrie bestätigen diese Aussage (Abb. B.5.10).

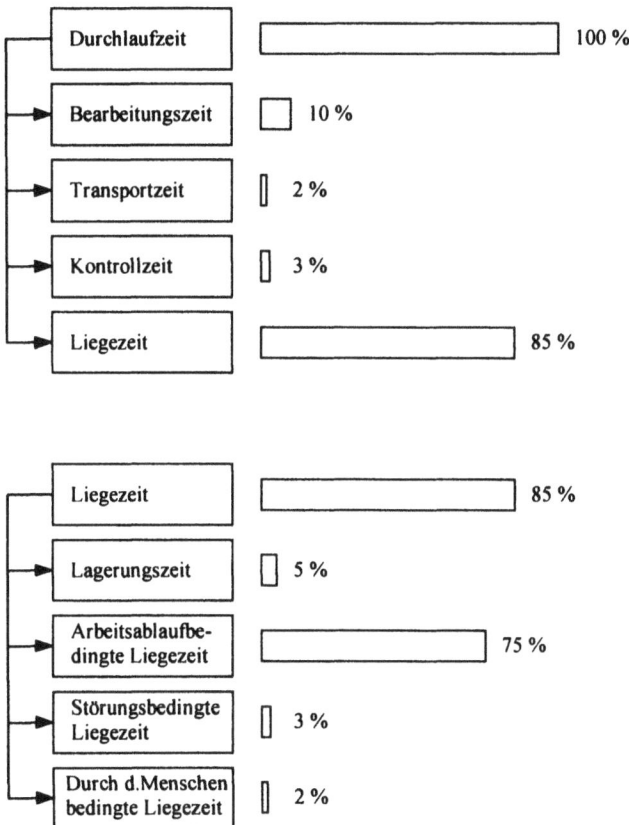

Durchlaufzeit		100 %
Bearbeitungszeit		10 %
Transportzeit		2 %
Kontrollzeit		3 %
Liegezeit		85 %

Liegezeit		85 %
Lagerungszeit		5 %
Arbeitsablaufbe-dingte Liegezeit		75 %
Störungsbedingte Liegezeit		3 %
Durch d.Menschen bedingte Liegezeit		2 %

Abb. B.5.10: Zusammensetzung der Durchlaufzeit und der prozentuelle Anteil der Teilgrößen (entnommen aus Stommel 1976, S. 143)

Ein Teil der Übergangszeit, die Liegezeit, hat einen besonders großen Anteil an der Durchlaufzeit. Die Liege- oder Wartezeit ist diejenige Zeit, die das Erzeugnis in dem Betrieb liegt, ohne daß eine Veränderung im Sinne des Arbeitsfortschritts stattfindet. Nach der Untersuchung entfallen allein 85 % der Durchlaufzeit auf die Liegezeit und davon wiederum 75 % auf die arbeitsablaufbedingte, d. h. durch die Maschinenbelegung verursachte, Liegezeit.

Zur Schätzung der Durchlaufzeiten bedient man sich in der Praxis einfacher Vorgehensweisen: Basierend auf Erfahrungswerten über den Anteil der Übergangszeit an der Durchlaufzeit und der Kenntnis der Rüst- und Bearbeitungszeiten legt man die Durchlaufzeit fest. Als einfache Verfahren kann man in diesem Fall heranziehen:

- Die Durchlaufzeit eines Fertigungsauftrags entspricht dem Vielfachen der Durchführungszeit, d. h.

$$PDZ_i = (1 + k_i) \sum_{m \in M} (r_{im} + t_{im} \cdot x_{im})$$

mit

PDZ_i = Plan-Durchlaufzeit für Fertigungsauftrag i in Zeiteinheiten

k_i = Faktor für die Übergangszeit, die ein Vielfaches der Durchführungszeit beträgt

x_{im} = Los auf der Maschine m für Fertigungsauftrag i

t_{im} = Zeit je Einheit für Fertigungsauftrag i auf Maschine m

r_{im} = Rüstzeit auf der Maschine m für Fertigungsauftrag i.

M = Menge der Maschinen, auf denen der Fertigungsauftrag i durchgeführt wird.

Das Problem dieses Vorgehens besteht in der Schätzung des jeweiligen Proportionalitätsfaktors k_i. Durch die obige Gleichung wird impliziert, daß die Durchlaufzeiten mit steigender Losgröße proportional zunehmen. Bei dieser Vorgehensweise wird die Übergangszeit auf den gesamten Fertigungsauftrag bezogen und nicht auf die einzelnen Arbeitsvorgänge. Für den Anwender entsteht das Problem, wie die Übergangszeit auf die Arbeitsvorgänge aufgeteilt werden soll. Fundierte Hilfestellungen werden in PPS-Systemen dazu nicht geboten.

- Die Durchlaufzeit eines Fertigungsauftrags i ergibt sich aus der Summe der Durchführungszeiten zuzüglich der mittleren geschätzten Übergangszeit für jeden Arbeitsvorgang des Fertigungsauftrags.

Die Übergangszeiten sind in Übergangszeitmatrizen für die einzelnen Arbeitsplätze zu speichern. Obwohl nun bereits die Aufteilung der Übergangszeiten auf die Arbeitsvorgänge erfolgt ist, besteht das Problem darin, wie man zu einer verläßlichen Schätzung der Übergangszeitmatrix kommt. In der Praxis werden diese Größen für jedes Arbeitssystem häufig einmal festgelegt und selten aktualisiert. In diesem Fall besteht dann die Gefahr, daß sich die Belastung der Arbeitssysteme im Laufe der Zeit stark ändert und vor allem die ablaufbedingten Wartezeiten nicht mehr stimmen.

Notwendig sind daher Methoden, die Einflußgrößen der Durchlaufzeiten einbeziehen, aber trotzdem einfach sind. Dies leisten *multivariable Methoden der Durchlaufzeitschätzung:* Mittlere Durchlaufzeiten werden in Abhängigkeit von einer oder mehreren unabhängigen Variablen bestimmt. In der Literatur existieren dazu verschiedenen Vorschläge (z. B. Eilon/Chowdhury 1976; Fry/Philipoom/Markland 1989, Enns 1993; Ahmed/Fisher 1992). Kennzeichnend ist, daß Schätzgleichungen der folgenden Art herangezogen werden:

$$PDZ = f(JF, SF)$$

mit

PDZ = Schätzgröße für die Durchlaufzeit
JF = Bestimmungsgrößen, die sich auf den Auftrag beziehen (**J**ob **F**actors)
SF = Bestimmungsgrößen, die sich auf den Systemzustand der Fertigung beziehen (**S**hop **F**actors).

Die Durchlaufzeit ist demnach eine Funktion von auftrags- sowie fertigungssystembezogenen Bestimmungsgrößen. Als auftragsbezogene Bestimmungsgrößen der Durchlaufzeit sind beispielsweise in der Literatur zu finden:

- Summe aller Bearbeitungszeiten für die Arbeitsvorgänge (TWK = **T**otal **W**ork):

  (1) $PDZ = k_1 * TWK,$

  mit k_1 = Planungsfaktor, der vom Management zu setzen ist
- Summe aller Bearbeitungszeiten, die auf dem kritischen Weg liegen (TWKCP = **T**otal **W**ork on the **C**ritical **P**ath)

  (2) $PDZ = k_2 * TWKCP$

mit k_2 = Planungsfaktor, der vom Management zu setzen ist.

Als fertigungssystembezogene Einflußgröße für die Durchlaufzeit wird besonders häufig genannt:

- Summe des gesamten Arbeitsinhaltes (zeitliche Belastung) an allen Arbeitssystemen (WINS = **W**ork **in S**ystem):

(3) $PDZ = k_3 * WINS$

mit k_3 = Planungsfaktor, der vom Management zu setzen ist.

Neben diesen Schätzgleichungen, die jeweils nur eine Einflußgröße einbeziehen, wurde vorgeschlagen, mehrere Einflußgrößen in den Schätzgleichungen zu berücksichtigen. Dabei sind vor allem additive, aber auch multiplikative Verknüpfungen zu finden, also z. B.

(4) $PDZ = k_1 * TWK + k_3 * WINS$

(5) $PDZ = k_4 * (TWK * WINS)$

Um geeignete Schätzgleichungen zu finden, kann man sich Simulationsstudien bedienen (vgl. z. B. Fry/Philipoom/Markland (1989).

B.5.2.2   Kapazitätsterminierung

Aufgabe der Kapazitätsterminierung (kapazitätsorientierte Terminermittlung) ist es, Anfangs- und Endtermine der Arbeitsvorgänge festzulegen, wobei das begrenzte Kapazitätsangebot jeder Produktiveinheit explizit berücksichtigt wird. Die Ausgangssituation einer Kapazitätsterminierung ist dadurch gekennzeichnet, daß zwei oder mehrere Arbeitsvorgänge zur gleichen Zeit um freie Kapazitäten konkurrieren können, und damit die vorgesehenen Starttermine aus der Durchlaufterminierung unter Umständen nicht durchführbar sind. Kapazitätsangebot und -nachfrage sind nicht aufeinander abgestimmt, da Bereichs- bzw. Einzelkapazitäten in bestimmten Zeitabschnitten über- bzw. unterbeschäftigt sind. Das Produktions-Management hat in diesem Fall einen *Kapazitätsabgleich* durchzuführen, d. h. es muß Maßnahmen ergreifen, wie die Überbeschäftigung bzw. unerwünschte Unterbeschäftigung der Kapazitätseinheiten beseitigt werden sollen.

Grundsätzlich gibt es folgende Möglichkeiten des Kapazitätsabgleiches (Abb. B.5.11).

(1) Anpassen der Belegungsprofile an die Kapazitäten
(2) Anpassen der Kapazitäten an die Belegungsprofile
(3) Kombination von (1) und (2)

Ein Anpassen der Belegungsprofile an Kapazitätsgrenzen läßt sich beispielsweise durch ein terminliches Vorziehen (Verlagerung von Mengen in Richtung Gegenwart), durch ein terminliches Hinausschieben (Verlagerung von Mengen in Richtung Zukunft) oder durch eine Inanspruchnahme von Fremdbezugsmöglichkeiten bewerkstelligen. Diese Maßnahmen führen dazu, daß Arbeitsinhalte entweder auf einem Arbeitssystem zeitlich verschoben oder auf fremde Kapazitäten ausgelagert werden. Bei Inanspruchnahme von fremden Kapazitäten spricht man treffend von der „verlängerten Werkbank". Treten dagegen erhebliche Leerzeiten auf den Arbeitssystemen auf, so ist an eine vorzeitige Auftragsfreigabe oder an die Hereinnahme von Lohnarbeiten in diesen Zeitabschnitten zu denken.

Das Anpassen der Kapazitäten an Belegungsprofile läßt sich im besonderen durch eine zeitliche, intensitätsmäßige und quantitative Anpassung vollziehen.

Eine zeitliche Anpassung liegt vor, wenn die Betriebszeit variiert wird. Das Kapazitätsangebot kann zeitlich so erhöht werden, daß man Überstunden oder Sonderschichten vorsieht, wobei die tariflichen und gesetzlichen Gegebenheiten über deren maximalen Umfang bestimmen. Weiterhin ist an eine Erhöhung der Anzahl der Schichten zu denken, sofern der Planungsvorlauf so groß ist, daß sich diese Maßnahme realisieren läßt. Eine Absenkung des Kapazitätsangebots (bei erheblichen Unterdeckungen) kann man generell über Kurzarbeit sowie arbeitsfreie Tage erreichen, sofern die technischen Prozesse eine derartige zeitliche Unterbrechung überhaupt erlauben.

Bei einer intensitätsmäßigen Anpassung wird der Ausstoß pro Zeiteinheit an den Arbeitssystemen variiert, d. h. die Ausbringungsmengen je Zeiteinheit innerhalb eines bestimmten Rahmens werden verändert. Beispielsweise stellt die Variation der Schnittgeschwindigkeit und des Vorschubs an einer Werkzeugmaschine eine intensitätsmäßige Anpassung dar. Die unmittelbare Erhöhung oder Verringerung der Laufgeschwindigkeit eines Arbeitssystems bezeichnet man als direkte intensitätsmäßige Anpassung. Aber auch die Veränderung der Ausbringung je Zeiteinheit, die indirekt über die Variation der Prozeßbedingungen zu erreichen ist, zählt zu dieser Anpassungsform; sie ist als indirekte intensitätsmäßige Anpassung zu bezeichnen.

Maßnahmen zur Abstimmung von verfügbarer und nachgefragter Kapazität

Maßnahmen zur Anpassung der Kapazitätsnachfrage (Ändern von Belegungsprofilen)	Maßnahmen zur Anpassung des Kapazitätsangebots (Ändern von Kapazitätsgrenzen)

verfügbare größer als nachgefragte Kapazität	verfügbare kleiner als nachgefragte Kapazität	verfügbare größer als nachgefragte Kapazität	verfügbare kleiner als nachgefragte Kapazität

Kapazitätsnachfrage erhöhen durch	Kapazitätsnachfrage vermindern, z.B. durch	Kapazitätsangebot vermindern, z.B. durch	Kapazitätsangebot erhöhen, z.B. durch
– vorzeitige Auftragsfreigabe – Losvergrößerung – Hereinnahme zusätzlicher Aufträge – Ausführen von Lohnarbeiten	– zeitliches Vorziehen oder Hinausschieben von Aufträgen – Auswärtsvergabe – Losverkleinerung	– Stillegung von Maschinen – Schichtabbau – Kurzarbeit – Personalverlagerung zu überbeschäftigten Arbeitssystemen	– Überstunden – zusätzliche Schichten – intensitätsmäßige Anpassung – innerbetrieblicher Austausch von Arbeitskräften von unterbeschäftigten zu überlasteten Arbeitssystemen – Inbetriebnahme von Reservemaschinen

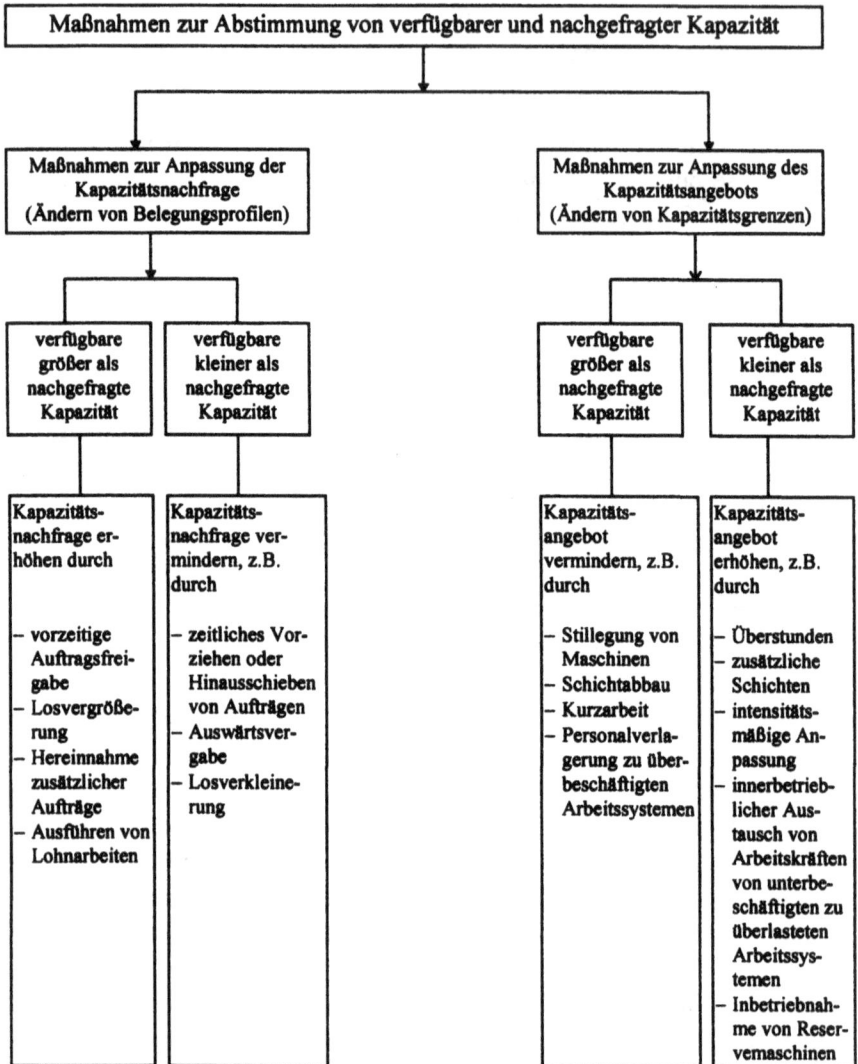

Abb. B.5.11:   Beispiele für produktionswirtschaftliche Maßnahmen zur Beseitigung des Ungleichgewichts zwischen verfügbarer und nachgefragter Kapazität

Eine quantitative Anpassung des Kapazitätsangebots in kurzfristiger Sicht läßt sich dadurch erreichen, daß funktionsgleiche, im Betrieb vorhandene Reservemaschinen zusätzlich eingesetzt und damit weitere Kapazitätseinheiten bereitgestellt werden. Eine Umsetzung von Arbeitskräften an Engpaßstellen kann ebenfalls zu einer Kapazitätserhöhung führen (umfassende Überlegungen zu den Anpassungsformen sind bereits in Gutenberg 1979 zu finden).

Eine Kapazitätsterminierung unter Einbezug dieser produktionswirtschaftlichen Maßnahmen stellt eine anspruchsvolle Optimierungsaufgabe dar: Die Start- und Endtermine der Arbeitsvorgänge sind so festzulegen, daß unerwünschte Über- und Unterbelegungen der Kapazitäten beseitigt werden und diese Maßnahmen mit möglichst geringen Kosten verbunden sind (der Leser vgl. dazu die mathematische Formulierung in Zäpfel 1982, S. 236 ff). Umfassende, in der Praxis einsetzbare Optimierungsansätze, die die gesamten Möglichkeiten entsprechend der Abb. B.5.11 beinhalten, sind nicht vorhanden.

In PPS-Systemen wurde lange Zeit ein maschineller Kapazitätsabgleich als ein heuristisches Lösungskonzept vorgeschlagen, das das Problem überwiegend auf ein Anpassen der Belegungsprofile an die Kapazitäten reduzierte (Stommel 1970, Kinzer 1971, Opitz/Brankamp 1974, Brankamp 1979). Die Einlastung der Aufträge erfolgt über Auftragsprioritäten, wobei die Reihenfolge der Aufträge entsprechend ihrer Dringlichkeit durch Prioritätskennziffern festgelegt wird. In der Praxis hat sich dieses Vorgehen nicht in breitem Umfang durchgesetzt. Besonders zwei Gründe sind dafür verantwortlich:

(1) Vor allem in der Fertigungsindustrie treten laufend Änderungen in der Fertigung ein, die die aufwendig ermittelten Pläne schnell ungültig werden lassen. Damit wäre eine laufende Anpassung der Pläne gefordert, was vor allem in der Fertigungsindustrie sehr zeitaufwendig ist.

(2) Aufgrund der nicht immer realistisch geschätzten *Durchlaufzeiten* werden bereits bei der Bestimmung der Belegungsprofile Über- und Unterdeckungen ausgewiesen, die zu diesen Zeitpunkten tatsächlich nicht auftreten. Einen Kapazitätsabgleich aber auf dieser Basis vorzunehmen, ist fragwürdig.

Der letzte Punkt weist darauf hin, daß die Hauptkritik an der maschinellen Kapazitätsterminierung, wie sie in PPS-Systemen vorgeschlagen wurde, vor allem auf einem methodischen Problem basiert.

Als ein neueres Konzept zur Lösung dieses Problems wird die belastungsorientierte Auftragsfreigabe vorgeschlagen. Diese ersetzt die bisher übliche Kapazitätsterminierung (Wiendahl 1987, S. 337).

B.5.3 Belastungsorientierte Auftragsfreigabe (BOA)

B.5.3.1 Theoretische Vorüberlegungen

Die Problematik der Schätzung von Durchlaufzeiten besteht darin, daß zwischen den Beständen, gemessen als Anzahl der Arbeitsstunden im Fertigungssystem, der mittleren Durchlaufzeit sowie der Kapazitätsauslastung Abhängigkeiten bestehen. Diese Abhängigkeiten lassen sich aus sog. Betriebskennlinien ersehen. *Betriebskennlinien* stellen bezogen auf ein bestimmtes Arbeitssystem den Zusammenhang zwischen den Beständen, Durchlaufzeiten und der Leistung bzw. Kapazitätsauslastung und gegebenenfalls weiterer Größen, z. B. Lieferservicegrad, dar. Derartige Kennlinien lassen sich aus Simulationen realer Fertigungssysteme oder für einfache Fälle analytisch aus Warteschlangenmodellen ableiten. In Zäpfel (1989 a, S. 203) ist für ein einfaches Modell der Warteschlangentheorie aufgezeigt, daß die mittlere Durchlaufzeit dem mittleren zeitlichen Arbeitsinhalt (Bestand) an dem Arbeitssystem plus der mittleren Bedienungszeit entspricht bzw. die mittlere Durchlaufzeit läßt sich ausdrücken durch den mittleren Bestand in Zeiteinheiten dividiert durch die mittlere Leistung (Auslastungsgrad) des Arbeitssystems. In der Abb. B.5.12 haben wir eine Betriebskennlinie aufgeführt, die mittels einer Simulationsstudie ermittelt wurde.

Die Simulationsdaten entstammen einem Praxisfall, wobei 3000 Fertigungsaufträge mit rund 16000 Arbeitsvorgängen als Auftragsbestand über einen Erfassungszeitraum von 16 Wochen zugrundegelegt wurden, und das Simulationsmodell eine reale mechanische Fertigung mit 50 Arbeitsplätzen eines Feinwerktechnikbetriebs abbildet. Als veränderliche Größe der Simulation wurde der Bestand (gemessen in Vorgabestunden) in der betrachteten Fertigung gewählt.

Aus der Abb. B.5.12 ist ersichtlich, daß bei niedrigen Werkstattbeständen bzw. freigegebenen Arbeitsstunden im System eine geringe Leistung (Auslastung) vorliegt, die bei steigender Belastung zunimmt, bis eine volle Kapazitätsauslastung (100%) erreicht ist. Je höher die Bestände (ausgedrückt in Fertigungsstunden) umso länger sind die mittleren Durchlaufzeiten. Dies läßt sich damit erklären, daß bei niedrigen Beständen in der Fertigung, ein Auftrag vor einer Maschine – wenn überhaupt – nur kurz warten muß. Die mittlere Durchlaufzeit kann durch Bestandsreduzierung so lange verringert werden, bis die variable Wartezeit gegen Null geht und die Mindest-Durchlaufzeit erreicht ist, die aus Transport- und

70000 — 14
h — Tage
60000 — 12
50000 — 10
40000 — 8
30000 — 6
20000 — 4
18000 — 2
0

Arbeit

400
300
250
200
150
100

mittlere
Durchlaufzeit

Erhobener Ist - Zustand :

■ 69 700 h Arbeit in 16 Wochen
□ 13,6 Tage Durchlaufzeit
[xxx] Eingestellte Belastungsschranke
in % der Plankapazität

3000 6000 9000 12000 15000 18000 h 24000
mittlerer Gesamtbestand

Untersuchungsbasis : 3000 Aufträge in 16 Wochen Laufzeit
auf 90 Arbeitsplätzen

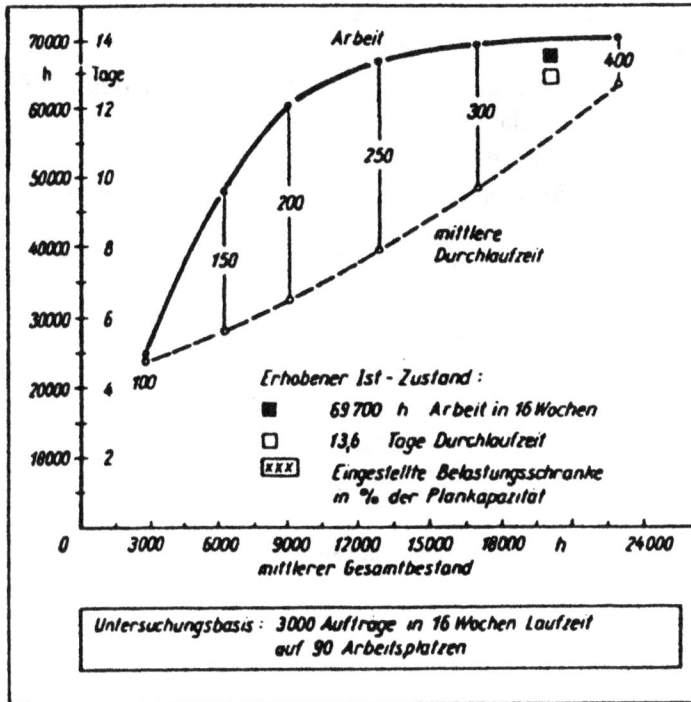

Abb. B.5.12: Betriebskennlinien eines Beispielbetriebes (Wiendahl 1985, S.295)

Bearbeitungs- sowie Rüstzeit besteht. Da aber nur geringe Bestände vorhanden sind, ist die Wahrscheinlichkeit groß, daß nach Freiwerden einer Maschine nicht immer sofort ein weiterer Fertigungsauftrag bereitsteht und so die Leistung des Systems tendenziell gering ist und damit auch die Kapazitätsauslastung. Im Falle eines hohen Werkstattbestands ist dagegen nach Bearbeiten eines Auftrags die Wahrscheinlichkeit hoch, daß eine Maschine sofort einen weiteren Fertigungsauftrag zur Bearbeitung vorfindet. Allerdings nimmt die mittlere Durchlaufzeit zu, da die Warteschlange der Fertigungsaufträge vor den Maschinen ansteigt und die mittlere Durchlaufzeit damit erhebliche Anteile an Wartezeiten aufweist. Damit läßt sich ein *Dilemma bei der Planung der Fertigungsauftragsfreigabe* postulieren: Durch einen steigenden Auftragsbestand läßt sich (solange Leerzeiten vorhanden sind) die Kapazitätsauslastung vergrößern, dadurch steigt aber auch die mittlere Durchlaufzeit an. Maximierung der Kapazitätsauslastung und Minimierung der mittleren Durchlaufzeit stehen in bezug auf *einen veränderlichen Auftragsbestand* in einem konfliktären Verhältnis. Diese Aussage entspricht dem von Gutenberg (1979) geprägten *Dilemma der Ablaufplanung* (vgl. auch die Ausführungen in Kap. B.5.4.2).

Aus der Betriebskennlinie kann gefolgert werden, daß der Bestand für jedes Arbeitssystem (in Zeiteinheiten ausgedrückt) und damit *die Auftragsfreigabe, so geregelt werden muß, daß einerseits Leistungseinbrüche der betrachteten Kapazitätseinheiten gerade vermieden werden und andererseits die Durchlaufzeit nicht größer als notwendig wird.* Aus dieser Überlegung stellt der Bestand (bzw. die freizugebenden Fertigungsaufträge in Arbeitsstunden) die entscheidende Größe dar, um die gewünschte mittlere Durchlaufzeit einzustellen. Dieser Planungsschritt, also die Auftragsfreigabe unter dem Aspekt der Einhaltung der vorweg definierten Sollbestände, wird durch die belastungsorientierte Auftragsfreigabe unterstützt. Dabei wird im Rahmen des Verfahrens der belastungsorientierten Auftragsfreigabe der Zusammenhang zwischen der mittleren Durchlaufzeit, dem Bestand und der Leistung aus der idealisierten Modellvorstellung der Arbeitsinhalt-Zeit-Funktion abgeleitet (Abb. B.5.13).

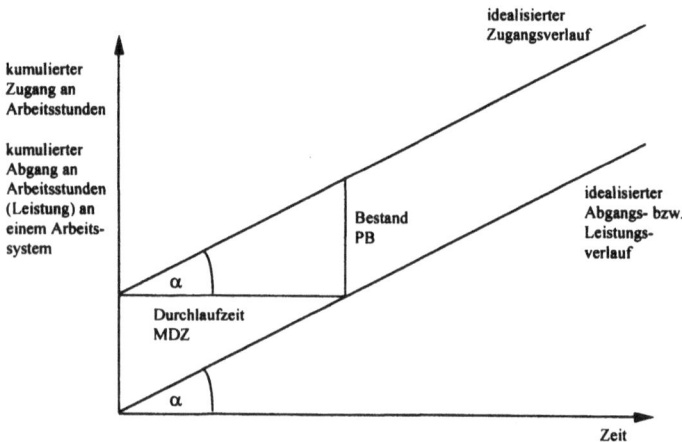

Abb. B.5.13:   Idealisierte Arbeitsinhalt-Zeit-Funktion

Die Darstellung in Abb. B.5.13 wird als *Arbeitsinhalt-Zeit-Funktion* bezeichnet (Wiendahl 1987). Auf der Abszisse ist dabei die Zeit und auf der Ordinate die kumulierte Leistung (Abgangsverlauf) sowie die kumulierte Belastung (Zugangsverlauf) in Arbeitsstunden der Kapazitätseinheit aufgetragen. Ein Bestand zu einem bestimmten Zeitpunkt entsteht, wenn der kumulierte Zugang größer als der kumulierte Abgang bis zu diesem Zeitpunkt ist. Der Zugangsverlauf ist von den Ankünften der Aufträge am Arbeitssystem abhängig. Der Abgangsverlauf ist von der Leistung des Arbeitssystems in der Zeit bestimmt. Zugangs- und Abgangsverlauf sind in der Abbildung *idealisiert* dargestellt, da ein völlig gleichmäßiger Input und ein gleichmäßiger Output über die Zeit für die Kapazitätseinheit unterstellt wird, d. h. der Zugang an Arbeitsstunden und die Ausbringung sind gleichmäßig. Ist dies nicht der Fall, so resultieren beispielsweise *Treppenfunktionen*.

Aus der obigen Arbeitsinhalt-Zeit-Funktion kann für einen bestimmten Zeitraum abgeleitet werden:

$$\tan\alpha = \text{Steigung der kum. Leistung in Zeiteinheiten} = \frac{\text{Bestand in Zeiteinheiten}}{\text{Durchlaufzeit}}$$

Da die Steigung der Leistung der durchschnittlichen Leistung PK entspricht, so ergibt sich:

$$\text{mittlere Durchlaufzeit (MDZ)} = \frac{\text{mittlerer Bestand (PB)}}{\text{durchschnittliche Leistung (PK)}}$$

In dem idealisierten Falle gilt der Zusammenhang, daß die mittlere Durchlaufzeit (genauer mittlere Reichweite der Aufträge in Zeiteinheiten) an einer Kapazitätseinheit proportional dem mittleren Bestand bei gegebener durchschnittlicher Leistung ist. Als entscheidender Parameter zur Regelung des Material- und Warenflusses wird dabei der Bestand (ausgedrückt in vorgegebenen Arbeitsstunden für das Arbeitssystem) angesehen. Dieser legt die mittlere Durchlaufzeit und die Kapazitätsauslastung fest.

Im folgenden wenden wir uns dem Ablauf der belastungsorientierten Auftragsfreigabe zu (vgl. auch Wiendahl 1987, Zäpfel 1989 a; Zäpfel/ Missbauer/Kappel 1992, Glaser/Geiger/Rohde 1992).

B.5.3.2 Ablauf der belastungsorientierten Auftragsfreigabe (BOA)

Die BOA unterstellt folgenden Rahmenbedingungen:

- Alle Fertigungsaufträge sind mit ihrem Endtermin gegeben. Mit anderen Worten: Es ist bereits eine *Durchlaufterminierung* erfolgt.
- Die Kapazitäten der Arbeitssysteme sind fix und bekannt.

- Die Kapazitäten sind über einen längeren Zeitraum betrachtet *ausgeglichen* mit dem Bedarf.

Das Entscheidungsproblem besteht nun darin, welche Fertigungsaufträge im Laufe der nächsten Planperiode (in der Praxis ein Tag bis eine Woche) freigegeben werden sollen, um die geplanten Sollbestände einzuhalten. Eine gleichzeitige Planung über mehrere Perioden erfolgt nicht.

Dabei wird folgendermaßen vorgegangen (eine algorithmische Darstellung des Verfahrens ist in Zäpfel 1989a zu finden):

- Reihung der Fertigungsaufträge nach ihrer Dringlichkeit (gemessen durch die verfügbare Pufferzeit)
- Ermittlung jener Teilmenge dieser Aufträge, deren Freigabe grundsätzlich zulässig ist, sogenannte dringliche Aufträge. Dies sind alle jene, deren spätestmöglicher Starttermin um nicht mehr als eine vorgegebene Zeitspanne in der Zukunft liegt. Diese Zeitspanne heißt *Vorgriffshorizont* (VGH) und ist ein vom Produktionsmanagement vorzugebender Parameter. Durch das Ausschließen der Aufträge außerhalb dieser Grenze wird eine zu frühe Freigabe von Aufträgen verhindert.
- Freigabe der Aufträge in der Reihenfolge ihrer Dringlichkeit, wobei ein Auftrag zugewiesen werden kann, sofern kein zugehöriger Arbeitsvorgang ein Arbeitssystem belegen müßte, bei dem die zulässige Belastung für die betrachtete Periode bereits überschritten ist. Um die zeitliche Belastung (definiert als Periodenanfangsbestand + Periodenzugang) zu limitieren, wird für jedes Arbeitssystem eine *Belastungsschranke* (BS) bzw. ein *Einlastungsprozentsatz* (definiert als Prozentsatz der Periodenkapazität) definiert. Die Belastungsschranke ergibt sich aus Periodenkapazität zuzüglich Planbestand vor dem Arbeitssystem, ausgedrückt jeweils in Anzahl von Arbeitsstunden bzw. allgemein in Zeiteinheiten. Die Einhaltung der Belastungsschranke bedeutet deshalb idealerweise auch ein Einhalten der Planbestände. Für jedes Arbeitssystem wird ein Belastungskonto geführt, auf dem die Belastung durch freigegebene Arbeitsvorgänge zugebucht und die Ist-Leistung nach der Auftragsbearbeitung abgebucht wird. Die Belastung des Arbeitssystems durch die Arbeitsvorgänge der Aufträge, die sich in der Warteschlange direkt vor dem Arbeitssystem befinden, entspricht dem Arbeitsinhalt (Bearbeitungs- und Rüstzeit). Der Arbeitsinhalt jener Aufträge, die vor der Ankunft am betrachteten Arbeitssystem noch andere Arbeitssysteme zu durchlaufen haben, wird dabei mit einem Gewichtungsfaktor multipliziert (abgewertet). Dieser Gewichtungsfaktor soll jeweils die Wahrscheinlichkeit aus-

drücken, mit der ein vor einem Arbeitssystem zur Bearbeitung anstehender Auftrag in der Planperiode zu diesem Arbeitssystem kommt. In dem Verfahren der belastungsorientierten Auftragsfreigabe wird diese Wahrscheinlichkeit (stark vereinfacht) so geschätzt: Ist auf allen Arbeitssystemen der Einlastungsprozentsatz (EPS) gleich hoch, so ergibt sich der Gewichtungsfaktor, sofern vorher noch j -1 Arbeitsvorgänge (Maschinen) durchlaufen werden müssen aus: $\left(\dfrac{100}{\text{EPS}}\right)^{j-1}$.

Der erste Arbeitgang eines freigegebenen Auftrags wird also mit 1, der zweite mit $\left(\dfrac{100}{\text{EPS}}\right)$, der dritte mit $\left(\dfrac{100}{\text{EPS}}\right)^{2}$ etc. gewichtet.

Für den Fall, daß die Einlastungsprozentsätze auf den Arbeitssystemen unterschiedlich sind, wird der Gewichtungsfaktor bei j-1 vorausgehenden Arbeitssystemen durch $\dfrac{100}{\text{EPS}_1} \cdot \dfrac{100}{\text{EPS}_2}, \ldots, \cdot \dfrac{100}{\text{EPS}_{j-1}}$ bestimmt (vgl. dazu Wiendahl 1987, S. 214 ff und Zäpfel 1989 a, S. 223. Zur Kritik an diesen Gewichtungsfaktoren vgl. Knolmayer 1991).

Die Schritte werden solange durchgeführt, bis die Liste der dringlichen Aufträge abgearbeitet ist. Die nicht freigegebenen Aufträge werden in der nächsten Planperiode im Planungsablauf erneut berücksichtigt.

BOA ist vor allem für die Freigabe von Fertigungsaufträgen in der Werkstattfertigung geeignet, da diese im Rahmen der Grobterminplanung als System mit stochastischen Eigenschaften aufgefaßt werden kann.

Die beiden vom Management zu setzenden Parameter im Rahmen der BOA sind:

- Vorgriffshorizont (VGH)
- Belastungsschranke (BS) bzw. Einlastungsprozentsatz (EPS)

Der *Vorgriffshorizont* bestimmt, um welche Zeitspanne ein Fertigungsauftrag maximal gegenüber seinem errechneten Starttermin vorgezogen werden kann, sofern das aufgrund der Belastungsschranke möglich ist. Mit anderen Worten wird damit ein Vorziehen von Kapazitätsbedarf in eine frühere Periode vorgesehen. Obwohl nur eine Freigabe für die nächste Periode (z. B. eine Woche) erfolgt, führt ein entsprechender Vorgriffshorizont dazu, daß Bedarfe, die nach der Durchlaufterminierung für zukünftige Perioden geplant sind, für die Freigabe gegebenenfalls berücksichtigt werden.

Die *Belastungsschranke* bzw. der *Einlastungsprozentsatz* definiert die geplante mittlere Durchlaufzeit, die für die Abarbeitung der Aufträge vorgesehen ist. Dies kann wie folgt gezeigt werden.

Definieren wir als Symbole:

BS   Belastungsschranke (ausgedrückt in Zeiteinheiten) = Periodenkapazität + Planbestand

EPS   Einlastungsprozentsatz in Prozenten der Periodenkapazität

PK   Periodenkapazität (Leistung) des Arbeitssystems, gemessen in Zeiteinheiten

PB   Planbestand, gemessen in Zeiteinheiten

MDZ   mittlere Durchlaufzeit, gemessen in Perioden,

so lassen sich die folgenden Zusammenhänge ableiten:

Die mittlere Durchlaufzeit (genauer müßte man von zeitlicher Reichweite der Aufträge sprechen) ist jene Zeit, die benötigt wird, um den Planbestand abzuarbeiten, also

$$(1) \quad MDZ = \frac{PB}{PK}$$

Soll diese mittlere Durchlaufzeit eingehalten werden, so darf die Belastung des Arbeitssystems in der Planperiode, definiert als Anfangsbestand plus Zugang, nicht größer sein als die geplante Leistung zuzüglich dem Planbestand (wenn von einem gleichmäßigen Zugang während der Planperiode ausgegangen wird):

$$(2) \quad BS = PB + PK$$

Diese *Belastungsschranke* wird in Stunden ausgedrückt und läßt deshalb ohne Kenntnis der Periodenkapazität keinen unmittelbaren Rückschluß auf die geplante mittlere Durchlaufzeit zu. Bequemer ist es daher, die Belastungsschranke als Prozentsatz der Periodenkapazität auszudrücken (*Einlastungsprozentsatz*):

$$(3) \quad EPS = \frac{BS}{PK} \cdot 100 \; [\%]$$

Setzt man (2) in (3) ein, so läßt sich der Einlastungsprozentsatz schreiben als

$$(3') \quad EPS = \frac{PB + PK}{PK} \cdot 100 \; [\%]$$

Durch Einsetzen von (1) in (3') erhält man schließlich

$$(4) \quad EPS = (1 + MDZ) \cdot 100 \; [\%]$$

Ist eine mittlere Durchlaufzeit von *einer* Planperiode vorgesehen, so ist also ein Einlastungsprozentsatz von 200 % zu wählen, eine geplante mittlere Durchlaufzeit von zwei Perioden entspricht einem EPS von 300 % etc. Da vor der Anwendung der BOA in der Praxis häufig keine Simulationsuntersuchungen zur Festlegung der beiden Parameter – Vorgriffshorizont und Einlastungsprozentsatz – vorgenommen wird, sind „Standardeinstellungen" für diese Parameter in der Literatur vorgeschlagen worden. Eine weitverbreitete „Faustregel" lautet: Vorgriffshorizont 2-3 Perioden, Einlastungsprozentsatz 200-300 Prozent (Wiendahl 1987). Aus den Simulationsergebnissen von Zäpfel/Missbauer/Kappel (1992) ist zu erkennen, daß eine Auftragsfreigabe mittels BOA, die mit einer unveränderten Standardeinstellung im Zeitablauf betrieben wird, sofort zu Planungsdefiziten führt, wenn die übergeordneten Planungsstufen eine zu große Diskrepanz zwischen Kapazitätsangebot und -nachfrage im Zeitablauf übrig lassen. Diese Defizite zeigen sich – je nach Belastungsverlauf – in Form hoher Endlagerzeiten, schlechter Termintreue oder mangelhafter Auslastung.

Zusammenfassend kann die BOA wie folgt beurteilt werden:

Der *Vorteil* der belastungsorientierten Auftragsfreigabe besteht darin, daß die Verfahrensschritte vom Benutzer leicht nachvollziehbar sind und die Systemzusammenhänge zwischen mittlerem Bestand, mittleren Durchlaufzeiten und Auslastung Beachtung finden.

Als *Nachteil* ist anzuführen, daß lediglich die Auftragsfreigabe für die nächste Periode behandelt und die Festlegung der Auftragsgrößen und das Kapazitätsangebot bereits als gelöst vorausgesetzt wird. Ferner ist (neben der Interpretation der spezifischen Gewichtungsfaktoren als Wahrscheinlichkeiten) problematisch, daß einfache Hilfestellungen fehlen, wie die Einlastungsprozentsätze bzw. Vorgriffshorizonte für verschiedene Belastungssituationen zu wählen sind.

Die bisher behandelten Verfahren der Durchlauf- und Kapazitätsterminierung basieren darauf, daß *Durchlaufzeiten geschätzt* werden können. Damit wird der zeitliche Produktionsablauf aus Aufwandsgründen vereinfacht geplant. Eine genauere zeitliche Planung besteht darin, die Reihenfolgen der Arbeitsvorgänge auf den einzelnen Maschinen festzulegen. Man kann in diesem Fall von Feinterminierung sprechen. Dieser wenden wir uns im folgenden zu.

B.5.4 Planung der Auftragsreihenfolge als kurzfristige Feinterminierung

B.5.4.1 Einführung

Beanspruchen gleichzeitig mehrere Fertigungsaufträge bzw. deren Arbeitsvorgänge dieselben Maschinen bzw. Arbeitsplätze, so müssen bei der Produktionsdurchführung die Auftragsreihenfolgen – oder kurz Auftragsfolgen genannt – festgelegt werden. Die Lösung dieser Aufgabe setzt die Kenntnis über den aktuellen Stand der Produktion voraus, um die Kapazitätsbelegung realistisch zu gestalten. Die Belegung der Arbeitssysteme durch die Aufträge entspricht der Ablaufplanung. Unter *Ablaufplanung* versteht man speziell die Planung der Reihenfolge, in der eine vorgegebene Menge von Aufträgen auf den Arbeitssystemen (Maschinen) bearbeitet wird. Der verwendete Begriff Fertigungsauftrag ist dabei so zu verstehen, daß er aus einer Menge vor Arbeitsvorgängen besteht, zwischen denen technologische Beziehungen bestehen.

Es ist zwischen der *Maschinenfolge* (technologische Folge) und der *Auftragsfolge* (organisatorische Folge) zu unterscheiden. Die Maschinenfolge gibt an, wie die Arbeitsvorgänge eines Auftrags aufgrund der Technologie aufeinander folgen müssen. Sie wird bei der Ablaufplanung meist als fixiert angenommen, da häufig von variablen Arbeitsplänen abgesehen wird. Bei der Auftragsfolge legt man fest, in welcher zeitlichen Aufeinanderfolge mehrere Aufträge auf einer Produktiveinheit bearbeitet werden. Das Bestimmen der Auftragsfolgen entspricht dem *Maschinenbelegungsproblem.*

Bezieht man die ermittelten Reihenfolgen auf die Kalenderzeit, fixiert also die Beginn- und Endtermine jedes Arbeitsvorganges, so nimmt man gleichzeitig eine (kurzfristige) Feinterminierung vor. *Von Feinterminierung spricht man, da die Bestimmung der Reihenfolgen der Aufträge auf der Grundlage von Durchführungszeiten (Rüst- und Bearbeitungszeiten) sowie gegebenenfalls Transportzeiten und nicht auf Durchlaufzeiten basiert. Die Durchlaufzeiten und damit auch Wartezeiten sind vielmehr Ergebnis und nicht Datengrundlage der Planung.*

In der Literatur gibt es eine kaum überschaubare Anzahl von Veröffentlichungen zu der Thematik der Maschinenbelegung. Der Leser vergleiche dazu die Übersichtsarbeiten von Blazewicz/Ecker/Schmidt/Weglarz (1993), Domschke/Scholl/Voß (1993), Kap. 5, sowie Lawler/Lenstra et al. (1993), Brucker (1995). Dabei unterscheiden sich die Maschinenbelegungsprobleme im besonderen durch die unterstellte:

- Maschinencharakteristik
- Auftragscharakteristik
- Zielsetzung.

Die betrachtete *Maschinencharakteristik* kann dabei eine Maschine oder mehrere Maschinen umfassen. Werden mehrere Maschinen in das Problem einbezogen, so können diese z. B. alle verschieden sein, d. h. differierende Bearbeitungen zulassen, oder bestimmte Maschinen sind mehrfach vorhanden und können gleichzeitig (parallel) in der Produktion eingesetzt werden. Für den Fall, daß die Fertigungsaufträge auf verschiedenen Maschinen durchzuführen sind und damit aus mehreren Arbeitsvorgängen bestehen, können Unterschiede durch die Art der Fertigung auftreten:

- Fließfertigung (flow-shop-problem), d. h alle Aufträge haben eine identische, fest vorgegebene technologische Reihenfolge.
- Werkstattfertigung (job-shop-problem), d. h. für jeden Auftrag ist eine beliebige fest vorgegebene technologische Reihenfolge, die von Auftrag zu Auftrag variieren kann, gegeben.
- Ungebundene Fertigung (open-shop-problem), d. h. es spielt keine Rolle, in welcher Reihenfolge die einzelnen Arbeitsgänge durchgeführt werden, es sind also keine Maschinenfolgen vorgegeben.

Die *Auftragscharakteristik* kann sich auf die Anzahl der zu bearbeitenden Aufträge und Arbeitsvorgänge, die Unterbrechbarkeit der Bearbeitung von Aufträgen, das Vorhandensein und die Art technologischer Reihenfolgebeziehungen, die Unterschiede in den Bearbeitungs- und Rüstzeiten (z. B. reihenfolgeabhängige versus reihenfolgeunabhängige Rüstzeiten), die Art der Ressourcenbeschränkungen, das Vorhandensein oder Nichtvorhandensein von Liefer- bzw. Fertigungsstellungsterminen bzw. auf unterschiedliche Freigabetermine beziehen.

Charakteristische Ziele der Maschinenbelegung betreffen vor allem durchlaufzeit-, kapazitäts- sowie terminbezogene Ziele. Diese behandeln wir im Kap. B.5.4.2.

Im folgenden wollen wir jene Probleme der Maschinenbelegung betrachten, die typisch für den Typ der Einzel- und Kleinserienfertigung mit vorherrschender Werkstattfertigung sind.

Das charakteristische *Problem der Maschinenbelegung* für diese Betriebstypen ist, daß n Aufträge auf M Maschinen zu bearbeiten sind, wobei Werkstattfertigung (J) vorherrscht und bestimmte Ziele Z erfüllt werden müssen. Es handelt sich also um den job-shop-Fall, symbolisiert durch (J|M|n|Z). Dieser läßt sich durch die folgenden Annahmen präzisieren:

(a) Jeder Fertigungsauftrag muß eine bestimmte Anzahl von Maschinen durchlaufen, wobei die vorgegebene Maschinenfolge von Fertigungsauftrag zu Fertigungsauftrag unterschiedlich sein kann.

(b) Kein Auftrag kann gleichzeitig auf mehr als einer Maschine bearbeitet werden; keine Maschine kann gleichzeitig mehrere Aufträge bearbeiten. Damit wird die zeitliche Verfügbarkeit der Maschinen, d. h. ihre Kapazitätsgrenzen, berücksichtigt.

(c) Die Bearbeitungs- sowie Transportzeiten sind bekannt und konstant. Durchlaufzeiten, Kapazitätsauslastungen, Terminabweichungen von Kundenwunschterminen sind Ergebnis der Planung.

(d) Die Fertigungsaufträge mit ihren Arbeitsvorgängen stehen zu Beginn des Planungszeitraums eindeutig fest; ihre Auftragsmengen und Beginntermine stammen z. B. aus einer vorgeordneten Planung (Kapazitätsterminierung usw.) und sollen für den anstehenden Planungszeitraum durchgesetzt werden. Unterstellt man, daß alle Fertigungsaufträge den gleichen Auftragsfreigabezeitpunkt zu Beginn des Planungszeitraums haben, so spricht man von einem *statischen* Problem, auf das wir im folgenden Bezug nehmen. Probleme mit verschiedenen Auftragsfreigabezeitpunkten der Fertigungsaufträge heißen dagegen *dynamisch*.

Aufgabe der Maschinenbelegung ist es, einen zulässigen – die Prämissen (a) – (d) erfüllenden – Ablaufplan zu erstellen, der bezüglich mindestens einer Zielgröße optimal ist. Zur einfacheren Darstellung des Maschinenbelegungsproblems unterstellen wir im weiteren, daß jeder Arbeitsvorgang eines Auftrags auf einer anderen Maschine durchzuführen ist. Ein Arbeitsvorgang eines Auftrags i auf der Maschine m läßt sich daher durch (i, m) eindeutig kennzeichnen.

B.5.4.2 Zielvorstellungen bei der Planung der Auftragsreihenfolge

Als Ziele sind bei der Lösung der Maschinenbelegung Kosten- bzw. Erfolgsgrößen in Betracht zu ziehen. Wegen der Schwierigkeiten, die mit dem Ermitteln von monetären Größen verbunden sind, und aus der Überlegung, daß durch das gegebene Produktionsprogramm sowie durch die fixierten Lose ein erheblicher Teil der Erfolgsgrößen bereits festliegt und unveränderlich ist, begnügt man sich häufig mit der Angabe von zeitlichen Zielen. Im besonderen spielen bei der Maschinenbelegung die folgenden Ziele eine Rolle:

1. Minimierung der Durchlaufzeiten

Dabei wird häufig die Minimierung der maximalen Durchlaufzeit der n Fertigungsaufträge (i = 1,...,n) angestrebt:

(1a) $F_{max} = \max\{T_1, T_2, \ldots, T_n\} \rightarrow \text{Min!}$

mit T_i = Fertigstellungszeitpunkt für den Auftrag i
oder die Minimierung der mittleren Durchlaufzeit:

(1b) $F = \dfrac{1}{n} \sum_{i=1}^{n} T_i \rightarrow \text{Min!}$

Die Zielsetzung, die in der Literatur der Lösung des Maschinenbelegungsproblems häufig zugrundegelegt wird, ist die Minimierung der maximalen Durchlaufzeit. Eine Lösung, die der Minimierung der maximalen Durchlaufzeit folgt, zeigt, ob ein gegebenes Produktionsprogramm bzw. *vorgegebene* Auftragsgrößen innerhalb des Planungszeitraums abzuwickeln sind. Für diese Aufgabe hat die Zielsetzung ihre Bedeutung.

Die durchlaufzeitbezogenen Ziele sind generell im Hinblick auf die übergeordneten Erfolgsgrößen daran orientiert, durch einen möglichst schnellen Produktionsfluß die Kapitalbindungskosten der Aufträge gering zu halten.

2. Maximierung der durchschnittlichen Kapazitätsauslastung (KA_{max})

Diese ist definiert durch:

(2) $KA = \dfrac{\sum\limits_{i=1}^{n} \sum\limits_{m=1}^{M} a_{im}}{M \cdot F_{max}} \rightarrow \text{Max!}$

Dabei bedeutet a_{im} die Bearbeitungszeit des Auftrags i auf der Maschine m und M stellt die Anzahl der vorhandenen Maschinen dar.

Gehen wir von konstanten Bearbeitungszeiten aus, so stimmt der optimale Ablaufplan bei Maximierung der Kapazitätsauslastung mit dem bei Minimierung der maximalen Durchlaufzeit überein. Durch die kapazitätsbezogenen Ziele soll die produktive Nutzung der vorhandenen betrieblichen Kapazitäten möglichst hoch sein.

3. Maximierung der Termintreue

Ist für jeden Fertigungsauftrag i ein Liefertermin D_i vorgegeben, so läßt sich diese Zielsetzung z. B. formulieren durch:

(a) Minimierung der Summe der Verspätungen:

$$(3a) \quad V_s = \sum_{i=1}^{n} \max\{T_i - D_i, 0\} \rightarrow \text{Min!}$$

(b) Minimierung der Summe der Terminabweichungen von den gegebenen Lieferterminen:

$$(3b) \quad V_{ST} = \sum_{i=1}^{n} |T_i - D_i| \rightarrow \text{Min!}$$

In der Formulierung (b) bewertet der Entscheidungsträger nicht nur Verspätungen, sondern auch Verfrühungen zum Liefertermin negativ.

Zeitziele, z. B. bezogen auf Terminabweichungen, sichern nicht unbedingt, daß die daraus resultierenden Kosten dadurch umfassend berücksichtigt werden. Möchte man z. B. die Verzugskosten möglichst gering halten, so genügt die alleinige Betrachtung der Verspätungen in der Regel nicht, da die ökonomischen Wirkungen wie Konventionalstrafen, Opportunitätskosten durch zukünftige Deckungsbeitragsverluste und dergleichen mit dem zeitlichen Umfang der Verzögerungen nicht konform gehen müssen. Es zeigt sich, daß die Bewertung der Zeiten mit erheblichen Problemen verknüpft ist (man vergleiche die umfassenden Ausführungen von Siegel 1974, S. 27 – 58; Hoch 1973, S. 33 – 68). Empirische Untersuchungen zeigen aber, daß Zeitziele praktische Bedeutung haben (Glaser/Geiger/Rohde 1992).

Zielbeziehungen

Eine Frage, die von Interesse ist, betrifft die Beziehungen, die zwischen den Zeitzielen bestehen. Zu klären ist, ob Ziele existieren, die äquivalent sind in dem Sinne, daß ein Ablaufplan, der optimal in bezug auf ein Ziel ist, auch optimal für ein anderes Ziel ist. Im folgenden wollen wir lediglich zu dem in der Literatur zu findenden *Dilemma der Ablaufplanung* (Gutenberg 1966, S. 214) Stellung nehmen, nämlich die Praxis der Arbeitsablaufplanung sei beherrscht durch die gegenläufigen Forderungen, die Durchlaufzeit des Materials zu minimieren und die Kapazitätsauslastung der Betriebsmittel zu maximieren.

Über die Existenz des Ablaufplanungsdilemmas herrscht in der Literatur Uneinigkeit (vgl. dazu Günther 1971; Mensch 1972). Eine Reihe von Autoren postulieren eine Konkurrenz zwischen diesen beiden Zielen, andere Autoren sehen diesen Konflikt als nicht gegeben an. Ob ein Dilemma existiert, ist einmal davon abhängig, was wir unter diesem Begriff verstehen und wie die beiden Ziele, im besonderen die Minimierung der Durchlaufzeiten, präzisiert werden. Fassen wir den Begriff Dilemma so auf, daß zwei Ziele gegenläufig sein können, also die optimalen Ablaufpläne möglicherweise auseinanderfallen, und vergleichen wir das Ziel der Minimierung der maximalen Durchlaufzeit mit dem der maximalen Kapazitätsauslastung, so können wir folgende Aussage ableiten:

Die Ziele Minimierung der maximalen Durchlaufzeit (F_{max}) sowie die Maximierung der durchschnittlichen Kapazitätsauslastung (KA_{max}) sind äquivalent.

Dies läßt sich wie folgt zeigen: Da die Bearbeitungszeiten a_{im} sowie M als konstant unterstellt werden, so nimmt KA (siehe Gleichung 2) sein Maximum an, wenn F_{max} (siehe Gleichung 1a) minimal wird.

Gemäß der Aussage und damit der speziellen Quantifizierung des Begriffs Durchlaufzeit und Kapazitätsauslastung kann kein Dilemma existent sein. Für die Ziele Minimierung der mittleren Durchlaufzeit (bzw. der Wartezeiten) sowie maximale Kapazitätsauslastung ist ein Auseinanderfallen der optimalen Ablaufpläne aber *nicht* auszuschließen. Diese Ziele können vor allem gegenläufig sein, wenn die Anzahl der Fertigungsaufträge als *variabel* angesehen wird, da eine Erhöhung der Anzahl der freigegebenen Aufträge (Warteschlangen vor den Maschinen) die mittlere Durchlaufzeit erhöht, gleichzeitig aber eine hohe Kapazitätsauslastung gewährleistet. Wird eine nur geringe zeitliche Belastung im Fertigungssystem durch Freigabe weniger Aufträge erreicht, so ist zwar die mittlere Durchlaufzeit niedrig, aber es besteht die Gefahr, daß einzelne Maschinen nicht voll ausgelastet werden können und damit die durchschnittliche Auslastung klein ist. Wird die Auftragsfreigabe dagegen so geregelt, daß eine hohe durchschnittliche Auslastung garantiert ist, so wird auch die Durchlaufzeit stark ansteigen, da die Wartezeiten hoch sein werden. Dies haben wir als *Dilemma bei der Planung der Auftragsfreigabe* bezeichnet (vgl. dazu Kap. B.5.3.1). Das sog. Ablaufdilemma tritt also im besonderen im Rahmen der Auftragsfreigabe und weniger anläßlich der Maschinenbelegung für *vorgegebene* Fertigungsaufträge auf.

Weitere Zielbeziehungen kann der Leser in Rinnooy Kan (1976), Domschke/Scholl/Voß (1993) finden.

B.5.4.3 Darstellungsformen des Problems der Maschinenbelegung

Zur Darstellung des Problems der Maschinenbelegung eignen sich als Hilfsmittel im besonderen Plantafeln oder Balken-(Gantt)-Diagramme. Um diese Hilfsmittel erstellen zu können, müssen die Arbeitsvorgänge sowie die zugehörigen Bearbeitungszeiten (einschließlich der Rüstzeiten) der Fertigungsaufträge sowie die Maschinenfolgen bekannt sein.

Die Maschinenfolgen lassen sich in einer Matrix S = $(\underline{s}_{im})$ zusammenfassen, deren Zeilen den n Aufträgen und deren Spalten den M Maschinen zugeordnet sind. Ein Element s_{im} der n · M-Matrix zeigt für den Auftrag i, an welcher Stelle in der Maschinenfolge die Maschine m einzusetzen ist.

Die Bearbeitungszeiten der einzelnen Arbeitsvorgänge jedes Auftrags halten wir in einer Matrix $(\underline{a}_{im})$, der sogenannten Bearbeitungszeitenmatrix, fest. Ein Element der Matrix der Bearbeitungszeiten gibt die benötigte Bearbeitungszeit des i-ten Auftrags auf der Maschine m wieder. Sollen Rüstzeiten nicht separat aufgeführt werden (und sind diese konstant), so lassen sie sich in die Bearbeitungszeiten einschließen. Man kann dann auch von Produktionszeiten sprechen. Transportzeiten müßten gegebenenfalls als eigene Vorgänge geführt werden.

Im folgenden verdeutlichen wir die Darstellungsformen an einem Beispiel mit zwei Aufträgen und zwei Maschinen. Gegeben ist die Maschinenfolgematrix S

	Maschine 1	Maschine 2
Fertigungsauftrag 1	1. Arbeitsvorgang	2. Arbeitsvorgang
Fertigungsauftrag 2	2. Arbeitsvorgang	1. Arbeitsvorgang

Die zweite Zeile der Matrix S gibt z. B. an, daß der Auftrag 2 aus technologischen Gründen zuerst auf der Maschine 2 und dann auf der Maschine 1 zu bearbeiten ist.

Ferner sei die Matrix A der Produktionszeiten bekannt:

	Maschine 1	Maschine 2
Fertigungsauftrag 1	3 Zeiteinheiten	4 Zeiteinheiten
Fertigungsauftrag 2	5 Zeiteinheiten	2 Zeiteinheiten

Für jeden Arbeitsvorgang (i, m) ist damit (aus dem Arbeitsplan sowie aus der Losmenge) die Produktionszeit eindeutig festgestellt worden.

Für das Beispiel gibt es alternativ vier Maschinenbelegungsdiagramme.

Lösung 1: Der Auftrag 1 wird auf beiden Maschinen als erster bearbeitet
(Abb. B.5.14)

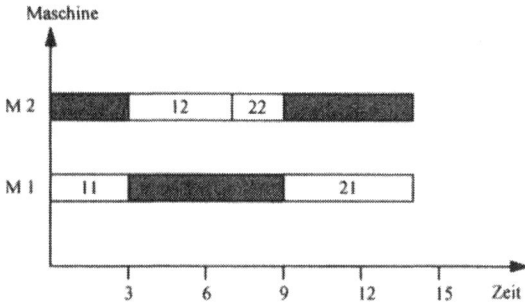

Abb. B.5.14:   Ablaufplan 1   (Legende: ■ Leerzeiten)

Die maximale Durchlaufzeit beträgt 14 Zeiteinheiten.

Lösung 2: Auf Maschine 1 kommt Auftrag 1 vor 2
Auf Maschine 2 kommt Auftrag 2 vor 1

Die maximale Durchlaufzeit von Ablaufplan 2 beläuft sich auf 8 Zeiteinheiten (Abb. B.5.15)

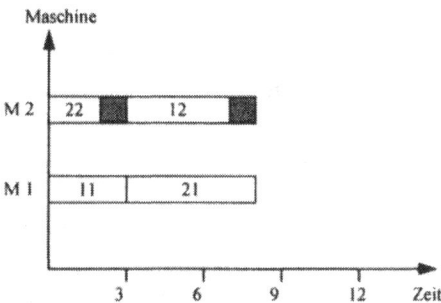

Abb. B.5.15:   Ablaufplan 2

Lösung 3: Auf beiden Maschinen geht Auftrag 2 dem Auftrag 1 voraus.

Der Ablaufplan 3 benötigt wiederum eine maximale Durchlaufzeit von 14
Zeiteinheiten (Abb. B.5.16)

Maschine

M 2 | 22 | ████████████ | 12 |

M 1 | ███ | 21 | 11 | ████████ |

3   6   9   12   15   Zeit

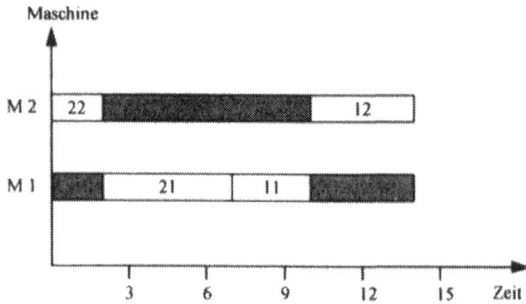

Abb. B.5.16:   Ablaufplan 3

Lösung 4: Auftrag 2 geht auf Maschine 1 Auftrag 1 voraus

Auftrag 1 geht auf Maschine 2 Auftrag 2 voraus

Ein zulässiger Ablaufplan ist bei dieser Auftragsfolge nicht abzuleiten, da sich die Maschinenfolge und die gewünschte Auftragsfolge logisch widersprechen.

Aus dem *Maschinenbelegungsdiagramm* (üblicherweise auch als Balken- oder Ganttdiagramm bezeichnet) können die Produktions- und Leerzeiten abgelesen werden. Es ist zur aktuellen Einplanung der Aufträge auf den Produktiveinheiten und zur Übersicht über die Belegung geeignet. Ein Maschinenbelegungsdiagramm ist üblicherweise die Darstellungsform auf der *Plantafel*: Karten oder Streifen, auf denen ein entsprechender Zeitstrahl für die Produktionszeiten aufgetragen ist, können, nach Arbeitssystemen getrennt, über die Zeitachse einer Plantafel angeordnet werden. Als zentrales Informationselement findet das Maschinenbelegungsdiagramm in der elektronischen Plantafel Verwendung (vgl. dazu Kap. B.6.5)

Aus dem Maschinenbelegungsdiagramm lassen sich Arbeitsfortschritte an den einzelnen Aufträgen nur schwer erkennen. Dazu eignet sich das *Auftragsfortschrittsdiagramm* besser: Bei diesem Diagramm sind auf der Ordinate die Arbeitsvorgänge bzw. Aufträge (statt Maschinen) mit ihren Zeiten aufgetragen und man kann daher die Aufträge über die Zeit verfolgen und leicht die Produktions- und Wartezeiten für jeden Auftrag ablesen.

Ein Auftragsfortschrittsdiagramm für den Plan aus Abb. B.5.16 (Lösung 3) ist in der Abb. B.5.17 dargestellt.

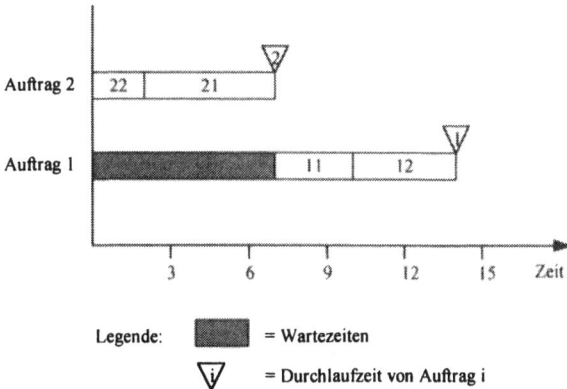

Abb. B.5.17:   Auftragsfortschrittsdiagramm für Lösung 3

B.5.4.4 Lösungsansätze für das Problem der Maschinenbelegung

Die Lösungsvorschläge im Bereich der Maschinenbelegung sind umfangreich. Eine einfache Abzählung der möglichen Maschinenbelegungsprobleme und Auswahl der optimalen Lösung – wie der Eindruck vielleicht aus dem Beispiel aus Kap. B.5.4.3 entstehen könnte – ist kein praktisches Vorgehen, da bei n Aufträgen und M Maschinen bis zu $(n!)^M$ Maschinenbelegungsdiagramme, die nicht alle zulässig sein müssen, existieren. Bei 5 Aufträge auf 5 Maschinen ergibt dies eine Gesamtzahl von $(5!)^5 =$ 24.883.200.000 theoretisch möglichen Ablaufplänen. Daher sind Näherungsverfahren von praktischer Bedeutung.

Im folgenden gehen wir lediglich auf Lösungsansätze für den *Job-Shop-Fall* ein, bei dem n Aufträge auf M Maschinen einzuplanen sind und nichtidentische Maschinenfolgen auftreten können. Eine *Auswahl* von Lösungskonzepten für den Job-shop-Fall (beliebige Anzahl von Aufträgen und Maschinen) ist in der Abb. B.5.18 zusammengestellt. Der Leser vergleiche dazu auch Domschke/Scholl/Voß (1993); dieses Werk stellt auch umfassend Spezialfälle der Maschinenbelegung vor.

In der Praxis sind im besonderen Näherungsverfahren im Einsatz. Daher stellen wir lediglich Näherungsverfahren dar. Zu einem Überblick über

Job-shop-Maschinenbelegungsproblem (n, M = beliebig)	
Exakte Verfahren:	**Näherungsverfahren:**
Branch and Bound: Charlton/Death 1970 Ashour/Hiremath 1973 Lageweg et. al 1977 Barker et. al 1985 Carlier/Pinson 1989 Applegate/Cook 1991 Bruker/Jurisch 1993 Brucker 1995 *Gemischt-ganzzah- lige Optimierung:* Krelle 1958 Bowman 1959 Wagner 1959 Land/Laporte/ 　Miliotis 1978	Akers/Friedman 1955 Giffler/Thompson 1960 Heller/Logeman 1961 Ashour 1972 Ashour/Hiremath 1973 Adams et al. 1988 Laarhoven/Aarts/ 　Lenstra 1992 Dauzerre-Peres/ 　Lasserre 1993 Storer et. al. 1992 Pesch 1994 *Prioritätsregel- verfahren* (vgl. dazu im speziellen Haupt 1989)

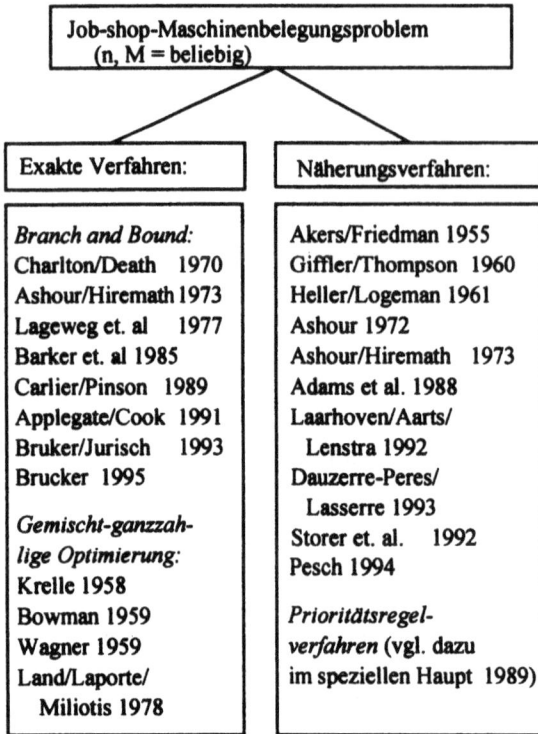

Abb. B.5.18:   Übersicht über ausgewählte Verfahren der Maschinenbelegung

weitere neuere Verfahren vergleiche der Leser vor allem das umfassende Buch von Domschke/Scholl/Voß (1993, Kap. 5.6).

B.5.4.4.1   Näherungsverfahren für das Problem der Maschinenbelegung

Im folgenden wird zunächst ein Näherungsverfahren dargestellt, das als ein formalisiertes Vorgehen für die Vorwärtsterminierung auf einer Plantafel angesehen werden kann. Es geht auf Giffler und Thompson (1960) zurück. Da dieses Näherungsverfahren als Ausgangspunkt sowohl von exakten als auch weiterentwickelten Näherungsverfahren bis heute eine hohe Bedeutung für die Maschinenbelegung hat, beschreiben wir dieses im weiteren.

Plant man Arbeitsvorgänge durch eine Vorwärtsterminierung ein, so kann man bei jedem Schritt drei Arten von Arbeitsvorgängen unterscheiden: den:

• Eingeplante Arbeitsvorgänge
• Einplanbare Arbeitsvorgänge
• Noch nicht einplanbare Arbeitsvorgänge.

Eingeplante Arbeitsvorgänge sind Operationen, denen bereits ein fester Platz in der Auftragsfolge zugewiesen wurde.

Einplanbare Arbeitsvorgänge sind Operationen, deren Vorgänger in der Maschinenfolge bereits eingeplant sind und denen daher ein Platz in der Auftragsfolge zugewiesen werden kann. Zu Beginn ist eine Operation einplanbar, wenn sie an erster Stelle eines Auftrags zu fertigen ist.

Noch nicht einplanbare Arbeitsvorgänge sind Operationen, deren Vorgänger in der Maschinenfolge noch nicht (vollständig) eingeplant sind und eine Bearbeitung daher noch nicht möglich ist.

Bestimmt man in jedem Schritt die einplanbaren Arbeitsvorgänge (i, m) mit ihren jeweiligen frühest möglichen Beginnzeitpunkten bzw. Endzeitpunkten, so tritt ein Problem auf, wenn gleichzeitig mehrere (zumindest zwei) Arbeitsvorgänge die *gleiche* Maschine m belegen wollen. Ein *Konflikt* ist gegeben, wenn zu einem Planungszeitpunkt auf einer Maschine m ein Arbeitsvorgang einplanbar ist und während seiner Bearbeitung mindestens ein weiterer Arbeitsvorgang ebenfalls einplanbar wäre.

Stehen eine Menge von Arbeitsvorgängen auf einer Maschine im Konflikt, so ist eine Reihenfolgeentscheidung erforderlich. Wird eine am Konflikt beteiligte Arbeitsoperation eingeplant, so hat dies zur Folge, daß die übrigen am Konflikt beteiligten Arbeitsvorgänge zeitlich verzögert werden müssen.

Mit diesen Begriffen läßt sich der folgende Ablauf des Näherungsverfahrens angeben, wobei die Frage, nach welcher Vorschrift Konflikte gelöst werden sollen, zunächst offen bleibt. Das Verfahren wird für das *statische Problem der Maschinenbelegung* dargestellt. Neben der verbalen Beschreibung des Verfahrens wird die kompakte Mengendarstellung aufgeführt. Für diese führen wir die folgenden Symbole ein:

i   = Index für den Arbeitsvorgang (wir lassen den zweiten Index für die Maschine aus Gründen einer einfacheren Notation entfallen, die Arbeitsvorgänge werden daher fortlaufend durchnumeriert)

S   = Menge der einplanbaren Arbeitsvorgänge

PS   = Menge der eingeplanten Arbeitsvorgänge

α = Menge der technologisch an erster Stelle eines Auftrags stehenden Arbeitsvorgänge

N(k) = Menge der technologisch direkt nachfolgenden Arbeitsvorgänge
       von Arbeitsvorgang k

O_m = Arbeitsvorgänge, die technologisch auf der Maschine m durch-
       zuführen sind

K   = Konfliktmenge (die auf einer bestimmten Maschine gleichzeitig
       einplanbaren Arbeitsvorgänge)

d_i = frühester Fertigstellungszeitpunkt von Arbeitsvorgang i

s_i = frühester Beginnzeitpunkt von Arbeitsvorgang i

a_i = Bearbeitungszeit von Arbeitsvorgang i

z   = Gesamtzahl der Arbeitsvorgänge

Der algorithmische Ablauf ist aus der Abb. B.5.19 ersichtlich.

Schritt 1 (Initialisierung):

- Die Menge der eingeplanten Arbeitsvorgänge ist zu Beginn leer, d. h.
  $PS = \oslash$

- Die Menge der einplanbaren Arbeitsvorgänge entspricht zu Beginn den
  Arbeitsvorgängen jedes Auftrages, die an erster Stelle bearbeitet werden, d. h. $S = \alpha$

Die frühesten Beginnzeitpunkte dieser Arbeitsvorgänge sind Null, d. h.
$s_i = 0, i \in \alpha$; die frühesten Fertigstellungszeitpunkte dieser Arbeitsvorgänge sind gegeben durch: $d_i = a_i, i \in \alpha$

Schritt 2:

Bestimme unter den einplanbaren Arbeitsvorgängen jenen mit dem frühesten Fertigstellungzeitpunkt, d. h. bestimme $d_k = \min_{i \in S} \{d_i\}$.
Trifft das auf mehrere zu, wähle einen beliebigen aus. Der Arbeitsvorgang
sei (k,m), also der Arbeitsvorgang k auf der Maschine m.
Die Arbeitsvorgänge, die zur Menge der einplanbaren gehören und die
gleichzeitig auf der Maschine m zu fertigen sind, bilden die Konfliktmenge, d. h. $K = \{i \mid i \in S \cap O_m\}$
Besteht die Konfliktmenge aus *einem* Element (Arbeitsvorgang), d. h. $|K|$
= 1?
ja: gehe zu Schritt 4
nein: gehe zu Schritt 3

Schritt 3:

Löse den Konflikt, d. h. wähle einen Arbeitsvorgang aus der Konfliktmenge aus: $\hat{i} \in K$. Setze k gleich dem Index des ausgewählten Arbeitsvorgangs $(k := \hat{i})$. Der früheste Fertigstellungzeitpunkt von Arbeitsvorgang k ist d_k.

Aktualisiere:

Frühester Beginnzeitpunkt der übrigen am Konflikt beteiligten Arbeitsvorgänge entspricht dem frühesten Fertigstellungszeitpunkt des Arbeitsvorgangs k $((s_i := d_k))$.

Frühester Fertigstellungszeitpunkt der übrigen am Konflikt beteiligten Arbeitsvorgänge = frühester Beginnzeitpunkt des Arbeitsvorgangs plus seine jeweilige Bearbeitungszeit, d. h. $d_i = s_i + a_i, \quad i \in K \setminus \{k\}$

Schritt 4:

Aktualisiere:

Frühester Beginnzeitpunkt jedes technologisch unmittelbar nachfolgenden Arbeitsvorgangs des Arbeitsvorgangs k: = früheste Fertigstellungszeitpunkt des Arbeitsvorgangs k $((s_i = d_k))$.

Frühester Fertigstellungszeitpunkt jedes technologisch unmittelbar nachfolgenden Arbeitsvorgangs des Arbeitsvorgangs k = Beginnzeitpunkt des Arbeitsvorgangs plus seine Bearbeitungszeit, d. h. $d_i = s_i + a_i, \quad i \in N(k)$.

Schritt 5:

Aktualisiere:

- Entferne den Arbeitsvorgang k aus der Menge der einplanbaren Arbeitsvorgänge und füge die direkten Nachfolgearbeitsvorgänge der Menge der *einplanbaren Arbeitsvorgänge* zu, d. h. $S := S \setminus \{k\} \cup N(k)$
- Füge den Arbeitsvorgang k der Menge der *eingeplanten Arbeitsvorgänge* zu, d. h. $PS := PS \cup \{k\}$

Schritt 6:

Sind in der *Menge der eingeplanten Arbeitsvorgänge* alle Arbeitsvorgänge enthalten, d. h. $|PS| = z$?
ja: Lösung ist gefunden!
nein: gehe zu Schritt 2

Abb. B.5.19:   Verfahrensablauf nach Giffler/Thompson

An einem Beispiel wollen wir die einzelnen Schritte verdeutlichen: Wir betrachten drei Aufträge A_1, A_2, A_3 auf drei Maschinen M_1, M_2, M_3. Die technologischen Reihenfolgen sind durch die Matrix gegeben:

	M_1	M_2	M_3
A_1	2	3	1
A_2	3	1	2
A_3	2	1	3

Die Bearbeitungszeiten für die Aufträge auf den einzelnen Maschinen betragen:

	M_1	M_2	M_3
A_1	40	20	70
A_2	30	50	60
A_3	20	40	30

Da der Schritt 3 keine eindeutige Vorschrift zur Auflösung eines Konflikts enthält, unterstellen wir im Beispiel, daß jeweils die Bearbeitungszeit für alle am Konflikt beteiligten Arbeitsvorgänge als Auswahlkriterium dient, wobei der Arbeitsvorgang mit der kürzesten Bearbeitungszeit (*kürzeste Operationszeit-Regel*) präferiert wird.

Die Schritte des Verfahrens sind der Abb. B.5.20 zu entnehmen. Eine Veranschaulichung der Schritte und das Maschinenbelegungsdiagramm ist der Abb. B.5.21 zu entnehmen.

B.5.4.4.2 Suchheuristik zur näherungsweisen Lösung des Problems der Maschinenbelegung

Durch das Giffler-Thompson-Verfahren wird zumindest jeweils ein *aktiver Ablaufplan* erzeugt, d. h. es ist nicht möglich, den Beginn irgendeines Arbeitsvorganges vorzuverlegen (eventuell unter Vertauschung der Auftragsfolge), ohne den Beginn mindestens eines anderen Arbeitsvorgangs zu verzögern. Dieser Ablaufplan muß keineswegs die optimale Lösung darstellen. Um Optimalität zu erreichen, könnte man versuchen, bei je-

einplanbare Arbeitsvorgänge S	d_i $i \in S$	Konfliktmenge K	a_i $i \in K$	Auswahl (KOZ-Regel) k	Aktualisierung d_i $i \in K-\{k\}$	eingeplante Arbeitsvorgänge PS
{(13), (22), (32)}	70 50 40	{(22), (32)}	50 40	(32)	40+50=90	{(32)}
{(13), (22), (31)}	70 90 40+20=60	{(31)}		(31)		{(32), (31)}
{(13), (22), (33)}	70 90 60+30=90	{(13), (33)}	70 30	(33)	90+70=160	{(32), (31), (33)}
{(13), (22)}	160 90	{(22)}		(22)		{(32), (31), (33), (22)}
{(13), (23)}	160 90+60=150	{(13), (23)}	70 60	(23)	150+70=220	{(32), (31), (33), (22), (23)}
{(13), (21)}	220 150+30=180	{(21)}		(21)		{(32), (31), (33), (22), (23), (21)}
{(13)}	220	{(13)}				{(32), (31), (33), (22), (23), (21), (13)}
{(11)}	220+40=260	{(11)}				{(32), (31), (33), (22), (23), (21), (13), (11)}
{(12)}	260+20=280	{(12)}				{(32), (31), (33), (22), (23), (21), (13), (11), (12)}

Abb. B.5.20: Algorithmischer Ablauf des Näherungsverfahrens für das Beispiel

dem Konflikt alle alternativen Arbeitsvorgangsfolgen aufzuzählen und durch Bewertung aller sich ergebenden aktiven Ablaufpläne, den optimalen Plan zu identifizieren. Diese vollständige Enumeration scheitert jedoch aus Gründen des Rechenaufwands für größere Probleme, wie wir bereits gesehen haben.

Eine einfache heuristische Vorgehensweise besteht darin, verschiedene Prioritätsregeln zur Konfliktlösung zu verwenden. Eine *Prioritätsregel*

Maschine 1	Maschine 2	Maschine 3	eingeplanter Arbeitsvorgang mit Endzeitpunkt d
	A(3,2): 0 --> 40 A(2,2): 0 --> 50	A(1,3): 0 --> 70	A(3,2) mit d= 40
A(3,1): 40 --> 60	A(2,2): 40 --> 90	A(1,3): 0 --> 70	A(3,1) mit d= 60
	A(2,2): 40 --> 90	A(1,3): 0 --> 70 A(3,3): 60 --> 90	A(3,3) mit d= 90
	A(2,2): 40 --> 90	A(1,3): 90 --> 160	A(2,2) mit d= 90
		A(1,3): 90 --> 160 A(2,3): 90 --> 150	A(2,3) mit d= 150
A(2,1): 150 -->180		A(1,3): 150 -->220	A(2,1) mit d= 180
		A(1,3): 150 -->220	A(1,3) mit d= 220
A(1,1): 220 -->260			A(1,1) mit d= 260
	A(1,2): 260 -->280		A(1,2) mit d= 280

Legende: A(i,m) : Arbeitsvorgang des Auftrags i auf der Maschine m
s --> d: Belegungszeit des Arbeitsvorgangs (s= Beginn; d= Ende)

Abb. B.5.21:   Veranschaulichung der Verfahrensschritte für das Beispiel

ist eine Vorschrift, die entsprechend den zugeordneten Zahlenwerten eine Auswahl (aus der Konfliktmenge) gestattet. Prioritätsregeln für die Reihenfolgeplanung sind in großer Fülle vorgeschlagen worden. Einige bekanntere Prioritätsregeln sind in der Übersicht in Abb. B.5.22 zusammengestellt.

Aus der Verknüpfung von Prioritätsregeln lassen sich eine Vielzahl von kombinierten Prioritätsregeln bilden; man möchte damit gleichzeitig mehrere Ziele der Reihenfolgeplanung realisieren. Die Verknüpfung kann dabei

- additiv
- multiplikativ oder
- alternativ

vorgenommen werden. Die einfachste Form, elementare Prioritätsregeln zu kombinieren, ist die Addition der Zahlenwerte, auf denen sie beruhen. Sind die Bewertungsmaßstäbe der elementaren Prioritätsregeln unterschiedlich, so bedarf es ihrer Gewichtung. Verknüpft man die Prioritätsregeln multiplikativ, so kann eine Gewichtung über Exponenten herbeigeführt werden. Untersuchungen haben gezeigt, daß durch eine additive bzw. multiplikati-

Benennung	Inhaltliche Beschreibung
1. KOZ (SPT)-Regel (Kürzeste Operationszeit-regel, Shortest Processing Time Rule)	Die höchste Prioritätszahl erhält der Arbeitsvorgang in der Warteschlange, der die kürzeste Operationszeit (Bearbeitungs-, Produktionszeit) hat
2. LOZ-Regel (Längste Operationszeitregel)	Die höchste Priorität erhält der Arbeitsvorgang in der Warteschlange, der die längste Operationszeit hat
3. WT-Regel (Wert-Regel)	Der Auftrag in der Warteschlange erhält die höchste Priorität, der den höchsten Produktendwert hat oder alternativ: Der Auftrag in der Warteschlange erhält die höchste Priorität, dessen Produktwert vor Ausführung des jeweiligen Arbeitsvorgangs der größte ist (dynamische Wertregel)
4. SZ-Regel (Schlupfzeitregel)	Der Auftrag in der Warteschlange erhält die die höchste Priorität, bei dem die Differenz zwischen dem Liefertermin und der verbleibenden Bearbeitungszeit, also sein Schlupf, am geringsten ist
5. CR-Regel (Critical Ratio Rule)	Der Auftrag in der Warteschlange erhält die die höchste Priorität, bei dem der Quotient aus Lieferzeit minus Bezugszeitpunkt zu der noch durchzuführenden Bearbeitungszeit am geringsten ist.
6. FLT-(EDD)-Regel (Früheste Liefertermin-Regel bzw. Earliest Due Date rule)	Der Auftrag in der Warteschlange erhält die höchste Priorität, der den frühesten Liefertermin hat.
7. FCFS-Regel (First Come First Served Rule)	Der Arbeitsvorgang, der zuerst auf der jeweiligen Maschine ankommt, erhält in der Warteschlange Priorität
8. MAA-Regel (Regel der am meisten noch auszuführenden Arbeitsvorgänge)	Die höchste Priorität in der Warteschlange erhält der Auftrag, der die meisten noch auszuführenden Arbeitsvorgänge hat.
9. ZUF-(Random)-Regel (Zufalls-Regel)	Bei der Zufallsregel wird jedem Arbeitsgang bei seiner Ankunft in der Warteschlange vor einer Maschine ein Wert zwischen 0 und 1 zufällig zugeordnet. Der Arbeitsvorgang mit dem größten Wert hat die höchste Priorität
10. GRB-(MWKR)-Regel (Größte Restbearbeitungszeit-Regel, Most Work Remaining rule)	Die höchste Priorität erhält der Auftrag, dessen im Moment der Belegung noch verbleibende Bearbeitungszeit auf allen benötigten Maschinen die längste ist.
11. COVERT-Regel (Cost Over Time)	Der Auftrag erhält die höchste Priorität, dessen Quotient aus Verspätungskosten zu Bearbeitungszeit am größten ist.

Abb. B.5.22:   Prioritätsregeln

ve Verknüpfung durchaus keine bessere Zielerfüllung gegenüber elementaren Regeln eintreten muß, sondern ebenso das Gegenteil der Fall sein kann (Gräßler 1968).

Bei einer alternativen Verknüpfung werden Bedingungen formuliert, die jeweils nur eine bestimmte elementare Prioritätsregel gelten lassen. Ein Beispiel für eine derartige Prioritätsregel ist die alternative Kombination der KOZ-Regel mit der Schlupfzeitregel. Die beiden Regeln werden

z. B. so verknüpft, daß bei Terminüberschreitungen die Schlupfzeitregel, im gegenteiligen Fall die KOZ-Regel wirksam wird.

Löst man mit dem Verfahren von Giffler und Thompson auftretende Konflikte jeweils mit einer Prioritätsregel, so erhält man *einen* aktiven Ablaufplan. Dabei kann dieser ermittelte Ablaufplan erheblich vom Optimum abweichen. Um die Lösungsqualität zu verbessern, liegt es nahe, eine Reihe von zulässigen Lösungen zu erzeugen und die beste Lösung davon auszuwählen. Storer/Wu/Vaccari (1992 a) schlagen verschiedene Suchheuristiken vor. *Eine* Grundidee zur Erweiterung des Suchraums besteht darin, die Zeitachse in nicht notwendig gleichlange Intervalle zu unterteilen. Für jedes dieser Intervalle – Zeitfenster genannt – wird die Menge der einplanbaren Arbeitsvorgänge entsprechend der oben dargestellten Ermittlung aktiver Ablaufpläne bestimmt und nach einer (gegebenenfalls variierenden) Prioritätsregel nach monoton wachsenden Zeitpunkten eingeplant. Die Anzahl aller möglichen Zuordnungen von Prioritätsregeln (P) und Anzahl von Zeitfenstern (W) bestimmt die Größe des Suchraumes, nämlich P^W. Alternativ läßt sich die Prioritätsregel z. B. auch nach einer bestimmten Anzahl eingeplanter Arbeitsvorgänge wechseln.

Die Lösungsidee des Verfahrens läßt sich daher wie folgt charakterisieren:

Suchheuristik nach Storer et al. (1992 a):

Initialisierungsphase:

Bestimme die Anzahl der Zeitfenster. Ordne zufällig eine Prioritätsregel jedem Zeitfenster zu (aktuelle Heuristik genannt). Ermittle eine Ausgangslösung mittels des Verfahrens von Giffler und Thompson und speichere den Zielfunktionswert Z sowie die Heuristik. Lege die maximale Anzahl der Schritte (L) der Suchheuristik fest.

Iterationsphase:

Wiederhole die Schritte L mal:

1. Wähle ein Zeitfenster zufällig aus.
2. Ordne dem gewählten Zeitfenster zufällig eine (von der Ausgangslösung unterschiedliche) Prioritätsregel zu.
3. Wende das Verfahren von Giffler und Thompson mit den gewählten Prioritätsregeln für die Zeitfenster an und ermittle den neuen Zielfunktionswert.

4. Ist der neue Zielfunktionswert Z gleich oder besser als der bisherige, dann ersetze den gespeicherten Zielfunktionswert durch den neuen und die aktuelle durch die neue Heuristik. Andernfalls halte an dem gespeicherten Zielfunktionswert und der Heuristik fest.

5. Gehe zu Schritt 1.

An unserem Beispiel mit drei Fertigungssaufträgen (A1, A2, A3) auf drei Maschinen (M1, M2, M3) wollen wir dieses Vorgehen verdeutlichen, wobei wir vier Zeitfenster W1: 0-74 Zeiteinheiten, W2: 75 -149 Zeiteinheiten, W3: 150 -224 Zeiteinheiten und W4: 225 – 300 Zeiteinheiten vorgeben. Als Prioritätsregeln ziehen wir heran: KOZ, LOZ und FCFS. Die Anzahl der Iterationen sei L = 3. Wir ziehen die einfache Giffler-Thompson-Heuristik heran, die aktive Ablaufpläne erzeugt. Um beim Auftreten eines Konflikts eindeutig festzulegen, in welches Zeitfenster dieser fällt, wird der früheste Fertigstellungszeitpunkt der am Konflikt beteiligten Aufträge herangezogen. Dieser früheste Fertigstellungszeitpunkt wird jeweils mit FFZ bezeichnet. Damit ergeben sich folgende Lösungsschritte für die Suchheuristik:

Initialisierungsphase (Abb. B.5.23)

Mit Hilfe eines Zufallszahlengenerators weisen wir jedem Zeitfenster zufällig eine Prioritätsregel zu. Zum Beispiel: W1 – KOZ, W2 – FCFS, W3 – LOZ, W4 – LOZ. Die Menge der Prioritätsregeln für die Zeitfenster ist damit:

H = {KOZ, FCFS, LOZ, LOZ}.

Diese Heuristik ergibt eine Durchlaufzeit von 250 ZE mit dem folgenden Belegungsplan (fett gedruckte Arbeitsgänge sind eingeplante Arbeitsgänge):

Z = 250

1. Iteration (Abb. B.5.24)

Wir wählen ein Zeitfenster zufällig aus und weisen ihm eine andere Prioritätsregel zu. Zum Beispiel: W3 – KOZ
Diese Heuristik ergibt eine Zykluszeit von 280 ZE mit dem folgenden Belegungsplan:
Die neue Zykluszeit ist größer als Z, daher bleiben Z und H unverändert:

Z = 250

M1	M2	M3	
	A3: 0 - 40 A2: 0 - 50	A1: 0 - 70	FFZ in W1 => KOZ-Regel
A3: 40 - 60	A2: 40 - 90	A1: 0 - 70	
	A2: 40 - 90	A1: 0 - 70 A3: 60 - 90	FFZ in W1 => KOZ-Regel
	A2: 40 - 90	A1: 90 - 160	
		A1: 90 - 160 A2: 90 - 150	FFZ in W3 => LOZ-Regel
A1: 160 - 200		A2: 160 - 220	
	A1: 200 -220	A2: 160 - 220	
		A2: 160 - 220	
A2: 220 - 250			

Abb. B.5.23:   Belegungsplan Initialisierungsphase

M1	M2	M3	
	A3: 0 - 40 A2: 0 - 50	A1: 0 - 70	FFZ in W1 => KOZ-Regel
A3: 40 - 60	A2: 40 - 90	A1: 0 - 70	
	A2: 40 - 90	A1: 0 - 70 A3: 60 - 90	FFZ in W1 => KOZ-Regel
	A2: 40 - 90	A1: 90 - 160	
		A1: 90 - 160 A2: 90 - 150	FFZ in W3 => KOZ-Regel
A2: 150 - 180		A1: 150 - 220	
		A1: 150 - 220	
A1: 220 - 260			
	A1: 260 - 280		

Abb. B.5.24:   Belegungsplan 1. Iteration

Die aktuelle Heuristik bleibt gleich H = {KOZ, FCFS, LOZ, LOZ}.

2. Iteration:

Wir wählen ein Zeitfenster zufällig aus und weisen ihm eine andere Prioritätsregel zu. Zum Beispiel: W4 – FCFS

Diese Heuristik ergibt wieder eine Zykluszeit von 250 ZE mit dem gleichen Belegungsplan wie in der Initialisierungsphase, weil in W4 kein Konflikt auftritt.

Die neue Zykluszeit ist gleich Z, daher aktualisieren wir Z und H:

Z = 250

Die aktuelle Heuristik ist: H = {KOZ, FCFS, LOZ, FCFS}.

3. Iteration:

Wir wählen ein Zeitfenster zufällig aus und weisen ihm eine andere Prioritätsregel zu. Zum Beispiel: W1 – LOZ
Diese Heuristik ergibt eine Zykluszeit von 160 ZE mit dem folgendem Belegungsplan:

M1	M2	M3	
	A3: 0 - 40 **A2: 0 - 50**	A1: 0 - 70	FFZ in W1 => LOZ-Regel
	A3: 50 - 90	**A1: 0 - 70** A2: 50 - 110	FFZ in W1 => LOZ-Regel
A1: 70 - 110	**A3: 50 - 90**	A2: 70 - 130	
A1: 70 - 110 A3: 90 - 110		A2: 70 - 130	FFZ in W2 => FCFS-Regel
A3: 110 - 130	**A1: 110 - 130**	A2: 70 - 130	
A3: 110 -130		**A2: 70 - 130**	
A3: 110 -130 A2: 130 - 160			
A2: 130 - 160		A3: 130 - 160	
		A3: 130 - 160	

Abb. B.5.25:   Belegungsplan 3. Iteration

Die neue Zykluszeit ist kleiner als Z, daher aktualisieren wir Z und H:

Z = 160
H = {LOZ, FCFS, LOZ, FCFS}

Die Anzahl der Iterationen (L) ist gleich 3, und der Algorithmus wird abgebrochen.

Den Vorteil dieser Suchheuristik sieht man an dem Beispiel bereits deutlich. Gegenüber dem Giffler-Thompson-Algorithmus, der im speziellen lediglich die KOZ-Regel heranzieht, wird eine Lösung gefunden, die die maximale Durchlaufzeit um 120 Zeiteinheiten verkürzt.

In Simulationsstudien stellten Storer/Wu/Vaccari (1992a) fest, daß die vorgeschlagenen Suchheuristiken mit den besten heute verfügbaren Näherungsverfahren (vor allem dem Algorithmus von Adams et al. 1988) konkurrieren können.

Lokale Suchstrategien haben das Problem, daß ein lokales Optimum nicht mit dem globalen Optimum übereinstimmen muß und daß darüberhinaus ein lokales Opimum weit vom optimalen Wert der Zielfunktion enfernt liegen kann. Da Probleme der Maschinenbelegung oftmals viele lokale Optima aufweisen, sind verschiedene Suchstrategien vorgeschlagen worden, im besonderen auch im Laufe des Verfahrens mit bestimmten Wahrscheinlichkeiten auch (vorübergehende) schlechtere Lösungen zuzulassen, um aus einem lokalen Optimum herauszukommen. Auf dieser Idee basiert das Konzept der *simulierten Abkühlung* (simulated annealing). Der Leser vgl. dazu z. B. Laarhoven/Aarts/Lenstra (1992). Ein weiteres Konzept ist *Tabu Search*. Dabei handelt es sich um ein allgemeines Vorgehensprinzip für Verbesserungsverfahren, um lokale Optima zu überwinden. Wesentliche Elemente sind sogenannte Tabu-Listen, die verhindern sollen, daß bereits erzeugte Lösungen erneut erzeugt werden. Der Leser sei z. B. auf Dell'Amico/Trubian (1993) verwiesen. Ferner sind *genetische Algorithmen* in diesem Zusammenhang von großer Bedeutung. Das Konzept genetischer Algorithmen geht von den Überlegungen aus, eine Menge von Lösungen zu generieren (sog. Populationen), die entweder iterativ identisch übernommen (repoduziert), durch zufällige Kombinationen zweier Lösungen gebildet (gekreuzt) bzw. elementweise zufällig verändert (mutiert) werden. Dem Leser sei z. B. die Arbeit von Storer et al. (1992 b) empfohlen.

Aus Platzgründen können wir auf diese Konzepte nicht näher eingehen. Als fundiertes Buch zu diesen lokalen Suchmethoden wird der Leser besonders auf die Arbeit von Pesch (1994) verwiesen.

B.6 Produktionssteuerung

B.6.1 Wesen der Produktionssteuerung

Steuerung in der PPS-Terminologie umfaßt das Veranlassen, Überwachen und Sichern der Aufgabendurchführung hinsichtlich Menge, Termin, Qualität und Kosten. Dieser dabei zeitlich ablaufende Lenkungsprozeß läßt sich wiederum vereinfacht als Regelkreis beschreiben.

Die Fertigungssteuerung als Regler gibt gewisse Stellgrößen, z. B. Fertigungsaufträge mit bestimmten Start- und Endterminen für die Arbeitsvorgänge den Produktionsstellen (der sogenannten Regelstrecke) vor. Die Fertigungssteuerung hat dabei selbst Führungsgrößen von den vorherge-

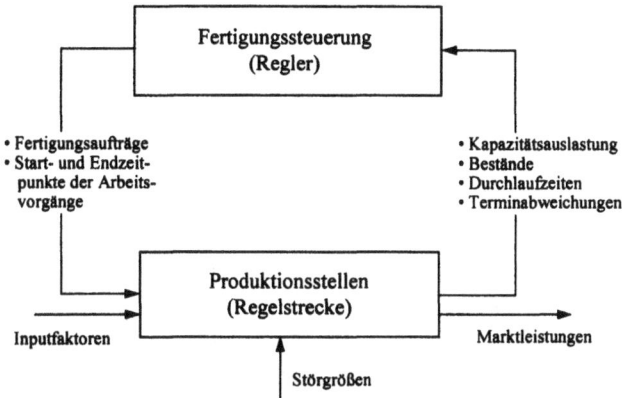

Abb. B.6.1:   Lenkung der Produktionsdurchführung als Regelkreis

henden Teilplanungen der Produktion zu beachten, z. B. anzustrebende
Kapazitätsauslastung, mittlere Durchlaufzeiten etc. Durch den Input von
Stellgrößen als Informationsinput und dem materiellen Verarbeitungsinput
(den Produktionsfaktoren) wird das Fertigungsgeschehen in der Regelstrecke ausgelöst; daneben wirken Störgrößen auf die Regelstrecke. Es
handelt sich z. B. um Ausfälle von Produktiveinheiten, die die Erreichung
des Sollwertes störend beeinflussen. Output der Regelstrecke sind die Leistungen in den quantitativen und qualitativen Eigenschaften, die in infor-
mationeller Sicht Regelgrößen repräsentieren und mit dem Sollwert vergli-
chen werden (Soll/Ist-Vergleich). Diskrepanzen dieser Größen stellen Abweichungen dar. Aufgabe der Fertigungssteuerung als Regler ist es nun,
nach Feststellen der Abweichungen durch veränderte Stellgrößen die Regelgrößen trotz der einwirkenden Störungen auf einen bestimmten Sollwert
zu bringen bzw. sie innerhalb einer vorgegebenen Bandbreite zu halten.
Störgrößen, die auf die durchführenden Produktionsstellen wirken, sind
verantwortlich, daß die Fertigungssteuerung laufend lenkend eingreifen
muß, um den Produktionsprozeß auf dem (durch den Plan) vorgesehenen
Weg zu halten.
    Der konkrete Aufgabenumfang der Fertigungssteuerung hängt von dem
organisatorischen Konzept des PPS-Systems ab.

B.6.2 Organisatorische Stellung der Steuerung im PPS-System

Es sind folgende organisatorische Konzepte zu unterscheiden:

- zentrales PPS-System
- dezentrales PPS-System.

B.6.2.1 Zentrale PPS-Systeme

Zentrale PPS-Systeme zeichnen sich dadurch aus, daß alle die Produktionsstellen betreffenden Entscheidungen – also die Festlegung der Fertigungsaufträge nach Art und Menge sowie die Bestimmung der Start- und Endtermine der einzelnen Arbeitsvorgänge der Aufträge auf allen Produktionsstellen – zentral getroffen werden. Den Fertigungsstellen verbleiben demnach keine Planungsaufgaben, sondern nur die Ausführung. Steuerung besteht aus Durchsetzungsaktivitäten, und der Schwerpunkt des Veranlassens ist lediglich in der Sicherstellung der Verfügbarkeit der Ressourcen sowie der Bereitstellung der Fertigungsunterlagen und Materialien zu sehen. Durch das zentrale PPS-System sind alle Planungen, wie

- Planung des Primärbedarfs
- Materialwirtschaft
- Zeitwirtschaft
- Auftragsfreigabe
- sowie *Feinterminierung*

durchzuführen.

Ein zentrales PPS-System kann aber nur dann voll funktionieren, wenn die zentrale Planungsstelle

- laufend über die realen Systemzustände in der Fertigung unterrichtet ist, was aus Aktualitätsgründen eine On-Line-Rückmeldung erforderlich macht, sowie
- über ein detailliertes Prozeßmodell verfügt, das erlaubt, auf Unsicherheiten von Planungsdaten bzw. Störereignisse wie Eilaufträge, Maschinenausfall usw. aktuell reagieren zu können.

Da in der Fertigungsindustrie tausende von Maschinen, zehntausende von Teilen und hunderttausende von Arbeitsgängen kein ungewöhnliches Datengerüst darstellen, nehmen die Datenerfordernisse und die Rechenzeiten schnell einen kaum bewältigbaren Umfang an. In der Maschinenbauindustrie beispielsweise ist daher in der Regel zu beobachten, daß die zentrale Planungsstelle sich mit einer Rahmenplanung begnügt, die in der Werkstatt detailliert wird. Damit sind dezentrale PPS-Systeme angesprochen.

B.6.2.2 Dezentrale PPS-Systeme

Dezentrale PPS-Systeme sind dadurch ausgezeichnet, daß den durchführenden Produktionsstellen Planungsaufgaben über ihren Bereich übertragen werden. Im einzelnen können dies sein: Maschinenbelegung, Fortschrittsüberwachung, Qualitätskontrolle, Beseitigung von Störungen etc. Es liegt daher eine *Dezentralisierung von PPS-Komponenten* vor, d. h. die Entscheidungen sind auf verschiedene organisatorische Stellen aufgeteilt. Der Aufgabenschwerpunkt der Steuerung ist weit gewichtiger als im Rahmen der zentralen PPS-Systeme, da vor allem zusätzliche Aufgaben der Feinplanung durch die Steuerung wahrgenommen werden müssen.

Der bereichsübergreifenden zentralen Planungsstelle obliegt lediglich eine koordinierende, dispositiv-logistische Funktion über die dezentralen Fertigungseinheiten, indem sie

* die Lieferbereitschaft bzw. die gewünschten Liefertermine zu sichern hat und gleichzeitig
* die Voraussetzungen für einen kostengünstigen Produktionsablauf schafft.

Dazu kann die bereichsübergreifende Planungsstelle durch die folgenden Stellgrößen auf den Fertigungsprozeß einwirken:

* Fertigungsaufträge nach Art und Menge, die den dezentralen Fertigungseinheiten vorgegeben werden.
* Freigabetermine der Fertigungsaufträge, wobei die Vorlaufzeiten mittels der mittleren Plan-Durchlaufzeiten festgelegt werden.

Der Regelkreis hat daher prinzipiell das folgende Aussehen (Abb. B.6.2).

Durch diese Stellgrößen wird der zeitliche Arbeitsumfang für jeden dezentralen Fertigungsbereich bestimmt. Gleichzeitig werden dadurch die Bestände in der Produktion und die Kapazitätsauslastung der Fertigungsbereiche beeinflußt. Die bereichsübergreifende Planungsstelle legt durch ihre Stellgrößen den Auftragsdurchlauf in den Fertigungsbereichen nicht im Detail fest, da keine Start- und Endtermine auf der Ebene der Arbeitsvorgänge vorgegeben werden. Die terminmäßige Einplanung betrifft lediglich die Freigabe der Fertigungsaufträge, macht aber keine Aussagen über den genauen zeitlichen Ablauf.

Jedem dezentralen Fertigungsbereich obliegt die Aufgabe, seine Vorgaben zu detaillieren. Die – jeweils für einen Fertigungsbereich zuständi-

Zentrale Produktionsplanungsstelle

- Programmplanung
- Mengenplanung
- Termin- und Kapazitätsplanung zur zeitlichen Koordinierung
  der dezentralen Stellen

Fertigungsaufträge nach Art, Menge und
Freigabezeitpunkte

Rückmeldungen:
- Lieferzeit
- mittlere Durchlaufzeiten
- Bestand
- Kapazitätsauslastung etc.

dezentrale, prozeßverantwortliche Planungsstelle der Fertigungseinheit

- Feinterminierung (Maschinenbelegung)
- Werkstattauftragsveranlasssung
- Fertigungsfortschrittsüberwachung

Steuerdaten

Betriebsdaten, z.B.
Fertigungsfortschritt der
Arbeitsvorgänge

Prozeßsteuerung

- Direct Numerical Control (DNC-Steuerung)
- Werkzeugsteuerung
- Lagersteuerung
- Transportsteuerung

Abb. B.6.2:   Regelkreis eines dezentralen PPS-Systems

gen – dezentralen Stellen haben als Element des Steuerungssystems folgende Aufgaben:

- Feinterminierung (Maschinenbelegung)
- Bereitstellungspläne für die Ressourcen (Werkzeuge, Vorrichtungen, Paletten etc.)
- Auftragssteuerung im jeweiligen Fertigungsbereich
- Überwachung des Fertigungsfortschritts im Fertigungsbereich.

Da diese kurzfristigen Aufgaben der dezentralen Steuerungsstellen als zeitkritisch zu klassifizieren sind, erfordern sie unmittelbare Aktionen bzw. Reaktionen. Das Erfahrungswissen vor Ort ist integraler Bestandteil des Steuerungssystems, und die Fachkompetenz des Personals wird als wichtiger Faktor betrachtet. Vor allem die kurzfristige, detaillierte Aufgabe der Maschinenbelegung wird also auf die dezentrale Ebene verlagert. Um Soll-Ist-Abweichungen schnell kompensieren zu können, wird bewußt auf die Improvisationsfähigkeit der Mitarbeiter in diesen Bereichen gesetzt.

Damit lassen sich auch Forderungen nach einer *Humanisierung der Arbeitswelt* erfüllen. Für die Mitarbeiter der ausführenden Fertigungsbereiche lassen sich persönlichkeitsförderliche Arbeitsinhalte schaffen. Mit anderen Worten: Es soll eine selbstregulative Arbeitstätigkeit auch für die Mitarbeiter in den durchführenden Produktionsstellen möglich sein. Dazu sind strukturell verschiedene Arbeitselemente (Planungs-, Ausführungs- und Kontrolltätigkeiten) in eine umfassende Handlungseinheit der Arbeitsperson zu integrieren. Diese Handlungseinheit hat auch kognitive Elemente im Sinne von Denkleistungen mit antizipatorischen Anforderungen zu enthalten (vgl. ausführlich Ulich 1991).

Es stellt sich die Frage, ob den mehr *zentral oder dezentral orientierten PPS-Systemen in der Fertigungsindustrie die Zukunft gehört.* Auf der einen Seite haben die technischen und organisatorischen Entwicklungen zur Folge, daß ein klar strukturierter und informationstechnisch verbundener Produktionsablauf entsteht, der eine zentrale Planung leichter möglich macht. Auf der anderen Seite macht ein reibungsloser Ablauf in den einzelnen Fertigungsbereichen eine *integrierte Ablaufplanung* aller Elemente des jeweiligen Fertigungssystems notwendig. Es ist also nicht nur laufend über die Belegung der Fertigungsmittel (Maschinen) zu entscheiden, sondern gleichzeitig über die Belegung des Transportsystems, der Paletten, der Vorrichtungen und der Werkzeugbeschickung der Maschinen. Da es aber heute schon für weniger komplexe Produktionsstrukturen nicht vollständig möglich ist, den gesamten Fertigungsablauf in einem zentralen

PPS-System abzubilden, ist es zweifelhaft, ob ein zentral angelegter Planungsansatz gelingen kann. Als Ausweg verbleibt ein dezentral orientiertes PPS-System, bei dem die integrierte Ablaufplanung jedes Fertigungsbereichs aus der zentralen Planungsstelle ausgelagert und den jeweiligen dezentralen Planungsstellen übertragen wird. Damit ergibt sich ein hierarchisch strukturiertes Planungssystem, das den Vorteil hat, die Komplexität der Planungsaufgabe zu verringern.

B.6.3 Teilaufgaben der Steuerung

Steuerung besteht aus den folgenden Teilaufgaben:

* Veranlassen von Planvorgaben
* Überwachen oder Kontrollieren
* Sichern.

B.6.3.1 Veranlassen

Das Veranlassen umfaßt wiederum folgende Unteraufgaben:

* Planvorgabe
* Sicherstellung der Verfügbarkeit der Ressourcen
* Bereitstellung der Fertigungsunterlagen und Materialien .

Die Planvorgabe besteht im Rahmen des dezentralen PPS-Systems aus der Erarbeitung der Feinpläne zur Belegung der Ressourcen, vor allem der Maschinenbelegung. Dieses Problem wurde bereits ausführlich im Kap. B.5.4 dargestellt, so daß wir auf diese Ausführungen verweisen.

Die Sicherstellung der Verfügbarkeit der Ressourcen dient dazu, zu überprüfen, ob zur Durchführung der geplanten Arbeitsvorgänge alle benötigten Ressourcen (z. B. Material, Arbeitskräfte, Maschinen, Werkzeuge, Meßgeräte, Vorrichtungen, Paletten, NC-Programme) termingerecht auch zur Verfügung stehen. Anderenfalls besteht die Gefahr, daß aufgrund falscher, fehlerhafter oder nicht verfügbarer Ressourcen Pläne nicht realisiert werden können und damit längere Durchlaufzeiten und höhere Kosten entstehen. Die *Verfügbarkeitsprüfung* hat die Aufgabe, die Ressourcen zu verwalten und Auskunft über den Einsatz dieser Ressourcen über die Zeit zu geben. Damit sollte es möglich sein, für den tatsächlichen Bedarfszeit-

punkt festzustellen, ob die Ressource für einen Fertigungsauftrag bereitsteht oder anderweitig belegt bzw. nicht verfügbar ist.

Im besonderen in der flexibel-automatisierten Fertigung entscheidet die
rechtzeitige Verfügbarkeit der Ressourcen über den wirtschaftlichen Einsatz. Neuerdings gewinnen daher *Ressourcenleitstände* an Bedeutung: Ziel
ist dabei, dem Disponenten zu ermöglichen, sich jederzeit über den Zustand
und die Verfügbarkeit von Ressourcen einen Überblick zu verschaffen. Das
verlangt eine aktuelle Bestandsführung, Verfolgung und Überwachung der
Ressourcen (vgl. im einzelnen Kap. B.6.5).

Um die Produktion auslösen zu können, sind die Fertigungsunterlagen,
wie Stücklisten, auftragsbezogene Arbeitspläne, Lohnbelege u. ä. am Arbeitsplatz bereitzustellen, die Materialien dem Produktionsort zuzuführen,
das notwendige Personal und die Betriebsmittel für den geplanten Zeitraum
zu reservieren. Diese Aufgaben hat die *Bereitstellung*: Sie veranlaßt, daß
die zur Durchführung einer Aufgabe erforderlichen Eingaben (Material,
Information und Energie) und Kapazitäten (Menschen und Betriebsmittel)
termingemäß in der zuvor ermittelten Art und Menge am Arbeitsplatz zur
Verfügung stehen (REFA, MLPS-3, 1975, S. 145).

Es existieren verschiedene Arten der Bereitstellung (vgl. Abb. B.6.3).

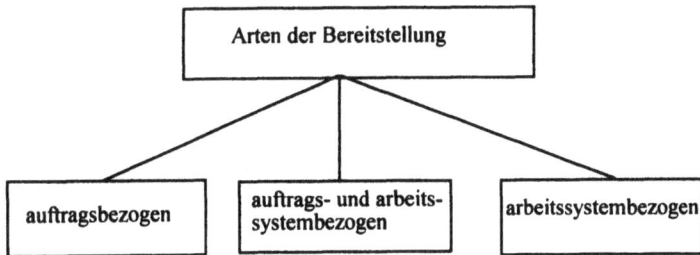

Abb. B.6.3:   Arten der Bereitstellung nach REFA

Bei der auftragsbezogenen Bereitstellung werden am Arbeitsplatz nur
die zur Durchführung einer Aufgabe benötigten Produktionsfaktoren bereitgestellt, die für einen bestimmten Auftrag erforderlich sind. Die Arbeitsplätze verfügen über keine nennenswerten Ausrüstungen mit Betriebsmitteln. Alle Werkzeuge, die auftragsspezifisch sind, werden vom Lager jeweils bereitgestellt. Der Bereitstellungsaufwand ist dadurch relativ hoch.
Diese Art ist bei ortsveränderlichen Arbeitssystemen von Bedeutung.

Die arbeitssystembezogene Bereitstellung ist dadurch gekennzeichnet,
daß für alle am Arbeitsplatz üblicherweise vorkommenden Aufgaben die

Produktionsfaktoren ständig bereitgehalten werden. Bei Materialien handelt es sich um die häufig benötigten Stoffe, vornehmlich also um Wiederholteile. Der Aufwand für diese Art der Bereitstellung ist relativ gering; sie findet durch die Kapitalbindung am Arbeitsplatz ihre Grenze. Von Bedeutung ist die arbeitssystembezogene Bereitstellung bei der automatischen Fertigung.

Weit verbreitet ist die kombinierte auftrags- und arbeitssystembezogene Bereitstellung. Eine bestimmte Grundausstattung an Werkzeugen, Vorrichtungen sowie häufig verwendeten Arbeitsunterlagen ist ständig am Arbeitsplatz vorhanden. Ebenso können am Arbeitsplatz häufig verwendete Materialien laufend bereitstehen. Selten benötigte Produktionsfaktoren stellt man dagegen auftragsabhängig zu. Diese Bereitstellung ist bei ortsgebundenen Arbeitssystemen mit wechselnden Aufgaben besonders günstig.

B.6.3.2 Überwachen

Nachdem die Durchführung in Gang gesetzt ist, gilt es zu überprüfen, ob die gewünschten Arbeitsaufgaben durch den ablaufenden Produktionsprozeß erfüllt werden. Das macht *Überwachungs- oder Kontrolltätigkeiten* notwendig, die von einem funktionierenden Rückmeldesystem abhängen. Konstitutives Merkmal jeder Überwachung ist ein Vergleich zwischen einem vorgegebenen „Soll" und einem festgestellten „Ist". In diesem Sinne definiert REFA:

Das Überwachen besteht in dem Feststellen der Aufgabenerfüllung bzw. der Abweichungen der Ist- von den Soll-Daten (REFA, MLPS-3, 1975, S. 167).

Überwachen als Führungsinstrument setzt Planung voraus, um jene Merkmalsausprägungen der zu betrachtenden Sollobjekte vorgeben zu können, welche als Vergleichsobjekte dienen. Die Kernfrage der Überwachung lautet: Um wieviel und weshalb wurden im voraus festgelegte Planwerte verfehlt?

Damit kommt zum Ausdruck, daß Überwachen nicht nur einen Vergleich der Soll- und Ist-Daten umfaßt, sondern auch die Analyse der Abweichungen beinhaltet, um eine Erklärung für die Abweichungsursachen zu finden.

Überwachung hat vor allem zwei Gründe:

(1) Sie dient zum Auslösen von Anpassungsmaßnahmen bei Abweichungen, um den Produktionsablauf zu sichern.

(2) Sie dient zur Verbesserung von Schätzwerten für die zukünftige Planung.

Ein Entschluß, Anpassungsmaßnahmen auszulösen, setzt voraus, daß Abweichungen identifiziert werden. Die Abweichungsermittlung kann wiederum nur erfolgen, wenn die jeweiligen Vergleichsobjekte, also Soll- und Istdaten, in einem einheitlichen Maßstab vorliegen. Ferner erfordert eine Abweichungsermittlung ein funktionierendes Rückmeldesystem. In kybernetischer Betrachtungsweise ist sicherzustellen, daß dem Regler die Regelgrößen zeitgerecht rückgemeldet werden und die Ist-Daten dem korrekten Zustand des Produktionsvollzugs entsprechen. Als zeitgerecht ist eine Rückmeldung dann zu bezeichnen, wenn der notwendige Zeitraum zur Realisierung der Anpassungsmaßnahmen noch gegeben ist. Nicht jede Abweichung muß automatisch mit einer Anpassungsmaßnahme gekoppelt sein, vielmehr ist es häufig sinnvoll, *Toleranzbereiche* festzulegen, innerhalb derer die Ist- von den Sollwerten abweichen können, ohne daß dies zu Maßnahmen führt. Neben der Feststellung der Soll-Ist-Abweichungen hat das Überwachen eine weitere Funktion, nämlich das Erklären der Abweichungsursachen. Diese Ursachenanalyse gibt Hinweise, welche Anpassungsmaßnahmen geeignet sind, um die Wirkungen der Störungen zu beseitigen oder zu mildern.

Die Analyse der Abweichungen zwischen den prognostizierten und realisierten Werten kann auch dazu dienen, Schätzungen für zukünftige Planungen zu verbessern. Beispielsweise ist bei der Programmplanung eine Schätzung über die Verlustzeiten, um die die betrieblichen Kapazitäten in ihrer Verfügbarkeit gemindert werden müssen, erforderlich. Die Auswertung der vergangenen Werte an Verlustzeiten läßt Schlüsse auf zukünftige Werte zu. Analogieschlüsse sind aber nur bei einem Gleichbleiben der strukturellen Eigenheiten der Produktion im Planungszeitraum gerechtfertigt. Die laufende Rückmeldung im Fertigungsbereich dient vor allem der Termin- und Mengen- sowie Qualitätsüberwachung.

Im Mittelpunkt der Überwachung in der Produktion stehen zwei Teilaufgaben:

• Erfassung und Auswertung der Istdaten
• Soll-Ist-Vergleich und Analyse der Störungen bei Abweichungen der Ist- von den Solldaten.

B.6.3.2.1 Erfassung und Auswertung der Istdaten durch Betriebsdatenerfassung

In diesem Zusammenhang ist die *Betriebsdatenerfassung* von besonderer Bedeutung: Diese umfaßt alle Maßnahmen, die erforderlich sind, um die Betriebsdaten in maschinell verarbeitbarer Form am Ort ihrer Verarbeitung aufzubereiten und bereitzustellen. Wesentliche Aufgaben bestehen also darin, Betriebsdaten zu sammeln, aufzuzeichnen, zu prüfen und gegebenenfalls zu korrigieren, aufzubereiten sowie weiterzugeben an den Ort der Verwendung. Beispiele für rückzumeldende *Betriebsdaten* sind:

- Auftragsbezogene Daten:
  Arbeitsvorgangsnummern, Auftragsnummern, Anfangs- und Endtermine von fertiggestellten Arbeitsvorgängen, produzierte Mengen, Aussagen über Gut- und Schlechtmengen (Ausschuß), Terminüberschreitungen, differenzierte Zeitkomponenten (Liege-, Transport-, Bearbeitungs-, Kontroll-, Unterbrechungszeiten) etc.
- Personal-Daten:
  An- und Abwesenheitszeiten der Mitarbeiter, Zuordnung von Mitarbeitern zu Arbeitsplätzen und Fertigungsaufträgen, Art der Tätigkeit (Einrichten, Warten, Rüsten, Bearbeiten) etc.
- Maschinen- oder Betriebsmitteldaten:
  Rüst-, Lauf-, Leer-, Stillstandszeiten der Betriebsmittel, Nutzungsgrade, Einhaltung von Taktzeiten, Betriebsmittelstörungen und Störungsursachen etc.
- Werkzeug- und Vorrichtungsdaten:
  Orte und Zeiten des Einsatzes, Entnahmen, Zustandsbeschreibungen (einsatzfähig, defekt, etc.)
- Lager- und Materialdaten:
  Zugänge, Bestände und Verbrauch an Roh-, Hilfs- und Betriebsstoffen, Abfälle, Materialverbrauchsabweichungen etc.
- Qualitätsdaten:
  Prüf- und Meßwerte, Ausschußgründe, Daten aus Qualitätsanalysen etc.

Die angegebenen Beispiele für die rückzumeldenden Daten dienen vor allem der unmittelbaren Kontrolle des Fertigungsfortschritts. In einem umfassenderen Sinne sind Informationen für weitere Aufgaben rückzumelden. Sie beziehen sich beispielsweise auf Daten, die für die Lohn- und Materialabrechnungen benötigt werden. Ferner kann es sich um Daten zur Kostenüberwachung handeln, die als Wirtschaftlichkeitskontrolle des Produktionsbereichs herangezogen werden; weiterhin sind Rückmeldedaten über Arbeitsbedingungen notwendig, um Hinweise für die ergonomische Gestaltung der Arbeitssysteme oder für Maßnahmen der Arbeitssicherheit zu erhalten.

Systeme der *Betriebsdatenerfassung* (*BDE*) bestehen aus Hardware und Software, die erforderlich sind, um BDE-Aufgaben zu erbringen (vgl. dazu im einzelnen z. B. Marihart/Peirlberger 1990, Roschmann/Geitner/Chen 1993). Der organisatorische Aufbau eines BDE-Systems ist im wesentlichen durch drei Merkmale bestimmt:

- Zentralisierungsgrad
- Automatisierungsgrad
- Verarbeitungszyklus.

Beim *Zentralisierungsgrad* unterscheidet man von einer rein zentralen Erfassung über eine bereichsweise dezentrale Erfassung bis hin zur dezentralen Datenerfassung direkt an den Arbeitsplätzen.

Eine zentrale Betriebsdatenerfassung liegt vor, wenn von einer bestimmten Stelle (z. B. Arbeitsvorbereitung, zentraler Leitstand, EDV-Abteilung etc.) die Daten erfaßt und aufbereitet werden. Ein Beispiel ist die tägliche Sammlung von Lohnscheinen und die zentrale Erfassung in der EDV-Abteilung.

Dezentralisierung der BDE ist dadurch gekennzeichnet, daß die Daten unmittelbar am Ort ihres Entstehens erfaßt werden, z. B. durch Installation von BDE-Terminals je Meisterbereich. In diesem Fall liegt eine bereichsweise Dezentralisierung vor. Dabei können die Betriebsdaten an diesem Terminal durch die einzelnen Mitarbeiter, den Meister oder einen Werkstattschreiber erfaßt werden. Eine weitergehende Dezentralisierung liegt vor, wenn jeder Arbeitsplatz über ein eigenes Erfassungsgerät verfügt. Dezentrale BDE-Lösungen können auch durch den Einsatz von mobilen Datenerfassungssystemen realisiert werden. Im besonderen für Einsteller, Lagerpersonal etc. mit mobilen Arbeitsplätzen bieten sich derartige Methoden der Datenerfassung an. Die mobilen Datenerfassungssysteme bestehen häufig aus einer Eingabetastatur, einem Display und einer Schnittstelle, über die die gespeicherten Daten an ein Auswertungssystem übermittelt werden können.

Der *Automatisierungsgrad* von BDE-Systemen reicht von der rein manuellen bis zur vollautomatischen Datenerfassung. Eine manuelle Erfassung der Betriebsdaten ist dadurch charakterisiert, daß Betriebsdaten durch den Menschen in das System eingegeben werden, z. B. durch die Erfassung über Tastaturen, ohne maschinell lesbare Datenträger zu verwenden. Eine Teilautomatisierung liegt vor, wenn die Erfassung unter Verwendung maschinell lesbarer Datenträger erfolgt. Dabei können Barcodeleser, Magnetkartenleser etc. im Einsatz sein. Als Vorteil gegenüber der manuellen Erfassung ergibt sich, daß der Eingabeaufwand geringer ist und die Fehlersicherheit steigt. Die vollautomatische Erfassung ist dadurch gekennzeichnet, daß sie ohne einen manuellen Eingriff auskommt. Signale in analoger oder digitaler Form werden unmittelbar zum BDE-System übermittelt. Diese Form tritt in vielfältigen Ausprägungen auf, wie die Erfassung von Meß-, Wäge- und Maschinendaten etc., die ohne menschlichen Eingriff übermittelt werden.

Der *Verarbeitungszyklus* wird durch den Umfang, Inhalt und die Häufigkeit der Rückmeldungen der Daten bestimmt und richtet sich danach, welche Informationen das Produktionsmanagement aus dem aktuellen Fertigungsgeschehen zum Erstellen der Vorgaben benötigt. Von entscheidender Bedeutung ist der Detaillierungsgrad der Vorgaben. Detaillierte Vorgaben durch eine Stelle erfordern entsprechende detaillierte Rückmeldungen an diese Stelle. Eine Ablaufplanung beispielsweise läßt sich sinnvoll nur erstellen, wenn der jeweilige aktuelle Zustand der Fertigung bekannt ist, die Fortschrittskontrolle also ausgeprägt stattfindet. Erhält dagegen nur jede Abteilung Rahmenwerte in Form von Eckterminen, d. h. Start- und Endzeitpunkte von Aufträgen, nicht aber Daten über den detaillierten Ablauf der Arbeitsvorgänge, so genügt als Rückmeldung die Erfüllung oder Nichterfüllung der Eckdaten sowie Informationen, die die Nichteinhaltung von Eckdaten signalisieren.

Der Verarbeitungszyklus hängt vom Organisationstyp des PPS-Systems, der Störungsfrequenz der Produktion u. ä. ab; der Grad der Detaillierung, der nicht zuletzt von den Kosten des Überwachungssystems mitbestimmt wird, ist unter Wirtschaftlichkeitsgesichtspunkten zu sehen.

Die durch den Computer unterscheidbaren Verarbeitungszyklen der Betriebsdaten beziehen sich daher auf eine

- Realtime-Verarbeitung oder eine
- Stapel- oder Batch-Verarbeitung.

In Realtime-Systemen werden die Betriebsdaten laufend gesammelt, geprüft und sofort durch den BDE-Rechner verarbeitet. Der Vorteil ist, daß über die Terminals laufend die aktuelle Situation dargestellt werden kann, z. B. der Auftragsfortschritt, der aktuelle Status der Maschinen. Diese Art der Verarbeitung ist häufig auf dedizierten BDE-Rechnern (Minicomputer, Personalcomputer) vorgesehen, z. B. auf Leitständen (vgl. Kap. B.6.5).

Bei der Stapelverarbeitung werden die Betriebsdaten laufend an Terminals oder an einem Konzentrator (dieser dient dazu, mehrere BDE-Terminals über eine Leitung zu verbinden und die Daten an ein Host-System zu übergeben) registriert und zyklisch dem BDE-Rechner übermittelt. Zyklisch bedeutet beispielsweise, daß ein täglicher Verarbeitungslauf stattfindet. Vorteile der Stapelverarbeitung sind die geringere Komplexität und damit verbunden die einfachere und billigere Softwarelösung gegenüber der Realtimeverarbeitung.

Die Gegenüberstellung der Soll- und der Istdaten führt zu einem Soll-Ist-Vergleich und läßt Abweichungen offenbar werden. Als nächster Schritt sind die Abweichungen zu analysieren.

B.6.3.2.2 Analyse der Abweichungen

Abweichungen zwischen Soll- und Istdaten sind auf Störungen zurückzuführen. *Störungen sind Ereignisse, die unerwartet eintreten und eine Unterbrechung oder zumindest Verzögerung der Aufgabendurchführung zur Folge haben können; sie bewirken eine wesentliche Abweichung der Ist- von den Solldaten.* Die Störgröße ist die Ursache einer wesentlichen Soll-Ist-Abweichung (REFA, MLPS-3, 1975, S. 300). Störungen mindern beispielsweise die Kapazität und verlängern die Wartezeiten der Aufträge im Betrieb. Vorgesehene Termine sind unter Umständen nicht mehr einzuhalten. Störungen lassen sich wie folgt klassifizieren:

Dispositionsbedingte Störungen entstehen durch fehlende oder fehlerhafte Informationen bzw. kurzfristig neue Tatbestände, die vom dispositiven Faktor „Produktionsmanagement" zu verantworten sind. Es handelt sich um Störungen in den informationellen Abläufen, die direkte Störungen in den materiellen Abläufen der Durchführung auslösen können. Typische dispositionsbedingte Störungen sind beispielsweise:

• Fehlende oder fehlerhafte Fertigungsunterlagen wie Stücklisten, Arbeitspläne u.ä.
• Fehlende oder mangelhafte Planvorgaben
• Falsche oder verspätete Rückmeldungen aus der Produktion
• Stornierungen von Aufträgen
• Kurzfristige Termin- und Mengenänderungen

- Eilaufträge, die Umdispositionen notwendig machen.

Personalbedingte Störungen sind als Beeinträchtigungen der Produktion zu verstehen, die durch ausführende Arbeitskräfte verursacht werden. Zu dieser Störungsart zählen beispielsweise:

- Arbeitsfehler, die zu Ausschuß und Mehrarbeit führen
- Erhebliche Abweichungen vom geplanten Leistungsgrad
- Ausfälle von Personal, z. B. durch Erkrankungen, kurzfristige Urlaubsinanspruchnahme, unentschuldigtes Fernbleiben von der Arbeit und ähnliches.

Betriebsmittelbedingte Störungen sind dadurch gekennzeichnet, daß Abweichungen von der geplanten Aufgabendurchführung durch unerwartet eintretende Ereignisse an Betriebsmitteln entstehen. Als Beispiele für betriebsmittelbedingte Störungen sind zu nennen:

- Ausfälle von Maschinen durch Defekte
- Mängel an Maschinen, Werkzeugen und Vorrichtungen, die zu quantitativen oder qualitativen Leistungsausfällen führen
- Ungeplante Verlängerungen von Wartungsarbeiten usw.

Materialbedingte Störungen verursachen Abweichungen von der geplanten Aufgabendurchführung durch fehlerhafte Materialien, wie z. B.

- Werkstoffehler
- Qualitativ ungenügende Materialien.

Störungen können Verzögerungen im Produktionsablauf herbeiführen und verlangen ein Eingreifen des Produktionsmanagements. Das Beheben von Störungen kann je nach Art der Störung und den für Störfälle vorsorglich getroffenen Maßnahmen unterschiedlich lange dauern.

Nachdem die Abweichungen der Soll- von den Ist-Daten identifiziert und Störungen analysiert sind, müssen als letzter Schritt der Produktionssteuerung geeignete Anpassungsmaßnahmen gewählt werden. Diese Aufgabe hat das Sichern.

B.6.4   Sichern des Produktionsvollzugs

In der Planung müssen Störungen im Produktionsbereich bereits antizipiert werden, um realistische Vorgaben zu erhalten. Da Störungen aber zufallsbedingt auftreten, können Erwartungswerte, aber nicht Einzelereignisse vorhergesagt werden. Daher sind zur Feinkorrektur Sicherungsmaßnahmen notwendig, die die Auswirkungen von relevanten Störungen eliminieren. Die Bewältigung und Abwehr von Störungen ist Aufgabe des Sicherns. Sein Wesen liegt in der Stabilisierung des Produktionsvollzugs, obwohl Störungen einwirken.

Sichern umfaßt daher die Auswahl geeigneter Maßnahmen zum Vermeiden oder Mindern von Abweichungen der Ist- von den Soll-Daten und die Art und Weise der Realisierung dieser Maßnahmen im Produktionsprozeß. Beispiele für Umdispositions- oder Sicherungsmaßnahmen sind in der Abb. B.6.4 aufgeführt.

Störungsart	Sicherungsmaßnahmen (Beispiele)
Dispositionsbedingte Störungen	fehlende Informationen beschaffen, Verändern von Terminen und Mengen, etc.
Personalbedingte Störungen	Überstunden, Umbesetzung von Personal aus anderen Stellen, Mehrmaschinenbedienung, erhöhte Arbeitsintensität, zusätzliche Leistungsanreize, etc.
Betriebsmittelbedingte Störungen	Festsetzen von Überstunden, kurzfristige Instandsetzungen, Verlagern auf Ausweichmaschinen, etc.
Materialbedingte Störungen	alternative Materialien einsetzen, Nacharbeit der fehlenden Menge, Verwenden von Sicherheitsbeständen, etc.

Abb. B.6.4:   Beispiele für Umdispositionsmaßnahmen

Die Sicherungsmaßnahmen können folgende Konseqenzen haben:

(1) Anpassen der Ist-Werte an die Soll-Werte:

Bei Abweichungen vom Produktionsvollzug sind durch das Produktions-Management Maßnahmen zu ergreifen, um noch eine Einhaltung der Soll-Werte zu gewährleisten; z. B. kann ein durch Maschinenausfall verzögerter Auftrag durch Inbetriebnahme einer Ersatzmaschine noch rechtzeitig zum Soll-Termin fertiggestellt werden.

(2) Anpassen der Soll-Werte an die Ist-Werte:

Sind die Reaktionsmöglichkeiten des Reglers auf Abweichungen ausgeschöpft, um die Soll-Werte zu erreichen oder sind diese Maßnahmen zu unwirtschaftlich, so tritt eine zusätzliche Rückkoppelung auf: Der letzte Lauf der den Sollwerten zugrundeliegenden Planung ist zu wiederholen, um eine neue Vorgabe unter Beachtung des erreichten Fertigungsfortschritts zu bestimmen.

Störgrößen lassen sich besonders effektiv eliminieren, wenn jede Störung durch das Überwachen frühzeitig erkannt oder im Moment des Entstehens klassifiziert und schnell einer geeigneten, möglichst bekannten Maßnahme zugeordnet werden kann. Als Maßnahmen des Sicherns kommen dabei generell ursachen- und eintrittsbezogene in Betracht.

Ursachenbezogene Maßnahmen des Sicherns zielen darauf ab, Störungen weitgehend zu vermeiden bzw. die Wahrscheinlichkeit des Eintritts von Störungen zu verringern. Zu diesen Maßnahmen gehört die Reservehaltung. Beispiele dafür sind:

- Das Anlegen von Sicherheitsbeständen für Materialien, um bei Ausschuß Produktionsunterbrechungen zu vermeiden.
- Bereithalten von Reservemaschinen, um bei Ausfall von Betriebsmitteln sofort über Reservekapazitäten zu verfügen.
- Einsatz von Springern, um bei Ausfall von Mitarbeitern Reservepersonal einsetzen zu können.
- Berücksichtigung von Zeitreserven in der Planung, z. B. durch Vorgabe von Übergangszeiten mit Sicherheitspuffern, um auf Verzögerungen reagieren zu können.
- Vornahme einer vorbeugenden Instandhaltung, um die Wahrscheinlichkeit des Eintritts von Maschinenausfällen zu verringern.

Diese Maßnahmen sind mit zusätzlichen Kosten verbunden; so sind beispielsweise Lohnkosten für Reservepersonal oder Lagerhaltungskosten für Sicherheitsbestände in Kauf zu nehmen. Die Wahl einer ursachenbezogenen Maßnahme verlangt daher den Vergleich zwischen den zusätzlichen Kosten und dem Nutzen der Störungs*vermeidung*. Die zusätzlichen Kosten einer ursachenbezogenen Maßnahme lassen sich meist ohne Probleme quantifizieren, dagegen ist die Abschätzung des Nutzens für die Störungs*beseitigung* oft mit erheblichen Problemen verbunden.

Eintrittsbezogene Maßnahmen des Sicherns zielen darauf ab, Wirkungen eingetretener Störungen zu mindern. Zu diesen Maßnahmen lassen sich alle kurzfristig realisierbaren produktionswirtschaftlichen Instrumente zählen. Einige Beispiele für eintrittsbezogene Maßnahmen wollen wir nochmals zur Verdeutlichung aufführen:

- Veranlassen von Nacharbeit:
  Das kann eine Wiederholung des Arbeitsvorgangs oder die Neubearbeitung eines Werkstücks bedeuten. Die Maschinenbelegung wird durch diese Maßnahme tangiert.
- Teilen eines Loses:
  Treten Fehlteile auf, so wird häufig eine Losteilung vorgenommen, um eine Beschleunigung des Durchlaufs für eine Teilmenge zu erreichen.
- Ändern der technologischen Folge von Arbeitsvorgängen:
  Ein Maschinenausfall kann dazu zwingen, Ausweicharbeitsvorgänge, soweit diese vorgesehen sind, einzuplanen. Dadurch kann es auch möglich sein, daß Vorgabezeiten geändert werden müssen.

Störungsmanagement ist in vielen Betrieben noch durch ein improvisiertes, lokales Handeln gekennzeichnet. Es werden in diesem Fall dann in vielen Fällen Maßnahmen getroffen, die zwar für die von der Störung unmittelbar betroffene(n) Betriebsabteilung(en) günstig erscheinen mögen, jedoch hinsichtlich des gesamten Unternehmens unwirtschaftlich sind.

Steuerung ist – im besonderen im Rahmen dezentraler PPS-Systeme – eine anspruchsvolle Aufgabe. Daher liegt eine Unterstützung durch EDV nahe. Fortschritte im Hard- und Softwarebereich der EDV, z. B. Minirechner, Personalcomputer, lokale Netze, grafische Benutzeroberflächen, eröffnen die technischen Möglichkeiten, dedizierte Rechnersysteme den Steuerungsstellen zur Verfügung zu stellen. Zu diesen Systemarchitekturen gehören insbesondere *elektronische bzw. grafische Leitstände bzw. Fertigungsleitsysteme*, denen wir uns zum Abschluß des Kapitels zuwenden wollen.

B.6.5 Fertigungssteuerung mit elektronischen Leitständen

Elektronische bzw. grafische Leitstände bzw. Fertigungsleitsysteme erfüllen im Rahmen der Produktionsplanung und -steuerung vor allem die Aufgaben:

- die in der Grobplanung (von der zentralen Stelle) erstellten Rahmenvorgaben in detaillierte Maschinenbelegungs-, Reihenfolge- und Terminpläne umzusetzen,
- der Auftragsfreigabe,
- ständig aktuell den Zustand der Prozeßstufe bzw. der Werkstatt darzustellen (z. B. den Zustand der Maschinen oder der Fertigungsfortschritt

der Aufträge) und den zugeordneten Fertigungsbereich zu überwachen, insbesondere Soll-Ist-Abweichungen festzustellen,
- eine schnelle Umdisposition bei Soll-Ist-Abweichungen in der Prozeßstufe zu ermöglichen.

In der Literatur wird zuweilen ein deutlicher Unterschied zwischen dem *elektronischen (= dispositiven) Leitstand* und dem *technischen Leitstand* gemacht. Bei dem letztgenannten Leitstand stehen vor allem die technischen (und nicht die dispositiven) Funktionen der Prozeßsteuerung und -überwachung bei automatischen Fertigungssystemen im Vordergrund.

Das Prinzip des elektronischen Leitstands geht historisch gesehen zurück auf die Fertigungssteuerung mit Hilfe von Plantafeln, die als *konventionelle Leitstandsteuerung* bezeichnet werden kann. Plantafeln sind entprechend der Maschinenbelegungsdiagramme aufgebaut, wobei einsteckbare Belege (z. B. Laufkarten, Fertigungspapiere etc.) die Maschinenbelegung visualisieren und dem Fertigungsfortschritt entsprechend weiterbewegt werden. Schwachstellen der konventionellen Leitstandsteuerung bestehen vor allem darin:

- Um den aktuellen Stand in der Produktion auf der Plantafel darzustellen, ist laufend der zeitliche Ablauf der Produktionsstellen durch händisches Umstecken der Karten nachzuvollziehen. Bei großem Datenvolumen (hunderte oder tausende von Arbeitsgängen) ist der damit verbunde Umsteckaufwand der Karten groß.
- Auswirkungen einer Störung oder Umdisposition sind nicht unmittelbar erkennbar, da dazu die Kenntnis der technologischen Folgen notwendig ist.
- Alternative Betriebsmittel-Belegungspläne lassen sich zwar generell erstellen, der Aufwand dazu ist aber zeitaufwendig.

Aus diesem Grunde lag es nahe, diese Aufgaben computergestützt durchzuführen.

Elektronischen Leitständen ist gemeinsam, daß sie zur Lösung der kurzfristigen Kapazitätsplanung – entsprechend den traditionellen Plantafeln – grafische Darstellungen der Maschinenbelegung auf einem Farbbildschirm anbieten (Abb. B.6.5).

Um das Problem des geringen Informationsvolumens, das auf einem Bildschirm im Vergleich zu den herkömmlichen Plantafeln darstellbar ist, zu überwinden, sind am Bildschirm variable Zeiteinteilungen, ein verschiebbarer Bildausschnitt mittels der Fenstertechnik und eine Un-

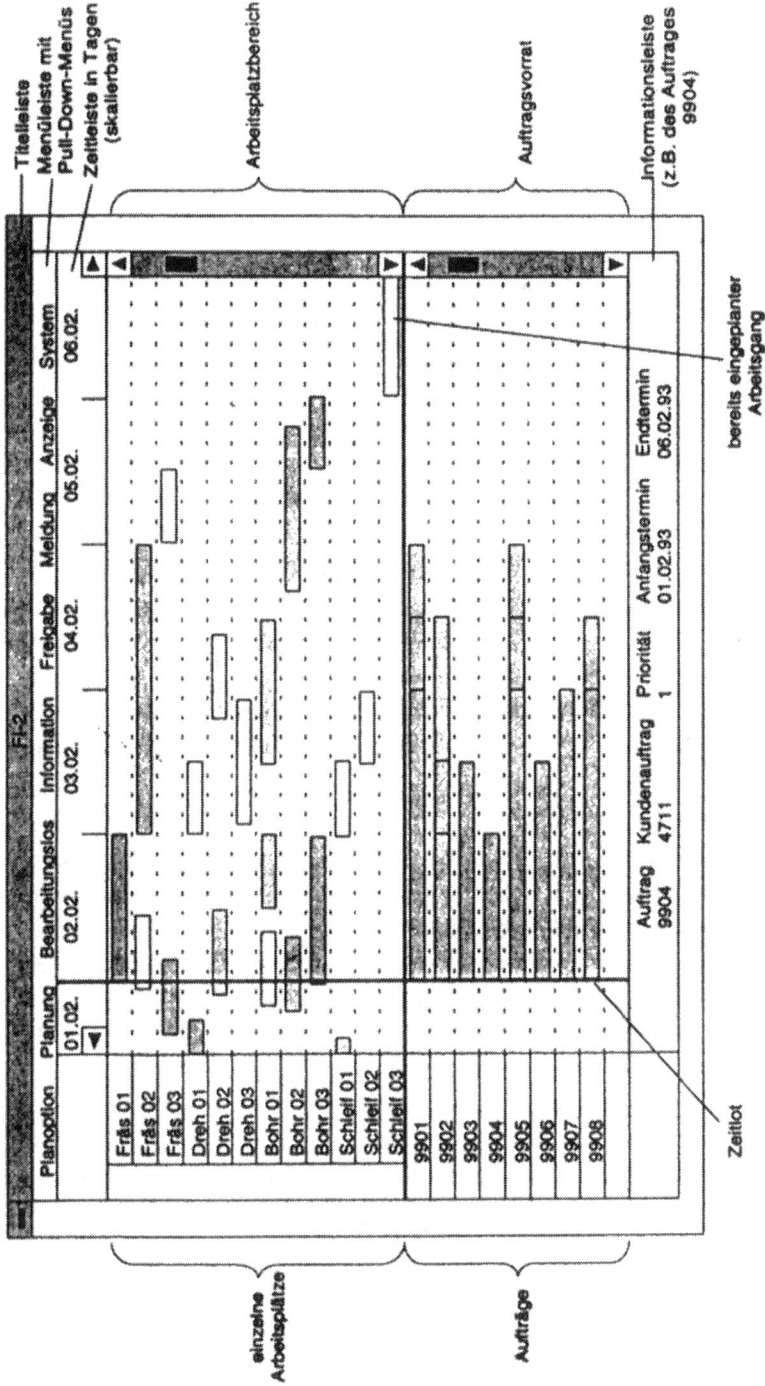

Abb. B.6.5: Elektronische Plantafel (entnommen aus Scheer 1994, S. 306)

terstützung der grafischen Information (z. B. durch Anklicken eines Arbeitsvorgangs, dargestellt durch einen Balken, wobei z. B. in einem Fenster auf dem Bildschirm der Arbeitsplan in Listenform dargestellt wird) vorgesehen.

Der Funktionsumfang eines Leitstandes kann damit grundsätzlich wie folgt charakterisiert werden (vgl. auch Kurbel 1993):

- Die Arbeitsvorgänge der Fertigungsaufträge werden automatisch oder von Hand am Bildschirm den Arbeitsplätzen zugeordnet. Bei manueller Einplanung wird der Arbeitsvorgang mit der Maus aus einem Fenster ausgewählt und an einer geeigneten Stelle in der Plantafel am Bildschirm positioniert. Um allerdings die Zulässigkeit der Einplanung zu gewährleisten, sind nicht nur die benötigten Informationen bereitzustellen, sondern auch Konsistenzprüfungen bezüglich der technischen Reihenfolgen durchzuführen. Bei der automatischen Einplanung hat der Fertigungsdisponent zunächst alle Arbeitsvorgänge aus dem Arbeitsvorrat (z. B. mit der Maus) zu identifizieren, die mittels eines Einlastungsalgorithmus einzuplanen sind. Simulationsmöglichkeiten zur Maschinenbelegung bzw. algorithmische Verfahren sind daher als notwendige Bestandteile einer Einplanung zu fordern.
- Die Belegung der Arbeitsplätze durch Arbeitsvorgänge der einzelnen Fertigungsaufträge läßt sich in Form von Balkendiagrammen am Bildschirm darstellen.
- Umdispositionen lassen sich unmittelbar am Bildschirm durchführen.
- Im besonderen in einer flexiblen Fertigung muß das Feinplanungssystem nicht nur wie in der herkömmlichen Fertigung die Maschinenbelegung vornehmen, sondern darüberhinaus die Bereitstellung der notwendigen Paletten und Spannvorrichtungen planen und deren Verfügbarkeit überprüfen, die Zuordnung der Werkzeuge vornehmen, die Belegung des Transportsystems zeitlich bestimmen etc. Damit sind Leitstände erforderlich, die eine umfassende Ressourcenplanung ermöglichen.
- Rückmeldungen aus den Fertigungsstellen verarbeitet unmittelbar das Leitstandsystem. Die Rückmeldungen können über Barcode-Leser, BDE-Terminals oder direkt am Leitstand eingegeben werden. Bei einer Reihe von Leitstandsystemen ist eine automatische Übernahme von Betriebsdaten vorgesehen. Das BDE-System meldet an den Leitstand das Ende des Arbeitsvorgangs, Unterbrechungen, Ausfälle von Maschinen, Qualitätsdaten etc. Die Aktualisierung der elektronischen Plantafel kann also aufgrund des realen Prozesses unmittelbar erfolgen.

Existiert in einem Unternehmen keine automatisierte Betriebsdaten-erfassung, soll aber dennoch ein Leitstand eingesetzt werden, so umfaßt der Funktionsumfang vieler Leitstandsysteme BDE-Komponenten. Dies können sein: einfache Erfassungsmasken für bestimmte Betriebsdaten, Anschluß von Lesegeräten für maschinenlesbare Belege (z. B. Barcode-Leser), Anschluß vollständiger BDE-Terminals.

Sind in einem Unternehmen noch keine automatischen Übernahmen von Betriebsdaten möglich, so sind manuelle Rückmeldeinformationen im Leitstand erforderlich, um die elektronische Plantafel entsprechend dem Fertigungsfortschritt zu aktualisieren.

Für das Zusammenspiel von PPS und Leitstand können verschiedene Formen der Leitstandorganisation unterschieden werden (Abb. B.6.6):

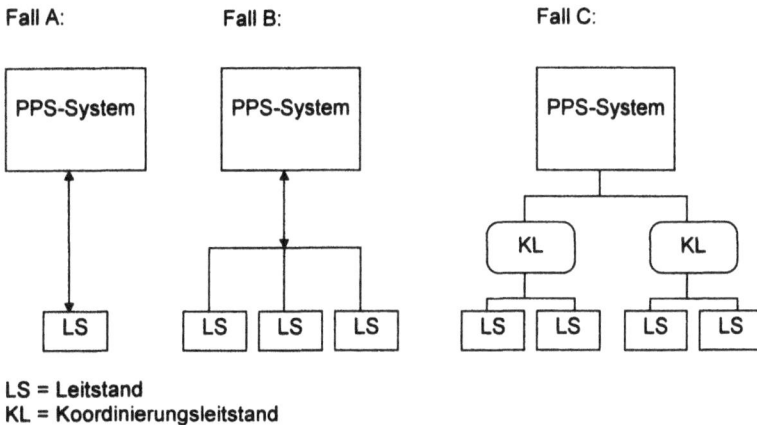

Abb. B.6.6: Formen der Leitstandorganisation

Fall A: Einstufiges Leitstandsystem mit zentralem Leitstand

Ein Leitstand übernimmt die gesamten Aufgaben der Fertigungssteuerung. Die Schnittstelle zwischen übergeordnetem PPS-System und Leitstand ist die Auftragsfreigabe. An den Leitstand wird für einen bestimmten Zeitraum (z. B. eine Woche) der gesamte Arbeitsvorrat übergeben. Das PPS-System muß vom Leitstand Rückmeldungen über die Fertigstellung oder den Verzug von Fertigungsaufträgen erhalten. Diese Leitstandsform ist vor allem für kleinere Fertigungsbetriebe geeignet.

Fall B: Einstufiges Leitstandsystem mit parallelen Leitständen

Aus technischen oder aufbauorganisatorischen Gründen kann es erforderlich sein, die Fertigung jeweils zu segmentieren und für jedes Segment
einen Leitstand vorzusehen. Dies ist z. B. bei Betrieben mit komplexen,
mehrstufigen Fertigungsprozessen der Fall. An einen Leitstand wird nur
der Teil der Fertigungsaufträge übergeben, der in den Zuständigkeitsbe-
reich dieses Bereichs fällt. Damit ist allerdings zu klären, wie die Koordinierung zu erfolgen hat, wenn die Fertigungsbereiche im technologischen Ablauf miteinander verbunden sind. Terminverzug, der in einem Fertigungsbereich auftritt und die Termine in anderen gefährdet, ruft Koor-
dinierungsaufgaben hervor. Diese Koordinierung kann das übergeordnete PPS-System übernehmen. Dies setzt allerdings voraus, daß die aktuellen, relevanten Systemzustände in der Fertigung dem PPS-System rückgemeldet werden. So müssen etwa Start- und Endtermine von Arbeitsvorgängen bzw. Störungen, die bereichsübergreifende Terminverschiebun-
gen zur Folge haben, dem PPS-System rechtzeitig rückgemeldet werden,
damit von dort Maßnahmen ergriffen werden können. Damit wird der
Dispositionsspielraum in den dezentralen Stellen aber wieder stark ein-
geschränkt. Denkbar wäre auch eine direkte Abstimmung zwischen den
Leitstandverantwortlichen. Dabei sind Kommunikationsformen denkbar,
die von informellen Treffen bis zur computergestützten Kommunikation
reichen. In einer weitreichenden Lösung könnte eine direkte Programm-
Programm-Kommunikation bestehen, bei der ein Leitstand relevante Daten über Änderungen, die andere Leitstände betreffen, direkt mitteilt („trig-
gern"). Die Koordinationsfunktion ist dann in der Leitstandsoftware enthalten (vgl. Kurbel 1993, S. 262)

Fall C: Mehrstufige (hierarchische) Leitstandsysteme

Bei dieser Form der Leitstandorganisation wird die Koordinierungsfunk-
tion einer speziellen Stelle zwischen PPS-System und den dezentralen
Leitständen übertragen. Das PPS-System übergibt die Fertigungsaufträge
der Koordinierungsstelle, die wiederum jedem Leitstand seinen Arbeitsvorrat übermittelt. Die Abstimmungsnotwendigkeiten der zugeordneten
Leitstände übernimmt der Koordinierungleitstand. Damit ist der Vorteil
verbunden, daß das PPS-System lediglich Rahmenvorgaben machen muß,
die aufgrund von Störungen kurzfristig erforderliche Koordinierung zwischen den jeweils zugeordneten Fertigungsbereichen ist dem Koordinie-
rungsleitstand überlassen. Nur für den Fall, daß dieser Koordinierungsleit-

stand nicht in der Lage ist, die Störung auszuregeln, ist das zentrale PPS-System einzuschalten. Für das zentrale PPS ist damit eine Komplexitätsreduktion seiner Aufgaben verbunden. Die Erfordernisse der Koordinierung erstrecken sich jeweils nur auf einen bestimmten Fertigungsabschnitt und können zeitnah durchgeführt werden. Auf diese Weise ist die Planungskomplexität auf mehrere Ebenen der Hierarchie aufgeteilt und damit handhabbar.

Detaillierte Beschreibungen realisierter elektronischer Leitstände und Leitstandkonzepte können z. B. den Veröffentlichungen von Scheer/Kraemer/Zell (1989) sowie Kurbel (1993) entnommen werden.

Eine umfassendere Unterstützung der Steuerung durch elektronische Leitstände ist zukünftig in einem umfassenden Störungsmanagement zu sehen. In jüngster Zeit werden in der Forschung dazu Systeme zur Entscheidungsunterstützung auf Leitstandebene vorgeschlagen, die mittels wissensbasierten Elementen eine Lösung generieren (Kotschenreuther 1991, Belz 1993).

C Ausblick auf neuere Produktions- und Logistikkonzepte

Die bisherigen Ausführungen waren vor allem darauf gerichtet, die Probleme und Lösungskonzepte zu besprechen, die zu einer effizienten Abwicklung der Material- und Warenflüsse eines Unternehmens führen. Produktions- und Logistikmanagement kann sich allerdings darauf nicht beschränken. Eine weitere zentrale Aufgabe besteht darin, die *langfristigen Erfolgsvoraussetzungen* zu schaffen, die die Wettbewerbsfähigkeit eines Unternehmens sichern. Wettbewerbsvorteile hat eine Unternehmung dann, wenn sie gegenüber ihren Konkurrenten spezifische Merkmale aufweist, die von den Kunden wahrgenommen werden und die die Kunden als so bedeutend ansehen, daß diese Merkmale die Kaufentscheidung tatsächlich beeinflussen. Mit anderen Worten: Es kann eine Fülle von spezifischen Merkmalen (vor allem durch den Einsatz von neuen Techniken) in einem Unternehmen geben, die als seine Stärken gelten. Wettbewerbsvorteile entstehen aber erst dann, wenn daraus ein Wert für die Abnehmer entsteht, der zur Kaufentscheidung veranlaßt. Der Wert für die Abnehmer basiert nach Porter (1992) generell auf Preisvorteilen, die aus Kostenführerschaft gewonnen werden können, oder auf Differenzierung sonstiger Merkmale (z. B. überlegene Serviceleistung, überragende Produktqualität gegenüber Konkurrenten etc.). Wettbewerbsvorteile lassen sich demnach auf zwei Grundtypen zurückführen (vgl. dazu ausführlich Porter 1992, Zäpfel 1989 a):

- Kosten- bzw. Preisführerschaft
- Differenzierung im Wettbewerb.

Die Leistungserstellung hat in vielen Branchen einen – wenn nicht sogar den entscheidenden – Anteil an der Schaffung und Erhaltung von Wettbewerbsvorteilen. In letzter Zeit haben ganzheitliche Produktions- und Logistikkonzepte große Beachtung gefunden, die darauf abzielen, einen wesentlichen Beitrag zur Wettbewerbsfähigkeit zu leisten. Diese Konzepte lassen sich systematisieren in:

- *Technikzentrierte Produktions- und Logistikkonzepte*, vor allem repräsentiert durch das Computer-Integrated-Manufacturing (CIM) und
- *Organisationszentrierte Produktions- und Logistikkonzepte,* zu denen in erster Linie die Konzepte des Just-in-Time, Time-Based-Manufacturing, Fraktale Fabrik sowie vor allem die Lean Production zählen.

C.1 Technikzentriertes Produktions- und Logistikkonzept: Computer Integrated Manufacturing (CIM)

CIM (Computer Integrated Manufacturing) bezeichnet die computergestützte Integration der Informationsverarbeitung in allen mit der Leistungserstellung zusammenhängenden Bereichen. Damit wird nicht nur auf die Integration der Informationsverarbeitung der betriebswirtschaftlichen Aufgaben der Leistungserstellung, die vor allem durch das PPS-System zu lösen sind, abgestellt, sondern auch auf die gleichzeitige Integration der Informationsverarbeitung der eher technischen Aufgaben der Leistungserstellung. Zu den technischen Aufgaben gehören die

- *Computerunterstützte Konstruktion* (CAD = Computer Aided Design), die alle Aktivitäten umfaßt, bei denen EDV im Rahmen von Entwicklungs- und Konstruktionstätigkeiten eingesetzt wird.
- *Computerunterstützte Arbeitsplanung* (CAP = Computer Aided Process Planning), zu der alle EDV-gestützten Aktivitäten gehören, die auf den Ergebnissen der Konstruktion aufbauen, um Arbeitsvorgänge und Arbeitsgangfolgen festzulegen, Verfahren und Betriebsmittel zur Herstellung von Produkten auszuwählen sowie Daten für die Steuerung der Betriebsmittel – sog. NC-(Numerical Control)-Programme – zu erstellen.
- *Computergestütztes Fertigen* (CAM = Computer Aided Manufacturing), die alle EDV-gestützten Aktivitäten zur technischen Steuerung und Überwachung der Betriebsmittel bei der Herstellung von Produkten im Produktionsprozeß umfassen. Diese Tätigkeiten beziehen sich auf die

direkte Steuerung von Anlagen, Betriebsmitteln, Handhabungs- sowie Transport- und Lagersystemen.

Historisch gesehen wurden die CAD-, CAP-, CAM- sowie PPS-Systeme getrennt entwickelt, und es existierten bzw. existieren keine durchgängigen Informationsflüsse. Solange es aber keinen direkten Datenaustausch zwischen den Systemen gibt, bestehen bei diesen Insellösungen folgende Probleme:

- Mehrfache manuelle Eingaben von gleichen Daten in die jeweiligen Systeme sind erforderlich.
- Da Datenbestände nicht gleichzeitig aktualisiert werden, besteht die Gefahr der fehlerhaften Weiterverarbeitung, z. B. wenn Stücklisten im CAD-System geändert werden, diese Informationen aber nicht rechtzeitig im PPS-System verfügbar sind. Die Qualität von Entscheidungen wird verringert, wenn notwendige Informationen an den einzelnen Arbeitsplätzen der Sachbearbeiter nicht aktuell vorhanden sind und damit Probleme aufgrund veralteter Daten gelöst werden.
- Lange Durchlaufzeiten können durch hohe Informationsübertragungszeiten zwischen den Teilsystemen auftreten, z. B. durch eine zeitraubende Weitergabe technischer Unterlagen, wie Zeichnungen und Stücklisten an die Fertigung. Um kurze Durchlaufzeiten für aufeinanderfolgende Aufgaben zu erreichen, die verschiedenen Teilsystemen zugewiesen sind, ist es also allein nicht ausreichend, die Teilvorgänge kurz zu halten, sondern es sind auch die Informationsübertragungszeiten von einem Teilsystem in das andere entscheidend. Eine zeitaufwendige Übertragung von Informationen aus einem Teilsystem in weitere Teilsysteme der Leistungserstellung macht die durchlaufzeitreduzierende Wirkung kurzer Bearbeitungszeiten von Teilvorgängen zunichte.

Die Forderung nach durchgängigen Informationsflüssen zwischen den Systemen der Leistungserstellung beeinflußt die Fähigkeit der Leistungserstellung, sich an Wettbewerbssituationen schnell und kostengünstig anpassen zu können (was als *Flexibilität der Leistungserstellung* bezeichnet werden kann). So kann eine Anpassung der Leistungserstellung aus Wettbewerbsgründen notwendig werden, um

- in kurzer Zeit neue oder verbesserte Produkte auf den Markt zu bringen,
- individuelle Kundenwünsche befriedigen bzw. eine Vielfalt von Produktvarianten herstellen zu können,

– eine hohe Lieferbereitschaft bzw. kurze Lieferzeiten zu gewährleisten, wobei dies zu wettbewerbsfähigen Kosten zu erfolgen hat.

Die Forderung nach durchgängigen Informationsflüssen führt zur *Datenintegration*, d. h. das Schaffen jener verbindenden Beziehungen, die alle in den einzelnen Teilsystemen der Leistungserstellung verwalteten Datenbestände durch Informations- und Kommunikationstechnologien zu einem Gesamtsystem vereint. Es besteht eine logisch einheitliche Datenorganisation, d. h. Daten werden weitgehend redundanzfrei verwaltet, und Datenänderungen, die an einem Arbeitsplatz erfaßt werden, stehen sofort auch allen anderen (dazu berechtigten) Sachbearbeitern zur Verfügung. Physisch können die Daten aber weiterhin in mehreren Datenbanken abgelegt sein. Aus technischer Sicht besteht ein CIM-Konzept aus einer Konfiguration von Hard- und Software, Kommunikationstechnologien wie Netzwerke sowie als Basis der Fertigung aus flexiblen Fertigungs-, Transport- und Handhabungsmitteln. Die konkrete CIM-Realisation eines Unternehmens hängt von einer Vielzahl von situativen Gegebenheiten ab, im besonderen vom Betriebstyp, und kann nicht allgemeingültig dargestellt werden. Durch die Datenintegration eines CIM-Systems sollen die beschriebenen Probleme von Insellösungen vermieden und die Flexibilität der Leistungserstellung gewährleistet werden.

Im Hinblick auf die datentechnische Integration lassen sich verschiedene Formen unterscheiden (vgl. dazu umfassend Scheer 1990):

Erste Stufe: Organisatorische Verbindung EDV-technisch unverbundener Systeme

Das CAD/CAP/CAM- und das PPS-System sind EDV-technisch unverbunden. Am Arbeitsplatz des Sachbearbeiters in der Konstruktion, Arbeitsplanung bzw. Produktionsplanung und Produktionssteuerung sind jeweils zwei Bildschirme aufgestellt, mit deren Hilfe ein Zugriff auf Daten der entsprechenden Systeme möglich ist. Damit lassen sich Auskunftsfunktionen tätigen. Daten von einem System werden nicht automatisch in das andere überführt, sondern bedürfen einer manuellen Übertragung. Datenkonsistenz zwischen den Datenbasen der Systeme kann durch EDV-technische Hilfsmittel nicht unterstützt werden. Man kann bei dieser Stufe höchstens von einer Notlösung für ein Integrationskonzept sprechen.

Zweite Stufe: Integration der unverbundenen Systeme durch EDV-Werkzeuge

CAD/CAP/CAM sowie PPS werden weiterhin als eigenständige Systeme betrieben, jedoch erfolgt eine Integration von Daten über den Einsatz von EDV-Werkzeugen, wie z. B. über Mikrocomputer und lokale Netzwerke. Damit werden Auswertungen über beide Systeme hinweg möglich, allerdings ist als Nachteil nach wie vor die fehlende Unterstützung bezüglich der Datenkonsistenz zu nennen.

Mikro- bzw. Personalcomputer können an getrennte Hardwaresysteme, also auch an CAD/CAP/CAM- und PPS-Systeme, angeschlossen werden. Durch gleichzeitige Zugriffe und gezielte Abfragen aus dem CAD/CAP/CAM- sowie PPS-System lassen sich Daten aus beiden Anwendungssystemen in die Datenbasis des Mikrocomputers transferieren und sind dort für integrierte Auswertungen verfügbar. Dabei ist vor allem auch die Fenster-Technik als Integrationsinstrument hilfreich: Diese erlaubt dem Benutzer, mehrere Anwendungen gleichzeitig auf dem Bildschirm zu aktivieren, wobei jeder Applikation ein bestimmter Bildschirmausschnitt zugeordnet wird. Es sind also Informationen aus mehreren Anwendungen gleichzeitig am Bildschirm verfügbar. Ein Arbeitsplaner kann beispielsweise Zeichnungen, Stücklisten und Betriebsmitteldaten gleichzeitig am Bildschirm verfolgen. Besonders zu erwähnen ist, daß eine Koppelung unterschiedlicher Anwendungssysteme mittels der Fenster-Technik dadurch realisiert werden kann, daß der Benutzer Daten von einem Bildschirmausschnitt in einen anderen transferieren kann.

Neben dem Einsatz von Mikrocomputern können als EDV-Werkzeuge zur Datenintegration weiterhin Datenbank-Abfragesprachen und lokale Netzwerke eingesetzt werden. Datenbank-Abfragesprachen erlauben dem Benutzer, mittels einer relativ leicht erlernbaren formalen Sprache selbsttätig Auskünfte und Auswertungen nach eigenem Bedarf aus einer Datenbank abzurufen. Der Benutzer ist also damit nicht allein auf die in Anwendungsprogrammen fest vorgegebenen Auskunfts- und Auswertungsfunktionen angewiesen, sondern er kann Abfragen in der entsprechend vorgesehenen Weise selbst formulieren. Ist in den verschiedenen CIM-Teilsystemen eine einheitliche Benutzerschnittstelle in Form einer Abfragesprache vorgesehen, so stehen dem Anwender Auskünfte aus verschiedenen EDV-Systemen offen.

Ein lokales Netzwerk (LAN = Local Area Network) beschreibt ein Datenkommunikationssystem, das die Aufgabe hat, eine Anzahl von unabhängigen Einrichtungen zum Verarbeiten, Darstellen und Speichern von Informationen, die auf relativ begrenztem geographischem Gebiet lokalisiert sind, zu einem Verbundsystem zusammenzuschließen. Dabei können die Systemkomponenten, die verschiedene Aufgaben lösen können, Daten austauschen und damit kommunizieren. Da vor allem Probleme entstehen, wenn unterschiedliche computergestützte Systeme verschiedener Hersteller untereinander Informationen austauschen sollen, sind vielfältige Standardisierungsbemühungen unternommen worden. Besonderes Interesse hat für CIM-Systeme das von General Motors initiierte Projekt „Manufacturing Automation Protocol (MAP)" erlangt, in dem Standards für die Vernetzung von Automatisierungseinrichtungen in der Fertigung entwickelt wurden.

Dritte Stufe: Dateitransfers zwischen den Systemen

Die Anwendungssysteme CAD/CAP/CAM und PPS werden dadurch verbunden, indem Daten aus einem System über eine Schnittstellendatei in das andere System übertragen werden. Einzelne Datensätze werden über sogenannte Mailbox-, Message- oder Aktionsdateien ausgetauscht. Die auszutauschenden Daten müssen von dem erzeugenden System dabei in der Art und dem Format übergeben werden, wie sie von dem empfangenden System verarbeitet werden können.

Es sind also unter Umständen Umformatierungsprogramme notwendig. Der Datenaustausch ist auf genau definierte Programmfunktionen fixiert. Dagegen ist es nicht möglich, durch Einsatz von Abfragesprachen in freier Form auf die Daten verschiedener Systeme zuzugreifen.

Vierte Stufe: Gemeinsame Datenbasis der Systeme

Diese Integrationsmöglichkeit ist dadurch gekennzeichnet, daß das CAD/ CAP/CAM- sowie das PPS-System auf eine gemeinsame Datenbasis zugreifen. Daten aus diesen Systemen werden demnach nicht in getrennten Datenbasen verwaltet, sondern gründen auf einer gemeinsamen Datenbank. Die Datenintegrität ist jederzeit gesichert, da die aktualisierten Daten eines Systems auch den anderen Systemen unmittelbar bekannt sind. Bei dieser Integration ist für beide Anwendungssysteme ein einheitlicher Datenaufbau zu definieren und ein einheitliches Datenbanksystem einzusetzen. Durch dem Datenbanksystem zugeordnete Abfragesprachen ist es dem Benutzer möglich, Auskünfte und Auswertungen selbständig anzustoßen. Allerdings zeigt eine nähere Analyse, daß die Anforderungen an Datenbanksysteme, die sich aus Geometrie- und technologieorientierte Daten des

CAD/CAP/CAM-Bereiches ergeben, andere sind als die, die aus den Datenstrukturen des PPS-Systems entstehen.

Fünfte Stufe: Anwendung-zu-Anwendung-Beziehung durch EDV-Programmintegration

Das CAD/CAP/CAM- sowie das PPS-System greifen nicht nur auf eine einheitliche Datenbasis zu, sondern auch die Anwendungssysteme selbst sind miteinander im Sinne „verschränkter" Programmfunktionen verbunden. Das bedeutet, daß Transaktionen des einen Systems auf Transaktionen des anderen Systems automatisch zugreifen. Beispielsweise wird im Rahmen eines CAD-Dialogschrittes selbsttätig ein Programmteil aus dem PPS-System aufgerufen, der jeweils zur Lösung erforderlich ist. In Konsequenz heißt das, EDV-Betriebssysteme und Datenbanksysteme der verschiedenen Anwendungsbereiche können miteinander kommunizieren. Diese vollständigste Stufe der Integration ist ein Idealziel des CIM-Konzepts und zur Zeit eher wenig verwirklicht.

Bisher haben wir CIM als integrierte Informationsverarbeitung in allen mit der Leistungserstellung zusammenhängenden Teilbereichen kennengelernt. Damit ist ein wesentliches Kennzeichen eines Systems der computerintegrierten Produktion angesprochen. Ein CIM-System ist aber nicht nur durch Datenintegration ausgezeichnet, sondern eröffnet auch die Möglichkeit zur *Vorgangsintegration:* Aufeinander aufbauende Teilvorgänge der Leistungserstellung (Vorgangsketten genannt), die bisher stark arbeitsteilig durchgeführt werden mußten, werden an Arbeitsplätzen reintegriert. Ein bedeutender Grund für die Arbeitsteiligkeit ist die beschränkte Informationsverarbeitungskapazität des Menschen, die nahelegt, eine komplexe Aufgabe in Teilaufgaben zu zerlegen und diese auf mehrere Arbeitsplätze aufzuteilen. Durch eine integrierte Informationsverarbeitung, die mit vermehrten und aktuellen Informationen für die Sachbearbeiter an ihren Arbeitsplätzen verbunden ist, besteht die Option, Teilaufgaben einer Vorgangskette zusammenzuführen, also eine Vorgangsintegration zu realisieren. Vorgangs- und Datenintegration sind nicht unabhängig voneinander, da ein Datensystem erst festgelegt werden kann, wenn die Arbeitsteiligkeit der Prozesse geklärt ist. Andererseits sind die Prozesse nicht unabhängig von den Möglichkeiten der datentechnischen Integration zu bestimmen. Ein CIM-System ist daher umfassend zu charakterisieren durch

– die integrierte Informationsverarbeitung für alle mit der Produktion zusammenhängenden Betriebsbereiche (*Datenintegration*),

– die Bildung verbundener Ablaufabschnitte (*Vorgangsintegration*).

Bei der Umsetzuung von CIM ist gleichzeitig die Arbeitsteiligkeit der Prozesse der Leistungserstellung zu klären. Damit sind organisatorische Fragen verbunden, wie z. B. welche durchgängigen Prozeßketten sind zu schaffen, wie sind die Entscheidungsebenen zu wählen, auf welchem Aggregationsniveau in sachlicher und zeitlicher Hinsicht soll jede Ebene ihr Problem behandeln, welche Prozeßmodelle soll jede Ebene heranziehen und auf welche Art und Weise sollen Vorgaben und Rückmeldungen erfolgen etc.

Praktische Erfahrungen bei der Implementierung von CIM haben gezeigt, daß mit diesem Konzept für ein Unternehmen hohe Investitionen verbunden sein können und bei einer rein technischen Sichtweise die gewünschten Erfolge eher nicht im gewünschten Ausmaß erreicht werden. Neuere empirische Untersuchungen, denen wir uns im nächsten Kapitel zuwenden, zeigen vielmehr, daß für den Erfolg im Wettbewerb vor allem die konsequente Umsetzung organisationszentrierter Produktions- und Logistikkonzepte verantwortlich gemacht wird.

C.2 Organisationszentrierte Produktions- und Logistikkonzepte

Die Ergebnisse eines Forschungsprojekts, die am Massachusetts Institute of Technology (MIT) im Rahmen des Projekts „International Motor Vehicle Program" erarbeitet wurden, wobei 90 Montagewerke der Automobilindustrie in 14 Ländern untersucht wurden, offenbarten, daß erhebliche Unterschiede zwischen den meisten japanischen Herstellern auf der einen und den amerikanischen und europäischen Herstellern auf der anderen Seite bestanden (vgl. dazu Womack/Jones/Roos (1991), Krafcik (1988) sowie Pfeiffer/Weiss (1992), Corsten/Will (1993)). Die Unterschiede waren vor allem auf die Leistungserstellung zurückzuführen, wie die Abb. C.1 dokumentiert.

Greifen wir einige markante Kennziffern heraus: Erhebliche Leistungsdifferenzen konnten etwa in der *Entwicklung* diagnostiziert werden. Der Entwicklungaufwand, ausgedrückt in Millionen Ingenieur-Stunden, lag in Japan bei 1,7 Millionen, bei amerikanischen und europäischen Produzen-

	Japanische Produzenten	Amerikanische Produzenten	Europäische Produzenten
Entwicklung			
Umfang der Ingenieurstunden zur Entwicklung eines neuen Produkts (in Mill. Stunden)	1,7	3,1	3,1
Werkzeugentwicklungszeit in Monaten	13,8	25,0	28
Pilot-Vorlaufserie in Monaten	6,2	12,4	10,9
Anteil übernommener Teile (in %)	18	38	30
Produktion			
"Produktivität" (Std./Auto)	16,8	25,1	36,2
Montagefehler pro 100 Fahrzeuge	60	82,3	97
Teamanzahl in der Produktion in %	69,3	17,3	0,6
Abwesenheit in %	5,0	11,7	12,1
Montagerlager-bestand in Monaten	0,2	2,9	2,0
Zulieferlogistik			
Anzahl Zulieferer pro Montagewerk	170	509	442
Kontruktionsanteil durch Zulieferer (% der Gesamtstunden)	51	14	35
Anteil der Teile mit Just-in-time in %	45	14,8	7,9
Lagerbestand (Tage)	1,5	8,1	16,3
Vertriebslogistik			
Auslieferungslagerbestand in Tagen	21	66	66
Händler pro Firma	300	2000	7500

Abb. C.1:   Vergleich der Leistungsziffern zwischen verschiedenen Produzenten
(Quelle: Womack/Jones/Roos 1991)

ten dagegen im Durchschnitt bei 3,1 Millionen Stunden. Die Werkzeugent-
wicklungszeit, eine kritische Größe bei der Neuproduktentwicklung, war
nach dieser Studie bei europäischen Herstellern gegenüber den japanischen
durchschnittlich um das Doppelte höher (13,8 Monate im Vergleich zu 28
Monaten).

Auch in der *Produktion* bzw. Montage sind gravierende Produktivitäts-
unterschiede festgestellt worden: Die europäischen Hersteller benötigten
im Durchschnitt für ein Auto 36,2 Stunden, im Vergleich zu den japanischen Produzenten mit 16, 8 Stunden mehr als das Doppelte. In bezug
auf die Qualität, spezifisch ausgedrückt durch Anzahl der Montagefehler
pro 100 Kraftfahrzeuge, schnitten die amerikanischen und europäischen
Hersteller erheblich schlechter ab, mit durchschnittlich 60 Fehler pro 100
Kraftfahrzeuge in Japan gegenüber 82 bzw. 97 Fehlern in Amerika und Europa.

Drastische Unterschiede sind auch beim *Zuliefersystem* festzustellen.
Während zum Zeitpunkt der Untersuchung japanische Produzenten im
Durchschnitt mit 170 Zulieferern pro Montagewerk Beziehungen aufrecht-
rechterhielten, waren es bei den europäischen 442 Zulieferer. Dabei wurden in Europa durchschnittlich 7,9 % der Teile just-in-Time, d. h. aufgrund
des konkreten Bedarfs, angeliefert, gegenüber 45 % bei japanischen Produzenten.

Diese und andere Kennzahlen zeigen (trotz der Skepsis, die gegenüber
den einzelnen Zahlen vorgebracht werden kann), daß hinsichtlich Produktivität, Zeit und Qualität die Wettbewerber gravierende Unterschiede aufweisen können. Erfolgreiche Produzenten weisen nicht nur beeindrucken-
de Kennzahlen auf, sondern haben auch am Markt große Erfolge. Die Über-
legenheit der Unternehmen wird von den Autoren darauf zurückgeführt,
daß diese Produktions- und Logistikkonzepte entwickelt haben, die die
Leistungserstellung als einen entscheidenden Wettbewerbsfaktor ansehen.
Diesen neuen Konzepten wenden wir uns im folgenden überblicksartig zu.

Die neueren Produktions- und Logistikkonzepte – wie Just-In-Time,
Time Based Management, Lean Production etc. – sind als eine Antwort
auf die Wettbewerbsdynamik einer kundenorientierteren Produktion ent-
standen. Dabei wollen wir zunächst im folgenden die wesentlichen Über-
legungen kurz skizzieren und Gemeinsamkeiten der Konzepte diskutieren.
Zu Details der Konzepte, die hier nicht angeführt werden können, wird der
Leser auf die Literatur verwiesen (vgl. z. B. Corsten 1993, Warnecke 1992,
Pfeiffer/Weiß 1992).

Just-in-Time (JIT) kann als ein Konzept definiert werden, das eine möglichst auftragsgenaue bzw. im Idealfall eine kundenauftragsgetriebene Produktion und Beschaffung zu erreichen versucht. Um die Kundenwünsche zeitgerecht erfüllen zu können, sind kurze Durchlaufzeiten in der Leistungserstellung Voraussetzung. Diese werden aber oft verhindert, da *Prozeß- bzw. Ressourcenrestriktionen* bestehen, wie z. B. lange Zeiten je Rüstvorgang, die zu großen Losen und in der Folge zu hohen Bearbeitungszeiten sowie Beständen führen, oder unzuverlässige Prozesse, die Nacharbeit notwendig machen und Zeitverzögerungen bedeuten, oder unabgestimmte Kapazitäten im Leistungserstellungsprozeß, die Wartezeiten der Aufträge (Werkstattbestände) verursachen etc. Diese Prozeß- bzw. Ressourcenrestriktionen führen zu *Verschwendungen* im Wertschöpfungsprozeß, wie z. B. dem Aufbau von Beständen oder Nacharbeit. Bestände binden auf der einen Seite nicht nur in erheblichem Umfang Kapital, sondern führen – vor allem bei einer steigenden Variantenzahl – zu dem Problem, daß – aufgrund von nicht auszuschließenden Fehlprognosen – die Lieferfähigkeit trotz hoher Bestände nicht gewährleistet sein muß. Bestände werden in einem JIT-Konzept daher negativ gesehen, da zusammenfassend:

- Lagerbestände oft einen erheblichen Teil des Umlaufvermögens beanspruchen,
- eine Produktion auf Lager das Risiko von schwer oder nicht verkaufbaren Beständen erhöht, vor allem da Fehlprognosen bei steigender Variantenvielfalt nicht auszuschließen sind,
- Bestände verhindern, daß Verschwendung im Produktionsprozeß (z. B. hohe Rüstzeiten) sichtbar und spürbar werden und damit eine günstigere Gestaltung der Material- und Warenflüsse für eine auftragsnähere Produktion unterbleibt,
- etc.

Bestände sollen daher im Rahmen eines JIT-Konzepts möglichst vermieden bzw. niedrig gehalten werden. Um JIT sinnvoll realisieren zu können, sind zunächst Ressourcen- bzw. Prozeßrestriktionen zu lockern (z. B. Rüstzeiten verkürzen), damit eine auftragsnahe Produktion sich als wirtschaftlich erweist. Generell läßt sich ein Just-in-Time-Konzept also dadurch charakterisieren, daß

(1) die Verschwendungen in der Wertschöpfungskette durch eine Reorga-
     nisation von Fertigung und Beschaffung weitgehend beseitigt werden
     und,

(2) darauf aufbauend, JIT-gerechte Planungs- und Steuerungssysteme im-
     plementiert werden, die gestatten, die Leistungserstellungsprozesse
     auftragsgetrieben zu regeln. Der unmittelbare Kundenbezug ist al-
     so konsequent durch die gesamte Wertschöpfungskette gegeben. Als
     JIT-gerechtes Steuerungskonzept ist das KANBAN-Prinzip bekannt-
     geworden. Dieses basiert auf den folgenden Elementen:

• Supermarktprinzip
• Pullprinzip
• Selbststeuernde, vermaschte Regelkreise
• Dezentralisierung der Bestandskontrolle.

Unter dem *Supermarktprinzip* in der Produktion versteht man, daß eine
verbrauchende Stelle ein Gut bestimmter Menge und Spezifikation aus
dem Lager entnimmt und die liefernde Stelle damit autorisiert wird, das
(möglichst geringe) Lager aufzufüllen. Damit zusammenhängend läßt sich
die Koordination der Fertigungsstellen nach dem Holprinzip verwirklichen.

Die Auftragsfreigabe einer Fertigungsstelle erfolgt dadurch, daß die unmittelbar technologisch nachfolgenden Stellen, die diese Güter als Ein-
gangsmaterialien benötigen, einen entprechenden Verbrauch signalisieren
und dadurch quasi die Mengen durch das Leistungserstellungssystem gezogen werden (*Pull- bzw. Holprinzip*). Der jeweils unmittelbare Kunde löst
also die Aktivitäten bei seinem Lieferanten direkt aus. Damit lassen sich
auch leicht *selbststeuernde, vermaschte Regelkreise* schaffen, die durch eine Folge von Kunden- und Lieferantenbeziehungen charakterisiert sind,
mit einem vorwärtslaufenden Material- und einem rückwärtslaufenden Informationsfluß. Der Informationsfluß beinhaltet eine Folge von Auftrags-
freigaben, die an echten Bedarfen orientiert sind. Die selbststeuernden Regelkreise erlauben eine *Dezentralisierung der Regelungsaufgabe*. Den Mitarbeitern eines Regelkreises kann die kurzfristige Steuerung ihres Berei-
ches übertragen werden.

Das KANBAN-Konzept ist aus wirtschaftlichen Gründen nur bei relativ
gleichmäßigen Bedarfsverläufen wirtschaftlich einzusetzen. Zur Steuerung
des Material- und Warenflusses werden dabei üblicherweise Informationsträger in Form von Karten (japanisch KANBAN = Karte, Schild) herangezogen, die das Holprinzip sicherstellen.

Die prinzipielle Vorgehensweise des KANBAN-Systems läßt sich wie folgt beschreiben: Verbraucht eine Produktionsstufe n+1 (technologisch auf die Stufe n folgend) den Inhalt eines Standardbehälters an Material, so trennt diese verbrauchende Stelle den am Standardbehälter angebrachten *Transportkanban* ab und gibt diesen in die Transportkanban-Box. Für die Materialversorgung stellt das ein Signal dar, einen Transport durchzuführen. Diese entnimmt den Transportkanban aus der Box und geht mit einem leeren Standardbehälter zu dem Pufferlager, das sich unmittelbar nach der Produktionsstelle n befindet. In diesem Pufferflager befinden sich Standardbehälter, an denen jeweils ein *Produktionskanban* angebracht ist. Die Materialversorgung entnimmt einen vollen Standardbehälter, indem sie den Produktionskanban entfernt und durch den Transportkanban am Behälter ersetzt. Der Produktionskanban wird in eine dort befindliche Produktionskanban-Box gegeben. Der mit dem Transportkanban versehene volle Standardbehälter wird durch die Materialversorgung zu dem Pufferlager unmittelbar vor der Produktionstelle n+1 transportiert. Der Produktionskanban in der Box ist das Signal, daß die Produktionsstelle n einen Standardbehälter produzieren kann. Diese Karte autorisiert also die Produktion an dieser Stelle. Ist der Inhalt eines Standardbehälters produziert, so wird ein Produktionskanban am Behälter fixiert und dieser im Pufferlager unmittelbar nach der Produktionsstelle n gelagert. Damit ist ein Durchlauf für dieses Zwei-Karten-Verfahren beendet. (Es existieren auch Verfahren, die nur einen Transportkanban zur Regelung heranziehen, vgl. dazu Glaser/Geiger/Rhode, 1992, S. 265.)

Alternativ sind auch andere JIT-gerechte Steuerungskonzepte einsetzbar, wie z. B. das Fortschrittszahlenverfahren (vgl. dazu Kap. A.2.1.3.3).

Die Optimierung der Wertschöpfungskette steht beim JIT-Konzept im Vordergrund. Als Idealziel wird eine rein auftragsgetriebene Produktion und Beschaffung angesehen. Das JIT-Konzept macht deutlich, daß das Schaffen auftragsgetriebener Wertschöpfungsketten umfassende Reorganisationen erfordert, um sich diesem Idealziel zu nähern. Dadurch soll es nicht mehr notwendig sein, aufgrund von Prognosen Prozesse auszulösen, und damit soll das Risiko von Fehlentscheidungen durch Prognosefehler entfallen. Allerdings ist dann die Reaktionsschnelligkeit der gesamten Wertschöpfungskette wichtig, um nicht Wettbewerbsnachteile im Hinblick auf lange Lieferzeiten hinnehmen zu müssen.

Dies wird noch umfassender beim *Time-Based-Management* in den Vordergrund gerückt, das die Strukturierung und Abwicklung der gesamten *Geschäftsprozesse* zum Inhalt hat, mit dem Ziel, die Zeit als entscheidenden Wettbewerbsfaktor einzusetzen. Das Time-Based-Management betrachtet zum einen die Beschleunigung der Abläufe, um wettbewerbsfähige Lieferzeiten zu erhaltenen bzw. Wettbewerbsvorteile daraus zu erzielen, was auf eine Verkürzung der zeitverbrauchenden Fertigungsprozeß-, Beschaffungsprozeß- und Auftragsabwicklungsprozeßkette hinausläuft. Zum anderen sind die zeitverbrauchenden Abläufe der Entwicklungsprozeßkette soweit zu verkürzen, daß wettbewerbsfähige Entwicklungszeiten für neue Produkte (time-to-market) entstehen bzw. Wettbewerbsvorteile daraus gezogen werden können. Der Leistungserstellungsprozeß bzw. die Wertschöpfung läßt sich also in mehrere, miteinander verbundene, funktionsübergreifende Abläufe gliedern, die als *Geschäftsprozesse* bzw. *Prozeßketten* mit bestimmten Zeitverbräuchen zu identifizieren sind:

(1) Die Entwicklungsprozeßkette umfaßt dabei die Abläufe, die zwischen der Produktidee und der Markteinführung eines Produkts notwendig sind. Damit sind Schnittstellen zum Absatzmarkt und zur Fertigung verbunden.

(2) Die Fertigungsprozeßkette ist durch die Abläufe charakterisiert, die zwischen der Bereitstellung aller für die Fertigung notwendigen Materialien bis zur Ablieferung des Endprodukts auftreten. Damit ist die Prozeßkette der Auftragsabwicklung zu betrachten, die die zeitverbrauchenden Tätigkeiten von dem Eingang eines Kundenauftrags bis zur Auslieferung des Auftrags an den Kunden umfaßt. Im besonderen sind dabei die Schnittstellen mit der Konstruktion und dem Absatz- sowie Beschaffungsmarkt zu beachten.

(3) Die Beschaffungsprozeßkette, die die Abläufe in bezug auf die Materialströme vom Lieferanten bis zum Abnehmer einschließt. Bei dieser Prozeßkette sind Schnittstellen mit dem Beschaffungsmarkt und der Fertigung zu beachten.

Mit dieser Betrachtung ist ein *Wandel vom Denken in Funktionen zu einem Denken in Prozessen* verbunden. Damit ist gemeint, daß eine ganzheitliche – die einzelnen betrieblichen Funktionen umgreifende – Betrachtungsweise der Wertschöpfung und eine Verbesserung dieser unter dem Gesichtspunkt von Kosten, Zeit und Qualität stattfindet.

Diese Denkweise läßt sich weiter verallgemeinern und hat unter dem Begriff *Lean Production*, in deutscher Übersetzung *schlanke Produktion*, große Popularität erlangt. Unter Lean Production versteht man

- die systemische Betrachtungsweise des gesamten Wertschöpfungsprozesses und die „Optimierung" dieses durch kontinuierliche Verbesserungsaktivitäten („KAIZEN"),
- das Setzen auf die Lösungskompetenz von Mitarbeitern vor Ort, wobei selbstorganisierende Organisationseinheiten („Teams") eine entscheidende Rolle spielen,
- den Aufbau von kooperativen Beziehungen zu den Wertschöpfungspartnern mit dem Ziel, gemeinsam die Material- und Warenflußkette optimal zu gestalten.

Die gesamte Wertschöpfungskette vom Lieferanten über den Produzenten bis zu den Abnehmern wird als integriertes Netzwerk von Partnern betrachtet (*systemisches Prinzip mit Konzentration auf den Wertschöpfungsprozeß*). Die einzelnen Wertschöpfungsaktivitäten sind in ihrer Komplexität soweit wie möglich zu reduzieren (*komplexitätsreduzierendes Prinzip*). Dabei wird die permanente Verbesserung von Produkten, Verfahren und Arbeitsbedingungen (KAIZEN, aus dem Japanischen für KAI = Wandel, Änderung sowie ZEN = das Gute) als wichtiges Prinzip betrachtet. Durch dieses sollen vor allem die Ziele bezüglich Qualität, Kosten, Zeit sowie Produktivität günstig beeinflußt werden. Die Beschleunigung der Geschäftsprozesse spielt dabei eine entscheidende Rolle, wobei neben der Produktion auch die Produktentwicklungsprozesse neu organisiert werden. Als Träger der permanenten Verbesserung der Produkte, Prozesse und Arbeitsbedingungen im Unternehmen werden vor allem die jeweiligen Mitarbeiter vor Ort, das Team als selbständige Produktions- bzw. Wertschöpfungseinheit, angesehen (*humanzentriertes* bzw. *Team-Prinzip*).

Dieser Gesichtspunkt wird vor allem auch beim Ansatz der *fraktalen Fabrik* als entscheidender Erfolgsfaktor herausgehoben, die auf Produktionseinheiten basiert, denen die Möglichkeit der Selbstorganisation und Selbstverantwortung für ihren jeweiligen Wertschöpfungsprozeß übertragen wird (Warnecke 1992). Diesen Produktionseinheiten werden alle notwendigen Aufgaben – auch dispositiver Natur – übertragen, die zum selbständigen Durchführen eines Wertschöpfungsbereiches notwendig sind. Neben ausführenden Tätigkeiten werden diesen Produktionseinheiten also dispositive Aufgaben übertragen, wie z. B. Produktionsplanung über ihren Bereich, Instandhaltung, Qualitätswesen, um so eine Reduktion der betrieblichen Schnittstellen, eine Verlagerung der Verantwortung auf die möglichst „niedrigste" Organisationsebene, eine höhere Flexibilität und Motivation der Mitarbeiter durch das höhere Maß an Selbständigkeit und

die Vereinfachung der Kommunikation durch flache Hierarchien zu erreichen. Wird der gesamte Wertschöpfungsprozeß durch derartige selbstver-
antwortliche Produktionseinheiten geregelt und erweitert man die Autonomie dieser Produktionseinheiten bis hin zur Selbstorganisation und der
Möglichkeit zur Veränderung ihrer Struktur, so gelangt man zur *fraktalen Fabrik*. Dabei wird offensichtlich auf die sozialwissenschaftlichen Er-
kenntnisse von McGregor (1971, S. 59 ff.) zurückgegriffen, der mit seiner Theorie Y die Möglichkeit eines Verschmelzens der individuellen Ziele
mit den Belangen des Unternehmens postuliert und auf die neueren Theori-
en zur Arbeitszufriedenheit, wie sie z. B. von Herzberg (1959) oder Hack-
man/Oldham (1980) formuliert wurden. Die wesentliche Aussage in diesem Zusammenhang besteht darin, daß betriebliche Bedingungen solcher
Art zu schaffen sind, „daß die Mitglieder der Organisation ihre *eigenen Ziele* am besten erreichen, wenn sie sich um den Erfolg des Unternehmens
bemühen" (Mc Gregor 1971, S. 63).

Allerdings muß gesehen werden, daß der Einsatz von Teams nach dem
Konzept der Lean Production nicht primär unter dem Gesichtspunkt der
Humanisierung erfolgt. Vielmehr werden Teams als eine Leistungsgemein-
schaft gesehen, die einen Beitrag zu den Zielen Qualität, Kosten und Produktivität zu erfüllen hat. Durch eine breite Qualifikation wird auch bei
Aufgabenwechsel eine universelle Einsatzfähigkeit aller Mitglieder des
Teams angestrebt (hohe Flexibilität des Arbeitseinsatzes). Die Prozesse
sind häufig zeitlich geregelt (geringe Zeitsouveränität), und sie sind durch
eine strikte Standardisierung der Abläufe charakterisiert. Von dem Team
wird erwartet, daß es in Eigenverantwortung die Abläufe kontinuierlich
verbessert und damit zu effizienteren Standards beiträgt. Neuerdings wird
unter dem Schlagwort „Reengineering" betont, daß die notwendige Neugestaltung der Prozesse zur Erlangung von Wettbewerbsvorteilen durch
grundlegende („radikale") Verbesserung herkömmlicher Prozeßstrukturen
zu erfolgen habe.

Die Lieferanten werden als Wertschöpfungspartner gesehen und länger-
fristige enge Beziehungen zwischen Abnehmer und Zulieferer aufgebaut
(*Kooperations-Prinzip*). Jeder Wertschöpfungsprozeß ist kundenorientiert
zu gestalten: Der jeweils nachfolgende Prozeßabschnitt – sei er innerhalb oder außerhalb des Unternehmens – ist der Kunde des vorange-
gangenen Prozeßabschnitts (*kundenorientiertes Prinzip*). Die einzelnen
Wertschöpfungsstufen sind *soweit wie möglich* vom Kundenbedarf her zu
regeln (*JIT-Prinzip*).

Der Ansatz des Lean Production zielt also letztlich darauf ab, flexibel auf den Kundenbedarf ausgerichtet zu produzieren und dabei den Einsatz an Ressourcen soweit wie möglich zu optimieren. Die Tendenz zu mehr auftragsgetriebenen Prozessen der Leistungserstellung durch Umstrukturierung der Wertschöpfungsprozesse steht im Vordergrund.

Die neuen Produktionskonzepte sind als Herausforderungen auf die Wettbewerbsdynamik einer kundenorientierteren Leistungserstellung entstanden und werden dafür als Erfolgsrezepte propagiert. Unternehmen entdecken zunehmend, daß eine individuellere Erfüllung der Kundenwünsche möglich ist und dadurch Wettbewerbsvorteile gewonnen werden können. Die Individualisierung findet beispielsweise in der „maßgeschneiderten" Massenfertigung ihren Ausdruck darin, in der dem Kunden vermehrt

- Standardprodukte mit kundenspezifischen Varianten
- Standardprodukte mit anbieterspezifischen Varianten

angeboten werden. Eine Folge dieser Entwicklung für das Unternehmen ist eine steigende Variantenanzahl. Das hat erhebliche Auswirkungen auf die Wertschöpfungsprozesse und damit auf die Kosten, Durchlaufzeiten und Qualitäten, und es können sich Anpassungsnotwendigkeiten für eine wirtschaftliche Leistungserstellung ergeben. Damit ist vor allem die Frage verbunden, ob die Wahl der Bevorratungsebene für die Enderzeugnisse noch optimal ist. Die *Bevorratungsebene* gibt die Schnittstelle zwischen der prognosegetriebenen und der auftragsgetriebenen Wertschöpfung an (Abb. C.2).

Es lassen sich verschiedene Typen von prognose- und auftragsgetriebenen Prozessen der Wertschöpfungskette unterscheiden, die sich für die Fertigungsindustrie wie folgt systematisieren lassen:

- „make to stock":
  Enderzeugnisse werden auf Endlager produziert, Kundenaufträge sollen aus diesem Endlager unmittelbar erfüllt werden. Die gesamte Wertschöpfungskette wird *prognosegetrieben* geregelt. Sind allerdings Kundenaufträge aus dem Endlager nicht erfüllbar und damit Fehlmengen vorhanden, so können die Leistungserstellungsprozesse auch *kundenauftragsgetrieben* ausgelöst werden.
- „assemble to order":
  Die Montage wird kundenauftragsbezogen ausgelöst, die davorliegenden Prozesse werden aufgrund von Prognosen geregelt. Fehlen allerdings Teile zur vorgesehenen Montage, so kann wiederum ein kunden-

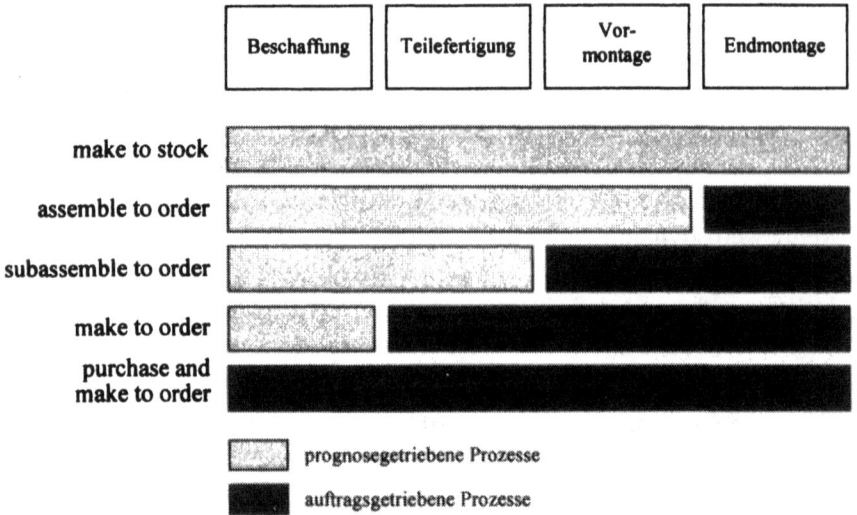

Abb. C.2:   Typen von prognose- und auftragsgetriebenen Prozessen der
            Wertschöpfungskette

auftragsbezogener Regelkreis hinzukommen, um diese Teile noch rechtzeitig bereitzustellen.

* „subassemble to order":
  Die Baugruppenfertigung und Montage wird auftragsgetrieben durchgeführt, die Teilefertigung und Beschaffung erwartungsbezogen ausgelöst.
* „make to order":
  Lediglich Beschaffungsgüter werden aufgrund von Prognosen über die
  erwarteten Mengen geregelt, die anderen Prozesse der Logistikkette werden auftragsgetrieben realisiert. Auch hier kann zusätzlich – aufgrund
  von Fehlteilen von Beschaffungsgütern – eine auftragsgetriebene Be-
  schaffungsteilesteuerung hinzukommen.
* „purchase and make to order":
  Es existieren bei diesem Typ lediglich auftragsgetriebene Prozesse in der
  Material- und Warenflußkette. Die gesamte Wertschöpfungskette wird
  durch reale Kundenaufträge ausgelöst.

*Die neueren Produktionskonzepte zielen generell darauf ab, die auftrags-
getriebenen Prozesse im Verhältnis zu den prognosegetriebenen Prozessen der Leistungserstellung soweit wie wirtschaftlich möglich auszudeh-
nen.* Nicht immer wird sich die extreme Ausprägung rein auftragsgetriebener Leistungserstellung als wirtschaftlich erweisen. Das Produktionsmana-

gement hat also bei der Wahl eines Produktionskonzepts unter wirtschaftlichen Gesichtspunkten zu prüfen, inwieweit prognosegetriebene Prozesse der Wertschöpfungskette durch auftragsgetriebene ersetzt werden können, ohne wirtschaftliche Nachteile hinnehmen zu müssen.

Eine Bevorratung auf einer hohen Wertschöpfungsstufe (z. B. Enderzeugnisebene) erlaubt im Prinzip eine schnelle Bedienung der Kundenwünsche. Bei einer hohen Variantenanzahl wird diese Bevorratung allerdings immer problematischer. Dies hängt damit zusammen, daß aufgrund der hohen Variantenzahl aus Kostengründen nicht mehr alle Enderzeugnisse auf Vorrat gehalten werden können und eine Auswahl, welche der Varianten auf Lager zu legen sind, wegen der mangelnden längerfristigen Prognostizierbarkeit Probleme bereitet. Um wettbewerbsrelevante Lieferzeiten auch bei hoher Variantenvielfalt zu erhalten, ist sorgfältig zu klären, welche Bevorratungsebene sich als wirtschaftlich erweist und welche Prozesse prognosegetrieben bzw. auftragsgetrieben durchzuführen sind. Durch die Wahl der Bevorratungsebene werden jedenfalls der Lieferservice, d. h. die Lieferzeit, Lieferfähigkeit, Liefertreue, Lieferflexibilität und Lieferbeschaffenheit etc. sowie die Kosten in erheblichem Maße beeinflußt. Bei der Wahl der Bevorratungsebene hat das Unternehmen also die Wirkungen auf den Lieferservice und die Kosten abzuwägen, um eine optimale Entscheidung zu fällen.

Den erfolgreichen Unternehmen gelingt es nun durch Optimierung ihrer Wertschöpfungskette und der Bevorratungsebenen, eine neue Wettbewerbsepisode einzuleiten, indem sie durch verbesserten Lieferservice und/ oder geringere Preise für eine bestimmte Individualisierung des Bedarfs Wettbewerbsvorteile gewinnen. Die zu offerierende Individualisierung des Bedarfs, d. h. die Variantenzahl, ist aber ebenfalls Gegenstand eines Optimierungsprozesses. Interessanterweise wird für die erfolgreichen japanischen Unternehmen aktuell konstatiert, daß „companies in the automobile industry, for example, are now reducing unique parts and product varieties by 30 percent to 50 percent or more for new models" (Cusumano 1994). Der Wettbewerbsverlauf verlangt von den Unternehmen, daß sie also laufend eine Optimierung ihrer Wertschöpfungskette und der Bevorratungsebene sowie ihrer Produktstrategie anstreben und die dafür ökonomisch vorteilhafteste Form des Produktionskonzepts zur Bewältigung der Nachfrageungewißheiten festlegen, um in der Wettbewerbsdynamik erfolgreich bestehen zu können. Produktions- und Logistikmangement in diesem Sinne hat also einen wesentlichen Beitrag zur Wettbewerbsfähigkeit der Unternehmen – und nicht nur zur optimalen Abwicklung der laufenden Wertschöpfungsprozesse – zu leisten.

Anhang: Ökonomische Interpretation des dualen Problems der Programmplanung

Das Grundproblem der Programmplanung läßt sich durch ein lineares Optimierungsmodell darstellen:

Aufgabe A

$$\max z = \sum_{j=1}^{n} d_j \cdot x_j$$

$$\sum_{j=1}^{n} a_{sj} \cdot x_j \leq b_s \quad s = 1, \ldots, S$$

$$x_j \geq 0, \quad j = 1, \ldots, n$$

Die Aufgabe wird als primales Problem bezeichnet. Diesem primalen Problem kann eine Aufgabe B, das zugehörige duale Problem, zugeordnet werden:

Aufgabe B

$$\min v = \sum_{s=1}^{S} b_s \cdot y_s$$

$$\sum_{s=1}^{S} a_{sj} \cdot y_s \geq d_j, \quad j = 1, \ldots, n$$

$$y_s \geq 0, \quad s = 1, \ldots, S$$

Die beiden Aufgaben stehen in der folgenden Beziehung:

Eine zulässige Lösung $\hat{x}_j, j = 1, \ldots, n$, der Aufgabe A ist genau dann optimal, wenn eine zulässige Lösung $\hat{y}_s, s = 1, \ldots, S$, der Aufgabe B existiert, für die gilt (Neumann/Morlock 1993):

(1) $\hat{x}_j > 0$, dann $\sum\limits_{s=1}^{S} a_{sj} \cdot \hat{y}_s = d_j, j = 1, \ldots, n$

(2) $\sum\limits_{s=1}^{S} a_{sj} \cdot \hat{y}_s > d_j$, dann $\hat{x}_j = 0, j = 1, \ldots, n$

(3) $\hat{y}_s > 0$, dann $\sum\limits_{j=1}^{n} a_{sj} \cdot \hat{x}_j = b_s, s = 1, \ldots, S$

(4) $\sum\limits_{j=1}^{n} a_{sj} \cdot \hat{x}_j < b_s$, dann $\hat{y}_s = 0, s = 1, \ldots, S$

Gelten die Bedingungen (1) – (4), so ist auch erfüllt:

(5) $z(\hat{x}) = \sum\limits_{j=1}^{n} d_j \cdot \hat{x}_j = \sum\limits_{j=1}^{n} \sum\limits_{s=1}^{S} a_{sj} \cdot \hat{x}_j \cdot \hat{y}_s = \sum\limits_{s=1}^{S} b_s \cdot \hat{y}_s = v(\hat{y}).$

Besitzen die Aufgaben A und B zulässige Lösungen, so existieren für beide Probleme auch optimale Lösungen, und die Optimalwerte $z(\hat{x})$ und $v(\hat{y})$ sind gleich. Aus der Gleichung (5) folgt, daß der Wert, für den die Deckungsbeitragsfunktion ihr Maximum annimmt, gleich ist der Summe der maximalen Verfügbarkeit jedes Produktionsfaktors s multipliziert mit der Bewertung $\hat{y}_s$. Die Variablen $\hat{y}_s, s = 1, \ldots, S$, können als *Opportunitätskostensätze* oder *Schattenpreise* bezeichnet werden. Sie geben an, welche Steigerung des optimalen Zielfunktionswerts durch eine Erhöhung des zugehörigen Produktionsfaktors ermöglicht würde. Diese Steigerung des optimalen Zielfunktionswerts stellt gleichzeitig den maximalen Preis dar, den ein Produzent für die Ausweitung der Kapazität bzw. des Produktionsfaktors zu zahlen bereit wäre. Ist ein Produktionsfaktor s beim optimalen Programm ohnehin nicht voll ausgelastet, so führt eine Ausweitung zu keiner Steigerung des Zielfunktionswerts und folglich wird der Produzent nicht bereit sein, dafür zu bezahlen. Der Opportunitätskostensatz $\hat{y}_s$ ist in diesem Fall Null, wie aus der Gleichung (4) zu ersehen ist. Die Größe d_j stellt den (Grenz)-Deckungsbeitrag des Erzeugnisses j dar und $\sum\limits_{s=1}^{S} a_{sj} \cdot \hat{y}_s$ läßt sich als (Grenz)-Opportunitätskosten interpretieren. Ein Erzeugnis j wird nicht produziert, wenn sein Grenzdeckungsbeitrag (Grenzerlös – Grenzkosten) kleiner als die (Grenz)-Opportunitätskosten ist, da gemäß Gleichung (2) $\hat{x}_j = 0$. Wird es erzeugt, so ist der *Grenzdeckungsbeitrag gleich den (Grenz)-Opportunitätskosten* (Gleichung 1).

Treten positive Schattenpreise auf, so zeigen sie an, daß die entsprechenden Kapazitäten bzw. Absatzrestriktionen ausgeschöpft sind.

Literaturverzeichnis

Adam, D. (1988): Fertigungssteuerung I. Grundlagen der Produktionsplanung und -steuerung, Wiesbaden

Adam, D. (1993): Produktionsmanagement, 7. Aufl., Wiesbaden

Adams, J., Balas, E., Zawack, D. (1988): The shifting bottleneck procedure for the job shop scheduling, in: Management Science , vol. 34, S. 391 – 401

Ahmed, I., Fisher, W. W. (1992): Due Date assignment, Job Order Release, and Sequencing Interaction in Job Shop Scheduling, in: Decision Science, vol. 23, S. 633 – 647

Akers, S. B., Friedman, J. (1955) : A Non-numerical Approach to Production Scheduling Problems, in: Operations Research, vol. 3, S.429 – 442

Albach, H. (Hrsg.) (1993): Industrielles Management. Reader zur Industriebetriebslehre, Wiesbaden

Altrogge, G. (1979): Netzplantechnik, Wiesbaden

Applegate, D., Cook, W. (1991): A computational study of the job-shop scheduling problem, in ORSA Journal on Computing, 3, S. 149 – 156

Ashour, S. (1972): Sequencing Theory, Berlin

Ashour, S., Hiremath, S. R. (1973): A Branch-and-Bound Approach to the Job-Shop Scheduling Problem, in: International Journal of Production Research, vol. 11, S. 47 – 58

Baker, K. R. (1989): Lot-sizing Procedures and a Standard Data Set. A Reconciliation of the Literature, in: Journal of Manufacturing and Operations Management, S. 199 – 221

Barker, J. R., McMahon, G. B. (1985): Scheduling the general job-shop, in: Management Science, vol. 31, S. 594 – 598

Bartmann, D., Beckmann, M. J. (1989): Lagerhaltung. Modelle und Methoden, Berlin-Heidelberg-New York

Belz, R. (1993): Entscheidungsunterstützung auf Leitstandebene durch wissensbasierte Simulation, Dissertation, Universität Erlangen-Nürnberg

Berens, W., Delfmann, W. (1994): Quantitative Planung, Stuttgart

Blazewicz, J., Ecker, K., Schmidt, G., Weglarz, J. (1993): Scheduling in Computer and Manufacturing Systems, Berlin et al.

Bloech, J., Bogaschewsky, R., Götze, U., Roland, F. (1992): Einführung in die Produktion, Heidelberg

Bookbinder, J. H., H'ing, B. T. (1986): Production lot sizing for deterministic rolling schedules, in: Journal of Operations Management, vol. 6, S. 349 – 362

Bowman, E. H. (1959): The Schedule-Sequencing Problem, in: Operations Research, vol. 7, S. 621 – 624

Brankamp, K. (1979): Kapazitätsbelegung, in: Handwörterbuch der Produktionswirtschaft, Hrsg. v. W. Kern, Sp. 882 – 903, Stuttgart

Brucker, P. (1995): Scheduling Algorithms, Heidelberg-New York

Brucker, P., Jurisch, B. (1993): A new lower bound for the job-shop scheduling problem, in: European Journal of Operational Research, S. 156 – 167

Bumba, F. (1974): Simultane Produktions- und Investitionsprogrammplanung im Anlagenbau mit Hilfe der linearen Optimierung, Dissertation Universität Erlangen-Nürnberg

Carlier, J., Pinson, E. (1989): An algorithm for solving the job-shop problem, in: Management Science 35, S. 164 – 176

Charlton, J. M. und Death, C.C. (1970): A Method of Solution for General Machine-Scheduling Problems, in: Operations Research, Vol. 18, S. 689 – 707

Conway, R., Maxwell, W., McClain, J. O. und L. J. Thomas (1988): The Role of Work-in-Process Inventory in Serial Production Lines, in: Operations Research, vol. 36, S. 229 – 241

Corsten, H. (1995): Produktionswirtschaft, 5. Aufl., München

Corsten, H. (Hrsg.) (1994) : Handbuch Produktionsmanagement, Wiesbaden

Corsten, H., Will, T. (Hrsg) (1993): Lean Production. Schlanke Produktionsstrukturen als Erfolgsfaktor, Stuttgart-Berlin-Köln

Cusumano, M. A. (1994): The Limits of „Lean", in: Sloan Management Review, Summer, S. 27 – 32

Dauzerre-Peres, S., Lasserre, J. B. (1993): A modified shifting bottleneck procedure for job-shop scheduling, in: International Journal of Production research, vol. 31, S. 923 – 932

DeBodt, M. A., Van Wassenhove, L. N. (1983): Cost Increases Due to Demand Uncertainty in MRP Lot Sizing, in: Decision Sciences, vol. 14, S. 345 – 362

Dell'Amico, M., Trubian, M. (1993): Applying tabu-search to the job-shop scheduling problem, in: Annals of Operations Research, vol. 41, S. 231 – 252

Dellmann, K. (1975): Entscheidungsmodelle für die Serienfertigung, Opladen

DeMatteis, J. J. (1968): An economic lot-sizing technique I – The part-period algorithm, in: IBM Systems Journal, vol. 7, S. 30 – 39

Dinkelbach, W., Rosenberg, O. (1994): Erfolgs- und umweltorientierte Produktionstheorie, Berlin-Heidelberg-New York

Domschke, W., Drexl, A. (1991): Einführung in Operations Research, 2. Aufl., Berlin

Domschke, W., Scholl, A., Voß, S. (1993): Produktionsplanung – Ablauforganisatorische Aspekte, Berlin

Drexl, A., Fleischmann, B., Günther, H.-O., Stadtler, H., Tempelmeier, H. (1994): Konzeptionelle Grundlagen kapazitätsorientierter PPS-Systeme, in: Zeitschrift für betriebswirtschaftliche Forschung, 46. Jg., S.1022 – 1045

Drexl, A., Kolisch, R. (1993): Produktionsplanung und -steuerung bei Einzel- und Kleinserienfertigung, in: Wirtschaftswissenschaftliches Studium, 22. Jg., S. 60 – 66

Drexl, A: (1990): Planung des Ablaufs von Unternehmensprüfungen, Stuttgart

Dyckhoff, H.(1994), Betriebliche Produktion, 2. Aufl., Berlin

Dyckhoff, H.(1995): Grundzüge der Produktionswirtschaft, Berlin-Heidelberg-New York

Eilon, S., Chowdhury, I. G. (1976): Due Dates in job shop due-date setting problem, in: International Journal of Production Research, vol. 14, S. 223 – 237

Elmaghraby, S. E. (1978): The Economic Lot Scheduling Problem (ELSP): Review and Extensions, in: Management Science, vol. 24, S. 587 – 598

Enns, S. T. (1993): Job Shop Flowtime Prediction and Tardiness Control using Queueing Analysis, in: International Journal of Production Research, vol. 31, S. 2045 – 2057

Evans, J. R. (1985): An Efficient Implementation of the Wagner-Whitin Algorithm für Dynamic Lot-Sizing, in: Journal of Operations Management, S. 229 – 235

Fandel, G. (1991): Produktion I – Produktions- und Kostentheorie, 3. Aufl., Berlin

Fandel, G., Francois, P, Gubitz, K. M. (1994): PPS-Systeme. Grundlagen, Methoden, Software, Marktanalyse, Berlin-Heidelberg

Fandel, G., Francois, P. (1989): Just-in-Time Produktion und -Beschaffung. Funktionsweise, Einsatzvoraussetzungen und Grenzen, in: ZfB, 59. Jg., Heft 5, S. 531 – 544

Fandel, G., Zäpfel, G. (Hrsg.) (1991): Modern Production Concepts. Theory and Applications, Berlin-Heidelberg-New York

Federgruen, A., Tzur, M. (1991): A simple forward algorithm to solve general dynamic lot sizing models with n periods in $O(n \log n)$ or $O(n)$ time, in: Management Science, vol. 37, S. 909 – 925

Fleischmann, B.(1988): Operations-Research-Modelle und -Verfahren in der Produktionsplanung, in: Zeitschrift für Betriebswirtschaft, 58. Jg., S. 347 – 372

Fry, T. D., Philipoom, P. R., Markland, R. E. (1989): Due Date Assignment in a Multistage Job Shop, in: IIE Transactions, vol. 21, No. 2, S. 153 – 161

Gälweiler, A. (1987): Strategische Unternehmensführung, Frankfurt a. M. - New York

Giffler, B., G. L. Thompson (1960): Algorithms for Solving Production-Scheduling Problems, in: Operations Research, vol. 8,S. 487 – 503

Glaser, H., Geiger, W., Rhode, V. (1992): PPS – Produktionsplanung und -Steuerung, 2. Aufl., Wiesbaden

Graf, O. (1960): Arbeitsphysiologie, Wiesbaden

Gräßler, D. (1968): Der Einfluß von Auftragsdaten und Entscheidungsregeln auf die Ablaufplanung von Fertigungsstraßen, Dissertation, T. H. Aachen

Günther, H. (1971): Das Dilemma der Arbeitsablaufplanung. Zielverträglichkeit bei der zeitlichen Strukturierung, Berlin

Günther, H.-O (1993 a): Hierarchische Produktionsplanung, in: Corsten, H. (Hrsg.) Lexikon der Betriebswirtschaftslehre, 2. Aufl., München, S. 312 – 316

Günther, H.-O. (1989): Produktionsplanung bei flexibler Personalkapazität, Stuttgart

Günther, H.-O. (1990): Bestimmung kostenminimaler Produktionspläne mit Hilfe der Tabellenkalkulation, in: WiSt- Wirtschaftswissenschaftliches Studium, Band 19, S. 275 – 279

Günther, H.-O. (1993 b): Produktionsmanagement – Einführung mit Übungsaufgaben, Berlin

Günther, H.O., Tempelmeier, H. (1994): Produktion und Logistik, Berlin-Heidelberg-New York

Gutenberg, E. (1979): Grundlagen der Betriebswirtschaftslehre, Band I: Die Produktion. 23. Aufl., Berlin-Heidelberg-New-York

Hackman, J. R., Oldham, G. R. (1980): Work Redesign, Reading, Mass.

Hahn, D., Laßmann, G. (1989): Produktionswirtschaft – Controlling industrieller Produktion, Band 2, Heidelberg

Hahn, D., Laßmann, G. (1990): Produktionswirtschaft – Controlling industrieller Produktion, Band 1, 2. Aufl., Heidelberg

Hahn, D., G. Laßmann, G. (1993): Produktionswirtschaft – Controlling industrieller Produktion, Band 3, Erster Teilband, Heidelberg

Hansmann, K. W. (1992): Industrielles Management, 3. Aufl., München-Wien

Hanssmann, F. (1990): Quantitative Betriebswirtschaftslehre, 3. Aufl., München

Haupt, R. (1987): Produktionstheorie und Ablaufmanagement, Stuttgart

Haupt, R. (1989): A survey of priority rule-based scheduling, in: OR-Spektrum, vol. 11, S. 3 – 16

Heinemeyer, W. (1994): Die Fortschrittszahlen als logistisches Konzept in der Automobilindustrie, in: Corsten, H. (Hrsg), Handbuch Produktionsmanagement, Wiesbaden, S. 221 – 236

Heinen, E. (1983): Betriebswirtschaftliche Kostentheorie. Kostentheorie und Kostenentscheidungen, 6. Aufl., Wiesbaden

Heinen, E. (1991): Industriebetriebslehre – Entscheidungen im Industriebetrieb, 9. Aufl., Wiesbaden

Heizer, J., Render, B. (1993): Production and Operations Management, 3. Aufl., Boston

Heller, J., Logemann. G. (1961): An Algorithm for the Construction and Evaluation of Feasible Schedules, in: Management Science, vol. 8, S. 168 – 183

Herzberg, R., Mausner, B., Bloch-Syndermann, B. (1959): The Motivation to Work, 2. Aufl., New York

Hillier, F. S., Lieberman, G. J. (1988): Operations Research, 4. Aufl., München-Wien

Hoch, P. (1973): Betriebswirtschaftliche Methoden und Zielkriterien der Reihenfolgeplanung bei Werkstatt- und Gruppenfertigung, Frankfurt a. M. und Zürich

Hoitsch, H.-J. (1993): Produktionswirtschaft, 2. Aufl., München

Inderfurth, K. (1996): Lagerhaltungsmodelle, in: Kern, W., Schröder, H. H., Weber, J. (Hrsg.): Handwörterbuch der Produktionswirtschaft, 2. Aufl., Stuttgart, Sp. 1024-1035.

Jacob, H. (1972): Die Planung des Produktions- und Absatzprogramms, in: Industriebetriebslehre in programmierter Form, Hrsg. von Jacob, H., Bd. II: Planung und Planungsrechnungen, S. 39 – 259, Wiesbaden

Jensen, P. A. und Kahn, H. A. (1972): Scheduling in a Multistage Production System with Setup and Inventory Costs, in: AIIE Transcations, Vol 4, S. 126 – 133

Kaluza, B. (1993): Erzeugniswechsel als unternehmenspolitische Aufgabe. Interpretative Lösungen aus betriebswirtschaftlicher und ingenieurswissenschaftlicher Sicht, Berlin

Karmarkar, U. S. (1993): Manufacturing Lead Times, Order Release and Capacity Loading, in: S. C. Graves et. al. (Hrsg.): Logistics of Production and Inventory, Amsterdam-London, S. 287 – 329

Kern, W. (1975): Kapazität und Beschäftigung, in: Handwörterbuch der Betriebswirtschaft, Hrsg. von Grochala, E. und Wittmann, W., Sp. 2083 – 2089, Stuttgart

Kern, W. (1992): Industrielle Produktionswirtschaft, 5. Aufl., Stuttgart

Kieser, A., Kubicek, H. (1992): Organisation, 3. Aufl., Berlin-New York

Kieser, A., Reber, G., Wunderer, R. (Hrsg) (1987): Handwörterbuch der Führung, Stuttgart

Kinzer, D. (1971): Ein Verfahren zum mittelfristigen Kapazitätsabgleich bei Werkstattfertigung, Dissertation, T. H. Aachen

Kirsch, W. (1971): Entscheidungsprozesse. 3. Bände, Wiesbaden

Kistner, K.-P. (1993): Produktions- und Kostentheorie, 2. Aufl., Heidelberg

Kistner, K.-P., Steven. M. (1993): Produktionsplanung, 2. Aufl., Heidelberg

Kloock, J. (1969): Betriebswirtschaftliche Input-Output-Modelle. Ein Beitrag zur Produktionstheorie, Wiesbaden

Knolmayer, G. (1985): Die Bedeutung des Kostenausgleichsprinzips für die Bedarfsplanung in PPS-Systemen, in: Zeitschrift für betriebswirtschaftliche Forschung, Band 37, S. 411 – 427

Knolmayer, G. (1991): A Widely Acclaimed Method of Load-Oriented Job Release and its Conceptional Deficiencies, in: Fandel, G., Zäpfel, G. (Hrsg.): Modern Production Concepts. Theory and Applications, Berlin-Heidelberg-New York, S. 219 – 236

Kosiol, E. (1968): Einführung in die Betriebswirtschaftslehre. Die Unternehmung als wirtschaftliches Aktionszentrum, Wiesbaden

Kotschenreuther, W. (1991): Unterstützung der Störungsbewältigung in der Produktion durch verteilte wissensbasierte Systeme, Dissertation, Universität Erlangen-Nürnberg

Krafcik, J.F. (1988): Triumph of the Lean Production System, in: Sloan Management Review, vol. 30, S. 41 – 52

Krajewski, LJ., Ritzman, L. (1990): Operations Management – Strategy and Analysis, 2. Aufl., Reading, Mass.

Krelle, W. (1958): Ganzzahlige Programmierungen. Theorie und Anwendungen in der Praxis, in: Unternehmensforschung, Bd. 2, S. 161 – 175

Kruschwitz, L. (1974): Kritik der Produktionsbegriffe, in: Zeitschrift für betriebswirtschaftliche Forschung und Praxis, 26. Jg., S. 242 ff.

Küpper, H.-U. (1979): Dynamische Produktionsfunktionen der Unternehmung auf der Basis des Input-Output-Ansatzes, in: Zeitschrift für Betriebswirtschaft, S. 93 – 106

Küpper, H.-U., Helber, S. (1995): Ablauforganisation in Produktion und Logistik, 2. Aufl., Stuttgart

Küpper, W., Lüder, K., Streitferdt, L. (1975): Netzplantechnik. Würzburg und Wien

Kurbel, K. (1993): Produktionsplanung und -steuerung, München

Laarhoven, P. J. M. van, Aarts, E. H. L., Lenstra, J. K. (1992): Job shop scheduling by simulated annealing, in: Operations Research, vol. 40, S. 113 – 125

Lageweg, B., Lenstra, J. K., Rinnooy Kan, A. H. G. (1977): Job-shop scheduling by implicit enumeration, in: Management Science, vol. 24, S. 441 – 450

Land, A. H., Laporte, G., Miliotis, P. (1978): A Unified Formulation of the Machine Scheduling Problem, in: European Journal of Operational Research, vol. 2, S. 32 – 35

Lawler, E. L., Lenstra, J. K., Rinnooy Kan, A. H. G., Shmoys, D. B. (1993): Sequencing and Scheduling: Algorithms and complexity, in: S.C. Graves et. al. (Hrsg.): Logistics of Production and Inventory, Amsterdam-London, S. 445 – 522

Lehmann, M.R. (1958): Wirtschaftlichkeit. Produktivität und Rentabilität, in: Zeitschrift für Betriebswirtschaft, 28. Jg., S. 527 ff., 614 ff., 746 ff.

Liesegang, G. (1980): Aggregation bei linearen Optimierungsmodellen – Beiträge zur Konzipierung, Formalisierung und Operationalisierung, Habilitationsschrift an der Universität Köln, Köln

Luhmann, N. (1977): Zweckbegriff und Systemrationalität, Frankfurt a. M.

Marihart, O., Peirlberger, H. (1990): Betriebsdatenerfassung, Wien

Matthes, W. (1979): Dynamische Einzelproduktionsfunktion der Unternehmung, in: Betriebswirtschaftliches Arbeitspapier Nr. 2, Seminar für Fertigungswirtschaft der Universität zu Köln, Köln

McGregor, D. (1971): Der Mensch im Unternehmen. The Human Side of Enterprise, Düsseldorf-Wien

Mensch, G. (1972): Das Trilemma der Ablaufplanung, in: Zeitschrift für Betriebswirtschaft, 42. Jg., S. 77 – 88

Mertens, P. (Hrsg) (1994): Prognoserechnung, 5. Auflage, Würzburg

Milling, P., Zäpfel, G. (Hrsg.) (1993): Betriebswirtschaftliche Grundlagen moderner Produktionsstrukturen, Herne

Missbauer, H. (1995): Das Konzept der Bestandsregelung als Ausgangspunkt für eine Neugestaltung von PPS-Systemen, Habilitationsschrift Universität Linz, Linz

Müller, W. R., Hill, W. (1977): Die situative Führung, in: Die Betriebswirtschaft, 37. Jg., S. 353 – 378

Müller-Merbach, H. (1966): Fertigungsteuerung mit optimalen Losgrößen, in: VDI-Berichte Nr. 101, S. 59 – 67, Düsseldorf

Müller-Merbach, H. (1973): Operations Research – Methoden und Modelle der Optimalplanung, 3. Aufl., München

Nahmias, S. (1993): Production and Operations Analysis, 2. Aufl., Homewood, Ill.

Neumann, K, Morlock, M. (1993): Operations Research, München

Oberhoff, W. D. (1975): Integrierte Produktionsplanung, Bochum

Ohse, D. (1970): Näherungsverfahren zur Bestimmung der wirtschaftlichen Bestellmenge bei schwankendem Bedarf, in: Elektronische Datenverarbeitung, 12. Jg., S. 83 – 88

Opitz, H., Brankamp, K., Miese, M. (1974): Entwicklung eines Kapazitätsterminierungsverfahrens mit steuerbarem Aufwand unter besonderer Berücksichtigung der Forderung einer Real-Time-Datenverarbeitung, Opladen

Opitz, H.,Brankamp, K., Arlt, J. (1970): Untersuchung über die Einsatzmöglichkeiten elektonischer Datenverarbeitungsanlagen in der Produktionsterminplanung, Köln-Opladen

Pesch, E. (1994): Learning in automated manufacturing. A Local Search Approach, Heidelberg

Pfeiffer, W., Dörrie, U., Stoll, E. (1977): Menschliche Arbeit in der industriellen Produktion, Göttingen

Pfeiffer, W., Weiß, E. (1992): Lean-Management. Grundlagen der Führung und Organisation, Berlin

Pfohl, H. C. (1994): Logistikmanagement. Funktionen und Instrumente, Berlin-Heidelberg-New York

Popp, W. (1968): Einführung in die Theorie der Lagerhaltung, Berlin-New York-Heidelberg

Porter, M. E. (1992): Wettbewerbsstrategie: Methoden zur Analyse von Branchen und Konkurrenten, 7. Aufl., Frankfurt a. M.

Reese, J. (1980): Standort- und Belegungsplanung für Maschinen in mehrstufigen Produktionsprozessen, Berlin-Heidelberg-New York

Refa (MLA-1, 1971): Methodenlehre des Arbeitsstudiums. Teil 1: Grundlagen, München (6. Aufl. 1976)

Refa (MLPS-3, 1975): Methodenlehre der Planung und Steuerung. Teil 3: Steuerung, 2. Aufl., München

Reichwald, R. (1977): Arbeit als Produktionsfaktor, München

Reichwald, R., Dietel, B. (1991): Produktionswirtschaft, in: Heinen, E. (Hrsg.), Industriebetriebslehre – Entscheidungen im Industriebetrieb, 9. Aufl., Wiesbaden, S. 395 – 622

Rieper, B. (1979): Hierarchische betriebliche Systeme, Wiesbaden

Rinnooy Kan, A. H. G. (1976): Machine Scheduling Problems. Classifications, Complexity and Computations, Den Haag

Robrade, A. D. (1991): Dynamische Einprodukt-Lagerhaltungsmodell bei periodischer Bestandsüberwachung, Heidelberg

Roschman, K., Geitner, U. W., Chen, J. (1993): Betriebsdatenerfassung 1993, in: Fortschrittliche Betriebsführung und Industrial Engineering, 42. Jg., Heft 5, S. 196 – 264

Rosenstiel, L. v. (1987): Grundlagen der Organisationspsychologie, 2. Aufl., Stuttgart

Ruffing, T., (1991): Fertigungssteuerung bei Fertigungsinseln – Eine funktionale und datentechnische Informationsarchitektur, Köln

Scheer, A. W. (1990): CIM (Computer Integrated Manufacturing) – Der computergesteuerte Industriebetrieb, 4. Aufl., Berlin et al.

Scheer, A. W. (1994): Wirtschaftsinformatik, 4. Aufl., Berlin

Scheer, A. W., Kraemer, W., Zell, M. (1989): Fertigungssteuerung – Expertenwissen für die Praxis, München

Schneeweiß, Ch. (1981): Modellierung industrieller Lagerhaltungssysteme, Berlin

Schneeweiß, Ch. (1992) (Hrsg.): Kapazitätsorientiertes Arbeitszeitmanagement, Heidelberg

Schneeweiß, Ch. (1993): Einführung in die Produktionswirtschaft, 5. Aufl., Berlin

Schonberger, R. J., Knod, Jr. (1991): Operations Management – Serving the Customer, 4. Aufl., Homewood, Ill.

Schreyögg, G. (1984): Unternehmensstrategie. Grundfragen einer Theorie strategischer Unternehmensführung, Berlin-New York

Schröder, H. H. (1989): Entwicklungstrend und -tendenzen bei PPS-Systemen, Arbeitsbericht Nr. 26 des Seminars für Allgemeine Betriebswirtschaftslehre, Industriebetriebslehre und Produktionswirtschaft der Universität zu Köln, Köln

Schulte, Ch. (1991): Logistik. Wege zur Optimierung des Material- und Informationsflusses, München (2. Aufl. 1995)

Schweitzer, M. (Hrsg.) (1994): Industriebetriebslehre, 2. Aufl., München

Schweitzer, M., Küpper, H. U. (1974): Produktions- und Kostentheorie der Unternehmung, Reinbek bei Hamburg

Siegel, Th. (1974): Optimale Maschinenbelegungsplanung, Berlin

Silver, E., Peterson, R. (1985): Decision Systems for Inventory Management and Production Planning, 2. Aufl., New York (Wiley)

Spengler, T. (1994): Industrielle Demontage- und Recyclingkonzepte. Betriebswirtschaftliche Planungsmodelle zur ökonomischen Umsetzung abfallrechtlicher Rücknahme- und Verwertungspflichten, Berlin

Stadtler, H. (1988): Hierarchische Produktionsplanung bei losweiser Fertigung, Heidelberg

Stadtler, H. (1992): Losgrößenentscheidungen bei zyklischem Lieferabruf, in: Zeitschrift für Betriebswirtschaft, 62, S. 1361 – 1380

Steven, M. (1994 a): Hierarchische Produktionsplanung, 2. Aufl., Heidelberg

Steven, M. (1994 b): Produktion und Umweltschutz. Ansatzpunkte für die Integration von Umweltschutzmaßnahmen in die Produktionstheorie, Wiesbaden

Stommel, H. J. (1970): Entwicklung des Terminplanungssystems Dylamit und Untersuchungen über den Zusammenhang zwischen Grob- und Feinterminplanung. Dissertation, T. H. Aachen

Stommel, H. J. (1976): Betriebliche Terminplanung, Berlin-New York

Storer, R. H., Wu, S. D., Park, I. (1992 b): Genetic algorithms in problem space for sequencing problems, in: Fandel, G. Gullidge, T., Jones, A (eds.), New directions for Operations Research in Manufacturing, Berlin-Heidelberg-New York, S. 149-160

Storer, R. H., Wu, S. D., Vaccari, R. (1992 a): New search spaces for sequencing problems with applications to job shop scheduling, in: Management Science, vol. 38, S. 1495 – 1509

Strebel, H. (1980): Umwelt und Betriebswirtschaft. Die natürliche Umwelt als Gegenstand der Unternehmenspolitik, Berlin

Strebel, H. (1984): Industriebetriebslehre, Stuttgart-Berlin-Köln-Mainz

Strebel, H. (1994): Industrie und Umwelt, in: Schweitzer, M.: Industriebetriebslehre. Das Wirtschaften in Industrieunternehmen, München, S. 749 – 848

Taha, H. A., R. W. Skeith (1970): The Economic Lot Sizes in Multistage Production Systems, in: AIIE Transactions, Vol. 2. S. 157 – 162

Tempelmeier, H. (1992): Material-Logistik – Grundlagen der Bedarfs- und Losgrößenplanung in PPS-Systemen, 2. Aufl., Berlin

Tempelmeier, H., Kuhn, H. (1993): Flexible Fertigungssysteme, Berlin

Ulich, E. (1991): Arbeitspsychologie (3. Auflage 1994), Zürich-Stuttgart

Vahrenkamp, R. (1994): Produktions- und Logistikmanagement, München-Wien

Vaszonyi, A. (1962): Die Planungsrechnung in Wirtschaft und Industrie. Wien-München

Veinott, A. F. (1969): Mimimum Concave Cost Solution of Leontief Substitution Models of Multi-Facility Inventory Systems, in: Operations Research, vol. 17, S. 262 – 291

Vollmann, T. E., Berry, W. L., Whybark, D.C. (1992): Manufacturing Planning and Control, 3. Aufl., Homewood, Ill.

Vroom, V. H. (1964): Work and Motivation, New York

Wäscher, G. (1988): Ausgewählte Optimierungsprobleme der Netzplantechnik, in: WIST – Wirtschaftswissenschaftliches Studium, Heft 3, S. 121-126

Wagner, G. R. (1978): Lieferzeitpolitik, 2.Aufl., Wiesbaden

Wagner, G. R. (Hrsg) (1990): Unternehmung und ökologische Umwelt, München

Wagner, G. R. (Hrsg) (1993): Betriebswirtschaft und Umweltschutz, Stuttgart

Wagner, H. (1966): Die Bestimmungsfaktoren der menschlichen Arbeitsleistung im Betrieb, Wiesbaden

Wagner, H. M. (1959): An Integer Linear-Programming Model for Machine Scheduling, in: Naval Research Logistics Quarterly, vol. 6., S. 131 – 140

Wagner, H. M., T. M. Whitin (1958): Dynamic Version of the Economic Lot Size Model, in: Management Science, vol. 5, S. 89 – 96

Warnecke, H. J. (1992): Die fraktale Fabrik, Berlin u.a.

Weber, J., Kummer, S. (1994): Logistikmanagement, Stuttgart

Wiendahl, H. P. (1985): Grundlagen und Anwendungsbeispiel eines statistisch orientierten neuen Verfahrens der Fertigungssteuerung, in: Fertigungstechnik und Betrieb, 35. Jg., Heft 5, S. 291 – 296

Wiendahl, H. P. (1987): Belastungsorientierte Fertigungssteuerung. Grundlagen – Verfahrensaufbau – Realisierung, München-Wien

Wildemann, H. (1992): Die modulare Fabrik – Kundennahe Produktion durch Fertigungssegmentierung, 3. Aufl., München

Wildemann, H. (1993): Fertigungsstrategien. Einführungsstrategien für eine schlanke Produktion und Zulieferung, München

Winters, P. R. (1960): Forecasting Sales by Exponentially Weighted Moving Averages, Management Science, Vol. 6, S. 324 – 342

Womack, J. P. Jones, D. T., Ross, D. (1991): Die zweite Revolution in der Automobilindustrie: Konsequenzen aus der weltweiten Studie aus dem Massachusetts Institute of Technology, 2. Aufl., Frankfurt a. M. - New York

Wunderer, R., Grünwald, W. (1980): Führungslehre, Band I. Grundlagen der Führung, Berlin-New York

Zäpfel, G. (1970): Entscheidungsprobleme bei der Beschaffung von Stoffen für ein gegebenes Fertigungsprogramm, Dissertation, Karlsruhe

Zäpfel G. (1982): Produktionswirtschaft – Operatives Produktionsmanagement, Berlin

Zäpfel, G. (1989 a): Strategisches Produktionsmanagement, Berlin

Zäpfel, G. (1989 b): Taktisches Produktionsmanagement, Berlin

Zäpfel, G. (1993): Produktionsplanungs- und -steuerungssysteme, in: Wittmann, W., Kern, W., Köhler, R., Küpper, H.-U., Wysocki, K. v. (Hrsg.), Handwörterbuch der Betriebswirtschaft, 5. Aufl., Teilband 2, Stuttgart, Sp. 3467 – 3478

Zäpfel, G. (1995): Robuste Produktionsplanung zur Bewältigung von Absatzungewißheiten, in: Zeitschrift für Betriebswirtschaft, Ergänzungsheft 2: Business Process Reengineering, S. 77 – 95

Zäpfel, G., Missbauer, H. (1993): New concepts for production planning and control, in: European Journal of Operational Research, vol. 67, S. 297 – 320

Zäpfel, G., Missbauer, H., Kappel, W. (1992): PPS-Systeme mit belastungsorientierter Auftragsfreigabe. Operationscharakteristika und Möglichkeiten zur Weiterentwicklung, in: Zeitschrift für Betriebswirtschaft, 62. Jg., Nr. 8, S. 897 – 919

Zelewski, S. (1993): Strukturalistische Produktionstheorie, Wiesbaden

Zelewski, St. (1994): Expertensysteme in der Produktionsplanung und
-steuerung, in: Corsten, H. (Hrsg.), Handbuch Produktionsmanagement,
Wiesbaden, S. 781 – 802

Ziegler, H. (1990): Produktionsablaufplanung und -steuerung bei Mehrpro-
duktfließlinien, in: Kistner, K.-P., Ahrens, J. H., Feichtinger, G., Minne-
mann, J., Streitferdt, L. (Hrsg.), Operations Research Proceedings 1989,
Berlin, S. 161-171

Zimmermann, G. (1988): Produktionsplanung variantenreicher Erzeugnisse mit EDV, Berlin

Zimmermann, H. J. (1971): Netzplantechnik, Berlin-New York

Zink, K. J. (1992): Total Quality Management, in: Zink, K. J. (Hrsg.), Qualität als Managementaufgabe, 2. Aufl., Landsberg/Lech, S. 9 – 52

Sachregister

www.ingramcontent.com/pod-product-compliance
Lightning Source LLC
Chambersburg PA
CBHW060339220326
41598CB00023B/2754